中村圭爾 著

汲古叢書107

六朝政治社會史研究

汲古書院

六朝政治社會史研究

目　次

六朝政治社會史研究

序　章　六朝史研究の視點

第一節　六朝史の歴史的性格

三國の魏成立から隋の天下再統一におよぶ三七〇年間、通例では魏晉南北朝とよばれるこの時代を本書では六朝時代とよぶが、この時代が中國史全體のなかで、いかに位置づけられるのか、換言すれば六朝史の歴史的性格はいかなるものであるのか、本書の起點に、この問題の概觀をおこなっておきたい(1)。

歴史を敍述し、認識する場合、これをいくつかの時期に區分し、それぞれの時期を他の時期と比較しつつ特定の性格づけをおこなうことは、歴史を體系的に認識する際の通例といえる。そして各時代を區分する指標の設定の仕方や、特定の指標によって區分された時代の相互の比較が歴史認識を規定することになる。

中國前近代史の時代區分には、中國史上の各王朝を建國と崩壞により敍述する方法や、分裂と統一を基準にする方法、さらに皇帝支配や政治・文化のあり方の差異を基準とする方法、そしてマルクス主義歴史學におけるいわゆる發展段階説の適用という方法まで多様である。なかでも歴史を發展の過程と認識することは、世界に存在する多元的な諸歴史世界のそれぞれの歴史を正當に認識するための主要な方法であり、そのことにおいて時代區分は不可缺であるとおもわれる。

そしてそれら時代區分の指標は、中國史と周邊諸民族の關係、アジアの專制主義、近代化と封建制、國家と社會の關係、政治と文化の關係等々、その思考につながる中國全體に對する多樣な視角に基づく認識と不可分である。六朝時代の歷史性の本質的理解も、それら前近代中國史、ひいては前近代中國認識と不可分になされる時代區分によってはじめて可能となるはずのものである。六朝史は、それら諸視角のほとんどと何らかの關連を有し、またその思考の基本的にしてかつ有效な素材をこの時期の歷史的諸現象のなかに含有する時代として認識されてきたといえる。

とりわけいわゆる戰後歷史學において、六朝史を中國史、ひいてはアジア史や世界史の中に位置づけようとした思索は、わが國中國史學界の突出した課題の一つであり、六朝史研究にとっては、その存在意義をかけた深刻な學問的營爲であったようにおもえる。時代區分論爭、中國の封建制、貴族制論、共同體論爭等々、およそ戰後東洋史學界の最も先鋭的な學問的論爭は、この六朝史の歷史的性格をいかに認識するかをめぐる思惟から出現したといっても過言ではない。

以下に略述するのは、六朝史を中國史にいかに位置づけるかに關するいくつかの視點についての筆者の研究史整理であるが、單なる研究の年次的羅列は第四編にゆずり、ここではそのような視點がもつさまざまな研究史的背景について、時代區分論と六朝史の具體的な關わりからはじめ、筆者のきわめて主觀的な認識に基づいた回顧的考察をおこなってみたい。

六朝史に直接關連する時代區分は、端的に言えば、この時代が古代か中世かという議論である。中國史における時代區分の初發は內藤湖南の說であり、かれはすでに一九二〇年代に、中國史を上古、中世、近世に大別していた。その上古は、開闢より後漢中頃まで、そして後漢後半から西晉までの第一過渡期をはさんで、五胡十六國より唐の中世までを中世（または中古）(2)、唐中世より五代までの第二過渡期をはさんで、宋元は近世前期、明清は近世後期とするものであった。[3] この時代區分の指標は、しばしば文化史的であると評されるように、中國文化の内部發展と外部への擴大、外部勢力の中國内部への波及という現象におかれている。

内藤説を批判的に繼承しつつ、西洋史の時代區分を視野にいれ、あらたな時代區分を提唱したのは、敗戰まもなく一九四七年に公表された宇都宮清吉の説である。そこでかれは西洋史の古代・中世・近世三區分をとりあげ、その區分の要素は民族・文化・地域であるとして、ギリシア・ローマ人と地中海世界、ラテン人・ゲルマン人と西歐世界、近代ヨーロッパ諸國民と西歐以外を包含する世界にそれぞれ對比させる。これに反して、東洋の世界は時代によって文化・民族・地域に本質的な差はなく、したがってその時代區分は、それとは異なる要素によってなされねばならないとする。ついで上記内藤説の文化の發展と中國内外の民族、中央地方の地域開闢係、中世と第二過渡期のギャップ、過渡期の概念の三點に關して再檢討をおこない、結論として、東洋中世とは秦漢時代に始まり隋唐時代におわる期間であり、その中で、秦漢時代は法術的にして外面化傾向の強い時代、六朝時代は自律的にして内面化傾向の強い時代、隋唐時代は一見政治的であるが他面で自律的なものがある時代とのべている。[4]

宇都宮説を直接の批判の對象としつつ、一九四八年、新しい時代區分を提唱したのが前田直典である。その論法は、宇都宮説以外の時代區分に關するわが國及び中國の論者の學説をも視野にいれ、しかし内藤及び宮崎市定の研究に一定の同意と疑問を呈しつつ、古代と中世の措定と區分を論じたものであった。その論點は多岐にわたるが、主として論據となっているのは、豪族と大土地所有、もしくは「莊園」に關する個別の實態とそれぞれの時代におけるその意味であり、また大土地における直接生産者が奴隷・隷農か、農奴・小作人であるかの問題である。そしてその結論は古代を四期にわけ、その第四の時期を、内藤説の中古にあたるとするものであった。なお、前田説は世界史的意味での中世の措定が東アジア世界において可能かいなか、可能であるとすればそれはいかなる時期にあたるかを、東アジア世界全體、ひいては世界史的編年のなかで考えるという問題意識から出發しているのであり、したがってその視野の先には封建制があったということを認識しておくべきであるとおもう[5]。

これ以後、中國史の時代區分の問題については、それぞれの區分の直接的な時代の措定ではなく、その區分の指標である多様な歴史的現象の檢討分析という側面で學界の主要な關心事になったようにみえる。とくに、古代と中世の區分に關しては、西歐中世封建制との對比での私的大土地所有や、國家的土地所有と田制、直接生産者である農民の奴隷・隷農、農奴・小作人の如何、收奪體系としての租税・力役等に力點がおかれ、古代か中世かを判定する指標として、研究が蓄積された[6]。宇都宮、前田兩説の後まもなく公表された西嶋定生による家父長的家内奴隷制支配、宇都宮の僮約と小作様式の研究は、この初發時期の代表的業績であり、以後多様な視角と主題に擴散しつつ、研究史が形成されていく。

ただし、注意しておくべきことは、六朝史認識においては、それが單に古代か中世かという二者擇一的な議論に單純化し得ないところである。古代・中世いずれとみるにしても、その古代もしくは中世に包括される統一的國家形態であった秦漢あるいは隋唐時代と、諸國家分裂狀態であった六朝時代の比較は、單なる王朝史觀の延長として否定的に認識されるべきではなく、きわめて重大な六朝史認識の一視角であろう。六朝時代の具體的な歴史的諸現象の中に、前後の時代とは異なる様相をしめすものがすくなからず存在することも、事實であるからである。

時代區分に關わる研究は、前述の西嶋・宇都宮兩氏の研究が象徴するように、直接生産者の歴史的性格づけ、もしくは直接生産者と生産手段たる土地の所有者とのいわゆる生産關係の認識を中心に展開した。單純化していえば、直接生産者は奴隷なのか農奴・小作人なのか、當時の社會においてそのそれぞれの實數はどの程度なのか、いずれが多數を占めるのか、一方、生産關係は皇帝と小農民、豪族とその依附者の閒の兩者が併存することは諒解されていたが、そのいずれが第一義的であり、歴史的性格を規定するのか、などの議論であり、當時の土地所有の具體的あり方が、はじめは社會における有力土地所有者である豪族に焦點をあわせ、後には王朝の土地政策や土地分配制度の側面から検討された。このような傾向には、マルクス主義的歴史學研究の一定の反映を認めることができる。しかし、直接生産者の分析は、そもそも西洋における奴隷や農奴の規定が中國に適合的なのかの問題もふくめ、かならずしも時代規定に決定的な指標とはなり得なかった。當然それは時代區分に關わる生產關係と生產様式の認識にも影響し、皇帝と小農民の閒にそれを設定する立場では、總體的の語を冠して奴隷制か農奴制かの議論となり、豪族の大土地所有下における生産様式研究は、直營農地における奴隷耕作と周邊地での小作という概念に固定したようにみえる。また王朝の土地政策に關する研究は、占田・課田や均田制に關して、一時的にきわめて制度的研究の色彩を帯び、すくなからぬ研究が公表されたが、その土地所有の下で展開される生産がいかなる歴史性を表現するのか、單純化すれば古代的なのか中世的なのかの議論はそれほど多くなかった。

一方で、このような社會經濟的要素からやや離れ、六朝における支配者と被支配隷屬者の結合關係から時代規定を試みようとする研究が現れた。主に主者と門生故吏の關係を家內奴隷的關係か封建制的主從關係とみるかの議論である。いうまでもなく、これは奴隷制か封建制かを直接に意識した議論であるが、そこには奴隷制のアジア的形態、中國封建制の認識という難題が含意されていたようにおもう。これについては、つぎに言及したい。

さて、時代區分においては、秦漢時期を古代奴隷制時代とみる説は、西嶋説への批判から出發して、曲折を經ながら、ほぼ定着した。しかし、六朝時代については、周知のように、秦漢時代との一定の差を認めながら、前田説を支持する立場と、六朝時代を中世とみる説が存在した。兩説において避けて通ることのできない問題は、西歐世界との對比における封建制の問題である。中國封建制こそは、中國史全體における時代區分の要諦であり、六朝中世説は、封建制において、宋元以後封建制説という、一方の有力な時代區分論とむきあわねばならなかった。

六朝史を封建社會との關連で考察するとき、かならず言及すべきものは、宮崎市定、川勝義雄、谷川道雄三氏の發言である。まず宮崎について、その説の該當箇所の原文をしめしたい。

宮崎はいう。「三國から唐に至る中國の社會は、大體において貴族制の時代と名附けることができる。さればと言って凡ての事象が貴族制度だけで割切れるものではない。一方には之に對立する君主權が嚴存して、絶えず貴族制を切り崩して之を純粹な官僚制に變形せしめようと努力していたのである。實はこの君主權の存在こそ、貴族制を貴族制に止まらしめたのであって、若し君主權が更に微弱であったならば、この貴族制はもっと割據的な封建制度に成長してしまったかも知れないのである。當時の社會には確かに封建制に移行しそうな傾向があった。三國から唐代まで、微弱ながら絶えず封建食邑制が繼續したのは、這般の消息を物語るものであろう。寧ろ本質的には封建制が出現すべき社會であったものが、君主權の嚴存によって貴族制という特殊な形態を採ったと考える方が眞相に近いかも知れない[7]。」

ここには、西歐封建制との對比の上で中國における封建制を認識する場合、不可避な難問である中國における鞏固な皇帝支配體制をいかに理解するかという難題がある。宮崎は、君主權と封建領主を對置して、君主權が强力であれば官僚制の實現、弱體であれば割據的な封建制の成立という圖式の中で、他の時代と比較して皇帝權力が弱體であるという六朝時代の特異な歴史的現象が、貴族制を實現したとしているのである。ここで氏のいう封建制が、農奴制的生產樣式を指標にした封建制ではなく、レーエン的なそれであることは明確であろう。

川勝はみずからその研究の關心の底には「貴族制社會と封建制との關係をどう考えればよいのか」という問題があったとのべ、その貴族制社會と封建制の關係について、あらまし以下のような論旨を設定している。すなわち、貴族や豪族が所有する莊園での生産者や、細分化された階層的身分制、權力分散の傾向などにより、この時代は封建社會へと進む可能性をもっていたと假定した上で、貴族や豪族は武人として封建領主化する方向をとることなく、教養を備えた文人として官僚機構を形成し、その掌握によって支配體制を維持するという、ヨーロッパや日本の中世封建制と異なる社會を出現させたという(8)。

以上に明白なように、宮崎、川勝兩氏は、貴族制を封建制との關係で、本來封建制が成立する可能性のある社會が、中國獨自の要因によって、西歐的な封建制社會が實現せず、貴族制社會が出現したと理解しようとしたのである。ただしその中國的要因は、宮崎においては君主權であり、川勝においては封建領主化せず、文人貴族化した官僚であって、對蹠的であるが、それは封建制に關する兩者の認識の差に起因していよう。封建制へ移行する可能性の證左として宮崎は食邑制をあげ、川勝が領主化と生產者をあげているのは、その一端である。なお、宮崎にはこの後、六朝時代の封建制傾向についてとくに明確な發言はない。一方、川勝はこのような考えを表明した著書の集成までに、封建制への傾斜の證明として、封建制的または人格的主從關係や豪族領主化についての研究を公表している。

一方、谷川の説(9)は、封建制を正面から取りあげつつ、これを中國官僚制との直接の連關から説明しようとしたものであった。谷川はウェーバーの官僚制論と對比させつつ、まず中國官僚の自律的側面を強調し、それが鄕黨社會の構造そのものに根ざしていると考える。その鄕黨構造とは、六朝貴族が土地所有を媒介とせず鄕黨に對する支配權を持ち得たことと關連するもので、具體的には、六朝貴族が小農經營に基礎をおく大同世界創出の理想のもとに、道德面のみならず實務面におよぶ指導性を發揮することによって出現させた世界であったという。

かくして、貴族制は、六朝中世説と時代區分に關わる封建制との關係において、六朝史の歷史性認識と不可分の問題となったのであるが、そのことは後述にゆずり、いますこし六朝史と時代區分の議論をたどってみたい。それがいわゆる「共同體論爭」である。この論爭は學界ではこうよばれているが、その發端となった重田德の最初の論文は、中心的には時代區分における封建制の位置づけを論じたものである。ただ、それがそのようによばれるのは、のちにふれるように、重田の論鋒が、とくに第二論文で、それ以前から谷川が唱道してきた「共同體論」とその起點としての戰後歷史學界のさまざまな史觀や論爭の動向に對する發言にまで及んだからであり、そのことが、單なる時代區分の議論をこえたからである。(10)

そもそも封建制は、中國史においては、古代奴隷制を起點として成立する社會と認識され、宋代以後を封建制とする有力な見解が存在することは周知のことである。この點について川勝は宋代以後の中央集權國家の存在を根據に、その說に同意せず、六朝隋唐時代の方が遙かに中世封建制社會への傾斜が濃厚といっている。しかしながら、六朝隋唐に中世封建社會的色彩が濃厚であるという認識は、當然のことながら宋以後中世封建制說と相容れないものとなる。共同體論爭は、時代區分問題を第一義に考えれば、その初發は明清封建制說の立場から、六朝封建制說へなされた批判ということができる。

この論爭の發端となった重田德の論文(11)は、河地重造の論文が六朝封建制說を前提に、明清時代の地主制の封建的性格を否定するものとして、河地の所說を批判したものであるが、その分析の大半は、河地說の諸論點、例えば土地所有形態、前期資本、商人地主などの檢討に費やされたものであり、六朝封建制說の構成要素について個別に檢討をくわえたものではなかった。

重田論文はただちに河地、谷川兩氏と川勝の反論をよんだ。ただ、この反論には、重田の第二論文が俎上にあげた、谷川が一九六〇年代初頭から發言を重ねてきた「共同體」に關する言說と、そこに底流としてあった階級史觀とよばれる方法への懷疑ないし批判への共感の性格がつよくでていたようにおもわれるし、また、その後論爭に關係した論文はいずれも主體的にこの問題に關與しようとする意圖をもっていたようである。したがって、この論爭は本來、時代區分のみならず、戰後日本中國史研究の方法論的研究史ともいうべき中に位置づけをされるべきであり、この論爭全體に對するあらためての總括が現在なお、いな、現在だからこそ必要であるとおもうが[12]、筆者にその力はなく、本節はその場ではない。ここでは、「共同體論爭」にみられた六朝社會の歷史的性格について確認するにとどめたい。

それでは「共同體論爭」において議論された六朝の歷史的性格はいかなるものであったろうか。重田論文への直接の反論は、川勝・谷川兩氏連名でなされ[13]、さらに別に谷川の反論[14]がおこなわれ、一方、重田も竝行して續編[15]を公表し、主として谷川說への批判を展開した。川勝の反論は、前述のような西歐封建制との對比の構想のうえで、六朝時代が「貴族制社會という特殊な用語でよぶよりほかない」ものになった要因として豪族の領主化傾向に抵抗する小農民層の共同體志向をあげ、その矛盾のなかで豪族は教養ある文人貴族、公的性格を持つ官僚となることによってのみ、その支配體制が成り立ったのであると理解した。それが豪族共同體論とよばれる獨自の見解であり、階級制を濃厚にもつと理解されていた豪族と小農民が結成する共同體という論旨は、この議論に關わろうとした論者の關心が集中した一點であった。谷川の反論は重田の文章の「學問外的」部分への反駁が大半をしめたが、後半で六朝社會の捉え方について、そこに「基礎的階級關係」を確定することの困難さと、小農的土地所有の維持を圖る貴族の鄕村支配という考え方にたつことを再確認している。

また重田の續篇は、おもに重田が「主觀的・觀念的性格」とみなす谷川の共同體論への直接的批判であるが、それとの關連で、川勝・谷川連名論文の豪族共同體や「淸流・濁流」の問題に及んでいる。この點は六朝史の歷史的性格と關連する重要論點であるので、言及すべきであろう。豪族共同體については、秦漢の「里共同體」との對比で、何らかの豪族的原理が共同體に浸透しているという側面が配慮されていない、という指摘であり、「淸流・濁流」豪族については、公權力の私權化といわれる濁流と、それに對抗しつつやがて次代の貴族となる清流の權力の差に疑問を呈している。さらに、重田の批判は貴族制認識にも及び、谷川の「共同體論」は、貴族制の下部構造として、豪族による莊園制や農奴制ではなく、小農民とその共同體が想定されていることを指摘する。

一方、「共同體論」への批判もしくは疑問の提示は、主として階級の歴史的意味、歴史發展の契機に焦點があわされ、それに關する言說が中心であったが、六朝史の歴史的性格に直接言及するものとしては、秦漢時代との關連もふくめて議論を展開した五井直弘[16]、多田狷介[17]、藤家禮之助[18]三氏の說をあげるべきであろう。

五井の說は、發展段階論や階級社會の視點が不可缺であることを强調し、共同體論を批判しつつ、谷川が志向した小農民の性格を檢討する。その過程で言及されるのは秦漢史の研究史的整理と、主に漢代の共同體論議であって、六朝史の具體的歴史現象についての分析はなかった。

多田の說は秦漢時代を總體的奴隷制の社會とし、「この社會を次の段階におし進める力は小共同體内から發生、成長してきた豪族の封建的經營にある」が、豪族の經營は專制支配に依存する側面をもち、總體的奴隷制社會は唐末まで繼續するという。

藤家の說は、いわゆるアジア的生産様式を議論の出發點とし、さまざまな學說の檢討ののち、共同體の性格を規定するものはウクラードであるとし、結論は前漢までは奴隷制ウクラードが濃厚、後漢以後の假作優位の中、奴隷制ウクラードと封建制ウクラードが竝立し、やがて封建制が優位となる魏晉隋唐時期という時代區分を提唱した。すなわち魏晉期以降も戰國秦漢期と同様、「奴隷制と封建制の絡み合った複合ウクラード」の時代として認識する。

みられるように、これらの「共同體論」への懷疑もしくは批判は、經濟的社會構成の視點から檢討する視角が濃厚であり、ここに共同體論爭の一つの重要な留意點がある。また、これらの說は社會の性格を規定する主たる要素として豪族を重視する傾向にあり、小農民層をつよく視野にいれようとする川勝・谷川とは對極的である。

その後の議論の動向で、とくに言及しておくべきものは、渡邊信一郎の初期の研究である[19]。渡邊は當時の富豪層の所有大土地を經營の觀點で分析し、およそ以下のような結論をみちびく。富豪層の所有地における勞働力の主體は家内奴隷で、家父長的奴隷制經營であり、それがもっとも安定的であった。一方で小經營農民も存在したが、かれらは富豪經營との勞働過程の共同を必須とした。しかし富豪層の家父長的奴隷經營は、六朝時期には奴隷の小經營を胚胎しつつあり、形態變化を遂げつつあったとした。そして二世紀後半から六世紀末に至る時期は、「長い中國農奴制形成過程の第一段階をなす」と結論づけている。なお、氏によるとこれ以後の歴史發展の展望は、このような私的所有がやがて隋唐官僚制を媒介にして、私的所有を推進し、農奴制的所有を實現することになる。この議論は、豪族とその直接の生産關係下にある奴隷、皇帝支配下にあって豪族と直接的には生産關係にない小農民という二つの生産關係を包括し、その兩者を勞働過程の共同性の必須という觀點から視野にいれ、社會全體の經濟的社會構成を論じた壯大な構想であったが、その後この方向での六朝社會經濟史研究はあらわれなかった。

「共同體論爭」の熱氣は、しかし一九七〇年代後半には、ほとんど沈靜したようにみえる[20]。それ以後も、谷川は、自らの立場を積極的に主張し續けるとともに、機械的階級社會觀と評した戰後歴史學に對置した自身の「共同體論」が、階級協調論などではないことを表明するためとして、獨自の六朝社會論を展開した[21]。

ここで再度時代區分論爭にたちもどると、共同體論爭以後、六朝史を古代ないし中世と規定するためにおこなわれる研究は、土地制度をふくむ生産關係や直接生産者に焦點をあわせた分析はもちろん、その他の指標によって時代區分をこころみる方向もほとんどないまま、退潮していった。そのなかで「中世卽封建社會という觀念に立って中國社會の展開を捉えることは中國史の實態に沿うゆえんではない。このようないわゆる世界史の基本法則という見地に立つ觀念によらず、むしろ非封建的構造における中世を想定してみてはどうか」[22]という意圖から、谷川は新しい方向性を提示したが、それもまたその後研究者閒で共有され特段の展開をみたとはいえないとおもう。むしろ社會史の臺頭に象徵されるような歷史學の枠組や研究對象の轉換が、時代區分問題を歷史學研究の後方へと推しやったかの感をぬぐうことができない。それ以後、本節で取りあげるべき研究動向はほとんどない。

ところで、以上の時代區分をめぐる研究史概觀のなかに、六朝史の歷史的性格を認識するうえでの重要な關鍵語が見え隱れしていることに氣づくはずである。それが貴族制である。ここで節をあらため、貴族制の問題に關わることにしたい。

第二節　六朝官僚制と社會的身分秩序

前節でのべたように、時代區分論爭にあって、貴族制を封建制論と不可分に結合させる視點が一つの焦點であった。その論理は複數存在し、君主權の嚴存と封建領主化のいわば妥協として、六朝時代には本來の官僚制も封建的割據も實現せず、貴族制となったとするもの、小農民により領主化を阻害された豪族層が、その支配の正當性を貴族としての存在にもとめたとするものが代表的であるが、あるいは皇帝權力と拮抗する豪族層を國家權力の承認によって體制内存在と化せしめたものが貴族制であるとする場合も、豪族層の生產樣式が奴隸制ではなく農奴制的と理解すれば、封建制と貴族制を關連させる視點となろう[23]。

この論理において底流となっているのは、貴族の自律性という觀點である。歷史現象として、政治體制においても社會秩序においても、たしかに貴族が支配者として皇帝權力と拮抗し、ないしはそれから自律的、もしくは自立的な存在樣態をしめしていることはうたがえない。そのなかで問われるのは、貴族はそれ自體として支配者でありうるかいなかであり、そこでも中國史總體を貫いて繼續する皇帝支配との關係が問題となろう。それは直接的には、貴族がその主たる存在樣態としてとる皇帝の官僚という姿態の意味に關わり、一方で皇帝の官僚が自律的でありうるのはなにゆえか、他にその自律性を擔保するものはあるか、という議論に直結する。

さて、貴族制については、かつて二度、筆者はその研究史整理をこころみたことがある[24]。そこでは筆者が貴族制研究に取り組みはじめて感じた困難さをいくつかの觀點からのべている。その當時、すなわち一九七〇年前後の貴族制研究は、貴族という用語の定義がそもそも不分明で、その研究者各自の貴族の定義そのものがすでに各自の貴族制認識を前提としているという狀況であった。しかし、もっとも基本的な問題の所在は、貴族が貴族であることを特定する要因は何かが起點であり、谷川道雄の整理を援用すれば、貴族たることの契機は鄉黨社會にあるのか皇帝にあるのかが一點、もう一點は、貴族制なるものが六朝史全體の歷史的性格を表現するものなのか、社會全體のなかでとくに皇帝やその官僚層との關係に限定される現象なのかであった。そしてこのふたつの問題はそれぞれ不可分に結合しているのである。

このような整理を基礎に、筆者はその對極的な視點のいずれに立つかではなく、兩者の「止揚」のなかに貴族制研究の可能性をさぐれないかと考え、當初、とりあえず一方の極に皇帝權力、他方に鄉黨社會を對置し、その媒介項として身分に注目して考察する手法をとった[25]。しかしながら、それは前節のような時代區分論との關連を十分には消化できない狀態での問題設定であり、いわゆる下部構造論は、貴族はかならずしも大土地所有者ではないという所說に無條件に依據し、貴族の貴族たるゆえんにおいて經濟的要素は二義的であると判斷して、これをゆるがせにしている。鄉黨社會の具體的構造の把握については、經濟的社會構成の視點からは、それが貴族制研究に必須かいなかの判斷をふくめ、閑却しており、全體に抽象的概觀的であった。

ともあれ、その後いくつかの具體的問題を考察するなかで、貴族制研究に皇帝權力と鄕黨社會を對置するのは、いささか圖式的觀念的であり、むしろ官僚制の歷史的性格の分析と鄕黨社會の社會秩序という、より具體的な視角が不可缺ではないかと考えるにいたった。なぜなら、封建制論との關わりにおいて、またその存在形態において、貴族がとる官僚としての姿態の意味と、通念として承認されている貴族の自律性との關係は、もちろんその「土臺」に關わるものであるとともに、じつは官僚制そのもののなかに存在するのではないかと考えはじめたことによる。かつての視點とあまりおおきくかわらないようにもおもうが、そのほうがより具體的な歷史分析が可能とおもえたのである。この點をやや詳しく檢討してみたい。

中國前近代における支配體制がきわめて官僚制的な姿態をとることは、夙に西歐のアジア研究者の注目するところであった。ウェーバーに發し、バラーシュにいたる[26]中國社會の支配構造における官僚制的支配の認識の基本は、官僚制が中國においては家父長制的形態を帶び、家產官僚としてすでに紀元前の分裂時代の世界に出現して以後連綿と承繼され、かつ早期に官職閒の等級と職掌や命令系統、俸祿、文書による運營、索試による選拔などの內容を備えて、外面的には合理的な近代官僚制と類似しているという史實にあろう。

中國古代における官僚制の制度的敍述は、『周禮』のような理念的記述をのぞけば、『漢書』百官公卿表である。そこには、漢朝の諸官の多くが、最初の統一王朝たる秦の官制を繼承すると記述されている。それはそこに記述された秦漢官制がなお、家產官僚としての性格を濃厚に帶びていたことを明示する。その秦漢官僚制が外面的に顯著な變化をみせるのが、魏晉以後の官僚制である。その變化のもっとも注目すべきところは、從來の俸祿を基準に編成されていた官職序列が九等の官品を基準に編成されたことであり、この編成原理は以後中國王朝のほとんどが採用するところとなった。同時に、職掌にしたがい、最上級から下位官職に至る系統的官職編成が、正規の官僚制敍述である百官志・職官志の類に明示されることになる。以上のような官僚制は、通常中國前近代における皇帝支配體制の象徵的事項として認識されている。極論すれば、官僚制は中國において通時的ないし超歷史的事象として存在しているのである。

それでは、そのような官僚制は時代區分の指標、本論に卽していえば六朝史の歷史的性格の指標となりうるか。この點に關して、通常想起されるのは、統一王朝である秦漢官僚制と隋唐官僚制のはざまにおける、六朝官僚制のある種の宿命的立場であろう。すなわち、秦漢官僚制の基軸である三公九卿體制が、少府系諸官、とくに尙書・中書の臺頭によって、職掌權限の變化を生じ、最終的には中書・門下・尙書三省と尙書六部を基軸とする隋唐の體制へと移行していく過程、端的にいえば秦漢官僚制の變質から隋唐官僚制の形成へという過渡期が、官僚制史上の六朝官僚制の歷史的性格であると認識されていた。秦漢と隋唐という整然とした制度的完成度を表示する時代のはざまで、政治的な分裂混亂期、皇帝權力の他の時代に比しての外見的弱體化、そのような中でこそ生じたともおもえる制度的變化の顯著さとその過渡的性格が、六朝官僚制の認識を規定したということもできよう。

しかしながらそれは、六朝官僚制の歷史的性格の積極的な意味とはいいがたい。官僚制の歷史的性格は當該時代における社會構成全體の歷史的性格との整合的な理解によって認識されるべきではないだろうか。その意味でいえば、宮崎、川勝兩氏の六朝官僚制理解は、すでに紹介したように、六朝時代の歷史的諸要素の封建制的傾向と對比するという視角をもつものであり、あらためて檢討さるべきであろう。ところで、その論旨の中での官僚制は、前述のように、宮崎によれば、封建制に對置される君主權の支配の志向であり、貴族による割據的な封建制の實現を阻害し、貴族制を實現させたものであって、いわば君主權の象徵的表現でしかない。一方、川勝においては、領主化傾向を小農民の共同體志向によって阻止された豪族が、社會の支配者として公的性格を帶びていることを表示するために官僚となり、そこに貴族制が成立したという論旨であり、ここでは官僚ないし官僚制が社會における正當性の主張、ないしは公的であることの表現として想定されている。

いずれにしても、宮崎、川勝兩氏において、官僚制は、六朝において貴族制が出現せざるを得なかった要因としての君主權の嚴存、もしくは私的領主たる豪族の對社會支配に必須の公的性格、このいずれかを具體的に象徴するものとして認識されている。その意味では、六朝官僚制は、通時的な普遍性を有する中國官僚制の一部であって、六朝官僚制それ自體の歴史的性格は貴族制の背景に後退し、相對的なものとなってしまっている。要するに貴族制という様態をとるそれ自體に六朝官僚制の歴史的性格があるのであり、六朝官僚制の具體的内容そのものからその歴史的性格を把握しているのではない。

これに對して、谷川の六朝官僚制理解(27)は、かなり異なった内容をもつ。谷川は中國の官僚制そのものが上から下への支配方式と、地方鄕黨社會に支えられ、その人格によって天子を輔導するような下からの規制の二つの論理がはたらいているととらえ、六朝官僚たる貴族が鄕黨社會に對してもつ道德面のみならず實務面におよぶ指導性が、いわゆる下からの規制を實現し、そこに六朝官僚制の特質があると考えたのである。それは官僚制そのものの中に歴史的性格をみいだしうる視點であるとおもうが、しかし、この二面性が官僚制總體のなかにどのように具體化されているかは明らかではない。

このような所説をたどっていくと、通時的、普遍的性格を有して中國史に存在し續けたかのようにみえる官僚制において、六朝的性格はいかにして檢證しうるのであろうかがあらためて問題となろう。その場合、六朝における官僚制が、いかなる歴史的性格をもつのかを、貴族制を成立させた要因として認識するのではなく、それ自體がいかなる歴史的性格をもつのか、それはいかなる要素によって認識しうるのかへと視座を轉換することが、六朝史の歴史的性格認識のための指標となしうるのではないか。

この點について、かつて筆者は、六朝官僚制がその內部構造を社會的な身分秩序に規定され、本來皇帝權力下に一元的官位秩序によって編成されるはずのものが、社會秩序に對應するかのような複層的官位秩序を包攝していると認識し、これを九品官制の貴族制的構造とよんだことがある。(28)これは當時の貴族制研究に對する谷川道雄の整理、すなわち貴族制の根源が皇帝權力にあるのか鄉里社會にあるのかという問題整理に影響をうけ、その兩者の統合をこころみた結果たどりついた結論であった。(29)しかしながら、その方法もまた、皇帝一元支配體制の下での普遍的もしくは理念型の官僚制を前提とし、その普遍的理念型的な官僚制が當時の歷史的特質をもつ社會のあり方によっていかに規定されているかを檢證するものであって、六朝官僚制それ自體に卽してその歷史的性格を認識するためには限界があったとせざるを得ない。

くりかえすが、皇帝權力の發現遂行の組織機構としてのみで官僚制を認識するのではなく、官僚制それ自體の意味を追究することが、官僚制のある時代における固有の性格を把握することを可能とすることにはならないか。もちろん、このような發想は中國史全體を官僚制支配體制の永續と認識する一般的な專制國家論に陷る危險性がある。そのことを承知しながら、つぎにのべるような視點を併せ持つことで、六朝官僚制を六朝史の歷史的性格認識のための一方の分析視角としてみたい。

そもそも官僚制は當時の社會と隔絕し、超歷史的上部機構としてのみ存在するものであろうか。すでにみてきたように、六朝官僚制は社會のあり方と無關係ではあり得なかった。その關係は、川勝・谷川の考えのように、官僚制の具體的な構成要素であり、運營の擔い手である官僚と無關係ではあり得ず、その官僚を產み出す母胎であり、また官僚制による支配の對象でもある社會と何らかの歴史的關係にあるはずである。

ではその當時の社會をいかに認識すべきであろうか。これもすでにみたように、當時の社會を經濟的社會構成の分析のみで認識することは、相當な困難がある。鄕黨社會の俯瞰圖を具體的な概念圖としてえがいてみれば、その基本的構成者は廣範に存在する小農民であり、そのどこかに豪族が私的に所有する大土地があり、直接生產者が存在するというようなものであろうか。これら三者を生產關係のみで把握する場合、既述のように生產關係は皇帝と小農民の閒、豪族と直接生產者の閒のいずれにも存在することはほぼ承認されるであろうが、豪族と小農民の關係は直接的な經濟的關係ではない。しかし、この三者はいずれも他から孤立して存在するのではなく、鄕黨社會という日常的生活空閒において、經濟的社會的勢力として優位にある豪族の存在に規定された諸關係を保ちつつ、その社會の再生產のために、日常的諸活動を展開していたであろう。この三者の統合的把握がまず必要である。しかしながら、このような構圖はかならずしも六朝社會の歴史上の獨自性とはいえないかもしれないのである。

それでは、それ以外の視角で上記のような鄕里社會における三者統合からなる具體的構造の歴史性を把握できるであろうか。ここであえてもちいたいのが社會的身分秩序という發想である。ここで社會的身分とよぶのは、日常生活を營む生活空閒の中には、經濟的社會構成そのもののみで規定される存在ではなく、直接閒接の經濟的諸關係をふくめ、さまざまな社會的政治的實力の等差を內包し、多樣な價値觀や行動樣式、行動規範などを有する存在が混在していたと豫想し、それらすべてを包括した社會內の存在總體をさす。それら全體はその社會の存續のために、特定の安定的もしくは固定的狀態を志向するとおもわれるし、王朝にとってもその狀態は王朝支配における重要な要件であったに違いない。そこに特定の秩序がうまれ、そのような鄕里社會の狀態は、王朝の安定的支配の基本的な基礎となるはずである。ここに六朝社會の歴史的性格をみいだせるのではないか。

ところでそのような社會の狀態は、それを母胎として出現し官僚化したものたちによって形成され、またそれを支配の對象とする官僚制の性格と無關係ではありえない。このような社會に對峙する支配體制は、生産關係で結合した豪族と依附者のみでなく、廣汎な小農民層を包攝せねばならず、單なる皇帝一元の權力的支配の執行機關としてではなく、この社會秩序の根源としての普遍性をそなえておく必要があったと豫想されるからである。

以上の檢討から、おのずと本書の視角と方法が設定されよう。そのことについて、多少のことを補足しておきたい。

本書に收錄した大半の研究の原點は貴族制への關心であり、それ自體は舊著『六朝貴族制研究』（一九八七）の延長上にある。舊著執筆時點では、すでにのべたような貴族制研究の困難さにひるみ、ただちに貴族制そのものを直接の對象とするのはきわめて無謀なこととおもわれた。そのため、當時の貴族制研究の代表的著述にまなんで、貴族の本質の一端を表現するとおもわれた官僚制と身分社會の關係から、貴族なるものの本質を追究しようとした。

舊著の方法や內容には、宮崎市定、矢野主稅、川勝義雄、越智重明、堀敏一、谷川道雄諸氏の影響がつよく、筆者自身の創見というべきものはあまり多くなかったとおもう。また、當時問題意識にはあったが、論點を整理できないまま舊著において十分に展開できなかった視點もすくなくなかった。その視點のなかで、その後も常に腦裏を去らなかった問題が、六朝の九品官制の本質は何かということ、舊著で無批判に使用した社會的身分という曖昧な概念の二つであった。

前者については、宮崎市定『九品官人法の研究』からうけた六朝官僚制の認識の特異性をのべておきたい。本書が六朝官僚制のみならず六朝身分制において重大な意味をもつことを詳しく論じたことがある(30)が、六朝官僚制に關しては、九品官制における官位が、皇帝の官僚として執行する政治的支配の一部署の機能としてよりは、むしろかれらの地位や特權の表現としての性格が強いことを示唆した部分がある。(31)これに觸發され、そのような官位官職は、貴族にとっていかなる意味があるのか、そのような官位官職で構成され、整然とした制度的外貌をもち、またそれによって機能的に運營され得るであろうとみえるこの官僚制は、いかなる本質をもつのであろうかという問題を抱きはじめた。いわば官僚制が皇帝支配の執行機關ではなく、ある種の標識ないし象徵のようなものではないかという印象をつよくもちはじめたのである。しかし、一方でいかにも合理的組織的な機構運營方式を九品官制はもっている。その具體例は二つの側面でうかがえる。一つは人事であって、起家にしても、起家以後の官歷にしても、官僚制それ自體のなかにある官制秩序の原理に影響される部分がすくなくないようにみえる。もう一つは官僚制の組織運營であって、特に東晉以後、官僚集團の合議や官僚組織閒の有機的連携が存在し、それらを政策として實現するうえでの文書による機能的な權力意思の形成・決定が定着する。このような事象は、六朝官僚制そのものの別の意味での自律性をしめすのではないか、端的にいえば、六朝官僚制の本質は何かという疑問である。

本書第一編は、そのような問題意識に發した研究を集めている。

後者については、かつては身分についての石母田正、西嶋定生兩氏の古典的な身分の定義を前提に、良賤二大身分による專制主義的身分制と階梯的な貴族制的身分制の枠の中で、法制的身分中心に六朝社會を捉えようとしていた。ただ、具體的な文獻記事の檢討の中で、ある種の他者と區別された存在をあらわすとみられる一般的表現——例えば「士庶」「吏民」のような——もみられ、社會には法制的な規定ではとらえきれない現實的な格差があるという考えがつよくなった。それゆえ正統な身分の定義には背反することを承知で、これを社會的身分と呼ぶことにして、それを手がかりに社會內の諸存在の具體的なあり方を探ることをはじめた。そのことの出發點は舊著でとりあげた「士庶」の問題であるが、この「士庶」は同時にそれによって社會に中に一種の安定的秩序をもたらしているようにみえた。そこで、先にのべたような認識のかなり困難な經濟的社會構成に基づく鄕里社會の構圖ではなく、このような秩序やそれに包攝されるとみられる多様な存在の關係を分析し、それによって六朝における社會と國家體制や官僚制との關係を考察してみようとした。

第二編は、そのような關心と認識から發した研究を集めている。

註

(1) 通例では魏晉南北朝時代とよぶことがおおいが、本書では、六朝時代とよぶことにしたい。研究の基本的關心は魏晉南北朝時代全體の歴史的位置づけにあるものの、本書の分析の對象とする歴史的素材が東晉南朝に偏り、北魏北朝史にはほとんど言及するところがないのが、その理由である。

(2) 内藤が中世を中古ともよぶことがあった。『支那中古の文化』（一九四七、『内藤湖南全集』第一〇巻）は、冒頭にここにいう中古とは、「大體後漢の末頃から唐の末頃まで」であるとのべている。これは後述の前田説における隋唐までを古代とする考えに、なにがしかの影響があるようにみえる。後掲『中國史の時代區分』三五四頁參照。

(3) 内藤湖南『支那上古史』（一九四四、『内藤湖南全集』第一〇巻）冒頭にその説の簡明な要約がある。全集本の内藤乾吉のあとがきによれば、本書は大正一〇、一一年の著者の講義を底本としたものであるという。

(4) 宇都宮清吉「東洋中世史の領域」（初出一九四七年、『漢代社會經濟史研究』一九五五）。

(5) 前田直典「東アジアに於ける古代の終末」（初出一九四八、『中國史の時代區分』一九五七）。

(6) 注記しておきたいのは、大土地所有における直接生産者を指標に時代區分をおこなおうとする論法に對して、生産關係を最高の土地所有者である皇帝と一般農民の間に想定し、この一般農民を農奴として、春秋戰國から近代直前までを中世とする濱口重國の説である（「中國史上の古代社會問題に關する覺書」『山梨大學學藝學部研究報告』四、一九五三）。この説は、いわゆる停滞性論などとの關連で評價するのではなく、在地の具體的な社會秩序に對する認識として、きわめて重要な視點をふくむものとおもう。事實として、六朝郷里社會でも、その主要構成員として小農民を重要視する見解はすくなくない。

（7）　宮崎市定『九品官人法の研究――科擧前史』（一九五六）五二八頁。

（8）　川勝義雄『六朝貴族制社會の研究』（一九八二）「はしがき」。なお、これは後述する共同體論爭を經たあとの概括的認識であることに留意が必要であろう。

（9）　谷川道雄「中國史研究の新しい課題――封建制の再評價問題にふれて――」（初出一九六七、谷川『中國中世社會と共同體』一九七六に再錄）。

（10）　川勝は、この論爭のもつ性格について、この論爭が重田のいう「思想的な問題」、イデオロギッシュな視角と色彩を帶びており、その方向により多くの關心があつまったことに注意を促している（川勝義雄「重田氏の六朝封建制論批判について」初出一九七一、川勝『中國人の歴史意識』一九八六に再錄）。川勝の指摘はうなずけるところがあり、たしかに重田論文は、内容はもちろん、表現においてもさまざまに刺激的であり、それゆえ時代區分以外の局面ですくなからぬ反應があり、むしろその部分がこの論爭に過激な印象をあたえることになったようにみえる。この論爭に觸發されてその後にこの問題に關して公表された研究者の見解の多くも、時代區分や封建制の問題よりも、戰後歴史學の象徴とされた階級史觀・發展史觀の受け止め方や、共同體と階級社會關係の議論を第一義にしていたようにおもえるところがある。また、反論もこの部分に對する反應が措辭に影響をあたえていたようにおもわれた。ただ、激越にみえた議論の應酬には、當時の時代的刻印をおされた歴史學のあり方が、潛んでいたのではないかとおもう。

（11）　重田德「封建制の視點と明清社會」（初出一九六九、重田『清代社會經濟史研究』一九七五に再錄）。

（12）　論爭の一方の當事者である谷川には、一九七四年段階での論爭のまとめのような文章がある（「「共同體」論爭について」初出一九七四、『中國中世の探究――歴史と人間――』一九八七）。これに對して、當事者以外による同調・反論をふくめた論爭全體におよぶ客觀化された分析はない。

（13）　川勝義雄・谷川道雄「中國中世史研究における立場と方法」（『中國中世史研究』一九七〇）。ただし、連名ではあるが、あとがきに文責は川勝にあると明記されている。

（14）　谷川「中國史研究の新しい課題再論」（『東洋史研究』二八―二・三、一九六九）。ただし、川勝がいうように、この論文が實際に刊行されたのは、一九七〇年であり、重田の第二論文は、この反論をみることのできない時期にかかれている。

(15) 重田德「中國封建制研究の方向と方法――六朝封建制論の一檢討――」(初出一九七〇、前掲著書に再錄)。重田先生は、この論文が出てまもなく病に倒れ、二年餘の鬪病の末、一九七三年一一月亡くなった。

(16) 五井「中國古代史と共同體――谷川道雄氏の所論をめぐって――」(『歷史評論』二五五、一九七一)。

(17) 多田「中國古代史研究覺書」(初出一九七一)、「『後漢ないし魏晉期以降中國中世』說をめぐって」(初出一九七五、ともに多田『漢魏晉史の研究』一九九九に再錄)。前者はかならずしも最初から共同體論への參入を目したものではなく、多田獨自に古代社會の性格を論じたもので、その結論は、本文にのべたとおりであり、川勝・谷川說への言及もそれほど多くない。ただ、川勝・谷川說を、その共同體理解については疑問を呈しながらも、「共同體を媒介とする土豪・豪族の役割を理論づけようとした」と評價する一方で、豪族の私的經營を重視し、それがなお專制支配に依存する狀況であるとして、その結論を導いている。後者は、川勝・谷川說を念頭にした議論であるが、「本來の共同體」との比較や、共同體における私的所有に重點がおかれ、最終的には後漢は豪族共同體で首長にして支配階級は豪族、魏晉六朝は貴族共同體で首長にして支配階級は貴族という圖式を提示している(同著三三一頁)。

(18) 藤家「中國古代中世社會の考察――分期問題試論――」(初出一九七四)、「所謂中國中世社會を把握するための覺書」(初出一九八二、ともに藤家『漢三國兩晉南朝の田制と稅制』一九八九に再錄)。前者は、その公表年次からみると、論爭の初發から數年を經ているが、議論の導入にアジア的生產樣式を檢討し、また內容は多くが中國古代以來の共同體に關する諸說の批判的檢討であり、共同體論に觸發されたことは確かであろう。後者は渡邊信一郎の所說を中心にとりあげ、川勝・谷川說については、豪族共同體の經濟構造の不明確さ、小農經營について疑問を呈している。

(19) 渡邊「漢六朝期における大土地所有と經營」(初出一九七四、渡邊『中國古代社會論』一九八六に再錄)、「秦漢帝國から隋唐律令制國家へ――中國における專制國家形態と農奴制形成に關する一試論」(『新しい歷史學のために』一三九、一九七五)。前者の注でのべられるように、小經營の成長と農奴制形成については、當時の日本史における封建制論の一方の有力見解であったいわゆる戶田・河音理論の影響がある。その問題は中國封建制や中國近代の問題につながるものであるとおもわれるが、ここでこれ以上の言及をする用意がない。

(20) 谷川は『中國中世の探究——歴史と人間——』(一九八七)あとがきで、「共同體論爭は八〇年代のはじめにまで及んだが、大局的には七〇年代後半には終熄した。」とのべている。筆者は一九七七年の學界展望で、共同體論爭は「その問題意識を次第に風化させつつあり」「伏流水的存在と化した」とのべた(『史學雜誌』八七—五「回顧と展望」)。いかにも傍觀者的な發言であるが、みずからの歴史研究の視角を模索していた時期のいつわらざる實感であった。

(21) 前揭谷川『中國中世の探究——歴史と人間——』所收の多くの論文がそれである。機械論的云々については三一一頁參照。

(22) 谷川前揭『中國中世社會と共同體』はしがき。

(23) 重田第二論文三九三頁(同著)は、この認識の延長上に、矢野主稅・越智重明兩氏に言及している。

(24) 中村『六朝貴族制研究』(一九八七)序章、「六朝貴族制論」(初出一九九三、本書第一六章)。

(25) これが中村前揭書の基本的視角であり、その設定に至る研究史的認識は前揭書序章第三節に詳述している。

(26) この兩者の官僚制の論理については、谷川「中國官僚制社會のひとつの見方」(初出一九七五、前揭谷川『中國中世社會と共同體』に再錄)に簡潔な概觀がある。

(27) 前揭谷川「中國史研究の新しい課題」による。谷川の官僚制についての發言はこれ以後たびたびなされる(その一部は前揭『中國中世社會と共同體』)が、本論ではこの文章によることにする。

(28) 前揭中村『六朝貴族制研究』第二編參照。

(29) なお、この點に關して、堀敏一の所說、すなわち九品中正制度が、在地の鄕黨社會の秩序を官僚制の中に反映させるような原理を有する選擧制度であったという考えにもまた、大きな影響を受けている(堀「九品中正制度の成立をめぐって」『東洋文化研究所紀要』四五、一九六八)。

(30) 前揭「六朝貴族制論」(初出一九九三、本書第一六章)參照。

(31) 今なお鮮烈な印象のある一文がある。それは『九品官人法の研究』の一節(『全集』六、一八三頁)で、六朝官人たちの官歷をのべて、「こういう一つの出世コースが定まると、成るべく早く必要な地位を通過する競爭が始まる。丁度それは障害物競爭のように、ただ通過しさえすればよいので、中には隨分早いレコードもある。」という。當時筆者はこの書の影響を受けて官僚制研究をめざし、『晉書』『宋書』などから、列傳所載の官人たちの官歴を一人ずつカードに取る作業を續けていたが、その作業から實感する事實は全くその通りで、この一文の表現が實に巧みであることに感嘆した覺えがある。

第一編　六朝官僚制の原質と構造

第一章　六朝における官僚制の敍述

はしがき

正史の百官志は何を敍述しているのか、いうまでもなくそこには整然たる官制の存在がのべられている。ではその整然たる官制の存在は歴史的事實か、この疑問はこれまであまり意識されてはいない。しかしながら、整然たる官制の存在を主張する敍述の存在と、その敍述の内容がそのまま歴史的に實在したかは、もちろん別次元の問題である。『漢書』百官公卿表が出現して以後、六朝隋唐にかけての正史にはしばしばこの類の敍述が附加されているだけでなく、『漢官解詁』以後、官僚制に關する單行の著述の類は、他の時代に例をみないほど多數出現した。王朝史においても、單行の著書においても、官僚制を記錄することへの意識と熱意は、この時代、きわめて高かったといわねばならない。

正史百官志や官僚制に關する單行の著述へとかれら著者を驅り立てた官僚制は、かれらにとって、はたしていかなる意味をもっていたのか。それら敍述は歴史的事實をただ客觀的に敍述した單なる歴史記錄であったのか。本章の起點はここにある。

官僚制を記錄するものたちにとって、官僚制の敍述はいかなるものであるべきと認識されていたのか、また官僚制はそれを記録することがなにゆえに不可缺とされていたのか。そのことを考えるためには、まずその敍述の具體的内容を把握する必要がある。そこからすすんで、官僚制に關する敍述の本質は何かをさぐろうとするのが、本章の目的である。

なお、本章では、官職の種類と等級、官員數、職掌、待遇、編制、統轄關係など靜態的な職官制度を官制と稱し、これに官職就任資格、任用方式、遷官遷職、官職に附隨する特權など官僚制の運營にかかわる諸要素をふくめたものを官僚制と稱することにする。

第一節　官僚制敍述の歴史と系譜

まずは王朝史における官僚制の記述の歴史をたどることからはじめたい。

周知のように、この類の記事の嚆矢は『漢書』百官公卿表であるというのが定論であろう。ところがこれについては、『史通』に特異な言及がある。すなわち内篇書志[1]に、

若し乃ち五行藝文は、班　子長の闕を補い、百官輿服は、謝　孟堅の遺を拾う。

とあり、百官志は班固『漢書』にはなく、謝承が創始したというのである。これには、程千帆のいうように、單に名稱のみみて、その實をみなかった見解である[2]という批判もあるが、後漢史中もっとも早期の成書年代に屬する一書であるのが、孫權謝夫人の弟である謝承の『後漢書』であり、その「百官志」が百官志の名稱としてはもっとも早いことと、また班固の表に對する劉知幾の批判的態度[3]にも關係があるようである。

これをうけて、この謝承の輿服、百官二志については、前者が『東観漢記』車服志から、後者は百官公卿表から出

たものでありながら、新しい名稱をもちい、それがともに『續漢書』志に模倣されたとして、この謝承書を高く評價する見解もある(4)。なお、謝承書の二志は佚文も今ではうかがいしることはできないが、他に禮儀、五行、郡國、兵、刑の五志があったようで、そのわずかな佚文が殘存する(5)。

後漢史として、謝承の書より早く撰述が始まったのは、『東觀漢記』である。本書は多くの撰者の手を經て、最終的には獻帝時に成ったもので、諸王表、王子侯表、功臣表、恩澤侯表(6)とならんで、百官表があった。この名稱は班固の百官公卿表との關係を強く示唆するものであろう。なお、表とは別に十志があったが、そのなかに百官志の類はない(7)。

本書の百官表については、『史通』外篇古今正史(8)に、元嘉元年の、邊韶・崔寔・朱穆・曹壽らの孝穆崇二皇紀・順烈皇后傳の續撰をのべ、あわせて崔寔・曹壽と延篤が百官表を作ったことを記す。したがって本書の編纂はなお後まで續いた可能性がある(9)。すなわち、『漢書』百官公卿表についで、『東觀漢記』百官表があり、ついで謝書の百官志が出たということになる。

しかし、百官志の創始とその繼承關係、および百官表との關係については、さらに特異な名稱の志を檢討する必要がありそうである。それが、謝書とほぼ同時期の成書(10)と推定される魏郎中魚豢撰『魏略』中外官志である。この志は『南齊書』巻一六百官志序(11)が、職官の記事の沿革をのべるにあたって、胡廣、應劭の書などとならべて「魏氏官儀・魚豢中外官」と列擧したものである。

魚豢撰『魏略』は、同人撰『典略』との關係や、その分類について諸說あるなど、問題の書であるが、『舊唐書』經籍志、『史通』古今正史は、本書を正史の系統に數え、體例からしても紀、志、傳をもっていたことは確實で(12)、ここに言及しておくべきであろう。

中外官とは、本來、星宿に關する用語であるが、[13]『南齊書』の文脈からいえば、この中外官とは官制に關わるものであり、事實中外官は官制全體を包括する概念として通用していた。[14]ただ、上記中外官は「中外官志」である明證がなく、魚豢または『魏略』の語として諸書に引用される官制記事を張鵬一『魏略輯本』が「中外官志」と名づけて一括するだけであるが、その措置は正しかろう。

かくして、三世紀中葉、ほぼ時を同じくして、正史における官制記事に、表ではなく志を標榜する百官志と中外官志が出現したが、名稱は百官志が後世に繼承され、中外官志は忘れ去られた。その閒の經緯はかならずしも明白ではないが、名稱上の百官表との近似性、正史の系列としては對象とする時代が、謝書が後漢、『魏略』が三國と先後があったことなどがその理由として推測される。

さて、後漢王朝史は『東觀漢記』以後も數多く作られた。『史通』古今正史[15]は前引文のあと、西晉泰始中、祕書丞司馬彪が撰した紀志傳八〇篇よりなる『續漢書』、散騎常侍華嶠が『東觀記』を删定した『漢後書』帝紀一二、皇后紀二、典一〇、列傳七〇、譜三、總九七篇をあげ、後者の一〇典は未完成であったとのべ、西晉代の司馬彪と華嶠の二書で後漢史を代表させているようである。この二書はともに志、またはそれに代わる典をもっている。[16]前者の志がいうまでもなく『續漢書』八志であり、その中に百官志があるのは周知のことである。一方、後者の一〇典の內容は不明であるが、八志と一〇典という數を比較すると、一〇典のなかに百官志に相當する典が存在した可能性は高いといえよう。

これらの他、志をもつ後漢史としては、上記二書の後、東晉康帝時の著作郎謝沈の『後漢書』があり、その佚文に禮儀、祭祀、天文、五行、郡國の諸志があったようであるが、百官志はみえない。[17]

その後、東晉末、孫恩の亂に死んだ袁山松にも『後漢書』があり、律曆、禮儀、祭祀、天文、五行、郡國、百官の諸志があった[18]。

そして最後に范曄『後漢書』があらわれたが、本書には、もと一〇志があり、そのなかに百官志があった。それは謝儼なるものが范曄に託されて著したものであったが、劉宋代にすでにうしなわれていたという[19]。

このようにみてみると、王朝史における官制の記録は、『漢書』百官公卿表、『東觀漢記』百官表、謝承『後漢書』百官志、『魏略』中外官志、司馬彪『續漢書』百官志の順になり、以下華書、袁書、范書と續くことになる。

三國史については、いうまでもなく陳壽『三國志』には志がない。ただ、晉の王沈『魏書』、同じく晉の張勃『呉錄』に志があったというが、百官志の類は確認できない[20]。

晉史については、佚文からみて、この類の志があるものとして、以下の三史があるとみられる。成書年代順にならべてみよう[21]。

劉宋の謝靈運『晉書』に百官志[22]、おなじく劉宋の何法盛『晉中興書』に百官公卿表注があり、南齊の臧榮緒『晉書』には職官志または百官志があった。このうち、臧榮緒『晉書』の諸志は唐修『晉書』諸志と名稱、內容とも共通するところが多いという[23]。

以上のような檢討から、王朝史における官僚制敍述は、百官公卿表からはじまり、以後、表と志が竝行しつつ、やがては志に歸一するという趨向であったことが理解できよう。この表から志へという變化については、後にその意味を考察することになる。

ところで、以上のような王朝史の一部としての官制の記述とは別に、單行の官僚制關係の著作が多數存在した。先に一部を引用した『南齊書』巻一六百官志[24]の序の全體は、

官を建て職を設けるは、興るに炎昊よりし、隆周の冊に方しく、盛漢の書に表れ、存改回沿は、歴代に備わる。

> 先賢往學の、之を以て雕篆する者衆し。若し夫れ胡廣の舊儀は、事は惟れ簡撮、應劭の官典は、殆ど遺恨なし。王朗の奏議[25]は、霸國の初基に屬し、陳矯の曹を増す[26]は、軍事に由りて闕を補う。今則ち魏氏の官儀・魚豢の中外官有るなり。山濤は意を以て人を辯じ[27]、不□□□。荀勗は事の煩なるを去らんと欲して、唯だ并省を論ず[28]。制を定め文を成すは、之を晉令に本づく。後代業を承け、案じて前准と爲す。官品を肇域し、階資を區別するは[29]、蔚宗の選簿[30]が梗概、欽明の階次が詳悉なり。虞通[31]・劉寅[32]は荀氏の作に因り、舊を矯め新を増して、今古相い校ぶなり。

というものであり、要するに官僚制を敍述した著作は古來盛んであったとして、漢の胡廣『漢舊儀』以後一〇餘の撰者と著作に言及している。このうち、胡廣舊儀（『漢官解詁』注）、應劭官典（『漢官』注、『漢官儀』）、魏氏官儀（荀攸『魏官儀』）、欽明階次（荀欽明『宋百官階次』）は下掲『隋書』に著録がある。

これにつづくようにして、『隋書』經籍志史部職官篇[33]は、

> 今漢書百官表、衆職の事を列し、在位の次を記すは、蓋し亦た古えの制なり。漢末、王隆・應劭等、百官表の具わらざるを以て、乃ち漢官解詁・漢官儀等の書を作る。是の後相い因り、正史の表志に復たは百僚在官の名なきなり。搢紳の徒、或るものは官曹名品の書より取り、撰して之を錄し、別に世に行わる。宋齊以後、其の書益々繁くして、篇卷は零叠、爲に亡散し易く、又た瑣細多くして、紀すべきに足らざるが故に刪る。其の見存して觀るべき者、編みて職官篇と爲す。

とのべ、百官公卿表以後、漢末の王隆・應劭以後、さまざまな官僚制敍述が出現したとして、以下のような書名を著錄し、すべて二七部、三三六卷あったとする。

> 漢官解詁（漢新汲令王隆撰胡廣注）、漢官（應劭注）、漢官儀（應劭撰）、漢官典職儀式選用（漢衛尉蔡質撰）、魏官儀

(梁荀攸撰)、官儀職訓(韋昭撰)、晉公卿禮秩故事(傅暢撰)、晉新定儀注、晉官品(徐宣瑜撰)、百官表注(荀綽撰)、司徒儀(干寶撰)、宋職官記、晉百官儀服錄、大興二年定官品事、百官品、百官階次、齊職儀(齊長水校尉王珪之撰)、齊儀(王珪之撰)、梁選簿(徐勉撰)、梁勳選格、職官要錄(陶藻撰)、梁官品格、百官階次、新定將軍名、吏部用人格、官族傳(何晏撰)、百官春秋(王秀道撰)、百官春秋、魏晉百官名、晉百官名、晉官屬名、陳百官簿狀、陳將軍簿、新定官品(梁沈約撰)、梁尚書職制儀注、職令古今百官注(郭演撰)

以上諸書のうち、晉以後のおもな著作につき、その成書の由來をみておきたい。

晉のもので注目されるのは、荀綽撰『百官表注』一六卷と傅暢撰『晉公卿禮秩故事』九卷である。撰者の荀綽と傅暢は奇しくも同じく後趙に沒し、それなりに榮達した人である。

『百官表注』は、その書名からして『百官表』との密接な關係が豫測される。一說には、本書は『南齊書』百官志序にいう荀勗が撰した『百官表』に、かれの孫にあたる荀綽が注をつけたものであるといい、また荀綽の傳にはその注のことが記されないから、そもそも荀勗撰の誤りかという。[34] しかし『續漢書』などに多く引用される『百官表注』とはべつに、『晉百官表』なる書の佚文が後述のようにたしかに存在するから、[35] 失名撰もしくは荀勗撰『晉百官表』と荀綽撰『百官表注』の二書が存在した可能性はたかい。ただし『表』『注』兩書の具體的な關係、たとえば『表』原文に『注』文が附加されているのか、『注』文は『表』原文とは獨立しているのか、兩書は一書なのか別の書なのか、などは不明である。また『注』は後趙での成書であるので、東晉以後の江南での流傳についても疑義がありうる。

一方、『晉公卿禮秩故事』の撰者傅暢は、『晉書』卷四七傅玄傳附暢傳に「諳識朝儀」とあって、西晉朝廷の諸制度に通曉していたようであり、書名からみて、官制關係の記事をもっていたと推測できる。本書の流傳についても、『晉百官表』と同樣の事情であろう。

つぎに重要視すべきは、『齊職儀』五巻である。本書成書の由來については、『南齊書』巻五二文學王逡之傳附從弟珪之傳[36]に、詳しい記事がある。それによると、長水校尉王珪之なるもの、宋元徽二年（四七四）、敕をうけ古來の設官・歷代の分職を纂集し「等級掌司」、「黜陟遷補」、「章服・冠佩」を記錄したが、その後宋齊革命にあい、太宰褚淵が敕旨を奉じて改訂し、五〇巻の書となし、『齊職儀』といったという。

なお、本書の撰述については、永明五年（四八七）、沈約に『宋書』撰集の命が下り、翌六年、紀傳七〇巻が完成したが、志は未完成であったことと關連するかもしれない。ともかく、本書は宋齊革命によって內容を修正され、結果的には宋の官制ではなく、南齊の官制記事となり、『南齊書』百官志に「諸臺府郎令史職吏以下、具見長水校尉王珪之職儀」と注するように、兩者相補う關係となった。

これにつぐものは徐勉撰『梁選簿』三巻である。その成書の由來と內容は、『南史』巻六〇徐勉傳[37]に詳しい。徐勉は天監六年（五〇七）、吏部尙書となったが、天監の官制改革にあたり、『選簿』を奏上し、それが詔により施行された。すなわち本書は徐勉による梁朝の天監の官制および人事方式の改革と關係するもので、この改革の中心は九品官制に十八班制なるものを導入し、いくつかの官歷を設定して、あらたな官人の昇進經路を形成しようとしたものであり[38]、本書はその方式を記述したものである。

以上、『南齊書』百官志序、『隋書』經籍志職官篇所揭の諸書は、百官志および職官篇に著錄されるとはいえ、その內容は單一ではない。その詳細は次節で論じるとして、撰述の經緯からすると、敕が機緣となっている『齊職儀』をのぞき、それらには、官僚制につよい關心を抱く個人が、王朝における官制全般の組織圖としてではなく、官僚制の具體的な運營の必要性から撰述した書という性格が濃いように思われる。

ところで、先述のように『南齊書』百官志序、および『隋書』經籍志職官篇所載の單行の官僚制敍述は、胡廣、應劭、蔡質三者の著をのぞけば、すべて魏晉以後のものである。それは魏晉以後、かような諸書に對する關心ないし需要が、社會において急速に增大したことをものがたっている。そしてこの現象が王朝史における表から志への變化と、時期的に對應していることはけっして偶然ではない。

かかる官僚制敍述の歷史的轉換と變遷は、その敍述內容の變化と密接に關連するものであり、それはまたそのことがおこった魏晉以後の時代と社會の獨自の性格とも不可分であることが豫測できるのである。

第二節　官僚制敍述の內容

正史にはじめてこの類の記事である百官公卿表を採用した班固は『漢書』卷一〇〇敍傳[39]で、その意味について、

漢は秦に廸い、革める有り因る有り、觕し僚職を擧げ、竝びに其の人を列す。百官公卿表第七を述ぶ。

とのべるのみであるが、それは、かれのこの表が秦から漢にかけての官職の沿革と歷代の任官者を記錄するのが主旨であったことをしめしている。すなわち、職官制度そのものとその沿革がまずひとつの部分であり、その制度における具體的運用、たとえば誰が何時、いかなる官職についたかを一覽表としたのがもう一つの部分であり、それを總合したものが本表なのである。そして、その一覽表が本表において大部分を占めているのであり、それこそ本表が表であって志ではない所以なのである。

ところで、このことに關して、前揭『隋書』經籍志職官篇[40]の記事に再度注目してみよう。

古の仕える者、名は臣たる所の策に書かれ、各おの分職ありて、以て相い統治す。周官に、冢宰は建邦の六典を掌り、時に御史は數凡（凡數）と正（政）に從う者（を掌る）。然らば則ち冢宰は六卿の屬を總べて、以て其の政

を治め、御史は其の在位の名數、先後の次を掌るなり。今漢書百官表、衆職の事を列し、在位の次を記すは、蓋し亦た古えの制なり。漢末、王隆應劭等、百官表の具わらざるを以て、乃ち漢官解詁・漢官儀等の書を作る。是の後相い因り、正史の表志に復た百僚在官の名なきなり。搢紳の徒、或るものは官曹名品の書より取り、撰して之を錄し、別に世に行わる。宋齊以後、其の書益々繁くして、篇卷は零叠、爲に亡散し易く、又た瑣細多くして、紀すべきに足らざるが故に刪る。其の見存して觀るべき者、編みて職官篇と爲す。

すなわち、古來官職に關する記事は、官職の制度のみではなく、在官者の身分や在位記錄をふくむものであり、百官公卿表はまさしくその傳統の上にたっていた。ところが、その百官公卿表自體が不十分であるという認識が生じ、『漢官解詁』『漢官儀』等の書が編纂されたが、その後、かかる事情が繼續したため、正史の表や志からは在官者の記事が消失したというのであり、一方、「搢紳之徒」すなわち社會上層の官人層は「官曹名品之書」からとった別種の著作を編纂し、これが宋齊以後盛行して、多數にのぼったというのである。その別種の著作が、前節に列擧した諸書ということになる。

では、百官公卿表は何が「不具」であり、職官篇の諸書は何を補おうとしたものであるのか。『漢官解詁』『漢官儀』佚文等をみるかぎりでは、それはかならずしも明らかではない。しかし、それら諸書が出現したのち、正史の表志から在官者の名が消えたというのは、それら諸書の記載が在官者に重きをおいたため、正史の表志が在官者の記載を略して官職制度に重點を移した結果であり、「搢紳之徒」が「官曹名品」に基づいて編纂した著作は、在官記事を中心としたものであったと推測できる。百官公卿表の「不具」とは、表が對象とした前漢より以後、在官者の記錄が不十分であったことをいうのではなかろうか。

このことを、それら諸書のもとになったという「官曹名品之書」の檢討で推量したい。當時の用語では、「官曹」

は官廳全體、あるいはその所在地、廳舍、そこにおかれた官職、職務などを意味する。[41]「名品」は多様な語義でもちいられていて、名稱種類、人となり、名人というような意味がある。[42]それゆえ「官曹名品」とは、官職の名稱種類、官人としての人となり、官場の優れた官人などの意味がありうるが、おそらく後二者の意味であり、かりに官職の名稱種類の書であったとしても、單なる職官官制記事に止まらず、その職官就任者の記録であったと考えたい。それらよりとった諸書はまさしく在官記事を中心とした著作であったということになる。

そうであれば、官僚制の敍述には、當初は一體化してありながら、ある時期にその歴史的條件によって分化した二種の要素、すなわち官制そのものの記事と在官者の記録とがあり、その二種の要素はそれぞれ王朝史編纂者と單行の諸書を編纂する階層という背景を擁していたと考えることができるのである。

この邊の事情について、やや詳細に検討してみたい。まず正史類の表・志をみてみよう。百官公卿表についで編纂されたのは、前節でのべたように『東觀漢記』百官表であった。この表の佚文は主に『續漢書』百官志劉昭注などに殘っているが、[43]その記事内容は官職制度が中心である。しかし、この表が、前述のように、諸王表などとならぶ表の一部であることに鑑みれば、それが百官公卿表とおなじく、在官者の一覽表を備えていたことは確實である。

百官公卿表の傳統を名稱上から明確に繼承したのは、何法盛『晉中興書』百官公卿表注であろう。その佚文は『北堂書鈔』『太平御覽』などに殘されている。[44]その佚文にみるかぎり、それは官制の記録もあるが、在官者や任官の記事の性格もあわせもつ。例を擧げておく。

『北堂書鈔』巻六六太子中舍人に、[45]

晉中興書百官公卿注に云わく、惠帝東宮に在り、舍人四人才學美なる者を以て中庶子と共に文書を治せしむる者なり、と。

とあるものは、官制の記事である。しかし、同書巻六五太子太傅[46]に、

晉中興書百官公卿表注に、齊王攸司空行太子太傅事と爲る、と。

とあるのは、個人の任命記事である[47]。

では、『史通』によって百官志の嚆矢とされる謝承『後漢書』百官志はどうであろうか。佚文が殘らない以上、推測によらざるを得ないが、先行する『漢書』『東觀漢記』の表をおそわず、志としたことには、單なる名稱の變更以上の意味がふくまれており、それは在官者名を排除した、純粋な官制そのものの記事であったと考えたい。そしてそこにこそ、百官志が班固ではなく謝承からはじまるという『史通』の記事の眞意があるのではなかろうか。また本書と相前後する『魏略』中外官志については、その佚文とされるものを概觀すると、やはり基本的には官制記事である[48]。

以後、王朝史においては、すでにみたように表、または表注と、志が竝行する時期があるが、『續漢書』百官志、謝靈運『晉書』百官志[49]、臧榮緒『晉書』百官志（現行『晉書』職官志[50]）、『宋書』および『南齊書』百官志[51]など、志と稱するものはいずれも官職名、沿革、職掌、員、印綬、秩石等々、純然たる官制記事であり、かりに人名があっても、それは官職の沿革にかかわるものにすぎない。

であれば、前掲『隋書』の記事のうち、正史表志から百僚在官の名がなくなったというのは正確ではなく、表から志への移行にともなって、正史の官僚制敍述から在官記事がなくなったとせねばならない。

それでは單行の諸書においては、いかなる狀況であったろうか。

さきにあげた『南齊書』百官志および『隋書』經籍志職官篇所掲の諸書のなかに、漢代のものとして、王隆撰胡廣注『漢官解詁』と應劭『漢官儀』があった[52]。前者は、おおむね官制記事が中心であるが、後者は孫星衍の敍錄が「今諸書引官漢儀、有諸人姓名」といい、また『書錄解題』の「應劭漢官儀一卷、載三公官名及名姓州里」という一文を

引用するように、官制記事のみではなく、人名と本貫をのせていた。その記載の具體例は、一種は策書の引用であり、『書錄解題』が三公官名というのは、策書が三公策命にもちいられることによる。別の一種は、一例を擧げれば、『後漢書』卷二明帝紀永平八年「司徒范遷薨」の項の注に、「漢官儀に曰く、遷字は子閭、沛の人なり」とあるようなものであり、これはまさしく在官記事の一部であるにちがいない。

晉に入ると、獨特の人事方式でしられた山濤の『山公啓事』や、官職の遷轉の簡略化につながる「省官幷職」をとなえた荀勗など、純粹な官制記事ではなく、敍任方式や官制改革の書籍が現れるようになるが、さらに注目されるものに、先述した西晉の『晉百官表』がある。その佚文として、『三國志』卷三五諸葛亮傳注[53]に、

案ずるに晉百官表に、董厥字は龔襲、亦た義陽の人なり、と。

とあり、『南史』卷二二王儉傳[54]に、

時に朝儀草創、衣服の制則、未だ定準有らず。儉議して曰く、（中略）晉百官表に云わく、太尉參軍四人、朝服武冠、と。此れ又た宰府の明文なり。

とあり、『藝文類聚』卷四五（『太平御覽』卷一五一略同）[55]に、

晉百官表に曰く、王は古號なり。夏殷周は王と稱す。金璽龜紐、細纁朱綬、五時朝服、遠遊冠、山玄玉を佩す。

とある。

このうち、後二者は官制記事であるが、最初の事例は書式が『漢官儀』と同一であることに注意したい。また、その内容は、正史の表と類似するその書名と無關係ではありえないとおもわれることに注意する必要がある。

ついで西晉末の荀綽撰『百官表注』一六卷と傅暢撰『晉公卿禮秩故事』九卷を代表的な單行の官制敍述としてあげることができるであろう。この兩者は、前者が官職の月俸記事をふくみ、後者は唐修御撰『晉書』職官志の給絹記事

の基礎とみられる官職への給絹規定をもつことでも注目される[56]。

『百官表注』の佚文は『續漢書』『北堂書鈔』『初學記』『藝文類聚』などにみられるが、すべて官制記事である。しかし、書名からみて、本書が百官公卿表や『百官表』と同じく、在官者一覧を備えていたと推測することは許されよう。

一方、『晉公卿禮秩故事』の佚文は、『太平御覧』『文選』『大唐六典』などにみられる。それは一、二の例をあげれば、『太平御覧』巻二〇六[57]に、

安平王孚・朗陵公何曾・汝南王亮、皆太宰と爲る。

とあり、同書巻二三九[58]に、

世祖扶風王駿を以て安東大將軍と爲す。

というような記事であるが、それらは明らかに任官記録である。

ところで、この二者以外に注目さるべきものとして、闕名の『晉百官名』がある。その佚文は、『世說新語』『文選』などに殘るが、それらは大半が人名と本貫、及び父子兄弟の人名を載せるのみである。しかしそのなかに、たとえば『世說新語』言語篇[59]引く同書に、

崔豹字は正熊、燕國の人なり。惠帝の時、官は太傅（僕か）丞に至る。

とあり、排調篇引く同書[60]に、

劉許字は文生、涿鹿郡の人なり。父放、魏の驃騎將軍。許は惠帝の時、宗正卿と爲る。

とあるものなどは、本書が單なる人名、本貫ではなく、在官者の記録であり、「名」とは在官者名簿の謂であることがわかる。

すでに『百官名』なる書名がその内容を明示するものであるとすると、『新定將軍名』一卷、『魏晉百官名』五卷、『晉官屬名』四卷なども同様の書であると斷じてあやまりなかろう。[61]

つぎに、『齊職儀』の内容を検討してみる。本書佚文はしばしば『大唐六典』にみられる。

太祝令、品第七、四百石、銅印墨綬、進賢一梁冠、絳朝服、用三品勳位、

毎陵令一人、品第七、秩四百石、銅印墨綬、進賢一梁冠、絳朝服、舊用三品勳位、孝建三年、改爲二品、（廩犧）令、品第七、秩四百石、銅印墨綬、進賢一梁冠、絳朝服、今用三品勳位、（以上、卷一四注）

太子有内直兵局・内直兵史二人、五品勳位、

中庶子下有門下通事守舍人四人、三品勳祿敍、武冠朱服、（以上、卷二六注）

ここにみられる二品や三品勳位は、官人の資格身分であり、したがって本書は單なる官制記事ではなく、任官の資格などに關する記事を含んでいたとみることができる。

また、『南齊書』百官志太常國子祭酒項[62]には、以下のような部分がある。

建元四年、有司奏して國學を置く。祭酒は諸曹尙書に准じ、博士は中書郎に准じ、助教は南臺御史に准ず。經學を選んで先と爲し、若し其の人備え難くば、給事中以還の經に明かなる者、本位を以て領す。其の下、典學二人、三品、太常主簿に准じ、戶曹儀曹各二人、五品、白簿治禮吏八人、六品なり。

諸陵令

永明末置く。二品三品勳を用う。

これらは、簡潔な記事でしられる同志としては、異例のものである。ここにある三品、五品等々は、その前にある官職の官品でなく、その官職への就任資格、いわゆる本品（鄕品）であることはまちがいなく、單なる官制記事では

ない。先述の『南齊書』百官志序注文「諸臺府郎令史職吏以下、具に長水校尉王珪之の職儀に見ゆ」を想起すれば、この典學以下の下層官職と任官資格の部分は、もとは『齊職儀』の文章であった可能性がおおきい。

そのつぎに、徐勉撰『梁選簿』の内容を検討したい。既述のように、本書は梁天監七年の官制改革において導入された十八班制なる人事方式を記載したもので、その内容は、具體的な官歴の設定と、そのための各官職の官歴における履歴順序、およびその基準となる任官資格などであったとおもわれる。以下に『大唐六典』巻一四注に引用される本書佚文のうち、純粋な官制記事とはいいがたいものをあげよう。[63]

太常丞、舊は員外郎を用い、尙書郎に遷る。天監七年、改めて尙書郎に視《なら》う。

太常主簿、二衞主簿に視う。

かつて論じたように、この「視」は徐勉の十八班制においては、官職が同格の意味であり、同時にそれは官歴上の履歴順序であった。[64]わずかな例ではあるが、こうしてみると『梁選簿』もまた單なる官制記事ではないことがわかる。[65]

このほか『南齊書』百官志序には「肇域官品、區別階資」の書として、梗概である「蔚宗選簿」、詳悉である「欽明階次」をあげていた。前者はすでにのべたように、范曄『百官階次』とする説がある。一方、『大唐六典』巻二は『宋百官階次』を引くが、これが荀欽明『宋百官階次』であろう。その「員外郎、美遷爲尙書郎」という一文は、この「美遷」が榮轉のごとき意味であり、人事進退の概念であることから、これらの書もまた「階資を區別」するような、任官と人事遷轉にかかわる記事をもっていたはずである。

以上、單行諸書の内容の検討からすれば、それらにおいては當初から在官記事が存在し、のちのちに繼承されただけでなく、任官資格や官職遷轉の原則などに關する事項が附加されるようになったと考えられる。

かくて『隋書』經籍志職官篇の記事は、正確には、百官公卿表には官制記事と在官記事がふくまれていたが、正史の表から志への變化によって在官記事が消失し、社會においては在官記事を中心とする著作が盛行した、とよむべきことになる。

ただ、この經過の因果關係はかならずしも單純ではない。『隋書』では「百官表不具」によって單行諸書がでた結果、表志から在官記事がきえたという論旨となっており、歴史的經緯からしても、王隆應劭らの書が先行して漢末に現れ、表から志への移行は晉以後であった。したがって、この經過は、在官記事を充實させた單行諸書が盛行した結果、王朝史は表から在官記事をすて、官制記事のみの志に移行したということになるのであるが、それは官僚制敍述の變化の眞相であろうか。

第三節　官僚制敍述の意味

以上に檢討してきたように、漢から六朝にかけて、官僚制の敍述は、正史における表から志への轉換、それと平行するような單行の書の出現と盛行という二つの變化を經た。それは内容でいえば、前者において、官僚制敍述から個人の任官記錄や人事關連資料が脱落し、一方で、後者において、それらをとりこみ擴充するという經過であった。本節では、この變化の歴史的意味を問うてみたい。

そもそも官僚制そのものは、官僚制敍述において、いかなるものと認識されているのか。『漢書』百官公卿表(66)は、冒頭「易は宓羲神農黄帝の教を作りて民を化すを敍べ、而して傳は其の官を述ぶ」といい、宓羲の龍官以下、歴代職官の名稱、官數を列擧したあと、

周衰えてより、官失われて百職亂る。戰國竝に爭い、各々變異あり。秦は天下を兼ね、皇帝の號を建て、百官の

職を立つ。漢因循して革めず。簡易を明らかにし、時宜に隨えばなり。其の後、頗る改むる所有り。王莽簒位し、慕いて古官に從い、而して吏民安んぜず。亦た虐政多く、遂に亂を以て亡ぶ。

という。かくて百官公卿表の序においては、『易』繫辭、『書』堯典、『周官』等に言及しつつ、古代の帝王以來の官制と官名、職分の沿革をのべるとともに、官制は王政を補佐する教化と統治の機構または手段であったという認識を隨所にしめしている。

かかる認識はその後も繼續して、王朝史の撰者に堅持されている。たとえば、『魏書』巻一一三官氏志(67)に、

百姓は以て自ら治める能わず、故に君を立て以て司牧す。元首は以て獨り斷ずべからず、乃ち臣に命じて以て之を佐けしむ。然らば則ち海内を安んじ、國家を正すは、一人の力に非ざるなり。

とあるのなどは、その明文であり、『隋書』巻二六百官志(68)に、

官を設け職を分かち、珪を錫い土を胙うは、近きに由りて以て遠きを制し、中自りして以て外を統ぶ。内には則ち公卿大夫士、外には則ち公侯伯子男あり。咸く萬邦を協和し、百姓を平章し、允に庶績を釐め、式《つつ》しんで彝倫を敍する所以にして、其の由來は尙し。

とあるような文言にも繼承されている。

ところで、官僚制が時代によってその形態や規模を異にするというのも、當時當然の歴史的事實とされていた。前掲『漢書』百官公卿表の記事、あるいは『魏書』官氏志(69)に、

羲軒昊頊の閒に至っては、龍火鳥人の職、頗る知るべきなり。唐虞は六十、夏商之に倍し、周は三百を過ぎたるは、是れ大いに備わると爲す。而して秦漢魏晉、代々加減有り、罷置盛衰は、時に隨い務めに適う。且つ國は政を異にし、家は俗を殊にす。官を設け職に命ずるは、何ぞ常なることの之れ有らん。

とあるもの、あるいは『隋書』百官志(70)に、

然れども古今制を異にし、文質途を殊にす。或は龍を以て官を表し、或は雲を以て職を紀す。（中略）夏は虞に倍し、殷は夏に倍す。周二代に監み、沿革同じからず。其の道既に文なれば、官を置くこと彌々廣し。戰國に逮んで、戎馬交も馳せ、時に變革有りと雖も、然れども猶お周制を承く。秦始皇先王の典を廢し、百家の言を焚き、朝儀を創立して、事は古えを師とせず。（中略）漢高祖暴を除き亂を寧んじ、刑を輕くし法を約し、而るに職官の制は嬴氏に因る。其の間の同異は、抑も亦た知るべきなり。光武中興し、前緒に聿《したが》い遵う。（中略）魏晉繼ぎ及び、大抵略ぼ同じ。爰に宋齊に及んで、亦た改作することなし。梁武終りを受け、齊の舊に循うこと多し。（中略）陳氏梁を繼ぎ、舊物を失わず。高齊創業、亦た後魏に遵う。（中略）有周創めて關右に據り、（中略）高祖極を踐み、百度伊れ始め、復た周官を廢し、還りて漢魏に依る。

とあるような論説に、そのことは明瞭である。

しかしながら、こうした官制における時代的差異は、單なる差異ではなく、歴史批判の對象であり、根據でもあった。それは前掲の『漢書』百官公卿表においてもみられたもので、秦、漢、王莽の官制の沿革が各王朝の盛衰と關連して語られている。それがより鮮明に現れるのが、『續漢書』百官志二四(71)である。やや長文であるが、引用する。

漢の初めて興るや、大亂を承繼し、兵戢めるに及ばず、法度草創、略ぼ秦制に依る。後嗣因循するも、景帝に至って、呉楚の難に感じ、始めて諸侯王を抑損す。武帝に至るに及んで、改作する所多し。然り而して奢廣なれば、民用って匱乏す。世祖中興、務めて節約に從い、官を幷せ職を省き、費の減ずること億もて計う。殘缺を補復し、身の未だ改まらざるに及んで、四海風に從い、中國安樂なる所以の者なり。昔周公周官を作り、職を分かつこと著明にして、法度相い持し、王室微なりと雖も、猶お能く久しく存す。今其の遺書、周室民を牧うの德、既く至

れるを觀る所以にして、又た其れ來事に益有るの範たり、殆ど未だ窮まる所有らざるなり。故新汲令王隆小學漢官篇を作り、諸文倜説、較略究めず。唯だ班固百官公卿表を著し、漢秦を承けて官を置くの本末を記し、王莽に訖るまで、差や條貫有り。然れども皆孝武奢廣の事にして、又た職分未だ悉ならず。世祖節約の制、宜しく常憲と爲すべし。故に其の官簿に依り、粗し職分を注し、以て百官志と爲す。

ここでは、前漢武帝と後漢光武帝の奢廣と節約が官制を基準に比較對照され、前者を記録した百官公卿表にかわって、常憲とすべき後者の官制を記録するものとして、本志の編纂がなされたという。また、この一文の中ごろにある周公『周官』が將來に有益な模範であるとする一言も、官制記事が當時にたいしてもつ「現代」的意味と、その記事に記録された官制がもつ歴史批判の對象としての意義をしめすものということができよう。

ところで、以上のような歴史批判の對象となりうるのは、官僚制が單なる統治機構以上の意味をもつからである。『晉書』卷二文帝紀咸熙元年秋七月(72)に、

帝奏すらく、司空荀顗禮儀を定め、中護軍賈充法律を正し、尙書僕射裴秀官制を議し、太保鄭沖總じて焉を裁かんことを、と。

とある。魏晉禪讓を直前に控えた司馬昭が、新王朝の準備のためにおこなったのは、禮儀と法律と官制の整備であった。

このようにみれば、官制は單なる統治機構ではなく、より高次の體制の性格を象徴するものであったといわねばならない。これについて想起したいのは、『隋書』百官志(73)に、

易に曰く、天は尊く地は卑くして、乾坤定まるなり。卑高既に陳べ、貴賤位あり。是を以て聖人は乾坤に法りて以て則を作り、卑高に因って以て教えを垂る。

とあるもので、これに前掲の「設官分職、錫珪胙土云々」の一文が續くことになる。

ここには單なる統治機構としてのそれにとどまらない官僚制認識がみえるようにおもえる。冒頭の一節、天地の尊卑により、乾坤が定まり、卑高によって貴賤が正しく位置づけられ、それが聖人の則と教の本となるというのは、よくみられる古代政治論である。しかし、その一節が百官志冒頭におかれ、これに「設官分職」が續くのは、政治的秩序の本源に官僚制が位置すること、あるいは官僚制を頂點にした政治的秩序が存在することを暗示する認識ではなかろうか。そしてこのような意味での官僚制を敍述する百官志は、單なる制度記事ではなく、王朝の秩序原理をしるしたものであるとみなすことができる。

では一般的な官僚制の記事が、かかる秩序原理の表現であり、したがって普遍性を有する百官志への昇華をはたすのはいかにして可能であったか、當然それは個別具體的な個人の要素の捨象であったはずである。そのことによって、百官志がえがく官制は單なる政治組織の意味を超えて各王朝においてあるべき普遍的秩序の表象となり、また百官志自體が單なる政治組織の記録であることを超え得たのである。それがはたして謝承の本意であったかいなかは、今となってはたしかめるすべもないが、結果として、表から志への轉化は、かくて單なる名稱上のものではなく、その本質的部分での變化となったのである。

むすび

漢末から六朝期にかけて、官僚制に關する敍述は、正史における表から志への移行、社會上層部における多様な著述の盛行というふたつの顯著な現象を出現させた。それは敍述内容からすれば、前者における個人在官の記録の消滅と、官制記事への純化、後者における個人在官記録および敍任昇降等人事資料充實の經過となる。

かくて成立した百官志は、單なる現實の職官制度の敍述ではなく、王朝の秩序全體を主張するというより高次の性格をおびえたのであり、個々の官職の百官全體における整然たる配置を記すことによって、官僚制によって統合された全體秩序のすがたを明示的に表現しえたのである。

その一方、秩序全體を構成する個々の具體的な官職は、王朝にとっては、上層階層を秩序内に編制する手段であったが、その官職への就任可能な社會層にとっては、その秩序におけるみずからの地位の公的表示であり、それ故に、かれらにとっては存在の根據として不可缺の要素であった。王朝史から排除された個人の任官記錄の回復は必然の要請であったのである。「搢紳之徒」の諸書の出現はこのような背景をもっていた。

かくて六朝における官僚制の敍述は、王朝と社會上層部において、このような相反し、かつ相補う意味を有していたのである。

以上のような官僚制敍述の變遷の歴史的經過のなかに、六朝時代における官僚制をめぐる王朝と社會上層部の閒の緊張と相互依存の關係がうかがえるようにおもう。

ここで冒頭の疑問にたちかえれば、百官志が敍述するのは、秩序の理念圖であり、組織的、機能的な官僚制の實在ではないのである。

註

（1）『史通』內篇書志第八
若乃五行藝文、班補子長之闕、百官輿服、謝拾孟堅之遺、

（2）程千帆『史通箋記』（北京、一九八〇）四二頁（趙呂甫『史通新校注』重慶、一九九〇、一四〇頁參照）に、漢書百官公卿表實兼具志、表二體。上篇但述官制、祿秩、與後史百官志無殊。故司馬彪續漢書百官志序曰：「（中略）世祖節約之制、宜爲常憲。故依其官簿、粗注職分、以爲百官志。凡置官本末、及中興所省、無因復見者、既在漢書百官表、不復悉載。」是彪自以此志乃前書百官公卿表之續也、子玄謂班固不爲百官作志、而嘉謝承之能拾遺、豈非僅循名而不責實歟。

（3）『史通』內篇表歴第七に「既而班東二史、各相祖述、迷而不悟、無異逐狂」という。

（4）周天游『八家後漢書輯注』（上海、一九八六）前言五頁。

（5）周天游前揭『八家後漢書輯注』前言。

（6）『史通』外篇古今正史第二
在漢中興、（中略）於是又詔史官謁者僕射劉珍及諫議大夫李克雜作紀表名臣節士儒林外戚諸傳、起自建武、訖于永初、事業垂竟而珍等繼卒、復命侍中伏無忌與諫議大夫黃景作諸王、王子、功臣、恩澤侯表、南單于、西羌傳、地理志、

（7）吳樹平校注『東觀漢記校注』（河南、一九八七）序。

（8）『史通』外篇古今正史第二
至元嘉元年、復令太中大夫邊韶大軍營司馬崔寔議郎朱穆曹壽雜作孝穆崇二皇及順烈皇后傳、（中略）寔壽又與議郎延篤雜作百官表、

（9）前揭吳樹平校注『東觀漢記校注』百官表佚文に『玉海』所引の延熹元年の記事を採用する（一四三頁）が、延熹は元嘉の後である。
なお、上引『史通』古今正史は、つづいて、
熹平中、光祿大夫馬日磾・議郎蔡邕・楊彪・盧植、著作東觀、接續紀傳之可成者、而邕別作朝會車服二志、後坐事徙朔方、上書求還、續成十志、會董卓作亂、大駕西遷、史臣廢棄、舊文散佚、
とのべ、志がそれ以後も編纂されたことがうかがえる。百官表も續成の分があった可能性がある。

(10) 謝承は、孫權第一夫人謝夫人の弟（『三國志』巻五〇）であり、呉中期までの人と判斷しうる。一方の魚豢はその在世時期が明確ではないが、『史通』はその記事は明帝にとどまるといい、『魏略輯本』は佚文から魏陳留王時の記事までをふくむとし、また『三國志』巻一三引く『魏略』儒宗傳序には正始中のことに言及するから、魏中期の書である。

(11) 『南齊書』巻一六百官志八

若夫胡廣舊儀、事惟簡撮、應劭官典、殆無遺恨、王朗奏議、屬霸國之初基、陳矯增曹、由軍事而補闕、今則有魏氏官儀魚豢中外官也

(12) 『隋書』經籍志に『魏略』なく、雜史に『典略』、『舊唐書』經籍志は正史に『魏略』、雜史に『典略』、『新唐書』藝文志は雜史に『魏略』を著錄する。なお、章宗源『隋書經籍志考證』巻一は「愚按、魏略有紀志列傳、自是正史之體」という。

(13) 『漢書』巻二六天文志、『續漢書』天文志注引張衡『靈臺』、同郡國志注引『帝王世紀』參照。

(14) 『續漢書』志第三〇輿服志下には、

高山冠、一曰側注、制如通天、（中略）中外官、謁者僕射所服、

とあり、また綬の項の注引『東觀書』には、秩石と印綬の序列をのべて、

中外官尙書令御史中丞（中略）中宮王家僕雒陽令秩皆千石、尙書中謁者謁者黄門冗從四僕射諸都監中外諸都官令、都候司農部丞郡國長史丞候司馬千人秩皆六百石、（下略）

といい、いずれも中外官は官制全體をいう表現として用いられているようである。

(15) 『史通』外篇古今正史第二

泰始中、祕書丞司馬彪始討論衆書、綴其所聞、起元光武、終于孝獻、錄世十二、編年二百、通綜上下、旁引庶事、爲紀志傳凡八十篇、號曰續漢書、又散騎常侍華嶠刪定東觀記爲漢後書、帝紀十二、皇后紀二、典十、列傳七十、譜三、總九十七篇、其十典竟不成而卒、

(16) 『晉書』巻四四華表傳に「又改志爲典」という。

(17) 周前掲著三六四頁參照。

（18）周前掲著三七〇頁參照。なお『宋書』卷一六禮志三に、

太常丞朱膺之議、（中略）又尋袁山松漢百官志云、郊祀之事、（下略）

とある。

（19）章氏考證卷一、姚振宗『隋書經籍志考證』卷一一。

（20）章氏考證卷一。王沈書には郡國志、張勃書には地理志があったという。

（21）湯球輯、楊朝明校補『九家舊晉書輯本』（河南、一九九一）。

（22）前掲『九家舊晉書輯本』三頁參照。

（23）章氏考證卷一、姚氏考證卷一一。その根據に、前者は『唐會要』、後者は『舊唐書』房玄齡傳をあげる。なお前掲『九家舊晉書輯本』四頁以下參照。

（24）『南齊書』卷一六百官志

建官設職、興自炎昊、方乎隆周之冊、表乎盛漢之書、存改回沿、備於歷代、先賢往學、以之雕篆者衆矣、（中略、註（11）に同文）山濤以意辯人、不□□□、荀勖欲去事煩、唯論幷省、定制成文、本之晉令、後代承業、案爲前准、肇域官品、區別階資、蔚宗選簿梗槩、欽明階次詳悉、虞通劉寅因荀氏之作、矯舊增新、今古相校

（25）『三國志』卷一三に「朗著易春秋孝經周官傳、奏議論記咸傳於世」とある。

（26）『晉書』卷八九忠義嵇紹傳附從子含傳

含言于乂曰、昔魏武每有軍事、增置掾屬、青龍二年、尚書令陳矯以有軍務、亦奏增郎、

『宋書』卷三九百官志上

青龍二年、有軍事、尚書令陳矯奏置都官騎兵二曹郎、合爲二十五曹、

（27）『晉書』卷四三山濤傳

濤再居選職十有餘年、每一官缺、輙啓擬數人、詔旨有所向、然後顯奏、（中略）濤所奏甄拔人物、各爲題目、時稱山公啓事、

(28)『晉書』巻三九荀勖傳
時又議省州郡縣半吏以赴農功、勖議以爲、省吏不如省官、省官不如省事、省事不如淸心、(中略)若欲省官、私謂九寺可幷於尙書、蘭臺宜省付三府、然施行歷代、世之所習、是以久抱愚懷而不敢言、
(29)「定制」以下六句の志序における位置づけについて、補足しておく。「若夫」以下の文章は、胡廣以下荀勖までは、人物とその著作または事跡について對句的に簡述したものであるが、この六句はそうではない。文脈からみると、「定制成文、本之晉令」は西晉の山濤荀勖についての句、「後代承業、案爲前准」まではそれをうけた後代が西晉を繼承したこと、「肇域官品、區別階資」は後文の范曄荀欽明二者とその著にかかり、兩著が官品階資の區分において、それぞれ獨自であったことをのべたと解釋すべきであろう。
(30)『舊唐書』經籍志の范曄『百官階次』一卷のことか。なお、姚氏考證卷一七は『隋志』百官階次一卷不著撰人項に『南齊書』蔚宗選簿の記事を引く。
(31)『隋書』經籍志史部雜傳『妬記』二卷、子部雜家『善諫』二卷、集部別集『宋黄門郎虞通之集』一五卷。
(32)『南齊書』卷四〇武十七王魚復侯子響傳に、長史劉寅「字景蕤、高平人、有文義而學不閑世務」とある。
(33)『隋書』卷三三經籍志二
今漢書百官表列衆職之事、記在位之次、蓋亦古之制也、漢末、王隆應劭等、以百官表不具、乃作漢官解詁漢官儀等書、是後相因、正史表志、無復百僚在官之名矣、搢紳之徒、或取官曹名品之書、撰而錄之、別行於世、宋齊已後、其書益繁、而篇卷零叠、易爲亡散、又多瑣細、不足可紀、故刪、其見存可觀者、編爲職官篇、
(34)姚氏考證卷一七。
(35)本文後揭『三國志』卷三五諸葛亮傳裴注、『南史』卷二二王儉傳、『藝文類聚』卷四五、『太平御覽』卷一五一(『藝文類聚』卷四五とほぼ同文、本書の再揭か)參照。ただし、『藝文類聚』卷四八に引く『百官表』は、その內容は若干の字句の相違はあるものの、『初學記』卷一一引く荀綽『晉百官表注』と合致する。したがって、『三國志』等四書に引用される『晉百官表』がじつは荀綽『晉百官表注』である可能性も皆無ではないが、本文でものべたように『晉百官表』と『晉百官表注』の關係

が不明確であるので、本章では、上記四書引用『晉百官表』は引用通りの書名であり、『晉百官表注』の『表』の本文部分、もしくは『晉百官表注』とは別書であるとしておきたい。

(36)『南齊書』巻五二文學王逡之傳附從弟珪之傳

有史學、撰齊職儀、永明九年、其子中軍參軍顥上啓曰、臣亡父故長水校尉珪之、藉素爲基、依儒習性、以宋元徽二年、被敕使纂集古設官歷代分職、凡在墳策、必盡詳究、是以等級掌司、咸加編錄、黜陟遷補、悉該研記、述章服之差、兼冠佩之飾、屬値啓運、軌度維新、故太宰臣淵奉宣敕旨、使速洗正、刊定未畢、臣私門凶禍、不揆庸微、謹冒啓上、凡五十卷、謂之齊職儀、仰希永升天閣、長銘祕府、詔付祕閣、

(37)『南史』巻六〇徐勉傳

(天監)六年、除給事中五兵尚書、遷吏部尚書、勉居選官、彝倫有序、既閑尺牘、兼善辭令、雖文案塡積、坐客充滿、應對如流、手不停筆、又該綜百氏、皆避其諱、(中略)天監初、官名互有省置、勉撰立選簿奏之、有詔施用、其制開九品爲十八班、自是貪冒苟進者、以財貨取通、守道淪退者、以貧寒見沒矣、

なお、『隋書』巻二六百官志上に、

至(天監)七年、革選、徐勉爲吏部尚書、定爲十八班、以班多者爲貴、同班者、則以居下者爲劣、

とあるのを參照。

(38)拙著『六朝貴族制研究』(一九八七)二四〇頁以下參照。

(39)『漢書』巻一〇〇下敍傳

漢迪於秦、有革有因、觕擧僚職、竝列其人、述百官公卿表第七、

(40)『隋書』巻三三經籍志二職官篇

古之仕者、名書於所臣之策、各有分職、以相統治、周官、冢宰掌建邦之六典、而御史數凡從正者、然則冢宰總六卿之屬、以治其政、御史掌其在位名數、先後之次焉、(以下註(33)引用文に同じ)

(41)『隋書』と編纂時期が近接する諸書における「官曹」の代表的な用例を以下にあげる。「名諱未嘗經於官曹」(『晉書』巻九

四隠逸范粲傳）、「有官曹簿領」（『晉書』卷九七四夷傳大秦國）、「有官曹文書」（『梁書』卷一九樂藹傳附子法才傳・『南史』卷五六）、「在職峻切、官曹肅然」（『梁書』卷二四蕭景傳・『南史』卷五一）、「留心政事、官曹治理」（『陳書』卷二八晉安王伯恭傳・『南史』卷六五）、「皆遣詣官曹、不得容匿」（『魏書』卷四下世祖紀・『北史』卷二）、「請託官曹」（『魏書』卷七七高崇傳附子謙之傳・『北史』卷五〇）、「官曹壅滯」（『南史』卷五二梁宗室下始興忠武王憺弟曄傳）など。

(42)「名品」には、一義的には名稱や種類の意味がある。例えば『宋書』卷四一后妃傳は內官、『魏書』卷一〇九樂志は樂器、『隋書』卷一〇禮儀志は公事の名稱種類を意味する。

しかし、以下のような用例は解釋がそれほど容易ではない。

『宋書』卷六〇范泰傳に、

泰上表曰、（中略）昔中朝助教、亦用二品、（中略）教學不明、奬厲不著、今有職閑而學優者、可以本官領之、門地二品、宜以朝請領助教、既可以甄其名品、斯亦敦學之一隅、其二品才堪、自依舊從事、

『梁書』卷三一袁昂傳（『南史』卷二六）に、

復曰、（中略）聖朝遵古、知吾名品、或有追遠之恩、雖是經國恆典、在吾無應致此、脫有贈官、愼勿祇奉、

『魏書』卷五九劉昶傳（『北史』卷二九）に、

高祖曰、（中略）當今之世、仰祖質朴、清濁同流、混齊一等、君子小人名品無別、此殊爲不可、

『南史』卷四三齊高帝諸子傳下武陵昭王曄傳に、

少時又無棊局、乃破荻爲片、縱橫以爲棊局、指點行勢、遂至名品、

などとあるのをみると、人品、爲人、身分、優れた人物などの意味がある。

(43)前掲吳樹平校注『東觀漢記校注』一四二頁以下。

(44)前掲『九家舊晉書輯本』三四六頁。

(45)『北堂書鈔』卷六六

晉中興書百官公卿注云、惠帝在東宮、以舍人四人才學美者、與中庶子共治文書者也、

(46)『北堂書鈔』巻六五
晉中興書百官公卿表注、齊王攸爲司空行太子太傅事、
(47) 前掲『九家舊晉書輯本』所輯何法盛『晉中興書』巻五百官公卿表注には、『御覽』『類聚』などから一〇數條の佚文を引くが、內容から表注と推定したようで、篇名が明確なものは、この二條のみである。
(48) 張鵬一『魏略輯本』中外官志佚文三〇條のうち、中領軍と撫軍校尉の二條に人名があるが、前者が任官記事、後者はこの官の由來に關わる人名である。
(49) 前掲『九家舊晉書輯本』所輯謝靈運『晉書』百官志には五條の佚文があり、いずれも官制記事であるが、內容から百官志佚文と判斷したようであり、百官志である明證はない。
(50) 章氏考證巻一、姚氏考證巻一一。
(51) ただ、『南齊書』百官志の一部にこれらとは異なる性格の記事があるが、これは『齊職儀』の記事が混入したものとおもわれる。詳細は本文で後述。
(52) 以下の議論は、すべて孫星衍輯周天游點校『漢官六種』（北京、一九九〇）佚文による。
(53)『三國志』巻三五諸葛亮傳裴注
案晉百官表、董厥字龔襲、亦義陽人、
(54)『南史』巻二二王儉傳
時朝儀草創、衣服制則、未有定準、儉議曰、（中略）晉百官表云、太尉參軍四人、朝服武冠、此又宰府之明文、
(55)『藝文類聚』巻四五
晉百官表曰、王古號也、夏殷周稱王、金璽龜紐、細纁朱綬、五時朝服、遠遊冠、佩山玄玉、
(56) 前掲『六朝貴族制研究』四六三頁以下參照。
(57)『太平御覽』巻二〇六
晉公卿禮秩曰、安平王孚朗陵公何曾汝南王亮、皆爲太宰、

(58)『太平御覽』巻二三九
晉公卿禮秩曰、世祖以扶風王駿爲安東大將軍、

(59)『世說新語』言語第二
晉百官名曰、崔豹字正熊、燕國人、惠帝時官至太傅丞、

(60)『世說新語』排調第二五
晉百官名曰、劉許字文生、涿鹿郡人、父放、魏驃騎將軍、許、惠帝時爲宗正卿、

(61)『百官春秋』についても、『大唐六典』巻九注『宋百官春秋』に「初、晉中書置主書、用武官、宋文帝改用文吏」といい、同巻一四注『宋百官春秋』に「太常丞視尙書郎（下略）」とあるものも、人事の方針や官職の格附けに關連し、やはり單なる官制記事ではない。なお、後者の「視」については、前掲『六朝貴族制研究』二四四頁參照。

(62)『南齊書』巻一六百官志太常國子祭酒
建元四年、有司奏置國學、祭酒准諸曹尙書、博士准中書郎、助教准南臺御史、選經學爲先、若其人難備、給事中以還明經者、以本位領、其下典學二人、三品、准太常主簿、戶曹儀曹二人、五品、白簿治禮吏八人、六品、

(63)『太唐六典』巻一四注
梁選簿、太常丞舊用員外郎、遷尙書郎、天監七年、改視尙書郎、
梁選簿、太常主簿視二衞主簿、

(64)前掲『六朝貴族制研究』二四三頁以下參照。

(65)以上の他、『梁勳選格』一巻・『吏部用人格』一巻なども任官にかかる記錄であろう。

(66)『漢書』巻一九上百官公卿表
易敍宓羲神農黃帝作敎化民、而傳述其官、（中略）自周衰、官失而百職亂、戰國竝爭、各變異、秦兼天下、建皇帝之號、立百官之職、漢因循而不革、明簡易、隨時宜也、其後頗有所改、王莽簒位、慕從古官、而吏民弗安、亦多虐政、遂以亂亡、

(67)『魏書』卷一一三官氏志

百姓不能以自治、故立君以司牧、元首不可以獨斷、乃命臣以佐之、然則安海內、正國家、非一人之力也

(68)『隋書』卷二六百官志上

設官分職、錫珪胙土、由近以制遠、自中以統外、內則公卿大夫士、外則公侯伯子男、咸所以協和萬邦、平章百姓、允釐庶績、式敍彝倫、其由來尙矣、

(69)『魏書』卷一一三官氏志

至於義軒昊頊之閒、龍火鳥人之職、頗可知矣、唐虞六十、夏商倍之、周過三百、是爲大備、而秦漢魏晉代有加減、罷置盛衰、隨時適務、且國異政、家殊俗、設官命職、何常之有、

(70)『隋書』卷二六百官志上

然古今異制、文質殊途、或以龍表官、或以雲紀職、(中略)夏倍於虞、殷倍於夏、周監二代、沿革不同、其道既文、置官彌廣、逮于戰國、戎馬交馳、雖時有變革、然猶承周制、秦始皇廢先王之典、焚百家之言、創立朝儀、事不師古、(中略)漢高祖除暴寧亂、輕刑約法、而職官之制、因於嬴氏、其閒同異、抑亦可知、光武中興、聿遵前緒、(中略)魏晉繼及、大抵略同、爰及宋齊、亦無改作、梁武受終、多循齊舊、(中略)、陳氏繼梁、不失舊物、高齊創業、亦遵後魏、(中略)有周創據關右、(中略)高祖踐極、百度伊始、復廢周官、還依漢魏、

(71)『續漢書』志第三〇百官志一

漢之初興、承繼大亂、兵不及戢、法度草創、略依秦制、後嗣因循、至景帝、感吳楚之難、始抑損諸侯王、及至武帝、多所改作、然而奢廣、民用匱乏、世祖中興、務從節約、幷官省職、費減億計、所以補復殘缺、及身未改、而四海從風、中國安樂者也、昔周公作周官、分職著明、法度相持、王室雖微、猶能久存、今其遺書、所以觀周室牧民之德既至、又其有益來事之範、殆未有所窮也、故新汲令王隆作小學漢官篇、諸文倜說、較略不究、唯班固著百官公卿表、記漢承秦置官本末、訖于王莽、差有條貫、然皆孝武奢廣之事、又職分未悉、世祖節約之制、宜爲常憲、故依其官簿、粗注職分、以爲百官志、

(72)『晉書』巻二文帝紀咸熙元年秋七月條

帝奏司空荀顗定禮儀、中護軍賈充正法律、尚書僕射裴秀議官制、太保鄭沖總而裁焉、始建五等爵、

(73)『隋書』巻二六百官志上

易曰、天尊地卑、乾坤定矣、卑高既陳、貴賤位矣、是以聖人法乾坤以作則、因卑高以垂教、

第二章　六朝貴族制と官僚制

はしがき

六朝貴族が現實には官人的形態をとって存在することはよくしられた事實である。それは貴族という存在が王朝官人と不可分の關係にあることをしめしている。しかし、その不可分な兩者の關係については、對立する二通りの理解がある。その一は、官人の地位、とくに高位の官位の獲得が貴族をうみだす契機になるという考えであり、一方に、貴族は王朝の存在を前提とせず、それ自身がすでに支配者であり、王朝の高位の官人としてのすがたはその結果にすぎないという見方がある。前者の場合の支配者としての地位は、もちろん官人として皇帝から分與された權力に根源があるが、後者のそれは、かれらが支配者として存在する鄕里社會にその根源があるというのである。官人であることが貴族であることの前提なのか、貴族であるゆえに官人たりうるのか、すなわち、貴族と官人いずれが他者を規定するのか、換言すれば貴族を出現せしめる根本的契機が王朝ないし皇帝にあるのか、あるいは鄕里社會にあるのかというのが、六朝貴族制の認識に關するもっとも基本的な問題である[1]。

ところで、貴族と官人の關係については、貴族制と官僚制に關する宮崎市定氏の以下のような考えを、あわせて想起すべきであろう。すなわち、三國から唐にいたる中國の社會は貴族制度の時代といえるが、「一方には之に對立する君主權が嚴存して、絶えず貴族制を切崩して之を純粹な官僚制に變形せしめようと努力していたのである。實はこの君主權の存在こそ、貴族制を貴族制に止まらしめたのであって、若し君主權が更に微弱であったならば、この貴族制はもっと割據的な封建制度に成長してしまったかも知れないのである。[2]」と。つまり、氏は官僚制、貴族制、封建制を、君主權に對する支配者層の自立性において格差をもつ政治體制の三類型とみなし、君主權の强弱がそれらおのおのを出現させる契機であるという認識をしめしているのである。ちなみに、ここで氏がいう封建制とは、この時代の社會に封建制に移行しそうな傾向があったという氏の認識の根據が、封建食邑制の存在であることからうかがわれるように、法制的な概念のそれである。また、この貴族制はやがて官僚制に打倒されてゆくというのが氏の考えであるが、それは内藤湖南のいわゆる貴族政治から君主獨裁へという唐宋の變革の認識に淵源があろう。

それはともかく、このような貴族制と官僚制の關係は、冒頭にのべたような、ある意味で對立的、ないし異質なものとして認識されている六朝貴族と官人の關係とは、相當に異なっているといわねばならない。もちろん、氏がいう貴族制と官僚制は、そのまま貴族と官人に置換えてしまうことはできないが、貴族と官僚についての一定の定義を基礎にした概念であることはまちがいない。その貴族制と官僚制の認識からみる限り、そこでは、官僚と貴族はその存在の根據を異にするのではなく、單に皇帝に對する臣下としての主觀的および客觀的自立性において程度の差を有するのみの、竝列的な關係の二者であるようにみえる。

しかし、ここに閑却できない問題がひとつある。それは、この兩者が有する君主に對する自立性の差である。一般的に考えて、官僚はその存在のすべてが皇帝に規定され、いわば皇帝の手足として沒個性的に機能することこそその本來的あり方であって、そのより完全なあり方を實現すればするほど、皇帝に對する自立性を喪失していくはずである。すくなくとも、宮崎氏が敍上の三類型の一とした官僚のありかたはそのようなものであったろう。では貴族の場合、その自立性はいかなるものであるだろうか。さきに引用した一文にみるかぎり、宮崎氏は貴族を、皇帝に完全には從屬せず、場合によっては皇帝と拮抗しうる存在と考えていたようにみえる。ただし、かれらは割據的な封建領主ほどには皇帝から自立した存在ではないのである。ではなぜ貴族はそのようにありうるのか。そこには、割據的な封建制が實現するはずのところを貴族制に止まらせた皇帝權とともに、貴族制に止まることを容認した貴族自身の問題、それも法制的な封建制における經濟的要因ではなく、皇帝權力に對する官僚としての意識の問題があるようにおもわれる。ここにいたって、宮崎氏の貴族制と官僚制の問題は、冒頭にのべたような貴族と官人の問題と交錯するようになろう。

ところで、官僚制と中國といえば、マックス・ウェーバーやエチアヌ・バラーシュの議論がすぐに連想されよう。筆者にはかれらの議論に論及する資格はないが、さいわいに谷川道雄氏に、中國の傳統的官僚支配に關するかれらの言説について、極めて示唆的な發言があるので、それを紹介しよう。(3)かれらが中國の傳統的官僚制の對極に位置づける理想型の近代官僚制の、その特質たる官僚個人のもつ專門的知識や專門的權限は、近代的官僚を全體的機構の一部品、いわば歯車と化し、「沒主觀」的機能として存在させるのに對して、中國の傳統的官僚のもつ「教養」は、たしかに近代官僚の資格とされる專門知識の限定性と有用性に乏しいが、それゆえにこそ、人が官僚制のなかに全面的に吸收されることを阻止するはたらきがあるというのが、氏の發言の核心のひとつである。それはいいかえれば、官僚が官僚的であればあるほど、支配者に對する自立度を喪失し、官僚的でなければないほど、官僚制に埋沒しなくなるということであり、その場合の官僚的とは、官僚としてのより限定的、かつ有用な專門的知識をもつことである。

このような議論は、六朝貴族制の本質を官僚制との關係から檢討しようとするときに有效とおもわれる、ひとつの視角を示唆している。それはひとことでいえば、官人にとって、かれらが官人であることの本源である官職とはいったい何であったのかの分析である。そしてそれには、官人としての貴族の內面的な意識の分析、つまり貴族は官人であることをいかなることと認識していたか、あるいは官人であることは貴族の意識をいかに規定したかを考察することが不可缺であろう。しばしばいわれるような、六朝官人の現實逃避的性情、隱遁志向、[4]職務の輕視、政治的責任感の希薄さなどは、從來から、六朝官人の貴族的性格を表現するものと理解されているが、視點をかえれば、そのような性格は、官人としてのあり方へのある特定の姿勢のあらわれ、直截にいえば、官人としてのあり方への嫌惡、さらには否定と理解できるのであり、したがって、この意味で、貴族たることと官人たることとは、その內面世界、もしくは價値觀において、絕對的に矛盾することになる。この點をもうすこし具體化すれば、官人としてのあり方の重要要素は官職をもつこと、すなわち支配機構を構成し、運營するための職務をもつことであるのは當然であるから、以上の問題は、要するに、六朝官人は皇帝の官僚として職務を執行することに對して嫌惡を感じ、拒否感をもっていたのではないかという一點に集約できよう。そして、そのような意識は、最終的には、皇帝權力との觀念上の關係に收斂していく性格のものであろうと豫測できる。すなわち、貴族は皇帝權力をいかなるものと認識し、皇帝支配の體制のなかで、官人としての自己をいかに實現しようとしたのか、あるいは皇帝支配體制において、官人としての自己をいかに認識したのか、このような問いが問われねばならないであろう。

　このような視角にたって、六朝貴族と官人の關係を考えようとするとき、もっとも注目されるのは森三樹三郞氏の六朝士大夫に關する理解である。[5]氏によれば、六朝の士大夫は、土地貴族・財產貴族である前に、なによりもまず官職貴族であって、大土地所有は貴族たることの必須の條件ではなかったが、しかしかれらは普通の官僚の概念とは異なっていて、政治に對する關心が乏しく、學問藝術の世界に人生の意義を見出そうとする人々であった。森氏がこのように描く六朝貴族像は、そのすがたは官人であっても、官僚體制における行政組織の一員として機能するような、限定的な専門知識を備えた官僚ではなく、その人閒存在の根據をより普遍的な價値におこうとする、一種の教養人的存在である。したがって、六朝貴族にとって、官職はその本來的な機能である統治實現の手段などではなく、教養人としてあるべき自己の實現のための、單なる條件にすぎなかったということになる。つまり、官人であることがかれらをして貴族たらしめたのであるが、貴族は官人として機能しなかったというのである。貴族と官人の關係という問題に關して、これは示唆的な認識である。問題は、そのような貴族と官人が存在した六朝の官僚制的支配體制を、いかなる歴史的性格と理解するかであろう。

本章は、以上のような問題關心に出發して、官人としてある六朝貴族の、官人としてあることへの意識を、任官することの價値觀、職務意識、皇帝權力に對する認識の三點を中心に分析しようとするものである。

第一節　任官の正と負

當時の官人には、官人であること、もしくは官人となることに對して、ある種の拒否感ないしは嫌悪感をしめしたり、就官するばあいには、その正當性をことさらに主張しようとする傾向が、かなりつよくみられる。その例として、以下に二つの現象をあげてみよう。

（一）「屈」

『晉書』巻四二唐彬傳[6]によれば、西晉元康初、唐彬が雍州刺史となったとき、教を下して、雍州の處士皇甫申叔等四人を召そうとした。その意圖を、唐彬は教で、「待つに不臣の典を以てし、幅巾もて相見え、道を論ずるのみ。豈に吏職を以て高規を屈し染《けが》さんや」とのべている。吏職につかせることは「屈」させることであったのである。

同書巻四四鄭袤傳[7]によれば、これにさきだつ曹魏中葉のこと、大將軍從事中郎・散騎常侍であった鄭袤を缺員の廣平太守に充てようとした司馬懿は、鄭袤の叔父が陽平・魏郡の郡守を務めたこと、かつて名士が廣平太守に任じたことをのべ、鄭袤に對して「故復相屈——したがってもう一度、今度はあなたにまげて無理を聞いてもらいたい」といったという。

『晉書』巻八二本傳[8]によれば、王長文という人は州府の辟召に就かず、變裝して市場に身を隱したので、刺史は「其不屈」を知って、禮を以て鄉里に歸した。ところが後に縣令となったので、ある人がどうして「屈」したのかと問うと、親を養うための俸祿であり、自らのためではないと答えたという。

これらの例からは、他者に官職就任を要請すること、またその當の相手が承諾し官僚となることを、要請する側も本人も「屈」とみなしていることがわかる。要請する側が相手に「屈」するのではなく、相手に「屈」してほしいと望み、相手を「屈」させようとしているのである。その要請を受ける側では、承諾することは「屈」することであると意識するのである。ではかれは何に、あるいは何を「屈」することになるのか。そもそも任官という、常識的にいって立身、榮譽であるはずのものが、なぜ「屈」することになるのか、そのような意識はいかにしてうまれるのか。

じつは、官職就任において、「屈」はよく用いられる表現である。たとえば、常々不遇を嘆いていた李充に縣令を授けようとして、「君能屈志百里不」と問うたのは東晉の殷浩であるが（『世說新語』言語篇[9]）、この「屈」は百里、すなわち縣の令に甘んじるという意であり、文字通り大志を屈することである。

ところが、このような「屈」とすこし意味が異なるような用法がある。それが冒頭に引用した諸例であり、また以下のように、しばしば現れる。東晉元帝がまだ鎮東大將軍であったときのこと、亡くなった鎮東大將軍軍司顧榮にかえて賀循を登用しようとしたところ、かれは病氣を口實に固辭し、その牋疏が一〇餘度上呈されるありさまであった。それに對した元帝の書狀のなかに、「德（すなわち賀循）を屈して軍司と爲す」「望むらくは必ず屈し臨め」ということばがある（『晉書』巻六八賀循傳[10]）。

東晉中期の隱逸孟陋は、會稽王（後の簡文帝）の參軍への辟召を、病と稱して辭退した。その後、桓溫に孟陋を府に辟召せよと勸めるものがいたが、桓溫は會稽王でさえ「屈する能わざる」ものを、と嘆いたという（『晉書』巻九四隱逸孟陋傳[11]）。

後の宋武帝劉裕がまだ太尉であったとき、賢者を辟召しようとして書を下し、隱逸宗炳等を「禮を以て之を屈すべし」と太尉掾に辟したが、かれらは起たなかった（『宋書』巻九三隱逸宗炳傳[12]）。

南齊初、司徒となった褚淵は、王志を引いて司徒主簿とし、王志の父王僧虔にこういった。司徒を賜った朝廷の恩はもとより特別のものだが、光榮とすべきはあなたのご子息（賢子）を「屈」したことである、と（『梁書』巻二一王志傳[13]）。

これらの「屈」が、要請する側からは強いて任官を求め、また要請された側では已むなく任官するという、特殊な意識と心理の交錯を含意していることはあきらかである。では、任官がなぜそのようなものとしてあるのか。もちろん、これが謙讓をよしとする社會的な價値觀にたつ、一種の儀禮的やりとりである可能性はおおいにある。それは逆に、當時任官がいかに重大な價値をもつものであり、羨望の的であったかを暗示する。しかしその一方で、任官がある種の負の價値を帶びるもの、本來望んでするものでなく、忌避すべきものであるという意識をともなっていたらしいこともまた事實であるようにおもえる。

そのような意識のいくぶんかは、上掲數例の任官の性格と關係がある。賀循以下の例は皆、開府府の僚屬に對する府主の辟召の例である。開府府の僚屬は品官であり、府主の陪臣ではないが、府主とのあいだに上下、臣屬、あるいは故吏の關係を生じやすい。くわえて、辟召の相手が高士、高門の出であれば、かれらへの遠慮や尊重の念がおこることも當然である。したがって、そこに「屈」という特異な表現が用いられる餘地はないとはいえない。しかしながら、そこまでゆずっても、なお「屈」からは、任じる側においても、要請される側においても、任官に對するある種の價値觀、換言すれば否定的もしくは消極的姿勢の存在したことを認めざるをえない。冒頭の三例はそのよき證明である。そこにみられる「屈」は、やや飛躍していえば、任官がまさしく自立の存在であることをやめて世俗の體制にしたがうことであると意識され、その故に否定、拒絶さるべきものとみなされていたことを暗示している[14]。

（二）「親老家貧」

かの陶淵明は、「親老家貧」によって州祭酒となったのが、任官のはじめである（『宋書』卷九三隱逸陶潛傳[15]）。しかし、それはやや後の南齊の隱者宗測にとっては嘆息の對象でしかなかった。「親老家貧、官を擇ばずして仕うるを、先哲は以て美談と爲すも、余は竊かに惑うことあり」と（『南齊書』卷五四高逸宗測傳[16]）。

當時、親老と家貧は官を求めるものにとって最善の口實であり、任官の正當化でもあった。その顯著な例をいくつかしめそう。親老については、先にしめした王長文もその例となるが、東晉末、何子平なるもの、州從事を辭して家に歸ったので、上司であった顧覬之が母の老いによって州職の俸祿のためとどまるように勸めた（『宋書』卷九一孝義何子平傳[17]）とか、政爭にからんで實權者に抑壓された王鎭之なるものが、母の老いを以て郡守を求めたという（同書卷九二良吏王鎭之傳[18]）のは、いずれも親老の主張が、閉ざされた仕官の途を開くための有效な手段であったことをしめしている。また、吳郡の名族張岱が東遷という小縣の令であったとき、大郡吳興の守殷沖が、張東遷は親が貧しく養わなければならないので、かかる下等の縣にひそんでいるのだ、といった（『南齊書』巻三二張岱傳[19]）というのは、親貧となっているが、親老とほとんど同じとみてよかろう。それは門地不相應の卑職にある人がなぜそれに甘んじているかの説明である。これらの例は、親老がさまざまな任官の理由や正當化にもちいられていたことをしめすであろう。

家貧も同様である。東晉の劉波は上疏していった。昔漢の宣帝が我と共に天下を治めるものは良二千石のみかといったように、地方長官は重大な職である。しかし、今はその職を求めるものは「以家弊爲辭」、家が貧しいことを口實にし、窮乏したものを救うために公爵（地方長官の收入）を施しとしている（『晉書』巻六九劉隗傳附孫波傳[20]）。

宋代、勢力擴大を狙った文帝の弟彭城王義康は、腹心の劉斌を丹陽尹に据えようとし、ことのついでに文帝に劉斌の家貧なるを告げた。文帝はただちにその意圖を悟り、義康の言葉の終らぬうちに、では呉郡太守としようといった（『宋書』巻六八武二王彭城王義康傳[21]）。

宋齊交代期、蕭道成は、かれのために勳功のあった張恕に、晉陵郡守で報いようとした。張恕の兄張岱は、張恕がまだ行政經驗が浅く、また「美錦不宜濫裁」、つまり郡守などでなく、もっと大切に扱いたい人物であると難色をしめした。そこで蕭道成が、張恕のことはよく知っているし、その功績には報償があって當然であると告げたところ、張岱はこういった。もし家貧ということで郡守の俸祿を賜うということなら、異論はない。しかし、軍功を論じ、それでおこなう人事であるなら、それは我が一門の恥である、と（『南齊書』巻三二張岱傳[22]）。

みられるように、當時家貧であれば郡守へという常識が存在していたようにみえる。その常識は獵官運動に効力があったし、郡守であることの言譯にもなった。とりわけ張岱のばあいは、郡守という地位と、そのもとになる軍功への過敏なまでの拒絶感が注目される。そのような拒絶感は當時の郡守の特異なすがたと關係があろう。かつて論じたように、このころの地方長官、とくに郡守縣令は收入がおおく、利殖の手段と化していたのである。[23] あの陶淵明でさえ、隱居生活のたしにと縣令就任を望んだのであるし、上述の劉波の言のように、貧窮の官人を救うためにこの地位を利用することがしばしばなのであった。そうであればこそ、家貧であれば郡守というのが常識となり、それがこの地位獲得の恰好の理由、口實となりえた。

またそうであればこそ、郡守縣令の地位を要求したり、現に就任することはある種の後めたさをともなったのである。親老家貧はその後めたさをすこしでも拭い、己自身を納得させるための口實でもあったろう。しかしながら、その後めたさは、よくよく考えればいささか奇妙でもある。なぜなら、古代中國知識人層の「政治」への關心のあり方からいえば、官僚となって「政治」の現場に身を置くことは、士の本來のあり方であるはずであった。その報酬が「金もうけ」に近いものであったとしても、「代耕」としての正當性をそれほど逸脱するものであったとはいえない。おもうに、かれらにとっては、それは一種の不勞所得、すなわち就任官の職務内容が報酬に見合うだけの實質のないものであったということが、このような屈折した心境をもたらしたのではなかろうか。

それについておもいおこされるのは、當時の官人にしばしばみられた俸祿の散賜である。これはいわゆる「清」なる價値觀、ないしイデオロギーの問題としてたびたびとりあげられてきた(24)。そのさまざまな議論はしばらくおき、上述の問題に卽していえば、俸祿の散賜が一種のかれらの當爲としてあったようにみえるのは、かれら自身が俸祿についてある種の違和感をもっていたことによるのではないか。その違和感は、一つには、「代耕」である俸祿が、官僚としてあるかれらと皇帝とのあいだに、それを媒介とする君臣關係をより緊密に成立させる契機として機能する可能性があることに起因し、二つには、俸祿が「代耕」としての性格を逸脱し、尸祿でしかないこと、つまり「耕」にあたる官人の職務が、かならずしも俸祿にふさわしい實情にないことに起因するであろう。

しかし、そのことはさておいても、わざわざ「親老家貧」を標榜しての任官の一般化は、一見したところ任官への消極的態度、拒否感と、官職そのものへのある種の嫌悪感、もしくは敬遠の意識の存在をしめし、同時に、それを克服するための任官の正當化という一面をもっているようにみえる。しかし、そのような複雑な感情は、その深部で、官職や任官に對する無上の羨望と表裏のものであるにちがいない。その點で、上述の「屈」と共通するところがある。

以上にみた「屈」と「親老家貧」は、六朝官人の官職に對する特異な意識を表現しているようにおもえる。つまりかれらは、官人たることに無上の價値を認めつつ、その一方で、それを當爲として拒否し、否定しようという矛盾した心理状態にあったといえるのである。ではなぜそうなのか、そのことを考えるためには、六朝における官職の意味や性格の分析が必須であろう。

第二節　官位と職務

（一）「吏職」「吏事」

「豈に吏職を以て高規を屈染せんや」（前掲『晉書』唐彬傳[25]）という發言には、吏職なるものについてのある種の價値觀がうかがえよう。やはり前述の陶淵明が、「親老家貧」によって州祭酒となったものの、吏職に堪えず、まもなくみずから解職して郷里に歸ったという有名な逸話（前掲『宋書』隱逸陶潛傳[26]）にも、吏職ということばが特定の意味をともなってあらわれる。いずれも、隱逸・高士の類の人物との對比において用いられたこの言葉の含意するところは何なのか。

この二例にみられる吏職の意味を、その文脈から理解すれば、およそこまごました行政上の雑務というようなことになろうか。それは隱逸・高士の類の人物がかりにも携わるべきものではなかったし、またその類の人物にとってはおよそ不得手な業務であったということであろう。ではなぜそうなのか。いったい吏職の吏という語には、この時代ある種の語感がこめられている。本來吏民と竝稱し、政治的體制上の被支配者層をしめす民に對して、支配者層、すなわち官僚層一般をしめす語であった吏が、支配者層中の下層部分を限定的に意味する語としてもちいられる傾向がみられるのである。そしてその傾向の顯現は、おそらく社會のなかにおける士庶の身分差の擴大と軌を一にしている。すなわち吏職という語には、單に職務內容の性格の問題だけではなく、官人の出身身分差にかかわる意識の問題が潛んでいるのである。端的にいえば、それは官人の身分と職務それぞれの分化と對應の問題ということになる。そのばあい、職務は行政實務の性格からいっても、下位の官人層においてより煩瑣、かつ實質的なものになるはずである。敍上二例の吏職にかかわる否定的、ないし蔑視的認識はおよそ以上の背景をもつものであると、とりあえず理解できる。

この吏職に似た用語に吏事がある。「南朝多以寒人掌機要」（趙翼『廿二史剳記』卷八）の例で有名な南齊の劉敬宗について、南齊武帝は常々、學士の輩は國を治めるに堪えない、ただ大いに讀書するだけだ、政治は劉敬宗一人で十分である、沈約、王融ら數百人がいたとしても、何の役にもたたない、といっていた。史書はその武帝を評して、「其の吏事を重んじること此くの如し」という（『南史』卷七七恩倖劉敬宗傳）(27)。ここで吏事は、やはりある種の價値觀をともなってもちいられる用語である。それは政治のあり方に關する價値觀であり、武帝と蕭子顯とではおそらくは相對立するそれであった。武帝にいわせれば、武帝に集中する權力の運營において、必要なのは效率的、機能的な事務處理能力であり、それによって現實的課題に緊密に對應することが政治であった。しかし、梁の武帝の政治を經驗した蕭子顯にとって、あるべき政治とは、權力の效率的機能的運營ではなく、より人格的、總體的な秩序の實現であったようである。このように理解することが誤りでないならば、右のような吏事への評價は、官僚の職務の本質的意味はいったい何かという問題とふかくかかわる。

『晉書』巻七〇卞壼傳[28]にいう、

壼は幹實もて官に當り、褒貶を以て己が任と爲し、吏事に勤め、正に軌《したが》いて世を督さんと欲し、苟くも時の好みに同じることを肯んぜず。然れども、性は弘裕ならず、才は意に副わず。故に諸もろの名士の少とする所と爲りて、卓爾たる優譽無し。明帝、深く之を器とし、諸大臣に於て最も職に任ず。阮孚、毎に之に謂いて曰く、卿は恆に閑泰たることなく、常に瓦石を含むが如し、亦勞ならずや、と。壼曰く、諸君道德恢弘なるを以て、風流相尚ぶ。鄙吝を執る者は、壼に非ずして誰ぞ、と。

卞壼が己の所爲である吏事を鄙吝とするように、職務の精勵を鄙とすることは『梁書』巻三七何敬容傳[29]にもみられた。

敬容は久しく臺閣に處り、詳らかに舊事を悉し、且つ聰明にして治を識り、簿領に勤め、詰朝事を理し、日旰《く》れて休まず。晉宋以來、宰相皆文義に自ら逸れるに、敬容、獨り庶務に勤め、世の嗤鄙する所と爲る。

ところでまた、そのような勤務態度を俗とみるものもあった。たとえば「以治事爲俗吏」（『晉書』巻七一熊遠傳）といい、「政事者爲俗人」（同書巻七一陳頵傳）というのは、行政の實務に精勵することが俗とされていたことをしめす。

以上のような、職務に忠實、精勵なることを鄙、俗とする價値觀は、一方の極に職務職責の輕視放棄の勤務態度を必然的にうむ。風流、閑泰といい、文義自逸というのは正しくそのような勤務態度である。

では、そのような職務職責に對する姿勢はいかなる地點に生まれる意識であろうか。いいかえれば、職務に精勵することがなぜ鄙、俗であり、職務職責の放棄がなぜ官人の價値の上位にあるのか。それは結論的にいえば、官職が内包する二つの機能のうち、政治體制における官人の身分表示機能である位階を認めながら、權力運營機能である職掌を否定する志向の現れといえる。そして、この後者は、さらに敷衍すれば、官人が身をおく權力運營機構の頂點であり、官人が官僚として本來忠實に奉仕するべき對象である皇帝に對する、ある種の否定的認識につながるものであろう。

（二）「清濁」と「晝錦」

吏部は九品官人法において、人事擔當の最重要の官職である。今日的感覺からいえば、吏部には任官候補者の職歴、才能や専門知識を知悉し、適材適所を實現する能力と努力が求められたはずである。ところが、事實はかならずしもそうではなかった。

李重の「吏部尚書箴序」（『初學記』巻一一）[30]に、

　重は曹郎を忝うし、九流を銓管し、清濁を品藻す。祇愼なりと雖も、寄る所を知る莫し。

といい、『世説新語』賞譽篇注引『山濤啓事』[31]に、

　吏部郎史曜出で、處缺く。選に當り、濤、（阮）咸を薦めて曰く、眞素寡欲にして、深く清濁を識り、萬物も移す能わざるなり、と。

といい、『宋書』巻五七蔡廓傳附子興宗傳[32]に、

　俄かに尚書吏部郎に遷る。時に尚書何偃疾患あり。上、興宗に謂いて曰く、卿詳らかに清濁に練《な》る。今、選事を以て相付す。便ち開門して之に當る可し、讓る所無かれ、と。

という。

みられるように、吏部郎の職務は清濁を品藻することであり、したがって清濁に通曉していることがもとめられて

いた。品藻とは「定其差品及文質」（『漢書』揚雄傳顔師古注）、すなわち人物の品定めと等級づけのことであり、『世說新語』に獨立の篇名としてこの語がもちいられていることにもうかがわれるように、當時の社會獨自の社會的現象であった。ではその品藻の對象である淸濁とはなにか。

一般的にいって、この淸濁はそのまま人閒存在のありかたの淸濁、たとえば處世の態度、倫理觀、性格等についての評價といえそうである。しかし、それらは官職に附隨する專門的知識や職務處理能力とはなんらかかわりがない。百步讓って、それが職務處理上の勤務態度に關係する表現であるとしても、それも倫理の範圍に屬するものであって、本來の職務處理能力とは無關係といわざるをえない。もちろん、そのような人格や職務上の倫理觀もまた、官僚制運營上必須の要件であり、專門的知識や職務處理能力とは別の意味で、當然人事における重要な留意事項であったろう。とはいえ、吏部の品藻の對象がかかる淸濁のみであるというのは、人事における專門的知識や職務處理能力の輕視とみなさねばならぬことはいうまでもなかろう。

ところで、かつて小論で、この淸濁は實は社會における一種の身分である士庶と對應する表現であるのではないかと推論したことがあった[33]。そうであるとすれば、淸濁はなおのこと官人の職責を果たす個人の能力とは關係がないことになる。淸濁がこのようであるなら、淸濁に基づいておこなう吏部の人事の基準はなにかといえば、家柄、個人に屬する倫理的要件、官人としての職務態度等であって、そこにあっては、官人の本分である經世濟民のための職務處理能力は要求されていないのであるといわざるをえない。

次に「晝錦」をとりあげたい。地方長官の本籍地任用の問題は、これまでおおく在地の有力者の社會秩序維持能力と、弱體化した王朝權力のかれらに對する秩序維持への期待や利用、もしくは在地社會からの王朝權力の後退という側面から論議されてきたようにおもわれる。魏晉南北朝時代における本籍地任用の盛行、逆に、漢代における本籍地回避が、それぞれ王朝權力の强弱と密接に關連づけられてきたことはあらためていうまでもなかろう。本籍地任用による地方長官の大半が在地社會の有力者であったことは、それが事實であったことを明示している。[34]

　ところが、そのような本籍地任用が、一方で皇帝の恩遇による榮譽、もしくは功績にたいする報償であったことも、すでに明らかにされているところである。後漢末期、魏國成立ののち、本籍地雍州の刺史となった張既に曹操がいったのは、「君を本州に還すは、繡を衣て晝行くと謂う可きである」ということであった（『三國志』巻一五本傳[35]）。このことば、もちろん有名な項羽の故事、富貴となって故郷に歸らないのは錦を衣て夜行くようなものだという慨歎に基づく。ついには晝錦の熟語にまでなったこの故事が、魏晉南北朝では、しばしば地方長官の本籍地任用に際して言及されるのである。北魏の孝明帝が毛遐毛鴻賓兄弟の功績に報いるために、かれらの本貫北地郡を北雍州とし、鴻賓をその刺史に任じて、「これは晝錦を以て、卿を榮えあらしめるのだ」と詔したという（『北史』巻四九毛遐傳附弟鴻賓傳[36]）のは、その典型である。

　さて、その晝錦が、たとえば梁武帝が任地におもむく柳慶遠を建康郊外の新亭に餞して、「卿が錦を衣て鄉に還れば、朕には西顧の憂いがなくなる」といった（『梁書』巻九柳慶遠傳[37]）という例のように、それが實效をともなうような榮譽であるばあいもあったが、單なる榮譽のためだけのこともすくなくなかった。呂僧珍の例がそれで、かれは家をでて久しく、表して墓を拜することを求めたので、梁武帝はかれを榮えあらしめんとして本州刺史としたのであったが、州にあること百日で領軍將軍に徵されたという（『梁書』巻一一呂僧珍傳[38]）。およそこのような、單に榮譽のためだけの本籍地任用であればこそ、ふるさとに錦をかざるという思考が强調されるのであり、衣錦・晝錦の語の存在そのものが、この時代の本籍地任用の特異な形態を示唆している。

　後世しばしば引用される漢の宣帝の「我と治を共にする者は、唯だ良二千石か」ということばは、古代中國における王朝支配の樞要がどこにあるかを明示している。支配秩序編成の結節點に位置する地方長官の重要性は、多言をまたない。その地位が故郷に錦を飾るためのものとされているのは、地方長官の職務が輕視されていることにほかならない。もちろん、實態からいえば、この當時の地方行政は、在地有力者層による地方官衙の獨占的運營による、一定の秩序の下にあり、地方長官が職務に怠慢であっても、さほど深刻な行政の遲滯をまねいたとはおもえない。とはいっても、ここにはあきらかに、漢の宣帝の政治意識におけるそれとは異質な職務意識があるといわざるをえない。というよりは、官位を職務と切り離し、ある種の價値の表現形態とみる意識があるというべきであろう。

かくして、吏部人事における「淸濁」と、地方長官の本籍地任用である「晝錦」の現象は、官僚の人選における特異な意識、もしくは價値觀を表現しているようにおもわれる。そこでは、官僚組織を運營するための官人個人の專門的知識や職務處理能力は度外視されており、それとは異質な要素が人事の基準となっている。しかも、その基準は、當時の官職そのものに對する特定の認識とわかちがたくむすびついている。その特定の認識とは、通常官僚制という概念から發想されるような、皇帝を頂點とする支配體制の效率的な運營を擔うものとして官職をみるのではなく、かれら自身がそのなかに位置するある種の秩序における地位の表現として官職をみるという認識である。換言すれば、官職の本質は機能ではなくて、標識なのである。

以上にみた「吏職」「吏事」と「淸濁」「晝錦」は、六朝官人の官位と職務に關する特異な意識を端的に表現している。それはひとことでいえば官位と職務の分離、あるいは官職が本來もつはずの官僚としての執務義務の否定ないし輕視である。そのことは官僚制の性格の問題として考えるとき、いかなる認識をもたらすであろうか。ただちに豫測されるのは、それが皇帝の支配機構のなかで齒車のごとく機能する官僚として存在することの否定を意味するのではないかということである。ただし、だからといって、かれらが官人であることを全面的に否定しているというのではない。さきにのべたことを繰返せば、官職の内の標識の性格をもつ官位を肯定し、機能の性格をもつ職務を否定するのである。

そのことは何を意味しているのか。結論的にいえば、それは職務を媒介にした皇帝との關係への懷疑ではなかろうか。つまり、皇帝の支配のための政治の實務に携わることへの拒否感が、かれらの意識の深層にあるようにおもえるのである。そして、そのことがかれらを單なる皇帝の官僚の立場から解放し、官僚制に埋沒することから救い、ある種の自立性をもつことを可能にすると直感的に認識していたのではなかったか。

では、かれらにとって、皇帝權力とは何であったのか。ここでやや視點を變え、官人の皇帝に對する認識をしばらくながめてみよう。

第三節　皇帝と官人

『南史』巻二八褚裕之傳附彥回從父弟炤傳[39]にいう、

（炤）常に彥回の身、二代に事うるを非る。彥回の子賁、往きて炤を問訊す。炤問いて曰く、司空今日何くに在りや、と。賁曰く、璽紱を奉じて齊の大司馬の門に在り、と。炤、色を正して曰く、知らざりき、汝が家の司空、一家の物を將って一家に與うとは、亦た復た何の謂いなるかを、と。

また、『梁書』巻三五蕭子恪傳[40]のいうところでは、

子恪、弟子範等と嘗て事に因りて入りて謝す。高祖、文德殿に在りて之を引見し、從容として謂いて曰く、我、卿が兄弟に言うこと有らんと欲す。（中略）我は自ら喪亂に藉りて、明帝の家の天下に代るのみにして、卿が家

の天下を取らざるなり、と。

この二者、いずれも有名な史實であるが、すこしく說明しておこう。まず前者、褚淵、字彥回は、宋の人、父湛之は武帝の女を尙し、自らも文帝の女を尙して、宋朝の姻戚につらなるとともに、明帝に重用され、その死にあたっては、袁粲とともに顧命を受けるに至った。しかし、その後の宋朝の混亂に際して、兩者は對蹠的な途を歩むことになる。袁粲が宋朝に殉じ、蕭道成に反抗して石頭城にたてこもり、斬殺されたのに對して、褚淵ははやくから蕭道成に心をよせ、宋朝をみかぎって、右の事態に至ったのである(41)。

後者、子恪子範兄弟は南齊の高帝蕭道成の孫にあたる。道成の長子は南齊第二代武帝、第二子は豫章王嶷、その嶷の子である。よく知られているように、蕭道成の兄道生の子明帝は、武帝の孫にあたる二帝を廢し、この系統より帝位を奪って卽位した後、高帝武帝の子孫を殺戮し盡くし、辛うじてその難をまぬかれたのがこの豫章王嶷の系統のみであった(『廿二史箚記』卷一二「齊明帝殺高武子孫」參照)。梁武帝が子恪子範にむかって卿の家というのは蕭道成の系統をいい、明帝の家というのが道成の兄道生の系統をさすことはいうまでもない。

ここでいう家とは、前者では宋の劉氏と齊の蕭氏、後者では南蘭陵の蕭氏のなかの蕭承之の二子、兄道生と弟道成のそれぞれの一門を指し、その概念がかなり異なる。このこと自體注目すべき問題であるが、それはしばらくおき、特に注目したいのは皇帝位、もしくは天下がその家の所有物と認識されていることである。それは皇帝位や天下という、本來普遍性をもち、公的性格が賦與されているはずのものを、きわめて限定された私的なものとみなしていることにほかならない。もっとも、前引『梁書』で梁武帝は子恪たちに對して、まず「そもそも天下の寶（帝位）は、本來公の器であって、力で手に入れることができるものではない。かりにもめぐりあわせがなければ、項羽の力が有ろうとも、結局は滅亡してしまうのだ。」とのべている。これはもちろん本來皇帝位や天下は公のものであると認めているのであるが、それが事實としては一個の家の所有物と化していると認識されているのである。そのような帝位や權力が、きわめて私權的性格をもつに至るのは自然のことであろう。

梁武帝にはまた、つぎのような逸話もつたえられている。[42] 南齊最後の皇帝和帝から武帝が受禪したとき、和帝の御史中丞であった琅邪の名族顏見遠なるものが絶食し、發憤數日にして死んだ。武帝はこれを聞いていうには、「我は自ずから天に應じ人に從うなり。何ぞ天下の士大夫の事に預らん。而るに顏見遠は乃ち此に至るなり。」と。ここには、王朝交代や皇帝位という政治世界の現象とは隔絶して存在する士大夫の世界が前提されている。梁武帝のこのような認識はさきの例に通じるところがある。さきには「公器」といい、ここでは「應天從人」というように、かれは帝位をおもてむき普遍性をもつ力とみなしているようであるが、一方でその限界を認めているようにみえる。すなわち、皇帝の權威權力が普遍性のある力であったとしても、それが實現し得ない場があるのであり、それが士大夫の世界なのである。[43] そしてこのような認識は、梁武帝が士大夫社會を知悉した人物であったことを想起すれば、士大夫側にも一般的に存在するものであったとみられる。であれば、士大夫が認識する王朝や皇帝權力は、さきほどのべたように相當に私權的なものであるだけでなく、かれらの世界の秩序原理とは異質な、そしてかれらの世界においては無力な力であり、皇帝位は單に力をもつ一個人がその力を實現するための地位にすぎないとされていたといわざるをえない。

官人にとって、かかる皇帝を頂點とする支配體制において、その支配機構を構成し、運營するために機能することは、自身の自己否定に直結する危險をはらむものであったのではなかろうか。

むすび

以上に論じてきたことの大要は、ほぼつぎのような點に盡きる。

六朝官人は、任官に對して正否交錯した感情を抱いており、ある種の當爲として、任官に拒否感をもち、またすくなくともそのように裝っていた。安易な任官は、社會的な價値において、否定さるべきであったようにみえる。しかし、このような感情はおそらく任官に無上の價値をみとめる意識と表裏一體の關係にある。

六朝官人は、官職の職務や、その執行のための專門的知識に否定的であった。官人たるために必要とかれら自身が認識したのは、職務處理能力ではなく、身分や功績であった。それゆえに、官位のもつ身分標識としての機能には肯定的であった。

六朝官人は、官僚としてのかれらの支配者である皇帝の權力を私權的なものと理解しており、それが以上のような任官と職務に對する特異な感情、ないしは意識を生じさせたものとみられる。

六朝官人の官人たることについての意識に對するかような認識が誤っていなければ、貴族と官人という問題はどのように說明できるであろうか。まず第一に理解すべきは、一見かなり完成された官僚制的にみえる九品官制が、近代官僚制はもちろんのこと、一般的な意味の官僚制という概念においても、その機能面からみて、官僚制とは異なった組織であるという點である。それは機構ではなくて、標識に過ぎなかった。それは支配機構として機能するのではなくして、官人の身分表示の標識として機能した。ただそれが官僚制的形態をとっているのは、そうすることによって官人の地位が表示する身分が普遍性をもつことになるからである。

六朝官人はこの組織の中で、みずからを皇帝の支配を成立せしめるために機能する官僚として實現することに否定的であった。そのような機能を果たすためのものであるはずの官職の職務に對するかれらの態度がそれを明示している。職務の忠實な執行はかれらを皇帝の手足として、純然たる官僚制の中に埋沒させるものであり、それを拒絶することによって、かれらは單なる皇帝の官僚としての存在からぬけだせたのである。

このようにまとめてみると、冒頭で設定した貴族と官人の關係の問題は、やや様相を異にしはじめるのではなかろうか。つまり、貴族にとって官人としてのあり方は不可缺のものではあったが、それは皇帝の官僚として自らを支配者層に位置づけ、あるいはその權力を分與されるためではけっしてなかった。そうすることは、かれらにとってむしろ自己否定に直結するものであった。貴族にとって不可缺であった官人たることの意味は、社會の多様な價値觀を超越した普遍的な身分標識を獲得することであった。すなわち皇帝を頂點にあたかも近代官僚制のごとくに編成された九品官制は、實は唯一の正當性と普遍性をもつ身分表示の組織であり、その中に位置づけられることが社會的な存在としての貴族の公的な存在の證明だったのである。

もちろん、一方で、士は仕であり、したがって官人たることは實際に行政に携わることであるという傳統的な理念もあったはずである。そのような理念にとって、以上のような官制の機能は受容し難いものであったろう。そこに任官に對する錯綜した立場が生じると考えたい。

すくなくとも九品官制が、一見いかにも機能的、ないし合理的で整然とした官僚制的様相を呈しているにしても、それが皇帝權力の支配機構として、換言すれば純然たる官僚制として機能すべく貴族に認識されていたのではないことはあきらかなようにおもえる。貴族と官人といずれが他者を規定するかという冒頭の問題は、九品官制についてのこのような發想からあらためて見直す必要があるのではなかろうか。

註

（1）拙稿「六朝貴族制論」（初出一九九三、本書第一六章）參照。
（2）宮崎市定『九品官人法の研究』（一九五六）五二八頁。
（3）谷川道雄「中國官僚制社會のひとつの見方」（初出一九七五、谷川『中國中世社會と共同體』一九七六に再錄）。
（4）吉川忠夫『六朝精神史研究』（一九八四）序章「六朝士大夫の精神生活」二三頁以下は、六朝士大夫が、官僚であり、富の所有者であったにもかかわらず、隱の立場をつらぬくことができた六朝期に特異な隱逸觀をみごとに分析している。これによれば、隱逸がかならずしも官人存在への嫌惡や否定に直結するものではなかったことになる。しかし、六朝に特異な逸民は、心をいかなる境地におくかだけを問題にしたとも吉川氏はのべておられ、現實の世界では、官人であることと隱逸とは十分に調和できるものでなかったようにおもわれる。
（5）森三樹三郎「六朝士大夫の精神」（初出一九五四、森『六朝士大夫の精神』一九八六に再錄）、特に第一章「六朝士大夫の性格とその歴史的環境」（同書七頁、九頁等）參照。
（6）『晉書』卷四二唐彬傳
元康初、拜使持節前將軍領西戎校尉雍州刺史、下敎曰、此州名都、士人林藪、處士皇甫申叔、嚴舒龍、姜茂時、梁子遠等、竝志節淸妙、履行高潔、踐境望風、虛心饑渴、思加延致、待以不臣之典、幅巾相見、論道而已、豈以吏職、屈染高規、郡國備禮發遣、以副於邑之望、於是四人皆到、彬敬而待之、
（7）『晉書』卷七七鄭袤傳
會廣平太守缺、宣帝謂袤曰、賢叔大匠垂稱於陽平魏郡、百姓蒙惠化、且盧子家、王子雍繼踵此郡、使世不乏賢、故復相屈、
（8）『晉書』卷八二王長文傳
王長文字德叡、廣漢郪人也、少以才學知名、而放蕩不羈、州府辟命皆不就、州辟別駕、乃微服竊出、舉州莫知所之、後

於成都市中蹲踞鬻胡餅、刺史知其不屈、禮遣之、（中略）太康中、蜀土荒饉、開倉振貸、長文居貧、貸多、後無以償、郡縣切責、送長文到州、刺史徐幹捨之、不謝而去、後成都王穎引爲江源令、或問、前不降志、今何爲屈、長文曰、祿以養親、非爲身也、

(9)『世說新語』言語篇

李弘度常歎不被遇、殷揚州知其家貧、問君能屈志百里不、

(10)『晉書』卷六八賀循傳

及（元）帝遷鎭東大將軍、以軍司顧榮卒、引循代之、循稱疾篤、牋疏十餘上、帝遺之書曰、（中略）今上尙書屈德爲軍司、謹遣參軍沈禎銜命奉授、望必屈臨、

(11)『晉書』卷九四隱逸孟陋傳

簡文帝輔政、命爲參軍、稱疾不起、桓溫躬往造焉、或謂溫曰、孟陋高行、學爲儒宗、宜引在府、以和鼎味、溫歎曰、會稽王尙不能屈、非敢擬議也、

(12)『宋書』卷九三隱逸宗炳傳

高祖開府辟召、下書曰、（中略）南陽宗炳、雁門周續之、竝植操幽棲、無悶巾褐、可下辟召、以禮屈之、於是竝辟太尉掾、皆不起、

(13)『梁書』卷二一王志傳

褚淵爲司徒、引志爲主簿、淵謂僧虔曰、朝廷之恩、本爲殊特、所可光榮、在屈賢子、

(14)なお蔣禮鴻『敦煌變文字義通釋』（第四次增訂本　一九八八、上海）二六六頁以下は、變文中の屈を「邀請」の意とし、その根據に、この當時の文獻としては、『法苑珠林』卷六五引『冥祥記』、『晉書』卷九一儒林虞喜傳、同書卷一〇二劉聰載記、『梁書』卷二六傅映傳の文章をあげる。それらはいずれも本文に引用したものとまったく同樣の任官要請、もしくは任命に關するものである。本文の文例でも明らかなように、「屈」がその實際の意味の一部においては請う、願うであることはまちがいない。蔣氏の說はその點で誤りではない。ただし、本文でも明示したように、「屈」は「邀請」のみに止まらず、その「邀

請」に應じる場合にももちいられることは忘れてはならない。問題とすべきは、原義に「邀請」の意味があったとはおもえない「屈」になぜそのような意味があらわれたのかであり、もはやいうまでもないが、それはこの時代の任官要請に「屈」なる表現をもちいたことに發端がある。たとえば宋の『集韻』が「屈、請也」というのは、「屈」が、六朝の任官要請の義を經て、宋代には單に任官要請においてのみでなく、一般的に要請の意味にもちいられていることを明示している。

(15)『宋書』卷九三隱逸陶潛傳
親老家貧、起爲州祭酒、不堪吏職、少日、自解歸、

(16)『南齊書』卷五四高逸宗測傳
宗測字敬微、南陽人、宋徵士炳孫也、世居江陵、測少靜退、不樂人閒、歎曰、家貧親老、不擇官而仕、先哲以爲美談、餘竊有惑、誠不能潛感地金、冥致江鯉、但當用天道、分地利、孰能食人厚祿、憂人重事乎、

(17)『宋書』卷九一孝義何子平傳
時鎭軍將軍顧覬之爲州上綱、謂曰、尊上年實未八十、親故所知、州中差有微祿、當啓相留、

(18)『宋書』卷九二良吏王鎭之傳
（王）愉子綏、（桓）玄之外甥、當時貴盛、鎭之爲所排抑、以母老求補安成太守、

(19)『南齊書』卷三二張岱傳
出補東遷令、時殷沖爲吳興、謂人曰、張東遷親貧須養、所以栖遲下邑、然名器方顯、終當大至、

(20)『晉書』卷六九劉隗傳附孫波傳
上疏曰、（中略）告時乞職者、以家弊爲辭、振窮恤滯者、以公爵爲施、

(21)『宋書』卷六八武二王彭城王義康傳
義康欲以斌爲丹陽尹、言次啓太祖、陳其家貧、上覺其旨、義康言未卒、上曰、以爲吳郡、

(22)『南齊書』卷三二張岱傳
太祖欲以恕爲晉陵郡、岱曰、恕未閑從政、美錦不宜濫裁、太祖曰、恕爲人、我所悉、且又與瓌同勳、自應有賞、岱曰、

若以家貧賜祿、此所不論、語功推事、臣門之恥、

(23) 拙著『六朝貴族制研究』（一九八七）第四編第二章「晉南朝における官人の俸祿」第三節「地方官俸祿の制度的考察」、第四節「中央官と地方官」參照。

なお、同第六節「官人における俸祿の意義」五〇九頁以下で、「親老家貧」の標榜と任官の關係に言及し、この「貧」なる概念が實態ではなく、ある種の倫理意識とみるべきではないかと推測してある。

また、本文後文で、俸祿が官人を君臣關係の中に緊密に固定する機能をもつであろうことに注意を喚起しているが、このことについても中村『六朝貴族制研究』五一八頁で推論したことがある。

(24) 渡邊信一郎「清―あるいは二―七世紀中國における一イデオロギー形態と國家」（初出一九七九、渡邊『中國古代國家の思想構造――專制國家とイデオロギー』一九九四、第一部第三章）參照。

(25) 註（6）參照。

(26) 註（15）參照。

(27)『南史』卷七七恩倖劉敬宗傳

係宗久在朝省、閑於職事、武帝常云、學士輩不堪經國、唯大讀書耳、經國、一劉係宗足矣、沈約王融數百人、於事何用、其重吏事如此、

(28)『晉書』卷七〇卞壼傳

壼幹實當官、以褒貶爲己任、勤於吏事、欲軌正督世、不肯苟同時好、然性不弘裕、才不副意、故爲諸名士所少、而無卓爾優譽、明帝深器之、於諸大臣而最任職、阮孚每謂之曰、卿恆無閑泰、常如含瓦石、不亦勞乎、壼曰、諸君以道德恢弘、風流相尙、執鄙吝者、非壼而誰、

(29)『梁書』卷三七何敬容傳

敬容久處臺閣、詳悉舊事、且聰明識治、勤於簿領、詰朝理事、日旰不休、自晉宋以來、宰相皆文義自逸、敬容獨勤庶務、爲世所嗤鄙、

(30)『初學記』巻一一
又李重爲吏部尙書箴、序曰、重忝曹郎、銓管九流、品藻淸濁、雖祇愼莫知所寄、

(31)『世說新語』賞譽篇注
山濤啓事曰、吏部郎史曜出、處缺、當選、濤薦咸曰、眞素寡欲、深識淸濁、萬物不能移也、若在官人之職、必妙絶於時、

(32)『宋書』巻五七蔡廓傳附子興宗傳
俄遷尙書吏部郎、時尙書何偃疾患、上謂興宗曰、卿詳練淸濁、今以選事相付、便可開門當之、無所讓也、

(33)前掲拙著第三編第二章「淸官と濁官」三四九頁において、淸濁は淸議によって維持される秩序における支配者、被支配者身分を表現することばであるとのべた。その兩者が士人と一般民庶にあたるというのは、同章の主題の一である。

(34)中國古代の本籍地任用の問題については濱口重國「漢代に於ける地方官の任用と本籍地の關係」（初出一九四二、濱口『秦漢隋唐史の研究』下　一九六六　第三部第五章）、越智重明「南朝における地方官の本籍地任用に就いて」『愛媛大學歴史學紀要』一（一九五三）、嚴耕望『中國地方行政制度史』上編四（一九六三）第一五章、小尾孟夫「南朝における地方支配と豪族——地方長官の本籍地任用問題について」（『東方學』四二、一九七〇）、窪添慶文「魏晉南北朝における地方官の本籍地任用について」（初出一九七四、窪添『魏晉南北朝官僚制研究』二〇〇三に再録）等、研究が多い。濱口論文にはじまって、おおかたは本籍地任用と在地の有力者の秩序維持機能に言及するが、嚴著八六五頁、窪添前掲著三〇二頁は本籍地任用に恩遇による榮譽の色彩を帶びる場合があることに注意をむけている。

(35)『三國志』巻一五魏書張既傳
出爲雍州刺史、太祖謂既曰、還君本州、可謂衣繡晝行矣、

(36)『北史』巻四九毛遐傳附弟鴻賓傳
明帝以鴻賓兄弟所定處多、乃改北地郡爲北雍州、鴻賓爲刺史、詔曰、此以晝錦榮卿也、

(37)『梁書』巻九柳慶遠傳
（天監）四年、出爲使持節都督雍梁南北秦四州諸軍事征虜將軍寧蠻校尉雍州刺史、高祖餞於新亭、謂曰、卿衣錦還鄉、朕

無西顧之憂矣、

（38）『梁書』巻一一呂僧珍傳

僧珍去家久、表求拜墓、高祖欲榮之、使爲本州、乃授使持節平北將軍南兗州刺史、（中略）在州百日、徵爲領軍將軍、

（39）『南史』巻二八褚裕之傳附彦回從父弟炤傳

常非彦回身事二代、彦回子賁往問訊炤、炤問曰、司空今日何在、賁曰、奉璽紱、在齊大司馬門、炤正色曰、不知汝家司空、將一家物與一家、亦復何謂、

（40）『梁書』巻三五蕭子恪傳

子恪與弟子範等、嘗因事入謝、高祖在文德殿引見之、從容謂曰、我欲與卿兄弟有言、夫天下之寶、本是公器、非可力得、苟無期運、雖有項籍之力、終亦敗亡、（中略）且我自藉喪亂、代明帝家天下耳、不取卿家天下、（下略）

（41）この兩者の生き方については、安田二郎「南朝貴族制社會の變革と道德・倫理――袁粲・褚淵評を中心に――」『東北大學文學部研究年報』三四（一九八五）、「その後の袁粲と褚淵――評價の變遷――」『集刊東洋學』五四（一九八五）に優れた省察がある。本章のような視角にあっては、當人の價値觀や倫理意識にまでふみこみ、それを現在に共有することによって六朝社會に迫ろうとする安田氏の方法は不可缺であるが、殘念ながら、その地平に至れなかった。

（42）『梁書』巻五〇文學下顔協傳

高祖受禪、見遠乃不食、發憤數日而卒、高祖聞之曰、我自應天從人、何預天下士大夫事、而顔見遠乃至於此也、

（43）森三樹三郎前掲書一三頁には、この事件を取り上げて、士大夫を中心とする私的秩序の發生ととらえているが、鋭い認識である。

第三章　都市と官僚制

はしがき

北魏の高允は九八歳の生涯に、五帝に歴事し、三省に出入すること五〇餘年、北魏政治史に巨大な足跡をしるした人物である。そのかれの人生を、弟の高燮は「屈折久宦、栖泊京邑」と非難し、嘲笑したというのである[1]。この逸話は、官人としての京都生活に對して、これを消極的あるいは否定的に評價する意識が社會の一部に存在したことをしめしている。

筆者はかつて、六朝官人に官僚であることに對する消極的、または否定的意識が存在することを論じたことがある[2]。その議論でてがかりとしたのは、高燮のことばにもあらわれる「屈」という表現であった。六朝官人は官につくことをしばしば「屈」と表現しているのである。それは官につくことがかれらの理想とする立場を曲げること、あるいは別の權威に屈服することであると、六朝官人が認識していたことを推測させるであろう。この點に六朝官僚制の歴史的な性格がうかがえるというのが、筆者の論點であった。筆者の考えでは、六朝官人は、かれらが官僚として存在することの主たる意味を、かれらの特權的身分を官僚の地位によって保證されたり、正當化することに置いていて、皇帝支配體制における支配機構組織の一員として機能するところには置いていない。さらにいえば、皇帝の官僚として、皇帝に忠實に政治的職務を遂行することを忌避し、それによってかれらの本質である社會の支配者としての立場を實現しようとしていた。つまり六朝官僚制の本質は、士族階層の社會的地位を制度的に正當化し、保證するところにあるのであって、皇帝支配機構としての機能は第二義的であるのである。

高允に對する高爕の嘲笑は、一部分をこのような六朝官人の意識から説明できるであろう。ただ注目に値するのは、この嘲笑が、官人であることだけではなく、長期の京都生活に對してもむけられているところである。

そもそも官人であることと、かれらの都市生活とは不可分のものである。中央であれ地方であれ、官僚機構は都市に置かれるのが通常であり、都には中央政府、地方都市には地方行政府がおかれて、そこには官僚が勤務、居住する。ただし、州郡縣治である地方都市の場合は、中央より派遣される官僚とは別に、その治がおかれた州郡縣城を居住地とする州郡縣官が多數存在していたことが豫測される。しかしながら、都市の中心である京都は、一部の例外をのぞいて、官人の出身地からとおく離れているのであり、官人たるものはみな出身地を離れて京都におもむき、京都で任官し、それが地方官である場合をのぞいて、京都で生活することになる。

ここにいたって、高爕の嘲笑は、京都と鄉里、官人と非官人という二極のあいだで動搖する當時の貴族層の自己認識や價値觀と、その底流にある都市と官僚制に對する認識の問題にむすびつくことになろう。

本章は、このような都市、とくに京都とそこでの官人生活に對する獨特の認識、または價値評價の分析を通して、魏晉南北朝時代における都市社會と官僚制の歴史的な性格を考察することを目的としている(3)。

第一節　「翼翼」たる京邑とその實態

この時代の京都の性格を表現することばに、「翼翼」がある。それは東漢の洛陽をうたった『文選』巻三張衡京都賦中「東京賦」に、「京邑翼翼、四方所視」、魏の鄴をうたった同巻六左思「魏都賦」に、「翼翼京室、眈眈帝宇」と現れる。前者における薛綜注は、「翼翼、禮儀盛貌、言常爲四方觀、翼翼然也」とのべて、それが京都の盛大にして天下の模範たることを表現すると解しているし、李善注は兩者に對して、『毛詩』の「商邑翼翼」の語句をひく。これは『毛詩』「商頌殷武」の「商邑翼翼、四方之極、赫赫厥聲、濯濯厥靈」に基づくもので、鄭箋は「商邑之禮俗、翼翼然可則傚、乃四方之中正也、赫赫乎其出政教、濯濯乎其見尊敬也」とのべている。京都商邑の禮儀と風俗が世界の模範であり、中心であることを公然と主張しているのである。

このような「翼翼」という表現をかりて、京都が國家の中心であり、かつ模範であるという認識は、この時代にもみられるものである。たとえば、『南史』巻二二王曇首附孫儉傳に、

建元元年、（中略）時都下舛雜、且多姦盜、上欲立符伍、家家以相檢括、（王）儉諫曰、京師翼翼、四方是湊、必也持符、於事既煩、理成不曠、謝安所謂不爾何以爲京師、乃止、

とあり、『魏書』巻六八甄琛傳には、

（河南尹甄）琛表曰、詩稱京師翼翼、四方是則者、京邑是四方之本、安危所在、不可不淸、（中略）今遷都已來、天下轉廣、四遠赴會、事過代都、五方雜沓、難可備簡、寇盜公行、劫害不絕、

とあるのなどが、その代表的なものである[4]。

しかしながら、京都はそうでありながら、それに背反した實態、あるいは惡しき狀況にあるという事實認識も存在する。兩傳に「時都下舛雜、且多姦盜、上欲立符伍、家家以相檢括」（王曇首傳）とあり、「五方雜沓、難可備簡、寇盜公行、劫害不絕」（甄琛傳）とあるものは、京都が混雜に滿ちていて、かつ盜賊がおおい現實をしめすものである。

ところで、京都のこのような狀況は、そもそも京都であるがために發生したことなのである。前引『南史』王曇首傳に王儉の語として「謝安云々」というのは、『世説新語』政事篇の故事に基づく。東晉中期、謝安が執政の時代、兵士の逃亡が續發し、しかもその多くが秦淮に停泊した船舶を隱れ家としていた。ある時客人と對座していた謝安にむかって、あるものがそれらを一齊に檢擧しようと求めたところ、謝安はこれを許さず、「卿所憂、在於客耳、然不爾、何以爲京都[5]」とのべたという。その意味は心配の種になっているのは京都本來の住人ではないものたちである、しかしそのようなものたちを容認しないようでは京都などといえようかというのであるが、言外に、京都というのはこのような流入してくる不法者も存在して當然であるという認識があると考えられる。つまり「翼翼」たるがゆえに生じる悪弊ともいうべき矛盾を京都は内包しているのである。

このことをさらに普遍的にしめすとおもわれるのが、『隋書』巻二九・三〇・三一地理志に現れる舊京の地の風俗敍述の共通點である。

京兆王都所在、俗具五方、人物混淆、華戎雜錯、去農從商、爭朝夕之利、游手爲事、競錐刀之末、貴者崇侈靡、賤者薄仁義、豪強者縱横、貧窶窶者窘蹙、桴鼓屢驚、盜賊不禁、此乃古今之所同焉、（巻二九）

洛陽得土之中、賦貢所均、故周公作洛、此焉攸在、其俗尚商賈、機巧成俗、（巻三〇）

魏郡、鄴都所在、浮巧成俗、彫刻之工、特云精妙、士女被服、咸以奢麗相高、其性所尚習、得京洛之風矣、（巻三〇）

丹陽、舊京所在、人物本盛、小人率多商販、君子資於官祿、市廛列肆、埒於二京、人雜五方、故俗頗相類、（巻三一）

みられるように、長安、洛陽、鄴、建康と、いずれもこの時代の京都であった土地の風俗、氣風に對して否定的な評價が共通しているようすが看取される。そのような狀態が、その地が京都であった時期からすでにそうであったことは、『晉書』卷三八文六王齊王攸傳に、

攸奏議曰、（中略）又都邑之內、游食滋多、巧伎末業、服飾奢麗、富人兼美、猶有魏之遺弊、染化日淺、靡財害穀、動復萬計、

とある一例によってうかがわれる。つまり地理志の敍述は、當時の京都の社會の普遍的な狀態であったということができよう。

その狀態は、雜、巧、商などのことばで象徵的に表現されるが、それは人口の集中、多樣な職業の混在、流通と消費の優勢など、京都本來のすがたから必然的にひきおこされた狀態であるといえる。このような風俗が、その各地が京都の地位をうしなった後まで、その土地に殘存しているというのは、その京都であった時代の社會狀態がふかくその地に根づいてしまい、一過的なものではなかったことをしめすものであり、當時の社會のなかで、きわめて異質な社會がそこに發生していたとみなすことも可能である。

以下に、もうすこし詳細かつ具體的に、以上のような京都の狀況の起因をもとめるために、當時の都市社會の實情をさぐってみたい。建康に盜賊が滿ち、その治安維持のために符伍の設立が檢討されていたことは前引王曇首傳にみられたが、北魏洛陽にも同樣の狀況が存在した。『魏書』甄琛傳には、前引箇所につづいて、

（河南尹甄）琛表曰、（中略）五方雜沓、難可備簡、寇盜公行、刦害不絕、此由諸坊混雜、釐比不精、主司闇弱、不堪檢察故也、（中略）京邑諸坊、大者或千戶五百戶、其中皆王公卿尹、貴勢姻戚、豪猾僕隸、蔭養姦徒、高門邃宇、不可干問、又有州郡俠客、蔭結貴遊、附黨連羣、陰爲市劫、比之邊縣、難易不同、(6)

とあり、その狀況が人口過多と秩序混亂、管理機構の不備にくわえて、有力者とかれらの庇護下にあるものたちの不

法行爲に起因することを强調している。

人口過多が都市社會の猥雜さの原因であるという認識はかなり一般的であったようである。『魏書』巻一一四釋老志に、

　太和十五年秋、詔曰、（中略）昔京城之內、居舍尙希、今者里宅櫛比、人神猥湊、非所以祗崇至法、淸敬神道、

とあるのは、洛陽遷都直前の平城に關する事例である。寺観建設に好適な靜穩の地が京都內にはもはや存在しないというのであるが、その原因は住宅の密集、ひいては人口過多にもとめられている。これと軌を一にするのが、『晉書』巻八〇王羲之傳に、

　羲之雅好服食養性、不樂在京師、

とあるもので、王羲之にとっては京都建康はもはやかれが理想とするような閑雅な生活を實現しうる場所ではないのである。

しかしながら、當時の京都の混雜がもたらされる原因は、人口過多のみではなかろう。雜ということばがあらわすのは、過多の人口が混雜して集中居住し、安定的な秩序や管理のもとにおかれていない狀態であろう。前引王曇首傳・甄琛傳が符伍や檢察に言及するのは、まさしくこのような京都の現實を反映するものである。また、いずれの地においても、かならず商に對する言及がある。商が風俗に多大の影響を及ぼしているという認識は强固なものであるといわねばならない。

このような治安の悪化、秩序の混亂に起因する都市の不安が何故に生じたのか、それになぜ商が關係するのか。このことを考察するためには、あらためて京都を構成する人口の內實を分析する必要があろう。

第二節　都市の住民

（一）

京都に居住する住民とは、どのような類のものたちであり、その來源はどこにあるのか、またかれらは京都においてどのような狀態で居住しているのか、これが本節の主たる關心である。

京都の人口構成について注目したいのは、史書に「京師士庶」「京邑士庶」という表現がしばしばみられることである。[7]「士庶」という表現は當時の社會の二大階層を一括し、それによって社會の全構成員の大多數を表現する常套句であるが、京師または京邑の「士庶」というのは、京都にも社會一般と同様な構成員が存在したことをしめしている。[8]これに關連して想起されるのは、建康に關する前引『隋書』地理志の「小人率多商販、君子資於官祿」、「人雜五方」という記事である。この小人と君子は、概括的にいえば庶民と官人層であり、上記「士庶」と對應させることができる。

京都には王朝の政治機構が存在するのであるから、當然そこには官人層とその關係者が多數居住する。しかし、もちろんそれだけではなく、「庶」ということばで總括されるような多種多様な人口が存在する。かつて推論したように、當時の代表的都市建康には下級官吏層、有力者の私屬、兵士や營戸、僧尼などが居住し、それ以外に商販を生業とするものをはじめとする庶民が多數居住していた。[9]このような京都居住者の實態は、建康にだけみられるものではないと考えられる。それゆえ、視野を建康以外にもひろげ、あらためてその具體像を以下に考察してみたい。

（二）

最初に、官人層をとりあげよう。官人階層とその關係者は、人口からいえば、それほど大量ではない。中央政府の官職數は限定されているし、當時の全國の現職官人數は、壓倒的に地方政府の官人が多い。それでも中央地方の官職を免じられ、次の任官の機會をまつものや、職掌のような下級吏人層、かれらの家族や親族、私屬、婢僕等をふくめれば、官人が京都の住民のもっとも重要な構成要素であったことは疑いのないところである。

ただし、官人層の京都居住については、居住の性格により、多様な樣態があることに留意せねばならない。たとえば、京都居住は永住であるのか、それとも任官中の假寓なのか、あるいはその中間的なものなのかであり、そのことと關連して、京都の住居は官邸なのか私宅なのか、京都以外に本來の居住地はあるのか、家族との同居か、同居でなければ家族はどこに居住地があるのか、等々である。そしてそれらが京都居住の性格と密接に關わるであろう。[10]

『洛陽伽藍記』には、王侯や高官の邸宅記事が頻出する。それらが官舍か私宅かの判別が難しい場合もあるが、たとえば永橋以南の四夷里の居宅のように、賜宅と明記される例がある（巻三）一方で、宅を捨てて寺となす例がしばしばあらわれ、また贅澤な邸宅の記事があるのは、それらが私宅であることの明證であろう。南齊からの亡命者蕭寶夤がいったん四夷里の一つ、歸正里に宅を賜りながら、夷人と同列視されるのを恥じて永安里に遷居したり、かれとともに亡命して、おなじく歸正里に宅を賜った張景仁が、孝義里に移ったりしたのは、[11]賜宅から私宅への移轉かもしれない。

このほかにも賜宅、または宅の給付の例はしばしばみられる。[12]その一方で、私宅[13]の存在も上記の例の他にみられるし、あきらかに京都に永住している官僚の存在も確認できる。[14]これなどは當然私宅を有していたであろう。

建康には、琅邪の王氏が群居していたとされる烏衣巷、顏氏が居住していたがためにその名を得たとおもわれる顏家巷などの街區があった。そしてかれらの墓地が建康北郊に置かれていたことも明らかになっている。それは兩巷にあったかれらの宅が私宅であり、またかれらの居住が實質的に永住であることをしめすものである。[15]

なお、官人層の京都居住とその墓地の關係については、『晉書』巻八八孝友王裒傳に、

鄉人管彥、少有才而未知名、裒獨以爲必當自達、拔而友之、男女各始生、便共許爲婚、彥後爲西夷校尉、卒而葬于洛陽、裒後更嫁其女、彥弟馥問裒、裒曰、吾薄志畢願山藪、昔嫁姊妹皆遠、吉凶斷絕、每以此自誓、今賢兄子葬父于洛陽、此則京邑人也、豈吾結好之本意哉、

とあるものが注目される。これは墓地の所在地がその人物の屬する土地を決定するという發想であり、京都での生活が永住か否かの判斷基準のひとつとして、京都における墓地の有無を考慮することができるであろう。

ところで、京都に墓地を置くことは、皇帝權力に依存する姿勢を明示するものとして、皇帝からは稱贊される行爲でもあった。[16]このことは、當時の貴族層が本籍地に歸葬することを常としていたのと對照的である。ここにもまた官人としての京都居住が、貴族層から否定的に評價されていた理由の一つがある。

つぎに、官人の家族に關しては、家族を京都に帶同することが一般的であったようにみえるが、それは一方では實質的に人質である場合が多い。[17]これらは官人のほぼ任官期間に限った一時的居住の一種であるといえる。また、官人が單身で京都に赴任し、夫人が鄉里で㛐と同居していた例もあるから、[18]永住官人をのぞけば、官人の家族は基本的には京都において一時的居住者であるものが多數であったとみられる。

（三）

つづいて「庶」の検討に移ろう。その實體であるが、京師に田租が課税され、また公田を租借するものがいたらしいこと、[19]あるいは京都住民が通常の租調徭役に負擔義務を負うていたらしいことからすれば、[20]通常の郡縣とおなじく、一般編戸の農民が存在したことは確實とおもわれる。[21]そのなかには、もちろんそのような義務負擔にたえられないような貧民[22]や、家族を失ったもの、[23]老人[24]などがふくまれる。このような困窮者がもとはいかなる人々であったかは不詳であるが、かれらに對する社會保障的政策がしきりにおこなわれているのは、單なる慈善事業の意味ばかりでなく、本來かれらを保護すべき民閒の社會秩序が鄉黨社會ほどには機能しておらず、政府がその機能を代替しているのではないかとも考えられる。

つぎに、編戸とは異なり、何らかの暴力的實力を有するものたちが京都には集まっていた。豪強とよばれるもの、[25]任俠無賴のたぐい、[26]それに兵士[27]である。かれらがその暴力的實力により、時には權力に利用され、時には容易に京都の治安の障害物に轉化したであろうことは、疑いない。

このほか、罪人で編戸身分を剝奪され、政府の雜役に從事するもの[28]や、下層身分のもの、[29]外國人[30]などがいた。また、前節で京都に盜賊が多いという記事を引用したが、反社會的、反體制的な危險分子が潛在していた。[31]

このようなものたちに共通するのは、みな本來の生活の場である鄉黨社會から離脱していること、および異なる出身地をもつものたちが混在していることであって、したがって、當時の社會秩序の根底にあったとおもわれる出身鄉黨の秩序からは遊離した存在であった。鄉黨の秩序こそは、日常生活の場における住民の相互扶助と相互監視から成立する一種の安定的秩序であるから、そこから遊離して京都に集住するものたちが、反社會的行動に奔りやすいことも容易に推測できるし、同時におおむね郷黨社會においては低階層に屬するかれらの身分上昇の機會を、京都がおおくもっていたことも確かであろう。

京都在住庶民に關して、つぎに注目すべきはいわゆる遊食者の存在である。前引『晉書』文六王齊王攸傳に、

攸奏議曰、（中略）又都邑之內、游食滋多、巧伎末業、服飾奢麗、富人兼美、猶有魏之遺弊、染化日淺、靡財害穀、動復萬計、

とあることが典型的に示すように、遊食者の多いことは京都の住民の一大特色である[32]。京都の遊食者には大別して二種類がある。その一は、商業従事者であり、その二は、産業に従事しないものである。後者として、ここまでのべてきた貧窮者、兵士、無頼等が考えられるが、ここでは割愛し、もっぱら商業従事者に限定して検討したい。

京都の遊食者がほとんど商業従事者と同義で認識されているのは、上記『晉書』齊王攸傳でもあきらかであるが、建康に商業従事者が多數存在していたこと、またかれらが經營する市廛が長安洛陽に匹敵するものであったことは、前引『隋書』地理志が明言するところである。

かれらはなぜ京都に蝟集するのか。それは政治權力がもたらす消費と奢侈の都市生活に誘引されるからであり、また權力に寄生することによって增殖しようとするからである。梁の徐勉は顯貴の地位にあって産業を營まず、子孫に淸白を遺そうとした人物であるが、その誡子書のなかで、かれに貨殖の方途を勸めた門人故舊たちが、その方法として「創闢田園」・「興立邸店」・「舳艫運致」・「貨殖聚斂」の四つをあげたことをのべている[33]。そのいずれもが遊食者がかかわる産業である。徐勉自身はそのどれをもとりあげなかったが、一般的には京都の有力官人の周邊は、このような遊食者が活動する機會にみちていたことであろう。

徐勉と時代と場所は異なるが、西晉の盧褒の『錢神論』が憎んだのは、「洛中朱衣、當途之士」の閒に蔓延した當時の拜金主義的風潮であって、それはまさしく京都の官人たちの閒に廣まったことなのである。[34] 極言すれば、官僚制が京都に遊食者を誘引しているのである。

京都における多數の商業從事者の存在は、京都の社會に重大な影響を及ぼしたと推測できる。その影響には、いくつかの側面がある。まず、當時の爲政者に問題視されたのは、氣風風俗にかかわる部分であろう。あらためてそれらを『隋書』地理志の表現をかりてのべれば、「爭朝夕之利」、「競錘刀之末」、「崇侈靡」、「薄仁義」、「機巧」、「浮巧」、「奢麗」等々である。このような現象が商業に不可分に附隨するものであるとするのは當時の通念であろう。重要なことは、それらが社會に競爭と欺瞞とをもたらし、人閒精神の墮落と社會秩序の荒廢をも結果する可能性があることである。つぎに、商業從事者の活動が本質的にもつ流動性である。そのことは京都における安定的な社會秩序の建設にとって、重大な障碍となったであろう。すでにふれたような京都における符伍の提案などは、まさしくこのことに對處しようとしたものであろう。

(四)

以上に見てきたような京都の住民の內實が、前節でのべたような京邑の認識と不可分であることは明らかであろう。そしてそれは、當時の京都の本質、すなわち政治の中心、官僚制の本據としての京都において必然的に發生するものであったといえる。

前節で引用した甄琛傳には、京都の惡しき實態として、有力者や權力者の橫行、その子弟の不法に言及している。このような狀況は、建康でもその存在が確認できる。[35] また、『晉書』卷九二文苑王沈傳『釋時論』の文人の言に、

　京邑翼翼、羣士千億、奔集勢門、求官買職、

というのは、この例とは主旨が異なるが、京都の官僚社會の獵官運動の激しさと官職の賣買をしめしている。これもまた、京都に存在する皇帝權力と官僚制の問題としてとらえることができる。つまり、政治の中心としての京都では、政治權力がすべてに優先し、社會全體の秩序に優越しているのであり、京都以外の各地の鄉黨社會とは異質な社會が成立しているのである。

　しかし、一方で、京都にはこの政治權力優先の秩序には包括されない異質の住人が出現していた。それは商人を中心とする遊食者の群である。かれらのあいだに、かれらを秩序づけるための秩序はほとんど存在しなかったようにみえる。傳統的な社會秩序が支配する鄉黨社會を離脱し、京都に密集したかれらは政治的秩序にも屬さず、競爭的な生活の中で、京都獨自の社會狀態を現出したのである。それが雜であり、巧であり、またその根本である商であった。

第三節　官人の都市生活

　それではこのような社會狀態の京都における、官人の生活の實態はいかなる狀況にあったのであろうか。京都は文化の所在、中心としての意味をつよくもっていた。左思『三都賦』をめぐる洛陽の紙價の故事や、建康の謝安にまつわる風流熱[36]、永明の文章熱[37]などは、京都に高度の文化志向が存在し、それを支える文化資源と文化水準があったことをしめすであろう。

　文化的資源という點では、學者や書籍を求めて京都に赴くものたちがすくなくなく[38]、また宋の建康の四學、洛陽の四門學[39]を代表とする京都の學館の例でわかるように、京都には學問のための學者、施設、書籍が集中し、それが京都

たる所以の一つとなっていた。

もっとも、京都の文化生活の一側面には、またこれとは異なったものもある。『宋書』巻六七謝靈運傳中のかれの作品『山居賦』冒頭部に、

今所賦既非京都宮觀遊獵聲色之盛、而敍山野草木水石穀稼之事、

とあるのは、當時の京都の印象が宮觀、遊獵、聲色等において顯著に現れることをしめしているし、『南齊書』巻五三良政傳序に永明の盛事をのべて、

都邑之盛、士女富逸、歌聲舞節、袨服華粧、桃花綠水之閒、秋月春風之下、蓋以百數、

というのは、都市生活が歌舞音曲と衣服化粧に象徵されていて、他の時代と變わらない都市の華やかさの內實を表現しているといえる。それどころか、そこには退廢的とすらいえるような狀態を觀察できる。

當時の官人の京都生活といえば、まず發想されるのは、以上のような文化面での狀況である。しかしながら、前節でのべたような事情には、このような文化の狀態はむしろ表面的で、その深部には別の世界が存在していたのではないかと疑わせるものがある。これをやや詳しく檢討してみたい。

『隋志』が舊建康についてのべた「君子資於官祿」という記事や、『顏氏家訓』巻下涉務篇が江南の朝士についてかたった「悉資俸祿而食耳」という語は、官人が俸祿生活者であることをしめすものであり、このような官人は皇帝權力に寄生した存在であるとする見解もある。そのことはしばらくおくとして、京都での生活が現職官人や、一時的ないし永久に官職をうしなった元官人にとって、經濟的にかなり嚴しい狀態を強いたことは確かなようである。『南齊書』巻六明帝紀建武元年條に、

永明中、御史中丞沈淵表、百官年登七十、皆令致仕、竝窮困私門、

とあるのは、俸祿をうしなった京都生活官人たちの經濟的困窮ぶりをしめしている。

實際、『宋書』巻八一劉秀之傳に、

所攜賓僚、竝京邑貧士、出爲郡縣、皆以苟得自資、

『北史』巻六一獨孤信傳附獨孤羅傳に、

以疾去官、歸京師、諸弟見羅少長貧賤、毎輕侮、不以兄禮事之、

『北史』巻三四闞駰傳に、

（樂平）王蕘、遷京師、家甚貧、不免飢寒、

とあるような例は、京都での生活が經濟的に困窮したものであったことをしめしている。

ただ、『魏書』巻一〇四自序に、

（子建）遇天下多事、正身潔己、不以財利經懷、及歸京師、家人衣食、常不周贍、淸素之迹、著於終始、

とのべられているような例は、「貧」という狀態が特別な價値觀をともなう意圖的な行爲の結果であることをものがたっていて、京都の生活が必然的に貧困を結果するのではないばあいもあることに留意しておく必要がある。(40)

また、京都での政治的緊張に滿ちた官人生活がそのひとの人生や生命にまで影響する可能性もすくなくなかった。

『宋書』巻八七殷琰傳に、

琰性有計數、欲進退保全、故不還都邑、

というのは、そのことをしめすであろう。これは前述のような隱遁志向だけでなく、政治の世界からの積極的逃避をしめすものといえよう。また、『北史』巻八八隱逸眭夸傳に、

少與崔浩爲莫逆之交、浩爲司徒、奏徵爲中郎、辭疾不赴、州郡逼遣、不得已、入京都、與浩相見、經留數日、唯

飮酒談敍平生、不及世利、浩毎欲論屈之、竟不能發言、其見敬憚如此、

とあるのなどは、そのような政治の世界における現實的な對處の實態の一例である。任官を願わず、周圍に迫られてやむなく京都に赴いた畦夸の、このような生活態度は、京都での生活に對する否定的評價の一つの原因が政治的緊張にあることをしめしている。

ところで、京都の生活には、貧困や政治的緊張とはまた別の側面がある。それは官人として京都で生活することへの否定的態度、あるいは理想的な生活の對極としての生活形態という認識である。その例を若干あげよう。『梁書』卷一五謝朏傳に、

建武四年、詔徵爲侍中中書令、遂抗表不應召、遣諸子還京師、獨與母留、築室郡之西郭、明帝下詔曰、夫超然榮觀、風流自遠、蹈彼幽人、英華罕値、

とある。ここには任官を拒否することと京都以外での居住が一體不可分のものとして認識されている。しかもその行爲に對して皇帝の評價は、「超然榮觀、風流自遠」というものであって、これを獨特の價値觀として稱贊しているのであり、逆にいえば、任官せず、都市外で生活することを肯定的にとらえているのである。しかし一方で謝朏が諸子を京師にかえしたのは、もちろん人質としてであり、かれのこのような態度が皇帝の嫌疑を生むという恐れがあったからであろう。このようなところに當時の皇帝と貴族官人の一種の緊張感がうかがえる。

また、『魏書』卷四五裴駿傳附從弟安祖傳には、

復有人勸其入仕、安祖曰、高尙之事、非敢庶幾、且京師遼遠、實憚於栖屑耳、於是閑居養志、不出城邑、

とある。入京出仕をすすめられた裴安祖のことばは、仕官をこばむような高尙な行爲をわざわざ望んでいるのではないし、また京師は遠く、そこで多忙で不安な生活を送るようになることが氣がかりなだけだ、というのである。ここ

でも、仕官が否定的なものごとであり、仕官の拒否が高尚であるという認識がしめされているし、同時に京都の生活が煩瑣で不安に滿ちたものであるという考えが顯著にみられる。つまり仕官と京都生活が不可分にとらえられているのである。

さらに『魏書』巻三九李寶傳附李茂傳に、

茂性謙愼、以弟沖寵盛、懼於盈溢、託以老疾、固請遜位、高祖不奪其志、聽食大夫祿、還私第、因居定州之中山、自是優遊里舍、不入京師、

とあり、『南史』巻七五隱逸傳上孔道徽傳に、

道徽少厲高行、能世其家風、隱居南山、終身不窺都邑、

とあり、前引『晉書』王羲之傳に、

羲之雅好服食養性、不樂在京師、

とあるようなものごとは、當時の上層階層に瀰漫していた隱遁的、あるいは老莊的生活の實現は京都では不可能であるという認識が廣まっていることをしめしている。

以上のような態度や志向は、ほかにもさまざまにあらわれるのであり[41]、そこからは、京都の官人生活の實態をうかがうことが可能である。つまり、京都は風流、高尚、閑居、養性養志等の生活を實現しがたい世界と考えられているのであり、またその反面として、榮觀、英華、寵盛、盈溢等に滿ちた場所ととらえられていたのである。

さらに注目に値するのは、『晉書』巻六八賀循傳に、賀循が「卑陋」から拔擢した同郡の楊方の傳を附し、

方在都邑、搢紳之士、咸厚遇之、自以地寒、不願久留京華、求補遠郡、欲閑居著述、

とのべる記事である。このひとは、年老の後、歸鄕し、執政王導が中央政府に召したが、固辭して、鄕里の宅で卒し

た。これは、先にもふれたように、京都の生活が官僚制の秩序に支配されていて、そこでは低い出身身分は低い序列しかえられないこと、また閑居が困難であるような社會が廣まっていたことをしめすものである。

このようにみてくると、官人の京都生活は、一方での文化的志向にみられる華やいだ側面とは逆に、經濟的貧困と政治的緊張をともなうものであり、また理想的生活と乖離した要素をもつ、望ましくないものと認識されるところがすくなかったといえるのである。

むすび

以上にのべてきたところからすると、京都は、現實的に緊張と混雜にみちた世界であったことは否定できない。冒頭の高爕の兄に對する嘲笑は、當時の上流官人にあった仕官への懷疑的態度と以上のような京都生活の實態に基づいていることは容易に理解できる。しかしながら、じつはさらに複雜な事情が潛んでいるように思える。

それはたとえば、前節でのべたような、京都で實現しがたい風流、高尙、閑居、養性養志等の生活は當然鄉里で可能なのであり、またその反面、榮觀、英華、寵盛、盈遂等こそが京都に特有の狀態ととらえられていたのである。そしてこの兩者は、相反する價値觀であり、風流、高尙を價値の上位に置くものたちにとっては、當然のことに京都生活は否定すべきものごとであったのである。つまり、京都の官人生活は當時の社會の中で、鄉黨の社會生活とは對照的な性格をおびたものであったということになる。官人たちは、京都における官人生活と鄉黨における非官人生活をきわめて鮮明に區別し、まったく異なる價値觀をもつ二つの生活類型と考えていたのである。そうであるとすれば、京都の官人生活について否定的、もしくは消極的な姿勢をとることがあったのは、もちろん以上のような實態をもつ京都生活への忌避や嫌悪感に起因するものであるが、それとともに當時の鄕黨社會での生活についての理想化や官僚制への懷疑的な認識に起因する部分があることも考慮しておかねばならない。つまり官人の京都生活は、貴族としての官人本來の立場を喪失する可能性をもつものとして否定的に評價され、またそのために京都は理想的な生活を送れない場所として過度にその混雜狀態を强調されるという側面もあったのではなかろうか。

このように考えれば、高燮の嘲笑には、當時の上流階層の官僚制に對する特別な認識とともに、鄕黨生活の重視、京都在住に對する否定的意識等、當時の歴史的な條件が影響していると考える必要がある。高燮の嘲笑は、當時の上流階層獨特の價値觀に基づくものであった。とはいっても、そこに當時の京都の實態に對する認識が皆無ではあり得ない。

註

（1）『魏書』巻四八高允傳附允弟燮傳
世祖每詔徵、辭疾不應、恆譏笑允屈折久宦、栖泊京邑、常從容於家、州辟主簿、卒、

（2）中村圭爾「六朝貴族制と官僚制」（初出一九九七、本書第二章）。

（3）このような問題設定に關して、とくに注目すべき研究は谷川道雄「六朝時代における都市と農村の對立的關係について」（『中國の都市と農村』一九九二）で、そこでは、貴族層の農村居住が强調され、その出仕期間中、都市において居住するにしても、本據は農村であったという認識をしめしている（八六頁）。
また陳爽『世家大族與北朝政治』（一九八八、北京）は、世家大族は幼年期と退任後は鄕里に居住し、壯年期は官人として京都に住むのが一般として、これを「雙家制」とよび、それは鄕里との密接な關係を維持する機能を有していたとする。

（4）この他、次のような記事がある。

『魏書』巻六七崔光傳

神龜元年夏、光表曰、（中略）豈所謂建國君民、教學爲先、京邑翼翼、四方是則也、

『晉書』巻六四元四王琅邪悼王煥傳

琅邪國右常侍會稽孫霄上疏諫曰、（中略）語曰、上之化下、如風靡草、京邑翼翼、四方所則、明教化法制、不可不愼也、

また、これに似た表現として、つぎのようなものもある。

『南齊書』巻二八劉善明傳

善明至郡、上表陳事曰、（中略）其二、以爲京師浩大、遠近所歸、

(5)『世説新語』政事篇注引く『續晉陽秋』。本文では、「若不容置此輩、何以爲京都」と作る。

(6)『魏書』巻一八太武五王臨淮王傳

（孝友）嘗奏表曰、（中略）京邑諸坊、或七八百家、

(7)なお、京都居住者の來源については、北魏初頭の平城の人口が徙民という特別措置であることがよくしられている。それは、京都の社會に多大の影響を及ぼしたと推測できるが、これは特殊歴史的なことがらであるので、ここでは言及をはぶくことにしたい。

(8)『晉書』巻六四簡文三子會稽文孝王道子傳

發京邑士庶數萬人、據石頭以距之、

『梁書』巻四五王僧辯傳

時軍人鹵掠京邑、剝剔士庶、民爲其執縛者、袒衣不免、

『魏書』巻七下高祖紀下太和十一年十一月

詔（中略）班賚百官及京師士庶、下至工商皂隷、逮於六鎭戍士、各有差、

(9)中村「建康と三呉地方」（初出一九九二、中村『六朝江南地域史研究』二〇〇六に再録）。

(10)もっとも、事實はそれほど單純ではなく、たとえば『魏書』巻五八楊播傳には、楊播の二弟椿、津の「京宅」での友愛の

生活をのべているが、その晩年、楊氏が尓朱世隆に族滅されたとき、椿は華陰の宅で、津は洛陽で同時に殺害されている。華陰は洛陽に近いという事情もあるが、京都と鄕里にともに居住地があった例である。

(11)『洛陽伽藍記』巻三によれば、南齊から亡命してきた蕭寶夤は、四夷里のひとつ、歸正里に宅を築いてもらったが、夷人と同列を恥じて、城内にうつり、永安里に宅を賜ったという。

(12)以下は、賜宅の事例の一部である。

『晉書』巻五八周處傳

追贈平西將軍、賜錢百萬、葬地一頃、京城地五十畝爲第、

『宋書』巻一〇〇自序

王父從官京師、義熙十一年、高祖賜館于建康都亭里之運巷、

『北史』巻二五盧魯元傳

盧魯元、昌黎徒河人也、(中略)欲其居近、易往來、乃賜甲第於宮門南、

『魏書』巻四二堯暄傳附呂舍傳

呂舍既歸國、從至京師、給賜田宅、

『魏書』巻五九蕭寶夤傳

景明三年閏四月、詔曰、(中略)其資生所須之物、及衣冠車馬、在京邸館、付尚書悉令豫備、

(13)京都の私宅の例として、『梁書』巻三三劉孝綽傳に、

及孝綽爲廷尉卿、攜妾入官府、其母猶停私宅、

とあり、『陳書』巻二〇到仲擧傳に、

仲擧既廢居私宅、

とあるようなものがあり、また『宋書』巻四五檀韶傳に、

世居京口、(中略)有罪免官、高祖受命、以佐命功、贈八百戶、并前千五百戶、(中略)永初二年、卒於京邑、年五十六、

とあるのは、京口出身の檀韶が、建康に宅をもっていたことをしめすが、かれは晩年は官職についていないから、これは私宅とみなすべきであろう。

(14)『陳書』巻一一淳于量傳に、

淳于量、字思明、其先濟北人也、世居京師、父文成、仕梁爲將帥、官至光烈將軍梁州刺史、

とあるのなどは、あきらかに京都永住者である。

(15) 中村『六朝貴族制研究』(一九八七) 第四篇第一章 (四二九頁) 以下參照。

(16) たとえば、『晉書』巻五七滕脩傳に、

仕吳爲將帥、(中略) 太康九年卒、請葬京師、帝嘉其意、賜墓田一頃、

とある。

(17)『宋書』巻六六何尚之傳

元凶弑立、(中略) 時三方興義、將佐家在都邑、劭悉欲誅之、

『宋書』巻七四臧質傳

元凶弑立、以質爲丹陽尹、(中略) 質諸子在都邑、聞質擧義、竝逃亡、

『宋書』巻八五王景文傳

元凶弑立、以爲黃門侍郎、未及就、世祖入討、景文遣閒使歸款、以父在都邑、不獲致身、

『宋書』巻八七殷琰傳

會晉安王子勛反、(中略) 琰家累在京邑、意欲奉順、

『魏書』巻九肅宗紀孝昌二年閏月

初留州郡縣及長史司馬戍主副質子於京師、

(18)『北史』巻九一列女傳

渤海封卓妻劉氏者、彭城人也、成婚一夕、卓官於京師、後以事伏法、劉氏在家、忽然夢想、知卓已死、哀泣、嫂喻之不

止、經旬、凶問果至、

(19)『北史』巻四魏本紀孝昌二年冬十一月

税京師田租、畝五升、借賃公田者、畝一斗、

(20)『宋書』巻九後廢帝紀元徽四年七月

原京邑二縣元年以前逋調、

この京邑二縣とは、建康の秦淮以北の建康縣と以南の江寧縣のことであり、この二縣の住民は基本的に京都居住民である。

また『魏書』巻七上高祖紀太和四年七月に、

詔會京師耆老、(中略)復家人不傜役、

とあるのは、あきらかに京都住民に傜役負擔者が存在していたことを明示する。

(21)『魏書』巻七下高祖紀太和十六年六月に、

詔曰、(中略)然京師之民、遊食者衆、不加督勸、或芸耨失時、

とあり、『魏書』巻六〇韓麒麟傳に、

太和十一年、京都大饑、麒麟表陳時務曰、(中略)今京師民庶、不田者多、遊食之口、三分居二、

とあるのは、京都住民が本來農業を生業にするものと認識されていることをしめすであろう。

ただ、この兩記事は北魏の洛陽遷都直前のものであり、したがってのべられている状況は平城のものであり、徙民への計口授田の末期的状況をしめしている可能性もあり、洛陽や建康に一般化することには愼重であるべきであろう。

(22)『宋書』巻九後廢帝紀泰豫元年六月

京師雨水、詔賑卹二縣貧民、

『南齊書』巻三武帝紀永明二年八月

詔曰、(中略)疾病窮困、不能自存者、詳爲條格、竝加沾賚、

『南齊書』巻三武帝紀建元四年三月

詔曰、比歳未稔、貧窮不少、京師二岸、多有其弊、
『魏書』巻七上高祖紀太和三年冬十一月
賜京師貧窮高年疾患不能自存者、衣服布帛各有差、
『魏書』巻八世宗紀延昌二年二月
賑恤京師貧民、

(23)『宋書』巻五文帝紀元嘉四年五月
京師疾疫、甲午、遣使存問、給醫藥、死者若無家屬、賜以棺器、
『南齊書』巻三武帝紀永明元年三月
都邑鰥寡尤貧、詳加賑卹、
『梁書』巻二一王志傳
京師有寡婦無子、姑亡、

(24)『魏書』巻七上高祖紀太和元年十月
宴京邑耆老年七十已上於太華殿、賜以衣服、
『魏書』巻一一〇食貨志
（和平）四年春、詔賜京師之民年七十已上太官厨食以終其身、

(25)『晉書』巻四六李重傳
豪右聚於都邑、
『魏書』巻三七司馬休之傳
因説京師豪強可與爲謀數十人、文思告之、皆坐誅、

(26)『晉書』巻一〇〇王彌傳
少游俠京都、

(27)『宋書』卷二武帝紀中（義熙）十年
在京師、招集輕俠、
『晉書』卷六四簡文三子會稽文孝王道子傳
又發東土諸郡免奴爲客者、號曰樂屬、移置京師、以充兵役、
『宋書』卷九二凶傳
劭竝焚京都軍籍、置立郡縣、悉屬司隸爲民、
『南齊書』卷二七李安民傳
宋泰始以來、内外頻有賊寇、將帥已下、各募部曲、屯聚京師、
『北史』卷七〇檀翥傳
還京師宅、與營人雜居、

(28)『晉書』卷八〇王羲之傳
謂自今諸死罪原輕者及五歲刑、可以充此、其減死者、可長充兵役、五歲者、可充雜工醫寺、皆令移其家以實都邑、

(29)『晉書』卷九二文苑趙至傳
趙至字景眞、代郡人也、寓居洛陽、（中略）母曰、汝先世本非微賤、世亂流離、遂爲士伍耳、
『陳書』卷二〇韓子高傳
韓子高、會稽山陰人也、家本微賤、侯景之亂、寓在京都、

(30)『魏書』卷一〇二西域大月氏國
世祖時、其國人商販京師、

(31)『晉書』卷七八孔愉傳附嚴傳
又觀頃日降附之徒、皆人面獸心、貪而無親、難以義感、而聚著都邑、雜處人閒、
『魏書』卷九六司馬叡傳

且妖惑之徒、多潛都邑、人情危懼、恆慮大兵竊發、

『魏書』巻一五昭成子孫列傳

（陳留王悦）説帝云、京師雜人、不可保信、宜誅其非類者、

(32) ほかにも、以下のように遊食者の記事は、しばしばみられる。

前引『魏書』巻七下高祖紀太和十六年六月

詔曰、然京師之民、遊食者衆、不加督勸、或芸耨失時、

『魏書』巻四八高允傳

又京師遊食者衆、

前引『魏書』巻六〇韓麒麟傳

太和十一年、京都大饑、麒麟表陳時務曰、（中略）今京師民庶、不田者多、遊食之口、三分居二、

(33) 『梁書』巻二五徐勉傳。

(34) 『晉書』巻九四隱逸盧褒傳。

(35) 『南史』巻五一梁宗室上臨賀王正德傳

正德志行無悛、常公行剝掠、時東府有正德及樂山侯正則、潮溝有董當門子暹、世謂之董世子者也、南岸有夏侯夔世子洪、此四凶者、爲百姓巨蠹、多聚亡命、黄昏多殺人於道、謂之打稽、時勳豪子弟多縱恣、以淫盜屠殺爲業、父祖不能制、尉邏莫能禦、

(36) 『晉書』巻七九謝安傳

安少有盛名、時多愛慕、鄕人有罷中宿縣者、還詣安、安問其歸資、答曰、有蒲葵扇五萬、安乃取其中者捉之、京師士庶競市、價增數倍、安本能爲洛下書生詠、有鼻疾、故其音濁、名流愛其詠、而弗能及、或手掩鼻以斆之、

(37) 『南齊書』巻四八劉繪傳

永明末、京邑人士、盛爲文章談義、皆湊竟陵王西邸、

（38）たとえば『北齊書』巻四四儒林李鉉傳に、
　以鄕里寡文籍、來遊京師、讀所未見書、
とあり、『晉書』巻五〇庾峻傳に、
　峻少好學、有才思、嘗游京師、聞魏散騎常侍蘇林老疾在家、往候之、
とあり、『北史』巻九四論曰に、
　今遼諸國、（中略）好尚經術、愛樂文史、游學於京都者、往來繼路、或沒世不歸、
とある。

（39）建康の四學は『宋書』巻九三隱逸雷次宗傳、洛陽の四門學は『魏書』巻五五劉芳傳等參照。

（40）「貧」が實際の貧困ではない可能性があり、官人たるものがとるべき理念的な生活態度であること、また俸祿をえるためと稱して、任官の口實に用いられたことは、かつて拙著『六朝貴族制研究』第四篇第二章（五〇五頁以下）においてのべたことがある。またそのことは、本稿の論議の一部である、六朝官人の任官への忌避的態度とも關連する。不必要に多額の俸祿は、官人にとっては皇帝の臣下としての立場を固定化するものとして、表面的には警戒されたらしくみえる。「貧」である狀態は、任官への口實であるとともに、皇帝の臣下であることを否定する精神の表出であるという、矛盾した内容をはらんでいたのである。

（41）『南齊書』巻五五孝義封延伯傳
　渤海人也、有學行、不與世人交、事寡嫂甚謹、（中略）垣崇祖爲豫州、啓太祖用爲長史、帶梁郡太守、以疾自免、僑居東海、遂不至京師、三世同財、爲北州所宗附、
『梁書』巻五〇文學下伏挺傳
　宅居在潮溝、於宅講論語、聽者傾朝、（中略）罷縣還、仍於東郊築室、不復仕、
『魏書』巻一六道武七王京兆王傳附元羅侯傳
　遷洛之際、以墳陵在北、遂家於燕州之昌平郡、內豐資產、唯以意得爲適、不入京師、

第四章　初期九品官制における人事

はしがき

前近代中國の官制史上、魏初に成立したとされる九品官制ほど重要な劃期となったものはほかにない。九等の官品と、官品による累層的な官位編成は、その後ながく官制の基本的な枠組として維持されたのである。と同時に、成立當初の九品官制が、六朝貴族制と不可分の關係にある九品中正制、もしくは九品官人法とよばれる獨特な官人登用法の一環として重要な歴史的意義をもっていたこともあらためていうまでもなかろう。

この九品官制と中正制、およびそれからなる官人登用法の研究の劃期となったのが、宮崎市定『九品官人法の研究――科擧前史』（一九五六）であることは周知の事實である。いわゆる鄕品と起家の制をかなめとしてここで解明された九品官人法のすがたが、その後の六朝史研究におよぼした影響にははかりしれないものがあるが、とくに六朝貴族制研究における意義にかぎっていえば、鄕品が官品を規定するという起家の制の解明は、貴族制存立の根源を、王朝にではなくその外側にある鄕黨社會にもとめる視角にとっておおきな拍車となったし[1]、鄕品が官制のありかたを規定する結果出現する、貴族、門地二品、士庶、吏胥などの身分についての言及は、貴族制社會における身分構成の問題にとって重要な問題提起でもあった[2]。またここでは九品官制内部の貴族制的特徴があますところなく鮮明に分析されている。この研究が現在の貴族制研究のひとつの原點であるゆえんである。

ところで、「九品官制と中正の鄉品とを連結するものは起家の制である」（同著序文四頁、以下本書の引用頁は、一九七四年版による）という推察から出發して分析された九品官制のすがたは、きわめておおまかな把握をすれば、この研究によってとりわけ有名になった起家の制、つまり中正の鄉品より四品下位の官品の官につくという原則による起家にはじまり、起家官品（もしくは鄉品）に規定された昇進經路の細分化と固定化、自動的昇進、それらと不可分の關係にある官の清濁、品を基準とした身分、たとえば流內と流外、門地二品などの發生等等を特徵としている。つまり一言でいえば鄉品が官制のありかたをつよく規定しているのであり、九品官制の歷史的性格や構造上の特徵はまさしくこの鄉品によってあたえられたものであるといってもよい。

しかしながら、右の點に關して、吹毛の擧をあえてすれば、宮崎氏の研究がかならずしも解決しつくしていない部分をなおのこしていることも否定できない。それはとくに鄉品の九品官制中における具體的機能についてみられるようにおもう。宮崎氏によれば、官人は鄉品を基準にした起家のあと、順次官品にしたがって昇進してゆくのであるが、起家官品によって昇進經路がすこしずつ異なるのであるから、同一官品のなかに差ができる。「例えば同じ六品官であっても、鄉品二品の人が起家して就く官と、鄉品三品の人が七品官から上って來て就く官と、以下順次に下り、最後に鄉品六品の人がずっと下位から上って來てここで行詰りになる官と、凡て五種類の官がある」（同著一二六頁）ということになる。これはそのまま同一官品內の官位の優劣につながり、最終的には淸官濁官の差ということになる。それはともかく、右のような鄉品の機能は、鄉品による昇進經路の細分化・固定化と自動的昇進を結果するようになるはずであるが、そうなると鄉品は官人の昇進にとって、もはやその昇進經路を決定する以上の意味はもたなくなってしまうのではなかろうか。なぜなら、起家以後、到達限度の官品（それは鄉品と合致するという）までの昇進の過程で、鄕品と官品の關係は、たとえばのちの散官と職事官の關係のごとく一定の連動をするのではなくして、その差が縮小する、いいかえれば官品が鄕品に接近していくといったようなものであり、しかもその接近のしかたにとくに何らかの原則がたてられていたとはおもえないからである。たとえば、鄕品二品のものが六品官に起家して以後、到達が約束されている二品官まで昇進してゆくそのあいだ、かれの官品は五品、四品、三品、二品と上昇しても、鄕品は二品のままであるとすれば、その鄕品二品はどの官品に就任しうるかを直接決定する基準ではありえず、せいぜいそれぞれ六品官から二品官までの各官品の官位のうちの鄕品二品がつくことになっている諸官によって構成される昇進經路をはずれないための指標程度の意味しかもたないであろう。もっとも、この昇進經路はいうまでもなく官位の清濁と對應し、それは九品官制における重要な價値基準であったから、いずれの昇進經路に屬するかを決定する鄕品の重要性はけっして否定できないのであるが、そのそれぞれの昇進經路のなかで、それに屬する官人の人事をいかにおこなうかもまた官制の運營面では無視できぬ意味をもつ。そして後者、すなわち昇進經路を前提とした具體的な人事進退において、右のようにみれば鄕品は具體的な基準たりえなかったとせざるをえなくなる。

官品との關係ではなくして、もっと具體的に、個別の官位への選任についてみても、おなじようなことがいえる。宮崎氏が鄕品と昇進經路との關係でとりあげられた鄕品三品と從事中郎を例にとろう[3]。七品從事中郎は鄕品三品が就任することになっていたというのが氏の考えなのであるが、それは從事中郎の人事において鄕品三品が人選の對象となり、また鄕品三品は七品官就任のばあいに從事中郎を經歷することになっているということであって、鄕品三品がいつ、いかなる條件で從事中郎に選任されうるかということは鄕品が三品であるというだけではきめられないのである。從事中郎の缺員に際し、複數の鄕品三品のなかから有資格者を限定し、さらに特定の人物をそのなかから選任するという手續きにおいては、鄕品以外の具體的基準があったとみるのが自然であろう。

そしてその基準とは、官制それ自體のなかに設定された、官制獨自の原理にのっとったものであるにちがいない。つまり、官人はいったん起家してしまうと、以後の吏部による人事進退を吏部獨自の原則によってなされるはずなのである。『晉書』巻一〇六石季龍載記上に、

下書曰、三載考績、黜陟幽明、斯則先王之令典、政道之通塞、魏始建九品之制、三年一清定之、雖未盡弘美、亦縉紳之清律、人倫之明鏡、從爾以來、遵用無改、先帝創臨天下、黃紙再定、至於選擧、銓爲首格、自不清定、三載于茲、主者其吏銓論、務揚清激濁、使九流咸允也、吏部選擧、何依晉氏九班選制、永爲揆法、選擧、經中書門下宣示三省、然後行之、其著此詔書于令、銓衡不奉行者、御史彈坐以聞、

とあるのは、中正の評品と吏部の選擧がともかくも別個のものとみなされており、吏部人事進退にはそれなりの原則――後述する「九班選制」――があったことをしめしていよう。つまり、中正評品とそれに基づく起家がおこなわれたあとの人事進退には、鄕品とは一歩距離をへだてた吏部による獨自の原則があったとみるべきではないかということを、右の記事は考えさせるのである。

いまひとつの問題は、右の石季龍載記でもうかがえるように、鄕品はいったん決定されると終身不變というのではなく、改定されることがあったという點である。そしてその改定のなされかたは中正という名にはほど遠い恣意的なものであるばあいもすくなくなかったことは周知のことである。このような鄕品の變動は吏部人事にどのように影響するであろうか。この點については、鄕品二品で太保掾（七品）、秦國郎中令（六品）となり、ついで鄕品五品におとされ、壽城邸閣督（九品）にされようとした李含の例がほとんど唯一のてがかりである。(4) ここではっきりと鄕品が下ると官品が下るだけでなく、昇進經路も降下することがしめされている。しかしこのような大幅な鄕品の退割はむしろ例外的であり、(5) 大部分は『通典』巻一四夾注にいうように、一品程度の昇降であったとみてよい。鄕品によって

それぞれ昇進經路があったとすると、たとえ一品程度であれ、鄕品の昇降はその都度それぞれの昇進經路の移動をひきおこし、その昇進經路にふくまれる官位への遷轉を不可避的に結果するであろう。淸官から濁官へ、もしくはその逆の遷轉はこのようなものであったのかもしれない。しかしながら、論理的にはそうなっても、これを現實の人事進退に適用すると、きわめて複雜煩瑣なものとなってしまうであろう。はたして鄕品がそこまで人事進退に關與していたであろうか。たしかにのちにふれる夏侯玄の認識のように、中正が吏部の人事權をおかしてしまうようなことがなかったとはいえないが、一方で、鄕品とは一定の距離をたもった、そして官制獨自の原理による人事進退がおこなわれていたことも豫測するべきではないか。

このようにみてくると、たしかに九品官制における鄕品の規定力には無視しえぬものがあるにしても、その力は九品官制の官制としての獨自のすがたをまったく變形してしまうまでにはいかず、したがってその規定力のおよばない部分、官制獨自の原理にたつ部分が皆無ではないようにおもわれるのである。

官制獨自の原理にたつ部分というのは、つぎのような意味である。官制はなによりもまず皇帝を頂點とする支配機構である。もちろんそれは近代官僚制的な發想からとらえられるべきものではけっしてないけれども、ともかくも支配機構であるかぎり、その效率的・機能的運營が期されるのは當然であり、官制の構造や運營の諸要素、たとえば官人の資質、倫理、身分特權、人事進退等等がそこに收斂するべく整備されるはずである。いわば官位のみを唯一の秩序原理とする諸秩序がそこにうちたてられることになろうし、さらにつきつめていえばその官位を授任する皇帝による支配の發現の重要な場がそこに出現するということになる。

もっとも、かような視角からの九品官制の分析が宮崎氏の研究に缺落してしまっているというのではない。考課や任子への言及があるのはそれをしめすものである。(6) 考課も任子も、まさしく官制獨自の原理に基づくものであって、官制の外側にある中正の郷品とは決定的に異質であるからである。さきに、とくに郷品と昇進の關係をとりあげて疑問をならべたのはこの意味からであった。しかし、宮崎氏の研究はこの考課や任子への言及はわずかなものであり、なお補足する餘地があるとおもわれるのである。(7) 本章の出發點はここにある。

かさねていうが、九品官制と中正の郷品を起家の制が連結するという宮崎氏の獨創的見解は、それによってはじめて九品官制も中正の郷品も、そして起家の制もその貴族制とのかかわりという歷史的意義を明白にすることができたという點で、その重要性はどれほど強調してもしすぎることはない。それをここで否定しようとするのではまったくない。ただ、その結果、九品官制の官制としてのすがたがやや不鮮明になってしまった印象はいなめないのではなかろうか。

そもそも九品官制とは、中正評品に象徵される鄉黨社會の價値觀と秩序、つまりは郷品と起家の制に完全に規定された官制であるところにその歷史性があるというのが、宮崎氏の研究以後定着した理解であるようにみえる。そして、それはそのとおりであるし、六朝貴族制がそれによってより明確にとらえられることもたしかである。それなのに、それに逆行するように、あらためて九品官制の官制としての獨自性を檢證してみようとするのはいかなる意圖によるのか、それをここでのべておかねばならない。

それは一言でいえば、皇帝權力と貴族との關係をより正確に把握したいからである。六朝貴族は官人としてたちあらわれざるをえなかった。なぜそうなのかという大問題はしばらくおくとして、それはかれらに不可避的に皇帝とその官人という關係に身をおかせることになる。このことは六朝貴族にとっていかなることを意味するのか。もし皇帝と貴族が外在的な對抗關係にあるとみなすのであれば、皇帝の官人統御、あるいは逆に官人層による皇帝權の掣肘といった問題が論じられるであろうし、皇帝權力そのものが貴族の共有物であり支配者たる貴族層の一種の象徵とみるならば、官人貴族にとっての皇帝の意味が問題となるであろう。いずれにせよ、官制としての獨自のありかたのなかに、官制の支配者である皇帝權力は顯著なすがたをあらわすであろうし、また官人として存在せざるをえない貴族との關係がよくみえるはずである。

本章は、このような視點から、九品官制、とくにその初期の魏・西晉時代におけるそれの、官制獨自の原理とでもいうべきものの存在を檢證しようとするものである。ただし、官制獨自の原理というように抽象的に表現される問題には、前代の秩石制とは異なる九品制による枠組の意味、[8]官制のシステムとしての構造、統屬關係、作動の狀態、具體的な政策決定と施行における機能等等の問題もふくまれるが、ここでは後日を期して捨象し、人事進退の問題に焦點をしぼることにしたい。

第一節　人事進退の枠組

本節では、九品官制における人事がいかなる枠組のなかでおこなわれたかについて考察する。

九品官人法創設をしめす記事は、周知のように、『三國志』巻二二魏書陳羣傳に、

及(文帝)卽王位、封羣昌武亭侯、徙爲尙書、制九品、官人之法、羣所建也、

とあるものである。この陳羣による九品官人法創設のことは、陳羣傳以外にも、晉代の文獻にみえる。そのひとつは、『太平御覽』巻二六五引『傅子』(『文選』巻五〇「恩倖傳論」李注、『北堂書鈔』巻七三引『傅子』略同)に、

魏司空陳群《ママ》始立九品之制、郡置中正、平次人才之高下、各爲輩目、州置都、而揔其議、

とあるもの、いまひとつは『太平御覽』巻二一四引『晉陽秋』(『初學記』巻一一引同)に、

陳羣爲吏部尚書、制九格登用、皆由於中正、考之簿世、然後授任、

とあるものである。みられるとおり、この兩者にははっきりしたちがいがある。『傅子』のいうのは中正による人才の高下の評次であり、一方『晉陽秋』のいうのは、中正の評品のあとの簿世を參照しての授任のことである。これは陳羣の創制にはふたつの主たる内容、つまり中正の評品と吏部の人事とがあることをしめしているのであり、陳羣傳の「制九品」が前者の「九品之制」に、「官人之法」が「九格登用」にあたることになろう。このうちの前者、すなわち中正の評品についてはすでにふれたことがある。[9] ここでとりあげたいのは後者である。

陳羣の「官人之法」、宮崎氏はこれを「九品官人之法」とよみ（同著九三頁）、九品によって人物を官に登用する方法としているが、『晉陽秋』の「九格登用」ということばも、いちおうはその意味であると考えられる。

ところでこの官人の法といい登用というのは、鄕品九品を基準にした起家の制だけを意味するのか、それとも起家後の人事進退をもふくむものと理解するほうがよいのであろうか。『晉書』卷一二八慕容超載記に、

于時超不恤政事、畋游是好、百姓苦之、其僕射韓諄切諫、不納、超議復肉刑九等之選、乃下書於境内曰、（中略）周漢有貢士之條、魏立九品之選、二者孰愈、亦可詳聞、羣下議多不同、乃止、

とあるのをみれば、「九品之選」が貢士の制と對比されている。それはこの鄕品九品が何よりもまず前代の秀才・孝廉にかわる官人の途への第一歩としての意味をもっていたことをしめしているであろう。これから判斷すれば、當初のこの制の主眼はやはり起家にあったとみるべきであろう。

ただ慕容超載記に、一方で「九等之選」といい、前引『晉陽秋』に「九格登用」というとき、たしかにその九等・九格は鄕品の九品と密接に關連し、官人豫備軍を九等に格つけし、それによって授任する制度という意味をふくんでいるにちがいないのであるが、なぜそれが九品でなく、九等・九格という表現になるのかという點にひとつの疑問が

感じられはしないであろうか。この點について若干の言及をしてみよう。

『晉書』巻四六李重傳に、

後爲始平王文學、上疏陳九品曰、先王議制、以時因革、因革之理、唯變所適、九品始於喪亂、軍中之政、誠非經國不刊之法也、且其檢防轉碎、徵刑失實、故朝野之論、僉謂驅動風俗、爲弊已甚、而至於議改、又以爲疑、臣以革法創制、當先盡開塞利害之理、擧而錯之、使體例大通而無否滯亦未易故也、（中略）方今聖德之隆、光被四表、兆庶顒顒、欣覩太平、然承魏氏彫弊之跡、人物播越、仕無常朝、人無定處、郎吏蓄於軍府、豪右聚於都邑、事體駁錯、與古不同、謂九品既除、宜先開移徙、聽相幷就、且明貢擧之法、不濫於境外、則冠帶之倫將不分而自均、卽土斷之實行矣、又建樹官司、功在簡久、階級少、則人心定、久其事、則政化成而能否著、此三代所以直道而行也、以爲選例九等、當今之要、所宜施行也、聖王知天下之難、常從事於其易、故寄隱括於閭伍、則邑屋皆爲有司、若任非所由、事非所覈、則雖竭聖智、猶不足以贍其事、由此而觀、誠令二者既行、卽人思反本、修之於鄉、華競自息、而禮讓日隆矣、

とあるが、ここに「選例九等」なることばがあり、右の「九格登用」「九等之選」との表現上の類似が注目される。のちにふれるように劉頌の「九班之制」が前掲石季龍載記に「九班選制」となっているのを參考にすると、この「選例九等」が慕容超載記に「九等之選」として言及された可能性もあろう。ともあれ、この上疏は泰始五・六年（二六九・二七〇）よりまえになされたものとおもわれるが、[10] 李重のこの九品の弊害をとく主張は、おなじく九品中正の弊をいう劉毅・衞瓘らのそれと異なり、九品の廢止そのものについては否定的であるところに特徴がある。というよりは、九品の存在を前提とし、弊害は土斷で矯正しようという發想であるとみられる。[11]

さて當今の要であり、よろしく施行すべきところと李重がいう「選例九等」であるが、右のようなかれの主張の文

脈のなかでみれば、九品を前提とした選擧、つまり官人登用の方法を意味していることには疑問の餘地がない。しかしまた、これは「建樹官司、功在簡久、云云」という主張、つまり在任期間をできるだけながく、歴任官職はすくなくすることが官制の機能をたかめるという發想の文脈にもあるから、單に起家のみをいっているのではないことは明白である。

　こののち李重は、本傳に、

　重與李毅同爲吏部郎、時王戎爲尚書、重以清尚見稱、毅淹通有智識、雖二人操異、然倶處要職、戎以識會待之、各得其所、毅字茂修、舊史闕其行事、于時内官重、外官輕、兼階級繁多、重議之、見百官志、

とあるように、吏部尚書王戎のもとで吏部郎として内外官の輕重と、階級繁多という時弊に對する建議をしている。その議論は本傳には百官志にあるといっているが、現行『晉書』に百官志はなく、すでに指摘されているように、王隱もしくは臧榮緒『晉書』のそれである。[12] その議論は、『太平御覽』卷二〇三『李重集』雜奏議にみえ、

　（前略）漢魏以來、内官之貴、於今最隆、太始《ママ》以前、多以散官補臺郎、亦經補黄門中書郎、而今皆數等而後至、衆職率亦如此、陵遲之俗未及、篤尚之風未洽、百事等級遂多、遷補轉徙如流、能否無以著、黜陟不得彰、此爲治之大弊也、（下略）

とある。おそらくこの建議が採擇されて、『晉書』卷四三王戎傳に、

　遷尚書左僕射領吏部、戎始爲甲午制、凡選擧皆先治百姓、然後授用、

とある「甲午制」になったとみられる。[13] なお、この「甲午制」は王戎傳のように、王戎が尚書左僕射領吏部のときの設立とすれば、元康元年（二九一）のものであるが、[14] 王戎はそれ以前にも吏部尚書となったことがあって、その時のこと、すなわち太康一〇年（二八九）の設立ではないかとも推測される。というのは、『太平御覽』卷二五九引『晉起

居注』に、

太康八年、詔曰、昔先王御俗以興至治、未有不先成民事者也、漢宣識其如此、是以歎息良二千石、今欲皆先外郡、治民著績、然後入爲常伯納言及典兵宿衛黃門散騎中書郎、

とあって、「甲午制」と主旨の類似し、しかも李重の「雜奏議」とも相應じた制度創設の詔が、この直前にだされているからである。[15] とすれば、李重のこの議論も太康末年のものということになる。

いずれにしても、「選例九等」への言及と、「甲午制」をうみだすきっかけとなったとみられる建策には約二〇年のひらきがある。しかし、階級の多少、在任期間の長短と官制の弊とを不可分のものとしてとらえる李重の認識はいずれにも共通しているから、「選例九等」のなかに「甲午制」に繼承された部分があることもまた推察できよう。

ともかく、李重のいう「選例九等」とは、何か人事進退、とくに昇進に關連する原則のようなものであることは疑いない。ところが、これときわめて共通した性格をもつとみられる制度が、この李重の吏部郎在任より一〇年ほどのちに建策されている。それが劉頌のいわゆる「九班之制」であって、『晉書』卷四六本傳に、

元康初、從淮南王允入朝、會誅楊駿、頌屯衛殿中、其夜、詔以頌爲三公尚書、又上疏論律令事、爲時論所美、久之、轉吏部尚書、建九班之制、欲令百官居職希遷、考課能否、明其賞罰、賈郭專朝、仕者欲速、竟不施行、

とあるものである。

この「九班之制」は李重の「選例九等」とふかい關係をもっていると考えられる。その理由はつぎのようなものである。第一には、それが建策された時期である。その時期は劉頌が吏部尚書であった元康七年（二九七）から永康元年（三〇〇）までのこととみられ、[16] 李重が「選例九等」に言及したときからほぼ三〇年をへた後となる。しかし、さきにふれたように、「選例九等」は「甲午制」に影響をあたえていることが推察できるのであり、「甲午制」から一〇

年たらずの時期に建策された「九班之制」には、「甲午制」を媒介として「選例九等」が何らかの影響をおよぼしたと考えても、あながち無理な推測とはいえぬであろう（後掲註（27）參照）。第二に、「選例九等」も「九班之制」も任期の長期化、能否の明確化という制度の根本的原理において共通している。なお前掲石季龍載記が「九班之制」を「九班選制」と、いわば兩者をかねるかのように表現していたことも想起したい。

この「九班之制」もしくは「九班選制」については、つとに宮崎氏が獨創的見解をしめしておられる。[17] 一言でいえば、それは人事進退の體系、換言すれば昇進順序の規定であり、下位官品に官位が集中しているという九品官制の特徴や、同一官品内における官の清濁の別の出現などによって、九品官の枠組では人事進退の基準が不十分になったために創設されたものであるという。品制にかわるあたらしい人事進退の原則という宮崎氏の推測は正鵠を射たものといえるが、氏の說のように、その基準となる班が宮中の座位であるとともに、同一官品内の官位の上下、もしくは清濁をしめすものであったとしても、[18] それが九班であったのはなぜだろうか。中正九品を前提とした人事進退の基準である意をあらわすという考えが成立する餘地もあるかもしれないが、「選例九等」も「九班選制」も階級が繁多となり、歴任する官位が增加し、かつ遷轉が頻繁になっている狀態を矯正して、遷轉をすくなく、任期をながくすることをねらいとしていたことから推測すれば、九等・九班いずれも歴任官位數と關連するのではないかという豫測がうまれる。つまりそれは歴任官位を九等に限定しようとしたものではなかったか。この點について、さらに若干の檢討をおこなってみよう。『隋書』卷二六百官志上の梁制十八班および將軍號二十四班の記事のところに、

轉則進一班、黜則退一班、班階也、

とある。班とは階のことであって、それは人事進退の段階のことであるというのである。[19] 階といえば、いわゆる階官、文・武散階や北魏にはじまる官品の正從の階がすぐにおもいだされるが、『漢書』卷八一匡衡傳の顔師古注に、

階謂升次也、

というのによれば、唐代では階は昇進順序、人事進退の基準であると理解されていたことがあきらかである。ところで、『晉書』巻五五潘岳傳に、

既仕宦不達、乃作閑居賦曰、（中略）僕少竊鄉曲之譽、忝司空太尉之命、所奉之主、太宰魯武公其人也、舉秀才、爲郎、逮事世祖武皇帝、爲河陽懷令、尚書郎、廷尉評、今天子諒闇之際、領太傅主簿、府主誅、除名爲民、俄而復官、除長安令、遷博士、未召拜、親疾、輒去官免、自弱冠涉于知命之年、八徙官、而一進階、再免、一除名、一不拜職、遷者三而已矣、雖通塞有遇、抑亦拙之效也、（下略）

とある。この潘岳のみずからいう二〇歳から五〇歳までの三〇年間のかれの歴任官八のうち、一度あった進階とはいかなることなのか、またそれは三度の遷とはどう異なるのであろうか。いま一度かれの官歴をならべてみると、太尉掾（七品）、郎（七品）、河陽令（七品）、懷令（七～六品）、尚書郎（六品）、廷尉評（六品）、太傅主簿（六品？）、長安令（六品）、博士（七品）となる。[20] これをみると潘岳は七品官と六品官だけにしかついていない。すると、進階とは官品を一段上ること、潘岳のばあいでいえば七品官から六品官への昇進であり、おそらくそれは河陽令から懷令、もしくは懷令から尚書郎への轉任のときにおこったものであり、遷とは同一官品内での移動、潘岳のばあいでは六、七品官のなかでの移動をいうのではないかと豫測できよう。[21]

しかし、ことはそれほど單純ではなさそうである。『太平御覽』巻八九八引『王隱晉書』に、

潘岳出爲河陽令、以仕次宜爲郎、不得意、

とあるのに注目してみよう。かれは河陽令になったときに、仕次では尚書郎になれるはずであったとして不滿であったというのである。階は升次のことであるという前引師古注を想起すれば、ここにひとつ問題をとく鍵があるかもし

れない。ところでかれの不滿があながち不當なものでなかったことは、さきにあげた『李重集』雜奏議の一節に、

太始《ママ》以前、多以散官補臺郎、

とあることによってしられる。本傳にあるように河陽令にでるまえの潘岳の官位であった郎はまさにその散官であり、しかも本傳によれば才名冠世なるがゆえにそねみをうけ、郎のまま栖遲すること一〇年であった潘岳にとって、尙書郎（臺郎）ではなく、外官河陽令への轉出はおもわぬ人事であったろう。しかし、潘岳のこの人事があったとおもわれる太康初年[22]には事情はかわりつつあった。さきにみたように太康八年には「甲午制」がしかれ、臺郎になるためには一度は縣令を經驗しなければならなくなったし、『北堂書鈔』卷七八引『晉起居注』に、

太康八年、吏部郎師襲向凱上言、欲使舍人洗馬未更長吏、不得爲臺郎、未更吏、不得爲主尉《ママ》三官也、

とあるように、同年、太子舍人や洗馬といった比較的評價のたかい官職ですら、縣令を經なければ臺郎になれぬようにという上言がなされる狀態であった。後者と「甲午制」にも何らかの關連があろう。ともかく、さきにふれたような「甲午制」成立の經過をみると、泰始年閒と太康年閒では人事進退の原則に變化がうまれていたことは確實で、潘岳はまさにその變化の最中に位置したのである。

ところで、この太子舍人・洗馬（七品）から縣令（七・六品）、そして尙書郎へという經歷に關連して、『晉書』卷五四陸雲傳に、

孟玖欲用其父爲邯鄲令、左長史盧志等竝阿意從之、而雲固執不許、曰、此縣皆公府掾資、豈有黃門父居之邪、玖深忿怨、

とあるものに注目してみよう。宮崎氏によれば、これは大縣邯鄲の令（六品）に就任するための具體的資格として「公府掾資」なるものがあることをしめすという[23]（資については次節で詳述する）。そうすると、縣令就任の前段階とし

て太子舍人・洗馬と公府掾は官歴上ほとんど類似の位置にあり、したがって官位の序列においてもこの兩者は同等の位置にあると考えられる(24)。はたして、東晉以後の例でみても、この兩者は官歴上ほとんど同一の位置にあるのである(25)。このようにみると、潘岳における進階とは、どうやらこの尙書郎の前後の官歷に關するものであり、しかも資なるものと關連のあるものであったようである。つまり、單に官品をひとつ進めるのが進階ではなく、一定の人事進退の順路と段階があり、當然それは官位の上下とも對應するのであるが、その段階を階とよぶのである。

九班とは九階のことで、人事の基準となる九等の官位序列である。もしそれが品を基準とするものであるとすると、九品から一品までの人事進退となるが、九品から一品まで昇進する人事は現實的には考えられないから、官品以外の何らかの基準によって官位をえらび、九等に序列し、昇進經路を設定したものと考えるのが自然ではなかろうか。それがなぜ九等となったか、むろん九品が發想の根底にあるのであろうが、そのほかに、「選例九等」「九班之制」いずれもがねらいのひとつとしているのが能否の考課であったというところにもかかわるようにおもわれる。考課についてつねに言及される「三載考績」(『書』舜典)の原理にしたがえば、歷官ごとに一考とすれば、歷官九度で二七年となり、二〇歳で起家して以後の官人生活としてほぼ考えられうる年數である、と臆測するのは亂暴であろうか。

ちなみに、『隋書』卷三三經籍志二の職官篇には、晉のものとして、『晉公卿禮秩故事』『晉官品』『晉百官表注』などとならんで『百官階次』一卷がある。それは、官品の枠組、俸祿(26)などとならぶ官制運營の重要要素である人事進退の基準を獨立させたものであるにちがいなく、階が單なる官品や官位表とはちがう原理であることを傍證するであろう。

さて、つぎには、以上にのべてきた制度の意味を考えねばならないが、そのまえに、それらがはたして實施されたかどうかをみておく必要があろう。まず「選例九等」のほうは「甲午制」に繼承された部分があるというさきの推測があやまりでないなら、いちおう實施されたことになる。[27] 一方の「九班之制」は、劉頌傳には、時の實權者賈謐と郭彰によって妨害され、實施されなかったと明記している。[28] これについて、宮崎氏は、それが石季龍載記に言及されているのであるからおこなわれなかったわけではないとされ、施行されなかったというのは「劉頌の九班制には色々の目的があり、その一つには百官をしてその職に安んじ、永く同一の職に止まって、その閒に成績の考課を行おうという趣旨もあったが、それは當時の專權者賈郭の妨害によって行われなかった」（同著二〇一頁）だけのこととされている。しかし、劉頌の妨害をした賈謐らは、劉頌の吏部尚書在任の最後の年である永康元年（三〇〇）四月に、趙王倫によって殺害され、以後は趙王倫が實權をにぎるのである。史には何の記録もないが、右のような經過であるとすると、立案して閒もなかった劉頌「九班之制」の全體が賈謐の失脚によって、その敵對者趙王倫の手で復活したと推測することも可能であろう。もっとも、そうであっても、以後混亂をきわめる西晉政局中で、どれほど機能したかは疑問であるが。

さてその意義であるが、ここで問題となるのはこのような制度が提唱される前提となった當時の官制のありかたであろう。それは李重のことばをかりれば、「遷補轉徙如流」という人事のありさま、劉頌に反對した賈謐・郭彰の考える「仕者欲速」という状況である。そしてかような状況の基礎には、それを可能にする官制の構造がある。『晉書』巻四三王衍傳に、

（東海王）越之討苟晞也、衍以太尉爲太傅軍司、及越薨、衆共推爲元帥、衍以賊寇鋒起、懼不敢當、辭曰、吾少無宦情、隨牒推移、遂至於此、今日之事、安可以非才處之、

とあり、同書巻七三庾亮傳に、

亮上疏曰、臣凡鄙小人、才不經世、階緣戚屬、累忝非服、叨竊彌重、謗議彌興、皇家多難、未敢告退、遂隨牒展

轉、便煩顯任、

とあるのは、いずれも高位に上ったものの謙遜の辭であるが、前引『漢書』匡衡傳師古注に、

　隨牒、謂隨選補之恆牒、不被超擢者、

とあるのによれば、それはまさしくあらかじめきめられた階段にそって、平板で自動的な官人生活をあゆむことであり、西晉末東晉初にはすでに官人の能力・功績にかかわらず、いつのまにか顯達しうるような人事進退の方式が成立しているのである。そして、その方式が實は、『晉書』巻四一劉寔傳にのせるかれの時弊批判の書「崇讓論」に、

　（前略）向令天下貴讓、士必由於見讓而後名成、名成而官乃得用之、諸名行不立之人、在官無政績之稱、讓之者必矣、官無因得而用之也、所以見用不息者、由讓道廢、因資用人之有失久矣、故自漢魏以來、時開大擧、令衆官各擧所知、唯才所任、不限階次、如此者甚數矣、（下略）

といい、また、

　夫以衆官百郡之讓、與主者共相比、不可同歲而論也、雖復令三府參擧官、本不委以擧選之任、各不能以根其心也、其所用心者裁之不二三、但令主者案官次而擧之、不用精也、（下略）

というように、階次、官次などとよばれていたのである。さきにみた仕次もまさしくそうである。

宮崎氏が「こういう一つの出世コースが定まると、成るべく早く必要な地位を通過する競爭が始まる。丁度それは障害物競爭のように、ただ通過しさへすればよい」（同著二一四頁）と表現されるようなこの官制の形骸化が、官位を單なる身分標識以上にみようとはしない貴族層の意識とけっして無關係ではありえなかったろう。このように考えれば、「選例九等」も「九班之制」もすでに官制中に出現し、機能していた階次、官次による人事進退を前提としながらも、それを換骨奪胎して、より機能的な官制への改編をねらいとしていたといえないであろうか。そして、それは

貴族制的色彩のしだいに濃厚になる官制における官制原理の再構築であるといえるかもしれない。しかし、このような結論をだすには、なお検討しなければならない問題が多くある。節をあらためたい。

第二節　人事進退の基準

本節では、九品官制における人事がいかなる基準によっておこなわれたかについて考察する。

從來ともすればそれは鄕品によるものと理解されがちであった。はしがきでのべたように、鄕品は昇進經路の決定——もちろんそれも重要な人事基準であることにちがいはないのであるが——にとって主要な基準であったが、それ以後の、それぞれの經路の内部でのその都度おこなわれる人事の具體的な基準とみなすことに疑問が感じられるのである。とくに前節でみたように、官品ではない人事進退の枠組があり、一方で在任期閒のみじかい、頻繁な轉遷がおこなわれているとすれば、いよいよ鄕品九品がその人事の際の具體的基準であったとは考えられなくなるであろう。はたして起家以後の官人の人事進退において鄕品はいかなる意味をもったのであろうか。それはやはり官人のその都度の人事において何らかの具體的な資格・基準としての役割をもっていたのか、それともせいぜいある官人の起家官品と最高官品の指標であり、かつその閒における一定の昇進經路の決定のための基準にすぎなかったのか。もし前者であれば、それはどのような役割であったのか。もし後者であるとすれば、官人のその都度の人事においていったい何が具體的な資格・基準となったのか等等の問題をあらためて考察してみる必要がある。

かくて、最初に鄕品が檢討されねばならなくなるが、この問題について重要なてがかりをあたえてくれそうなのは、つぎにあげる二つの記事である。そのひとつは『三國志』卷二一魏書傅嘏傳中の、劉劭の「都官考課」に對する傅嘏

の批判（第三節參照）のなかにみられるもので、

　方今九州之民、爰及京城、未有六鄕之擧、其選才之職、專任吏部、案品狀則實才未必當、任簿伐則德行未爲敍、如此則殿最之課、未盡人才、

という。いまひとつは『晉書』卷四五劉毅傳にみえる「中正八損」の議の第七項で、

　凡官不同事、人不同能、得其能則成、失其能則敗、今品不狀才能之所宜、而以九等爲例、以品取人、或非才能之所長、以狀取人、則爲本品之所限、若狀得其實、猶品狀相妨、繫縶選擧、使不得精於才宜、

とある。これによると、人事の基礎資料は、前者では品狀と簿伐であり、後者では品と狀であったことが確認できる。しかし、前者は魏の明帝景初年閒（二三七〜二三九）のもの（第三節參照）であって、創制後閒もないものであるのに對し、後者は太康（二八〇〜）初年の[29]、すなわち論者によって弊害が主張されはじめるころのもので、同日に論じることはできない。それぞれにおいて、その品、狀、簿伐はいかなる意味をもち、人事資料としていかに機能しているかをつぎに檢討してみたい。

　まず前者についてみよう。そこでは品狀と簿伐が人事資料であった。そのうちの簿伐については、前引『晉陽秋』に、

　陳羣爲吏部尚書、制九格登用、皆由於中正、考之簿世、然後授任、

とあるところの簿世とおなじものとみてよい。さてこの品狀と簿伐であるが、品狀では才能がえられず、簿伐では德行がえられないというのであるから、品狀とは簿伐でえられないもの、すなわち德行の表現であり、逆に品狀ではしることのできない才能は簿伐にしるされていたということになろう。ではたして品狀と簿伐は實際にそのようなものであったろうか。まず品狀についてみてみると、九品官人法施行直後の品狀について、その內容を示唆するとみら

れる記事が『三國志』巻二三魏書常林傳注引『魏略』清介吉茂傳の項にある。それは、

> 先時、國家始制九品、各使諸郡選置中正、差敍自公卿以下至于郎吏、功德材行所任、茂同郡護羌校尉王琰前數爲郡守、不名爲清白、而琰子嘉仕歷諸縣、亦復爲通人、嘉時還爲散騎郎、馮翊郡移嘉爲中正、嘉敍茂雖在上第、而狀甚下、云德優能少、茂慍曰、痛乎、我效汝父子、冠幘劫人邪、

というものである。ここにいう上第を鄕品のこととみれば、鄕品が上第なのに狀が低いというその狀の內容が「德優能少」というのは、鄕品が優なる德を、狀が少なる能を、それぞれ主たる基準としたものとせざるをえないであろう[30]。從來、狀は本人の性行才德を記載するものとされているが[31]、右のように理解すれば、才能を重視する狀は、禮制をもっとも根本的な契機とする德行を表現する鄕品とは明確に區別されていたとみなすべきではなかろうか。德行と才能の區別は曹操以來の魏の「人才」主義のなかではゆるがせにできないものといえよう[32]。

ところで、このような德行と品、才能と狀の關係について、注目しておきたいのは、『三國志』巻九魏書夏侯玄傳にみえる、正始（二四〇〜）年閒になされたかれの有名な議論である。

> 太傅司馬宣王問以時事、玄議以爲、夫官才用人、國之柄也、故銓衡專於臺閣、上之分也、孝行存乎閭巷、優劣任之鄕人、下之敍也、夫欲清教審選、在明其分敍、不使相涉而已、何者、上過其分、則恐所由之不本、而干勢馳騖之路開、下踰其敍、則恐天爵之外通、而機權之門多矣、夫天爵下通、是庶人議柄也、機權多門、是紛亂之原也、自州郡中正品度官才之來、有年載矣、緬緬紛紛、未聞整齊、量非分敍參錯、各失其要之所由哉、若令中正但考行倫輩、倫輩當行均、斯可官矣、何者、夫孝行著於家門、豈不忠恪於在官乎、仁恕稱於九族、豈不達於爲政乎、義斷行於鄕黨、豈不堪於事任乎、三者之類、取於中正、雖不處其官名、斯任官可知矣、行有大小、比有高下、則所任之流、亦渙然明別矣、奚必使中正干銓衡之機於下、而執機柄者有所委仗於上、上下交侵、以生紛錯哉、且臺閣

臨下、考功校否、衆職之屬、各有官長、旦夕相考、莫究於此、閭閻之議、以意裁處、而使匠宰失位、衆人驅駭、欲風俗清靜、其可得乎、天臺縣遠、衆所絶意、所得至者、更在側近、孰不脩飾以要所求、所求有路、則脩己家門者、已不如自達于鄉黨矣、自達鄉黨者、已不如自求之於州邦矣、苟開之有路、而患其飾眞離本、雖復嚴責中正、督以刑罰、猶無益也、豈若使各帥其分、官長則各以其屬能否獻之臺閣、臺閣則據官長能否之第、參以鄉閭德行之次、擬其倫比、勿使偏頗、中正則唯考其行迹、別其高下、審定輩類、勿使升降、臺閣總之、如其所簡、或有參錯、則其責負自在有司、官長所第、中正輩擬、比隨次率而用之、如其不稱、責負在外、然則内外相參、得失有所、互相形檢、孰能相飾、斯則人心定而事理得、庶可以靜風俗而審官才矣、

ここには實に多くのことがかたられている。もっとも主要なものは「中正なるものの存在が、官長の權限を侵す」（宮崎著一五九頁）という宮崎氏の要約どおり、中正による人物評價が吏部の人事權を拘束してしまうという九品中正制の弊害についてであるが、ここでとくに言及しておきたいのは、それとも關連するが、夏侯玄が「官長能否之第」と「鄉閭德行之次」という異質なふたつの人物評價を峻別しようとしていることである。前者はいうまでもなく官人としての能否を、その所屬の長が判定するのであり、後者は中正が閭巷における行迹を評次するのである。人事は前者が主要な基準でおこなわれ、後者が參考される。ここには、人物評價の場と基準を明確にしようとする意識がつよく感じられる。つまり、本來德行と才能は價値觀を異にするふたつの異なった場――鄉里と官界――における、それぞれの價値觀に基づく人物評價なのである。それをいずれも、鄉里の價値觀を體現するだけであるはずの中正が判定しているところに問題がある、というのが夏侯玄の認識なのである。

そうすると、さきにみた狀が表現する才能は、あくまで中正の判斷によるものであるから、官人としての能否ではありえない。よくしられた孫楚の「天才英博、亮拔不羣」（『晉書』巻五六本傳）や、前掲の吉茂の「德優能少」という

抽象的な表現の狀は、そのような事情によるのである。

では、夏侯玄のいうような才能、官人としての能否は人事基準として參考されるとしたら、どこに記錄されるのが適當であろうか。可能性としては、それには薄伐、簿世が考えられよう。『通典』卷一四選擧典歷代制に、

晉依魏氏九品之制、內官吏部尙書、司徒左長史、外官州有大中正、郡國有小中正、皆掌選擧、若吏部選用、必下中正、徵其人居及父組官名、

とあるが、その人居と父祖官名の記錄は薄伐にほかならない[33]。しかも薄伐には本人の官歷も記錄される。もちろん、記載上、官歷のほかに本人の官人としての功績、能否もふくまれていたかどうかまでは不明であるが[34]、官歷の記載だけでもその人物が官人としてどの程度の適應性があるか程度の判斷は可能であろう。それは中正が判定して狀にしるす才能よりもはるかに現實的な基準となるはずである。

傅嘏傳に、品狀によれば實才が採用できないというのは、官人としての實才は品狀ではなく薄伐でしか判斷できないからであり、薄伐を採用基準にすれば德行をえられないというのは、德行――それは中正のいう才をもふくむが――は品狀にしかしるされていないからである。

このような品狀と薄伐についての理解をもとにして魏代の人事進退の基準を考えてみると、いわゆる「人才」主義においては、品よりも狀が、狀よりもさらに薄伐が重視されたのではないかという豫測がなりたつ。九品中正制の官人登用の制度內容をしるした『晉陽秋』と『通典』が人事參考資料として鄕品ではなく簿世や父祖官名をあげているのはそのような意味ではなかろうか。

つぎに後者、つまり劉毅の議論中の品と狀をとりあげよう。劉毅のいうところでは、品で人をとると才能がたらず、狀でとろうとすると品がそれを制限するという。すると、狀が才能を表現するものであることはあきらかである[35]。で

はいったい品は何をあらわすのであろうか。品について劉毅ののべるところは多いが、有名な「上品無寒門、下品無勢族」ということばに象徴されるように、それは現實の勢力關係に規定されるようになっており、その現實の勢力關係とは普通には父祖の官界における地位と對應するものであったろう。衞瓘がいう「計資定品」（『晉書』巻三六本傳）というのも、品がそのような意味であることをしめすものである。

端的にいえば、品とは家柄、狀とは才能の表現なのであり、それゆえ、品を基準にすれば家柄はあっても才能のないものしか登用できず、才能のあるものをとろうと狀を基準にすると家柄が不足してしまう――本品に制限されてしまう――という劉毅の指彈するような狀態におちいってしまうのである。

このようにみてくると、人事進退の基準には、品、狀、薄伐などがあり、しかもそのそれぞれが時代によって微妙に異なっていることがあきらかとなろう。とりわけ、品と狀の關係には注目すべきものがあるのであるが、この點について、いましばらく紙幅をついやすことにしたい。『太平御覽』巻二六五引「晉宣帝除九品州置大中正議」に、

案九品之狀、諸中正既未能料究人才、以爲可除九制《ママ》、州置大中正、

とあり、『魏書』巻六六崔亮傳に、

亮答書曰、（中略）吾兼正六爲吏部郎、三爲尙書、銓衡所宜、頗知之矣、但古今不同、時宜須異、何者、昔有中正、品其才第、上之尙書、尙書據狀、量人授職、此乃與天下羣賢共爵人也、

とあるのをみると、狀には品もふくまれており、その品は才を基準にしたものであるかのようにみえる。それは、これまでの考察での狀は才能の表現という結果と對應するであろう。しかし、『晉書』巻九三外戚王蘊傳をみると、東晉のことであるが、

累遷尙書吏部郎、性平和、不抑寒素、毎一官缺、求者十輩、蘊無所是非、時簡文帝爲會稽王輔政、蘊輒連狀白之、

曰、某人有地、某人有才、務存進達、各隨其方、故不得者無怨焉、

とあって、狀には才と地がしるされていた。そのうち地とは門地のことであって、具體的には父祖の官位によって表現されるのであるから、それはまさしく劉毅のいう品にちがいない。

これらを總合すると、つぎのような結果がみちびきだされるはずである。狀は本來品と才の記載をふくむものであったが、才の記載が品と區別されて狀ともよばれたのであり、狀といえば才の表現のみをさすばあい（狹義の狀）と、才と品をあわせたものを意味するばあい（廣義の狀）とがあったのである。たとえば「德優能少」という吉茂の狀は、「德優」と關連する上第——品——は當然その狀のなかに記載されていたはずである。ところで、その狀（廣義の狀）を構成する品と狀（狹義の狀）は、吉茂のころには鄕里における德行と、おなじく鄕里の價値觀による抽象的な才であった。したがって、官人登用にとっては、より現實的な才能をえらぶために薄伐が不可缺であった。ところが、西晉ころになると、品は家柄の表現となり、狀もおそらくは現實的才能を表現するものとなった。薄伐の機能が狀のなかに吸收されたと考えてもよい(36)。このようにして、さきの崔亮傳や王蘊傳にみたように、狀が人事進退の根本資料としてあつかわれるようになったのである。

では實際の人事進退にあたって、その基準となるのはこのような品と狀だけであったのだろうか。いくつかの事例にあたって檢證してみると、とくに西晉ころになると、實は品や狀よりもさらに重要な基準として、資なるものが存在し、機能していることがあきらかとなってくるのである。以下にまずその若干例を列擧してみよう。さきにもふれた『晉書』巻四一劉寔傳の「崇讓論」に、

（前略）官職有缺、主選之吏不知所用、但案官次而擧之、同才之人先用者、非勢家之子、則必爲有勢者之所念也、非能獨賢、因其先用之資、而復遷之無已、遷之無已、不勝其任之病發矣、觀在官之人、政績無聞、自非勢家之子、

率多因資次而進也、

とあり、同書卷四六劉頌傳に、

頌在郡上疏曰、（中略）今人主不委事仰成、而與諸下共造事始、則功罪難分、下不專事、居官不久、故能否不別、何以驗之、今世士人決不悉良能也、又決不悉疲軟也、然今欲擧一忠賢、不知所賞、求一負敗、不知所罰、及其免退、自以犯法耳、非不能也、登進者自以累資及人閒之譽耳、非功實也、若謂不然、則當今之政未稱聖旨、此其徵也、

とあり、同書卷九二文苑王沈傳にひくその「釋時論」に、

（前略）談名位者以諂媚附勢、擧高譽者因資而隨形、

とある。「崇讓論」「釋時論」はいずれもその當時の貴族の壟斷する官界への批判であり、劉頌の上疏も同様の趣旨をふくむ。

かれらにとって、ここに言及する資はまさしく貴族による高位官獨占の根據となるものであり、したがって否定的に評價せざるをえないものでもあったようにみえる。それはともかく、官人の人事、とりわけ自動的な昇進において資が最大の基準となっていたことはこれであきらかであろう。

さて、この資は、門資、世資など[37]ということばがあるように、祖先以來累積されてきた地位身分などを漠然としめすこともあるが、『晉書』卷六八賀循傳に、

著作郎陸機上疏薦循曰、伏見武康令賀循德量邃茂、才鑒清遠、服膺道素、風操凝峻、歷試二城、刑政肅穆、前蒸陽令郭訥風度簡曠、器識朗拔、通濟敏悟、才足幹事、循守下縣、編名凡悴、訥歸家巷、棲遲有年、（中略）至於才望資品、循可尚書郎、訥可太子洗馬舍人、此乃衆望所積、非但企及清塗、苟充方選也、謹條資品、乞蒙簡察、

久之、召補太子舍人、

とあり、[38]『三國志』卷一五魏書劉馥傳注引『晉陽秋』に、

時帝在長安、命弘得選用宰守、徵士武陵伍朝高尚其事、牙門將皮初有勳江漢、弘上朝爲零陵太守、初爲襄陽太守、詔書以襄陽顯郡、初資名輕淺、以弘壻夏侯陟爲襄陽、

とあり、[39]あるいは『晉書』卷九四隱逸范粲傳に、粲の子喬について、

元康中、詔求廉讓沖退履道寒素者、不計資、以參選敍、

とあり、同書卷六七郗鑒傳附子愔傳に、

少不交競、弱冠、除散騎侍郎、不拜、性至孝、居父母憂、殆將滅性、服闋、襲爵南昌公、徵拜中書侍郎、驃騎何充輔政、征北將軍褚裒鎭京口、皆以愔爲長史、再遷黃門侍郎、時吳郡守闕、欲以愔爲太守、愔自以資望少、不宜超莅大郡、朝議嘉之、轉爲臨海太守、

とあり、同書卷七二葛洪傳に、

咸和初、司徒導召補州主簿、轄司徒掾、遷諮議參軍、干寶深相親友、薦洪才堪國史、選爲散騎常侍、領大著作、洪固辭不就、以年老、欲錬丹以祈遐壽、聞交阯出丹、求爲句屚令、帝以洪資高不許、洪曰、非欲爲榮、以有丹耳、帝從之、洪遂將子姪倶行、至廣州、刺史鄧嶽留不聽去、洪乃止羅浮山煉丹、嶽表補東官太守、又辭不就、

とあるように、まさに人事進退における具體的な資格である。[40]

賀循傳によれば、尚書郎や太子舍人・洗馬に就任するにたる「資品」が存在するのである。郗愔や皮初は、それぞれ大郡の吳郡、顯郡の襄陽の太守としての「資望」「資名」が不足していたのであるし、葛洪は逆に縣令を希望したが「資」が高すぎると判斷されている。

さらに、『晉書』巻五四陸雲傳に、前述のように、

孟玖欲用其父爲邯鄲令、左長史盧志等竝阿意從之、而雲固執不許、曰、此縣皆公府掾資、豈有黄門父居之邪、玖深忿怨、

とあるのは、縣令に任官するための資格として「公府掾資」という明確な基準が存在したことをしめすし、同書巻六八紀瞻傳に、

時郗鑒據鄒山、屢爲石勒等所侵逼、瞻以鑒有將相之材、恐朝廷棄而不恤、上疏請徵之、曰、（中略）自先朝以來、諸所授用、已有成比、戴若思以尚書爲六州都督征西將軍、復加常侍、劉隗鎭北、陳眕鎭東、以鑒年時、則與若思同、以資則倶八坐、況鑒雅望清重、一代名器、

とあるものも、八座尚書に就任するにたる具體的な資格・條件をあらわす「資」があったことを意味している。

ではこのような「資」は具體的にはいかなるものであろうか。もうすこし詳細に検討してみよう。たとえば「資品」ということばから郷品、もしくは官品を想定してよいであろうか。賀循傳では、才望資品では武康令賀循が尚書郎に、前蒸陽令郭訥が太子舍人・洗馬となりうるというが、武康令をかりに大縣とすれば六品、尚書郎も六品、蒸陽令はおそらく小縣で七品、太子洗馬・舍人ともに七品であり、したがって同一官品内での人事である。すると六品官尚書郎につくためには六品官、おなじく七品官太子洗馬・舍人への就任は七品官であることが條件となるのであり、この「資品」は官品の意味であると理解することが可能となる。しかし、同一官品であればよいかというとけっしてそうではないはずで、ここはあきらかに縣令から尚書郎へ、もしくは縣令から太子洗馬・舍人という移動の順序を決定する要素としても「資品」はあるはずである。おなじようなことは郗愔と皮初にもいえるのであって、五品官黄門侍郎郗愔、五品官牙門將皮初が五品官郡太守への就任について「資」が不足していること、しかもそれは大郡、顯郡とい

う問題にもかかわること、そのことは「資」が單なる官品を基準とするものではないことを示唆している。ここで陸雲傳の「公府掾資」に注目してみよう。すでにのべたように、西晉太康八年ころには、

太子舍人・洗馬→縣令→尙書郎

という昇進經路が成立しており、公府掾はほぼこの太子舍人・洗馬と官歷上同列の位置にあったとみられるのである(41)。そうすると「公府掾資」とは、この官歷上の太子舍人・洗馬・公府掾の位置にあり、つぎには邯鄲令のごとき大縣の令に就任するのをまつばかりの資格という意味に限定しうるであろう。賀循傳をこれに適用すれば、賀循の資は、「公府掾資」の一階上で、したがって尙書郎就任に十分な資格、郭訥はこれから「公府掾資」を獲得しようとする位置にあると解釋できる。

このようにみてくると、「資」とはこのような昇進經路であり、かつ官位序列でもある。まさしく前章でみた「階」と密接に關連する人事進退の基準としての資格であったのである。前引「崇讓論」が官次との連關のなかで「資」に言及し、また「資次」といっているのはその端的な證左である。

「資」がこのようなものであるとすると、それは具體的には特定された經歷官の累積によって表現されることになろう。『晉書』卷五五張載傳に、その「榷論」をのせ、

（前略）積階級、累閥閱、碌碌然以取世資、

というのはまさしくその意味であって、しかもそのようなものであるから「資」は閥閱、すなわち傅嘏傳にいう薄伐、『晉陽秋』にいう簿世とも不可分のつながりをもっているのである。結論的にいえば、一定の序列にある官位の階、それを累積した「資」、それが記録された閥閱、薄伐、これが人事進退におけるもっとも基本的、かつ重要な基準であったのである。それは、西晉代になってとりわけ顯著になった傾向であった。

以上のような檢討があやまちをおかしていないとすれば、九品官制における人事進退の基準として品よりも狀がしだいに重要視され、さらに具體的基準として「資」が機能するようになるという動向が魏晉代にはあったということになる。そうすると、人事進退は、鄉品の規制から離脱しはじめ、官制獨自の原理にしたがってなされる傾向をおびはじめるということになるのではなかろうか。もちろん、「資」の前提には、一定の鄉品に基づく一定の起家官と、その起家官に基づく以後の昇進があるわけだから、「資」といえども中正の鄉品・狀の大枠から逸脫しているわけではけっしてないが、一方で官制運營を官制內部で完結させようとする獨自の論理とでもいうべきものがはたらいていることもみのがすことができなくなるであろう。

しかしながら、ひるがえって考えてみると、かような「資」が顯現すること自體、九品官の枠組をさらに細分化し、特定された官位による官歷の固定化・自動化という前節でみた現象と不可分の關係にあるのであるが、それは九品官制の官僚制としての圓滑かつ機能的な作動にとって重大な障害となるであろう。また、そのような完結した官制は、本來その支配者たる皇帝の手をはなれ、相對的に自立する傾向をおびることになろう。そこで問題になってくるのは官制と官人に對する皇帝權力の支配力の强化であり、具體的には人事基準における官人の能否がそのひとつの焦點となるはずである。そして官人の能否は、本節でふれた狀の問題であるとともに、夏侯玄のいうように考課の問題でもある。ここで節をあらため、九品官制における考課に論點をうつすことにしたい。

第三節　人事と考課

本節では九品官制における考課の實態とその人事進退における意味について考察する。

考課は、貴族制的官制の屬性といえる出身身分にささえられた高位官の容易な獲得と維持、それを可能にする固定化した官位秩序と自動的な昇進、これらと基本的に矛盾し、かかる貴族制的官制が必然的にうむ弊害を克服し、支配の機構としての官制のより効率的な作動の實現をめざす一方策であるといえる。いわば官制獨自の原理のありかたを如實にしめすものといえよう。

はじめに、考課の制の概觀をおこなう。考課の主張は魏初にもみられないことはないが[42]、とくに朝廷で公式に議論されるようになるのは、魏明帝末年のことである[43]。『三國志』卷二一魏書劉劭傳に、

景初中、受詔作都官考課、劭上疏曰、百官考課、王政之大較、然而歷代弗務、是以治典闕而未補、能否混而相蒙、陛下以上聖之宏略、愍王綱之弛頽、神慮內鑒、明詔外發、臣奉恩曠然、得以啓矇、輒作都官考課七十二條、又作說略一篇、臣學寡識淺、誠不足以宣暢聖旨、著定典制、

とあり、明帝末年の景初（二三七～）年間[44]に劉劭が命をうけて、七二條からなる「都官考課」なるものをつくった[45]。ただし、その內容はこの記事だけではまったく不明である。

この考課の制がつくられた背景は、『三國志』卷二二魏書盧毓傳につぎのようにのべられている。

前此諸葛誕鄧颺等馳名譽、有四聰八達之誚、帝疾之、時擧中書郎、詔曰、得其人與否、在盧生耳、選擧莫取有名、名如畫地作餅、不可啖也、毓對曰、名不足以致異人、而可以得常士、常士畏教慕善、然後有名、非所當疾也、愚臣既不足以識異人、又主者正以循名案常爲職、但當有以驗其後、故古者敷奏以言、明試以功、今考績之法廢、而以毀譽相進退、故眞僞渾雜、虛實相蒙、帝納其言、即詔作考課法、

明帝は在位中に魏律令を編纂させたことに端的にしめされるように、魏の諸制度の完成と法制的支配の實現をめざしたことでしられるが、この考課の制定もそのような政治姿勢の一環とみるべきであろう。そしてまた、これがいわ

ゆる浮華の徒、虚名の士の跋扈という状況に對する施策であったことも、かれらと貴族制との關係のうえで、かならず留意しておくべきことがらであろう。

ところで、明帝の命をうけて劉劭がつくったこの考課法はそのまま實施されたのではなかった。まずこれは三府に下されて（下掲『三國志』傅嘏傳）論議されたが、反對論ないし愼重論が續出した。そして、その論議のなかには、劉劭傳ではまったく不明であったこの「都官考課」の輪郭をうかがわせるものがあるので、つぎにそれらをとりあげて、二、三の考察をくわえておこう。その一は崔林の議論であって、『三國志』巻二四魏書本傳には以下のようにある。

散騎常侍劉劭作考課論、制下百僚、林議曰、案周官考課、其文備矣、自康王以下、遂以陵遲、此卽考課之法存乎其人也、及漢之季、其失豈在乎佐吏之職不密哉、方今軍旅、或猥或卒、備之以科條、申之以内外、增減無常、固難一矣、且萬目不張擧其綱、衆毛不整振其領、（中略）太祖隨宜設辟、以遺來今、不患不法古也、以爲今之制度、不爲疏闊、唯在守一勿失而已、若朝臣能任仲山甫之重、式是百辟、則孰敢不肅、

崔林の意見の要旨は、考課のためにとくに新制を設ける必要はなく、太祖曹操以來の制度で十分であり、要は考課の責任者の問題であるというようなものであろう。

その二は傅嘏のそれであって、『三國志』巻二一魏書本傳に以下のようにある。

時散騎常侍劉劭作考課法、事下三府、嘏難劭論曰、（中略）案劭考課論、雖欲尋前代黜陟之文、然其制度略以闕亡、禮之存者、惟有周典、外建侯伯、藩屛九服、内立列司、筦齊六職、土有恆貢、官有定則、百揆均任、四民殊業、故考績可理而黜陟易通也、大魏繼百王之末、承秦漢之烈、制度之流、靡所脩采、自建安以來、至于靑龍、神武撥亂、肇基皇祚、掃除凶逆、芟夷遺寇、旍旗卷舒、日不暇給、及經邦治戎、權法竝用、百官羣司、軍國通任、隨時之宜、以應政機、以古施今、事雜義殊、難得而通也、所以然者、制宜經遠、或不切近、法應時務、不足垂後、

夫建官均職、淸理民物、所以立本也、循名考實、糾勵成規、所以治末也、本綱末擧、而造制未呈、國略不崇、而考課是先、懼不足以料賢愚之分、精幽明之理也、昔先王之擇才、必本行於州閭、講道於庠序、行具而謂之賢、道脩則謂之能、鄕老獻賢能于王、王拜受之、擧其賢者、出使長之、科其能者、入使治之、此先王收才之義也、方今九州之民、爰及京城、未有六鄕之擧、其選才之職、專任吏部、案品狀則實才未必當、任薄伐則德行未爲敍、如此則殿最之課、未盡人才、述綜王度、敷贊國式、體深義廣、難得而詳也、

古制をそのまま現實に適用するには無理があり、建安以來、この議論のおこる直前の靑龍までは隨時應機の政がおこなわれたとのべる前半部はさておき、後半部での主張の基調は官人の考課よりも人才の選擇のありかたが重要であるという認識にたつものといえる。とくに前節で詳述した「案品狀云々」の議論は、品狀・薄伐いずれを人事の基準にしたとしても人才獲得が十分でなく、そのような人事を是認したまま考課をおこなっても效果が期待できないというものであって、考課より人才選擇に比重をかける發想をよくしめしている。

その三の、そしてもっとも詳細な議論は、『三國志』卷一六魏書杜恕傳にある。

時又大議考課之制、以考內外衆官、恕以爲用不盡其人、雖才且無益、所存非所務、所務非世要、上疏曰、(中略)今奏考功者、陳周漢之法爲、綴京房之本旨、可謂明考課之要矣、於以崇揖讓之風、興濟濟之治、臣以爲未盡善也、其欲使州郡考士、必由四科、皆有事效、然後察擧、試辟公府、爲親民長吏、轉以功次補郡守者、或就增秩賜爵、此最考課之急務也、臣以爲便當顯其身、用其言、使具爲課州郡之法、法具施行、立必信之賞、施必行之罰、至於公卿及內職大臣、亦當俱以其職考課之也、古之三公、坐而論道、內職大臣、納言補闕、無善不紀、無過不擧、且天下至大、萬機至衆、誠非一明所能徧照、故君爲元首、臣作股肱、明其一體相須而成也、是以古人稱廊廟之材、非一木之支、帝王之業、非一士之略、由是言之、焉有大臣守職辨課可以致雍熙者哉、且布衣之交、猶有務信誓而

蹈水火、感知己而披肝膽、徇聲名而立節義者、況於束帶立朝、致位卿相、所務者非特匹夫之信、所感者非徒知己之惠、所徇者豈聲名而已乎、諸蒙寵祿受重任者、不徒欲擧明主於唐虞之上而已、身亦欲廁稷契之列、是以古人不患於念治之心不盡、患於自任之意不足、此誠人主使之然也、唐虞之君、委任稷契夔龍、而責成功、及其罪也、殛鯀而放四凶、今大臣親奉明詔、給事目下、其有夙夜在公、恪勤特立、當官不撓貴勢、執平不阿所私、危言危行、以處朝廷者、自明主所察也、若尸祿以爲高、拱默以爲智、當官苟在於免負、立朝不忘於容身、絜行遜言、以處朝廷者、亦明主所察也、誠使容身保位、無放退之辜、而盡節在公、抱見疑之勢、公義不脩、而私議成俗、雖仲尼爲謀、猶不能盡一才、又況於世俗之人乎、今之學者、師商韓而上法術、競以儒家爲迂闊、不周世用、此最風俗之流弊、創業者之所致愼也、後考課竟不行、

このなかで「其欲使州郡考士、必由四科、（中略）或就增秩賜爵」および「公卿及内職大臣云々」は、劉劭の「都官考課」の一部分とみることができるであろう[46]。むろんそれは七二條もあったという「都官考課」からみればわずかな部分でしかない。しかし、それに異議をとなえた杜恕がともかくも是認したその一部分が州郡考士のことであるのは、杜恕と劉劭の考課に對する認識の差を暗示する。杜恕の上疏の内容は多岐にわたるが、要は考課では人物を熟知して任用することができず、眞に緊要な策は人才の選擇と、君臣一體となった政治であるという主旨の主張であり、傅嘏とも共通の認識にたっていて、その傅嘏や杜恕が反對する劉劭の「都官考課」は考課の技術論的側面を重視するものではなかったかと推測されるのである。劉劭「都官考課」の制定の背景なども參照して考えると、それは機能的な官制の作動と官人統御に主眼をおいたものであったにちがいない。續出した反對論、愼重論はまさしくそのためであり、結局杜恕傳によれば、「都官考課」は實施されずにおわった[47]。

しかし、考課のこころみはこれでとだえてしまったわけではない。これより一〇年たらずののち、司馬懿が曹爽を

打倒して實權をにぎったあと、あらためて考課の制度がさだめられた。『三國志』巻二七魏書王昶傳につぎのようにあるものがそれである。

嘉平初、太傅司馬宣王既誅曹爽、乃奏博問大臣得失、昶陳治略五事、其一、欲崇道篤學、抑絕浮華、使國子入太學而脩庠序、其二、欲用考試、考試猶準繩也、未有舍準繩而意正曲直、廢黜陟而空論能否也、其三、欲令居官者久於其職、有治績則就增位賜爵、其四、欲約官實祿、勵以廉恥、不使與百姓爭利、其五、欲絕侈靡、務崇節儉、令衣服有章、上下有敍、儲穀畜帛、反民於樸、詔書褒讚、因使撰百官考課事、昶以爲唐虞雖有黜陟之文、而考課之法不垂、周制冢宰之職、大計羣吏之治而誅賞、又無校比之制、由此言之、聖主明於任賢、略擧黜陟之體、以委達官之長、而總其統紀、故能否可得而知也、其大指如此、

この王昶の考課については、『太平御覽』巻二一二に、

王昶考課事曰、尙書侍中考課、一曰、掌建六材、以考官久、二曰、綜理萬機、以考庶績、三曰、進視惟允、以考讜言、四曰、出納王命、以考賦政、五曰、罰法、以考典刑、

とあり、『北堂書鈔』巻五三に、

王昶考課事云、卿考課、一曰、掌建邦國、以考制治、二曰、九功時敍、以考事典、三曰、經綸國體、以考奏議、四曰、共屬衆職、以考揔攝、五曰、明愼用刑、以考留獄、

とある秩文二條が、そのすがたをうかがわせよう。「百官考課」とは、ここの尙書侍中、卿等等の百官各自の任務と責任を規定したものであろう。しかし、その內容は、みられるとおり、きわめて抽象的なものである。もともとこの「百官考課」の撰定のきっかけとなったかれの治略五事にしてからが、道、學、廉恥、節儉など、官人としての能力や治績よりも倫理の方に重點をおいたものであったから、それは當然のことといえるが、そうすると、この「百官考

課」はさきの「都官考課」とはかなり懸絶した内容のものであったことになろう。ただし、その治略五事の第三に在任期間の長期化、第四に約官をとくのは、第一節でみた「九班之制」や「選例九等」および後述の西晉代の考課との關連で、注目さるべきものである。

西晉代になっても、考課の不備、その整備充實を主張する論者はすくなくなかった。その代表的存在として、劉毅、李重、劉頌の三者をあげることができる。

劉毅の議論はいわゆる「中正八損」の第五および第六がそれである（『晉書』本傳）。

昔在前聖之世、欲敦風俗、鎭靜百姓、隆鄕黨之義、崇六親之行、禮教庠序以相率、賢不省於是見矣、然鄕老書其善以獻天子、司馬論其能以官於職、有司考績以明黜陟、故天下之人退而修本、州黨有德義、朝廷有公正、浮華邪佞無所容厝、今一國之士、多者千數、或流徙異邦、或取給殊方、面猶不識、況盡其才力、而中正知與不知、其當品狀、采譽於臺府、納毀於流言、任己則有不識之蔽、聽受則有彼此之偏、所知者以愛憎奪其平、所不知者以人事亂其度、既無鄕老紀行之譽、又非朝廷考績之課、遂使進官之人、棄近求遠、背本逐末、位以求成、不由行立、品不校功、黨譽虛妄、損政五也、

凡所以立品設狀者、求人才以理物也、非虛飾名譽、相爲好醜、雖孝悌之行、不施朝廷、故門外之事、以義斷恩、既以在官、職有大小、事有劇易、各有功報、此人才之實效、功分之所得也、今則反之、於限當報、雖職之高、還附卑品、無績於官、而獲高敍、是爲抑功實、而隆虛名也、上奪天朝考績之分、下長浮華朋黨之士、損政六也、

さきにもふれたが、劉毅の「中正八損」の議論は太康初年になされたものであるが、かれはここで九品中正の制における人事進退にあって、考課の原理がまったく機能していないことを強調している。とりわけ特徴的とみられるのは、「品不校功」（損政五）「雖職之高、還附卑品、無績於官、而獲高敍」（損政六）というかれの現状認識であって[48]、九

品がはらむ缺陷のなかに、官人としての功績が九品に反映されないこと、つまりは考課がおこなわれていないことをかぞえているのである。品と狀が人事の基礎資料であるという前提にたつかれの議論の文脈からみれば、このようなかたちの考課は、官人としての能力をもつものの登用と、それによる官制の機能的運營をめざしたものといえるのであり、傅嘏、杜恕、王昶ら魏代の考課の認識とは基調をやや異にするであろう。そして、それは西晉代における人事進退の現狀と多分に關連しあっているのであり、李重や劉頌の考課へと發展してゆく認識であった。

李重や劉頌の考課、それは第一節における論述に垣間みえていた。必要な記事だけを以下に再録すれば、李重の、

又建樹官司、功在簡久、階級少、則人心定、久其事、則政化成而能否著、

という主旨の「選例九等」、そして、

百官居職希遷、考課能否、明其賞罰、

をめざした劉頌の「九班之制」、これらがそれである。[49]

ここでの考課の目的はきわめて明確である。在任期間がみじかく、つぎからつぎへと官位を經歷してゆく人事進退の實態、それはまさしく官制の形骸化であり、官制としての機能の最大の障害であるが、その弊を矯正し、任期をながくし、考課を導入することによって官制本來のありかたをとりもどすところに目的がある。官人の官人としての能力を確實に把握し、それを人事に反映させようとする發想は、先述の劉毅のそれと共通するものがあろう。しかし、劉毅と李重、劉頌とでは明確な差違もある。

それは、在位期間の長短と歷任官位の多寡にかかわるもので、宮崎氏のいわれる「障害物競爭」（同著二一四頁）のようになってしまった人事進退の實態の矯正と考課を不可分のものとするところである。このような發想は、實はすでに魏代の王昶の主張にもみえていた。そこでかれは任期をのばし、治績があれば增位賜爵すること、および約官實

祿を主張したのであった。しかし、李重や劉頌のそれは、黜陟、賞罰を明言するように、單なる任期の延長ではなく、人事進退の基準にしようとする志向があきらかであり、官位節減にしても、王昶は俸祿との關連でいっているにすぎないのに對し、やはりあきらかに任期延長とむすびつけている。李重や劉頌の考課には、官制の再編と機能向上、官人統御の志向があきらかにあるというべきであろう。(50)

以上にみてきたように、考課のこころみは九品官制においてもつねにあった。しかし、そのねらいは、はじめは浮華の徒、虛名の士の抑制など、官人の資質の向上に主としてむけられていたが、西晉ころには自動的かつ頻繁な人事進退に對處するための、換言すれば官制そのものの弊害の矯正へと移向したようにみえる。もちろん、官人の資質向上という主張は官制としての效果的作動のためにはちがいないが、同時に無能官人が無爲尸祿の狀態で昇進することが可能という官制の實情が背景にあるはずだから、この兩者の考課のねらいには本質的な差があるとはいえないかもしれない。しかし、官制そのものの狀態に着目すると、前者の考課が官制運營のありかたにほとんど言及せず、一方後者がとくに官制における人事進退の弊害の矯正に力點をおいているのは、そこに九品官制の變化があったことを暗示するようにおもう。つまり九品官制は西晉のころになると官位の濫增、自動的かつ頻繁な人事というような、いわば官制の形骸化が進行をはやめ、統治機構としてよりも、單なる身分標識としての性格をつよくしつつあったのである。考課が、第一節でのべた「選例九等」「九班之制」の一環として主張された意味はかくてあきらかになろう。

ところで、李重の主張、およびそれが結實したとみられる「甲午制」は、內官と外官のあいだの人事異動ともかかわるものであった。それがいかなる意味なのかを、地方官の考課という點からみておこう。さきに劉劭の「都官考課」について檢討したとき、反對論者であった杜恕すら「此最考課之急務也」として唯一是認したのが、

其欲使州郡考士、必由四科、皆有事效、然後察擧、試辟公府、爲親民長吏、轉以功次補郡守者、或就增秩賜爵、

という地方官の考課であったことをまず想起したい。この前後には毛玠、夏侯玄、何曾、應詹、范甯などがしきりに地方官考課の必要性や整備などを主張しており、そのような状況のなかでつくられたのが「都官考課」だったのである。そして、實施されなかったとみられる「都官考課」のなかで、この部分だけは實施された可能性もある。[51][52]

そののち、西晉初にはあらためて杜預による地方官考課制度が制定されている。『晉書』巻三四本傳にみえる「黜陟之課」がそれである。

泰始中、守河南尹、預以京師王化之始、自近及遠、凡所施論、務崇大體、受詔爲黜陟之課、其略曰、(中略)昔漢之刺史、亦歳終奏事、不制算課、而清濁粗擧、魏氏考課、卽京房之遺意、其文可謂至密、然由於累細以違其體、故歷代不能通也、豈若申唐堯之舊、去密就簡、則簡而易從也、夫宣盡物理、神而明之、存乎其人、去人而任法、則以傷理、今科擧優劣、莫若委任達官、各考所統、在官一年以後、毎歳言優者一人爲上第、劣者一人爲下第、因計偕以名聞、如此六載、主者總集採案、其六歳處優擧者超用之、六歳處劣擧者奏免之、其優多劣少者敍用之、劣多優少者左遷之、今考課之品、所對不鈞、誠有難易、若以難取優、以易而否、主者固當準量輕重、微加降殺、不足復曲以法盡也、己丑詔書以考課難成、聽通薦例、薦例之理、卽亦取於風聲、六年頓薦、黜陟無漸、又非古者三考之意也、今毎歳一考、則積優以成陟、累劣以取黜、以士君子之心相處、未有官故六年六黜清能、六進否劣者也、監司將亦隨而彈之、若令上下公相容過、此爲清議大穨、亦無取於黜陟也、

ここには考課についての比較的具體的な方法がのべられているが、それは內容からもあきらかなように、地方官の考課である。もっとも、具體的とはいっても、成績の核心である優や劣が何を基準にするかは不明なのであるが。

ところで、そもそも地方官考課は魏晉代にかぎらず、あらゆる時代の緊要な政治的課題のひとつであったといえるであろう。

「都官考課」や「黜陟之課」もこの時代におけるそのあらわれである。しかしそれ以外に、魏晉代の地方官考課には、遷轉における內官と外官（とくに郡縣の太守令長）の問題がからんでいる。外官に對する內官の偏重、內官から外官、外官から內官へという異動原則——たとえば前二節でふれたような公府掾・太子舍人・洗馬から縣令へ、縣令から尙書郎、郡守から散騎・中書黃門郎という人事——の存在が、地方官考課の必要性を內官のそれよりはるかにたかめたのである。內官と外官の官員は、いうまでもないことだが、外官が壓倒的に多い。『通典』卷三七の數字を例にとれば、晉では內外文武官六八三六人中、內官八九四、外官五九四二であるが、郡縣の太守令長にかぎっても、晉太康初の郡國一七三（『晉書』卷一四地理志上）、縣はその數倍をくだらぬはずだから、それだけでも內官の員數をはるかにこえる。外官に對する內官の偏重にはかかる數字も無緣のはずはないのであって、內官就任の「資」をもつ外官の獵官運動と競爭がきわめて激烈であったことは想像にかたくない。內官についての考課の實例を見出しにくいのに對し、地方官考課の例はいくつかみることができる。それは地方官考課が必要不可缺のものであったからであり、しかもその必要性はむしろ官人の人事進退の調整という側面からうまれたものであったのである。

以上に考課のありかたをながめてきたが、魏西晉閒でその意義づけに異なるところのあったことがあきらかになったとおもう。つまり、初期には人才選擇に重黜がおかれ——そのためには考課は必須のものでないという議論すらあった——、やがて、官制の弊を矯正するための意味がつよまったのである。そこには、前二節でみたようなその官制の弊の顯現という前提があるわけだが、それにくさびをうちこむように考課が提唱され、また一定程度は實施にうつされたというその意義は、官制それ自體をみるばあい、等閑視できないものであろう。

むすび

以上三節にわたって、初期の九品官制における人事進退の枠組、基準、そして考課について若干の檢討をおこなってきた。この檢討の過程で確認できた事實のうち、とくに留意し、强調しておきたい點は、つぎのようなものである。

第一に、西晉時代になると、すでに官人の昇進經路が確立し、しかもそれらは官品とは異なる基準、つまり班、もしくは階によって段階的に構成されたものであったこと。第二に、そのような昇進經路と不可分な人事進退の基準としての「資」が、やはり西晉時代にはそれまでの品や狀にかわって機能しはじめていること。

このような人事進退のありかたは、鄕品とは一定の距離をおいた、あるいは鄕品の規制力から離脱したものであるとせざるをえない。それはまさしく九品官制に內在する獨自の原理によるものとみなければならない。はしがきで設定した官制獨自のすがたや原理の確認という本章の課題の一端はある程度はたせたとおもう。

しかし、實はこのような人事のありかたは、宮崎氏がすでにのべておられることなのである。「鄕品は、起家の際にある制限を與えるが、その後は實官の品が、鄕品に追いつくまでは、所定のコースさへ守つて居ればその遲速までは中正から干涉されないですむ。要するに中正はある枠を與えて尙書の行動を制限するが、その枠內で行動するのは尙書である。結局實權者は尙書であつて、中正は次第に尙書から邪魔者扱いにされて後退衰滅の途を辿るのである。」(同著一六六頁)と。本章のはしがきでの疑問の提出、三節にわたる檢討の結果は、すでにこのようなかたちで集約されていたのであった。本章にいささかでもとるところがあるとすれば、そのような人事進退の枠組と基準をさらに細部まで考證したところくらいであろうか。

ただ、あえていえば、そのために、人事進退の枠組や基準の變化と、それを規定する九品官制の魏から西晉にかけての構造的な變化をうきぼりにすることができたようにおもう。その變化とは、一言でいえば、九品官制内部の累層的構造の顯現ということになろう。九品官制の構成原理そのものが、すでに官品によって官位を九等に累積された形態をとるという、一種の累層的な性格をもっているのであるが、さらにそれが班（階）や資という官制に內在する要因によって、いっそうその性格をつよくしはじめている。

このような變化は官制における構造だけでなく、官制そのものの意義にもかかわるであろう。すなわち、九品官制が官制としての機能をしだいに減退させ、形骸化してゆき、むしろ官人の身分の表現のための標識としての性格をつよくしているという印象をいなめなくなる。人事基準としての資の重視、人事進退の調節のための考課の出現などは、それをうらづける。

かような官制の構造と意義においてみられる變化は、その官制に官人として參入し、その官制の主權者たる皇帝と對峙する貴族たちの意識や存在の意味についても影響をおよぼさずにはいないであろう。と同時に、その克服のために、昇進經路の再編としての「九班之制」や考課が提唱され、一定程度の實現が推測されることもまた忘却されてはならない。これをいかに總合的に把握し、貴族社會における官制の意義をどう理解するか、それはしがき末尾でのべたような問題とともども、本章の段階で性急に結論をだすべきものではなかろう。今後の檢討課題としたい。

註

（1）谷川道雄「六朝貴族制社會の史的性格と律令體制への展開」（初出一九六六、『中國中世社會と共同體』一九七六に再錄）參照。

（2）拙稿「九品官人法における郷品について」（初出一九八四、中村『六朝貴族制研究』一九八七に再録）參照。

（3）宮崎著一〇九頁。氏は、『北堂書鈔』巻六八に、

　鎭東大將軍司馬伷表曰、從事中郎缺、用第三品、中散大夫河南山簡、清粹履正、才職通濟、品儀第三也、

とあることにより、從事中郎は郷品三品をもちいるとされている。

　ちなみに、この史料は山簡が太子舍人（七品）の起家であったことから、郷品より四品下の起家となることになり、郷品と起家との關係をしめすとされる他の六例（『晉書』巻四六李重傳中の霍原、巻八六張軌、巻九〇良吏鄧攸、巻六七溫嶠、巻六〇李含の郷品退割前後の各一例）とともに、起家官品は郷品より四品下という有名な見解の根據となった（同著一〇七頁以下）。とくに、このうち實際に起家官が郷品より四品下になるのは霍原と郷品退割後の李含とこの山簡の例だけであり、この史料は核心的意味をもつ。

　しかし、この史料には疑問があり、清孔廣陶校注本は、この第三品を實は第二品につくり、その校註に、陳心抑・兪羨長本は第三品につくるとし、第三は第二につくるという。第三品・品儀第三とするのは嚴可均『全晉文』で、嚴氏にもそれなりの理由はあるはずだが、第二品・品儀第二の可能性もないわけではないのである。しかも、山濤の末子で、譙國嵆紹、沛郡劉謨、弘農楊準といった名族の子と齊名であった（『晉書』巻四三山濤傳附簡傳）山簡にして三品という郷品は、右の七例六人中五人までが二品であったのとくらべても低すぎるのではないだろうか。

（4）宮崎著一〇九頁、『晉書』巻六〇本傳參照。

（5）『通典』巻六〇禮典二〇「降服及大功未可嫁妹及女議」には、郷品二品を四品と五品に退割された例がある。宮崎著一二四頁、前掲拙稿註（17）參照。しかし、ほかにはこのような例はみあたらず、李含のばあいなどは本傳に特筆されること自體、稀な例であったためではなかろうか。

（6）考課については同著一六五頁など、任子については同一一三頁以下など參照。

（7）任子が九品官制のなかに機能していることは、主として南朝について、拙稿「九品中正法における起家について」（初出一九七三、前掲中村『六朝貴族制研究』に再録）で檢證したことがある。

（8）官制の枠組が漢代の秩石制から九品制へ移行したとき、このあらたなる官制の枠組がなぜ九等であり、なぜ品を基準にしたのか、この問題は九品官制の編成原理とからむ重要な問題である。これについてきわめて示唆的なのは、前掲拙稿「九品官人法における鄉品について」でもふれたように、岡崎文夫氏の見解である。氏は、漢末の人物を九品に品題する法が前提にあって、それが官界へ擴大したのであるとされ、官品九品は鄉品九品の影響をうけたもののごとく考えておられる（「九品中正考」『南北朝に於ける社會經濟制度』一九三五）。この考えは宮崎氏の採擇するところとはならなかった（同著九五頁）が、社會構造と官制との關係もふくめ、再檢討の價値があるのではなかろうか。

（9）以上については、前掲拙稿「九品官人法における鄉品について」でものべた。

（10）この上疏のあと、李重は司隸校尉石鑒の上奏をめぐっておきた議論についても上疏している。石鑒は泰始四、五年に司隸校尉であった（萬斯同『晉將相大臣年表』）。

（11）堀敏一「九品中正制度の成立をめぐって」（『東洋文化研究所紀要』四五、一九六八）參照。

（12）『羣書治要』巻二九に『晉書』百官志をひき、

中書郎李重以爲、等級繁多、在職不得久、又外選輕而內官重、以使風俗大弊、宜釐改重外選、簡階級、使官人、議曰、

（下略）

とあり、議曰以下に、本文所掲雜奏議とほぼ同文をのせる。『晉書斠注』は勞格『校勘記』をひき、これを臧榮緒『晉書』佚文とし、嚴可均『全晉文』は王隱『晉書』としている。

（13）『通典』巻三三職官典一五縣令の項に、

晉制、大縣令有治績、官報以大郡、不經宰縣、不得入爲臺郎、

とある。この後半部が「甲午制」の一部分であることは疑いない（宮崎著注⑪）。前半部は、第三節の考課でふれる『三國志』巻一六魏書杜恕傳にみえるかれの上疏の一節に、

試辟公府、爲親民長吏、轉以功次補郡守者、或就增秩賜爵、此最考課之急務也、

とあるその官歷との關連が注目される。

(14)『北堂書鈔』巻六〇引『晉起居注』によれば、王戎の領吏部は惠帝元康元年であるが、所引の詔では、侍中中書令光祿大夫をもって領したことになっていて、本傳、惠帝紀と合致しない。

(15)王戎の最初の吏部尙書が太康一〇年というのは、萬斯同『晉將相大臣年表』による。なお、制度の趣旨からして、この太康八年の詔が「甲午制」そのものではないかという疑問もうまれるが、後に本文に引用する『北堂書鈔』引『晉起居注』によれば、同年の吏部郎は師襲・向凱兩名であり、李重傳のごとく吏部尙書王戎のもとで李重・李毅が吏部郎であったとすると、それは太康八年ではありえなくなる。この詔や、後引『晉起居注』所掲師襲・向凱の上言をうけて整備されたのが「甲午制」であったのであろう。

(16)宮崎氏は劉頌が吏部尙書であった時期を元康元年から永康元年まで（二九一～三〇〇）としておられる（同著二〇四頁）が、萬氏『年表』は元康七年から永康元年とする。しかし王戎傳によれば、かれはこの「甲午制」に關連して司隸傅咸に奏彈されながらも、實權者賈謐・郭彰としたしかったがゆえにその地位におり、惠帝本紀によれば元康七年に司徒にうつるまでそのままであったようである。また劉頌傳でも、かれは元康初に三公尙書となり、「久之、轉吏部尙書」というのであるから、ここでは萬氏『年表』にしたがいたい。

(17)同著二〇〇頁以下。

(18)同著二〇四頁。

(19)同著三一四頁で、宮崎氏は、この班や梁の十八班制の班は、劉頌「九班之制」の班と同一で、昇進の順序をもあらわすとされている。

(20)いずれも『通典』巻三七晉官品による。ただし、太尉掾（公府掾屬）は晉官品にはみえず、同書巻三六魏官品より七品に、おなじく太傅主簿も、六品公府長史司馬・從事中郎より推定。しかし公府掾屬が七品であるから、主簿は七品の可能性もある。

(21)遷官三がどれにあたるのかについては、以下のように推定したい。一除名が太傅主簿、一不拜職が長安令から博士への異動であることはあきらかで、再免とは、本傳も參照すれば廷尉評と博士の免官となる。のこるのは、太尉掾から郎、郎から河陽令、河陽令から懐令、懐令から尙書郎、尙書郎から廷尉評の五回の人事異動である。そのうち、本傳では河陽令から懐令を轉、尙書郎から廷尉評を遷と表現しているから、この二者が遷官三のうちの二であることは確實である。あと一度は、のちにふれるように仕次ではなかった郎から河陽令への轉出であろうか。太尉掾からは秀才にあげられて郎になっている（本傳）ので、これは遷にはあたらないとすると、本文でのちにふれるように、懐令から尙書郎へが進階ということになる。

（22）本傳によればそのころ山濤が尙書僕射として武帝に親遇されていたというが、僕射山濤は太康四年に死去している（『晉書』巻四三本傳）。

（23）同著一二一頁。

（24）註（13）でもふれたように、魏中期には、

試辟公府、爲親民長吏、

という人事異動の原則が考課と關連してたてられていた。

（25）拙稿「南朝の九品官制における官位と官歴」（初出一九七五、中村『六朝貴族制研究』一九八七に再錄）。

（26）『晉公卿禮秩故事』『晉百官表注』にいずれも俸祿の記事があることは、拙稿「晉南朝における官人の俸祿について」（上）（初出一九七八、中村『六朝貴族制研究』一九八七に再錄）參照。

（27）『晉書』王戎傳には、この「甲午制」に對する司隸傅咸の奏彈をのせている。それは、

書稱三載考績、三考黜陟幽明、今內外羣官、居職未朞、而戎奏還、既未定其優劣、且送故迎新、相望道路、巧詐由生、傷農害政、戎不仰依堯舜典謨、而驅動浮華、虧敗風俗、非徒無益、乃有大損、宜免戎官、以敦風俗、

というものであった。しかし、戎は時の權力者賈謐、郭彰と通じていたのでことなきをえたという。

ところで、この奏彈では「甲午制」の內容は考課をともなわず、頻繁な人事をひきおこし、浮華の徒に歡迎されたもののようにみえる。それは「選例九等」や「九班之制」とは矛盾するものであり、ましてここで王戎を庇護した賈謐・郭彰が「九班之制」を壓殺したということであるから、さきにのべたように、「選例九等」「甲午制」「九班之制」に一種の繼承關係をみようとするのはあやまりではないかという疑問がうまれるはずである。それについては、つぎのように理解しておきた

い。「甲午制」は昇進經路の確立に重點をおいたものではあるが、そのため逆に結果的に自動的な人事異動をひきおこしてしまったのである、と。したがって、內官と外官にかかわる昇進經路については、やはりこの三者には繼承關係はあるが、つぎの問題である昇進段階の整理はもちこされて、「九班之制」になったということになろう。

(28)『晉書』巻五孝愍帝紀末尾の史臣曰、それは『文選』巻四九干寶『晉紀』總論の再錄とみられるが、そこにも、

　子雅制九班而不得用、

とあり、同右『文選』李善注引王隱『晉書』は、

　劉頌字子雅、轉吏部尙書、爲九班之制、裴頠有所駁、

とある。

(29) 宮崎氏は、この上疏を太康元年直後のものとされる（同著一六三頁）。

(30) 前掲拙稿「九品官人法における鄕品について」參照。

(31) 宮崎著一六四頁、矢野主稅「狀の硏究」（『史學雜誌』七六―二、一九六七）。

(32) 魏代の選擧における德行と才能の峻別についての一例をあげると、『三國志』巻二二魏書盧毓傳（第三節參照）に、

　毓於人及選擧、先擧性行、而後言才、

とある。

(33) 宮崎氏はこれを狀とされた（一六四頁）が、先揭の『晉陽秋』の記事と對比させてみると、これこそ簿世、薄伐なのではなかろうか。なお、大庭脩「漢代における功次による昇進について」（初出一九五三、大庭『秦漢法制史の研究』一九八二に再錄）には漢代の閥（伐）閱についての詳細な研究があるが、それによると閥閱とは「功勞を著した經歷」であるという。魏晉代もそれとほとんどおなじものとみてよかろう。

(34) 前註の大庭氏の說であれば、そこには功勞が記載されているのであるから、勤務年限や日數はもちろんのこと、官人としての功績もまた記載內容にふくまれるものであったはずである。

(35)『晉書』劉毅傳「中正八損」の第一にも、

名狀以當才爲清、品輩以得實爲平、

という。

(36) 第三節にみるように考課の必要性がさけばれる實情からみると、功勞をしるした薄伐は人事資料としてあまりかえりみられず、家柄と、「資」(第二節で詳論)が人事の主たる基準となったと解釋するべきかもしれない。

(37) 門資は、たとえば『晉書』卷六四簡文三子會稽文孝王道子傳に、

元顯覽而大懼、張法順謂之曰、桓玄承籍門資、素有豪氣、既幷殷楊、專有荊楚、

とあるものなど、世資は、後掲『晉書』張載傳や、同卷八五劉毅傳に、

安帝下詔曰、(中略)尚書左僕射謝混憑藉世資、超蒙殊遇、

といい、同卷一一七姚興載記上に、

(晉輔國將軍袁)虔之曰、(桓)玄藉世資、雄據荊楚、

とあるものなど。會稽王道子傳と姚興載記が桓玄についてそれぞれ門資、世資といっているのは、兩者相通じることを意味する。

(38) 資品については、このほか『晉書』卷六六劉弘傳に、

時荊部守宰多闕、弘請補選、帝從之、弘迺敍功銓德、隨才補授、甚爲論者所稱、乃表曰、被中詔、敕臣隨資品選、補諸缺吏、

とある。

(39) 資名については、ほかに『晉書』卷七七蔡謨傳に、

(蘇)峻平、復爲侍中、遷五兵尚書、領琅邪王師、謨上疏讓曰、八坐之任、非賢莫居、前後所用、資名有常、

とあり、また名資という表現も同書卷四八閻纘傳に、

皇太孫立、纘復上疏曰、(中略)皇太子初見誣陷、臣家門無祐、三世假親、具嘗辛苦、以家觀國、固知太子有變、臣故求副監國、欲依邴吉故事、距違來使、供養擁護、身親飮食醫藥、冀足救危、主者以臣名資輕淺、不肯見與、

とある。

(40)『晉書』卷九九桓玄傳に、

玄至江陵、(桓)石康納之、張幔屋於城南、署置百官、以卞範之爲尙書僕射、其餘職多用輕資、

とあるが、この輕資は葛洪傳にいう資高の反對であり、資がやはり任用基準であることをしめそう。

(41) 註(13)(24)參照。

(42) たとえば『三國志』卷一二魏書何夔傳に、

入爲丞相東曹掾、夔言於太祖曰、(中略)以爲自今所用、必先核之鄕閭、使長幼順敍、無相踰越、顯忠直之賞、明公實之報、則賢不省之分、居然別矣、

とある。

(43) 明帝在位中は、以下本文にのべる「都官考課」以外にも、考課の問題は論者の意識中に明確化していたようである。たとえば、『三國志』卷二一魏書衞臻傳に、

明帝卽位、進封康鄕侯、後轉爲右僕射、典選擧如前、加侍中、中護軍蔣濟遺臻書曰、漢祖遇亡虜爲上將、周武拔漁父爲太師、布衣廝養、可登王公、何必守文、試而後用、臻答曰、古人遺智慧而任度量、須考績而加黜陟、今子同牧野於成康、喩斷蛇於文景、好不經之擧、開拔奇之津、將使天下馳騁而起矣、

とあり、同書卷一三魏書王肅傳に、

又上疏陳政本曰、除無事之位、損不急之祿、止因食之費、幷從容之官、使官必有職、職任其事、事必受祿、祿代其耕、乃往古之常式、當今之所宜也、官寡而祿厚、則公家之費鮮、進仕之志勸、各展才力、莫相倚仗、敷奏以言、明試以功、能之與否、簡在帝心、(下略)

とある。後者は明帝太和末年、二三〇年ころのものである。

(44)『資治通鑑』卷七三魏紀は、これを景初元年(二三七)にかけ、崔林、杜恕、傅嘏の議論の大要をのせている。

(45) この「都官考課」および、それへの反對論である崔林、杜恕、傅嘏の議論については、多田狷介「劉劭とその考課法につ

いて」（初出一九八〇、多田『漢魏晉史の研究』一九九九に再錄）が詳細な檢討をおこなっており、以下本文の記述には隨時參照したところがある。

なお劉劭は『人物志』の撰者としてもしられる。『人物志』と劉劭については、右の多田論文に關係論文が注記されているが、その後、岡村繁「劉劭の『人物志』における人物論の構想とその意圖」（『中國における人閒性の探究』一九八三）は、それが魏王朝の絕對化、魏朝官僚體系の擁護强化という意圖をもち、九品中正制度の中央集權的體制への改組という魏明帝朝の要請にこたえようとしたものであったとする示唆的な見解を提示している。

(46)　『通典』卷一五選擧典三考績には、

魏明帝時、以士人毀稱是非、混雜難辨、遂令散騎常侍劉劭作都官考課之法七十二條、考覈百官、其略欲使州郡考士、必由四科、皆有效、然後察擧、或辟公府、爲親人長吏、轉以功次補郡守者、或就秩而加賜爵焉、至於公卿及內職大臣、率考之、事下三府、是時大議考課之制、散騎黃門侍郎杜君務伯（名恕）以爲用不盡其人、雖文具無益、上疏曰、（下略）

とあり、以下、杜恕の上疏を節略引用する。杜佑は、この杜恕上疏文中のこの部分を「都官考課」の一部とみなしているのである。

(47)　前註所掲『通典』は杜恕の上疏文のあとに、「後考課竟不行」といい、『通鑑』卷七三も崔林ら三人の意見をならべたあと、「議久之不決、事竟不行」という。ところで、劉劭傳では本文にあげた記事につづけて、

又以爲宜制禮作樂、以移風俗、著樂論十四篇、事成未上、會明帝崩、不施行、

とあり、宮崎氏は、これからすると施行におよばなかったというのは樂論一四篇にかかるので、彼の考課の方は既に實施されたのであったが、杜恕傳はそれが十分の成績を擧げなかったと言っているのではないかとしておられる（同著注⑮）。

(48)　劉毅のこの損政第六にみられる品について附記しておきたい。ここにひいた部分は文脈からみても劉毅が否定すべきものとみなしている品の實情であることはあきらかである。ところでその品が「中正八損」の主旨からみて鄕品であることもたしかである。そうするとこの一節は、職が高いのに低い鄕品があたえられ、官人として功績がなくとも高い鄕品があたえられるという意味になる。實際には家柄・身分が鄕品を決定してしまうという劉毅の理解と、それはそれで整合しているが、

觀點をかえれば、劉毅は官人としての功績によって鄕品を決定するべきであると考えていたことになる。損政五の「品不校功」の語もまさしくそのことをしめしている。このような鄕品のとらえかたは、九品の初期と決定的な差をもっている。いわば功績と鄕品とを直結するこのような發想は劉毅に獨自なものか否か、またそれは事實ありえたのか否か、いま斷定する材料はないのであるが、あらためて檢討の要を感じる。

(49) なお劉頌はこれよりさき、淮南相であったときに長文の上疏をおこなったが、そのなかにつぎの一節のような考課の主張をふくんでいる。

今閻閭少名士、官司無高能、其故何也、淸議不肅、人不立德、行在取容、故無名士、下不專局、又無考課、吏不竭節、故無高能、無高能、則有疾世事、少名士、則後進無準、故臣思立吏課、而肅淸議、（下略）

(50) 王昶の考課は本文にみたように約官を主要な項目の一とする。この約官、つまり官位官職を節減することは、歷官の增加、任期の短縮、頻繁な遷轉という弊を矯正するための、考課とならぶ重要な對策となってゆく。そのもっとも明確な主張は『晉書』卷七六王彪之傳にみられる。そこには、

時衆官漸多、而遷徙每速、彪之上議曰、爲政之道、以得賢爲急、非謂雍容廊廟、標的而已、固將莅任贊時、職思其憂也、得賢之道、在於莅任、莅任之道、在於能久、久於其道、天下化成、是以三載考績、三考黜陟、不收一切之功、不採速成之譽、故勳格辰極、道融四海、風流遐邈、聲冠百代、凡庸之族衆、賢能之才寡、才寡於世、而官多於朝、焉得不賢鄙共貫、淸濁同官、官衆則闕多、闕多則遷速、前後去來、更相代補、非爲故然、理固然耳、所以職事未修、朝風未澄者也、職事之修、在於省官、朝風之澄、在於幷職、官省則選淸而得久、職幷則吏簡而俗靜、選淸則勝人久於其事、事久則中才猶足有成、今內外百官、較而計之、固應有幷省者矣、

とあり、以下に省幷可能な官位を論じている。

この幷官省職の論は、魏の王昶では實祿、つまり俸祿の充實のためであり、それと軌を一にする務農節用を目的とする幷官省職の主張は西晉代にも、それ以後にもみられる。『晉書』卷三九荀勖傳、同書卷四〇賈充傳、同書卷四七傅咸傳、同書卷七八孔愉傳、同書卷一一一慕容暐載記などがその代表的なものであろう。しかし、官制運營の弊をただすためのものは東晉

になってはじめてあらわれるようであり、『晉書』巻九八王敦傳に、

敦上疏曰、（中略）又宜并官省職、以塞羣小覬覦之望、

とみえるものなども、獵官運動の抑制というその目的は王彪之の主張と共通しているといえる。それらは本章でみてきた官制における人事進退の状況の進展にかかわるものであることはいうまでもなかろう。なお、并官省職については、東晉末期の桓溫のそれについて川合安「桓溫の「省官併職」政策とその背景」（『集刊東洋學』五二、一九八四）の詳細な考察があり、王彪之の主張のほか、魏代もふくめて、要をえた概觀もなされている。

ちなみにいえば、考課や并官省職と異なり、かかる官制運營の弊を官人の倫理・意識の方面からただそうとするのが、崇讓の强調であり、さきの劉寔「崇讓論」や『晉書』巻五〇庾亮傳の上疏などがその典型である。

（51）それぞれの主張の核心的部分を拔萃する。

諸宰官治民功績不著、而私財豐足者、皆免黜停廢、久不選用、（『三國志』巻一二毛玠傳注引『先賢行狀』）

制使萬戶之縣、名之郡守、五千以上、名之都尉、千戶以下、令長如故、自長以上、考課遷用、轉以能升、所牧亦增、此進才效功之敍也、（『三國志』巻九夏侯玄傳）

臣聞諸郡守、有年老或疾病、皆委政丞掾、不恤庶事、或體性疏怠、不以政理爲意、在官積年、惠澤不加於人、然於考課之限、罪亦不至黜免、故得經延歲月、而無斥罷之期、臣愚以爲可密詔主者、使隱核參訪郡守、其有老病不隱親人物、及宰牧少恩、好修人事、煩撓百姓者、皆可徵還、爲吏選代、（『晉書』巻三三何曾傳）

今宜峻左降舊制、可二千石免官、三年乃得敍用、長史六年、戶口折半、道里倍之、此法必明、使天下知官難得而易失、必人愼其職、朝無惰官矣、（『晉書』巻七〇應詹傳）

今宜正其封疆、以土斷人戶、明考課之科、修閭伍之法、（中略）頃者選擧、惟以卹貧爲先、雖制有六年、而富足便退、（『晉書』巻七五范甯傳）

（52）宮崎著一六六頁に『晉書』巻六〇解系傳、同書巻六八賀循傳の例をひく。そのほか、同書巻七七諸葛恢傳に、

（元帝）承制、調爲會稽太守、（中略）太興初、以政績第一、詔曰、（中略）今增恢秩中二千石、

とあり、「都官考課」にさだめたような増秩の例の存在をしる。

第五章　南朝における議

はしがき

いわゆる貴族制時代の王朝において國家意志はいかにして決定され、いかにして實現されるのか。貴族制社會とはすべての歴史的現象において、貴族なる存在が主導的地位にある社會であり、政治過程においてもそれは例外ではありえないから、國家意志の決定とその實現もまた貴族の主導下においてなされるというのが當然の理解であろう。

しかし、こと南朝にかぎっていえば、この問題はかならずしも簡單に解答できるわけではない。ここで南朝の政治過程について詳細をのべる餘裕はないが、一、二の重要な例をあげれば、宋の文帝、孝武帝のごとき「專制」的な皇帝の出現、「機要を掌った」寒門・寒人の存在などは、貴族制時代の國家意志の決定と實現がもっぱら貴族の手によったと斷定することに躊躇を感じさせるのである。

南朝において、個別具體的な諸政策がいかなる過程をへて決定され、いかにして實效あるものとして實現したかという問題が、ここでとりあげられねばならなくなろう。しかし、これは從來あまり重視された問題ではなかったようにおもわれる。しかも、この問題は一方で政治制度、とくに官僚制とその運用の問題と連關する。この點について、南朝における研究はけっしてすくないわけではないが、それはしばしば制度の枠組についてのものであって、政治組織の具體的な運動や、まして國家意志の形成、實現の過程にまでたちいったものではなかったようにおもわれる。

このようななかで、人事に限定されたものではあるが、南北朝時代の文書の書式と移動のありかたを追究した大庭脩氏の研究[1]は、右のような問題にはなはだ示唆的なものをもっている。たとえば、氏が『隋書』卷二六百官志上の記事によりながら、梁陳の制では人事の發令手續きが、唐制とまったく同様、中書、門下、尙書と三省を經過するとのべられたことなど（同論文七二頁）は、冒頭にのべたような問題を考えるうえで、重要な意味をもっている。

そののちにあらわれた野田俊昭[2]・金子修一兩氏[3]の研究は、この問題についてさらに一歩をすすめたものである。まず野田氏の研究についてみよう。それは氏がよぶところの尙書の「案奏」についてのものである。氏によれば、當時の國政は尙書の「案奏」に基づいて施行されるのであり、その「案奏」は天子によって處理され、政策として實現する。ところで、その「案奏」の作成がいかにしてなされるかといえば、尙書各曹の管掌事につき、列曹尙書が郞、令史などの意見を聞いて文章を作り、左右丞、左右僕射、令の參議分判を經るという手續きによるという（同論文八二頁）。なお、氏は越智重明氏の見解[4]を援用し、尙書の「案奏」成立には、右の手續きによるもの以外に、「衆官命議」があるという。それは尙書の「案奏」作成過程中で、尙書省の當該曹以外の官僚、尙書省以外の官衙の官僚、有識者等の意見を徵するものであるとされる（同論文八一頁）。

金子修一氏の研究は、『宋書』禮志に多數みえる禮制に關する同類型の議論の經過の分析を出發點としているが、氏によれば、その議論はおおむね、（一）尙書による問題の提示と禮官への諮問、（二）禮官の詳議、（三）尙書による總括的な意見（參議）、という經過をたどっており、『宋書』禮志の記事は、かような尙書における議論の進行、成立の過程を傳えた文書そのものであり（同論文五一頁）、おそらくそれが野田氏のいわゆる「案奏」に相當する上奏文にあたるものであろうという（同論文五五頁等）。

このふたつの研究は南朝における國家意志の決定と實現の具體的過程を考察するうえに大なる寄與をなしたといえる。しかしながら、野田氏の研究の主眼はむしろ本章で問題とするごとき點にあるのではなくて、その「案奏」に皇帝、貴族、寒門寒人がいかにかかわるかというところに焦點をあてて南朝の政治過程全般の特質をあきらかにせんとするところにあった。したがって、その「案奏」成立にいたる具體的經過が十分に分析されているとはいいがたい。

また、金子氏の研究は、從來このような方面でほとんど注目されることのなかった禮志を利用し、右のような見解をみちびかれたその斬新さでもはなはだ注目さるべきものであるが、氏の關心は主として公文書の形式にあるようであり、また分析對象が禮制の議論に限定されていることもあって、本章が問題とするごとき點においては、なお補足すべき餘地があるようにおもわれる。

なおそのうえに重要であるのは、人事の手續きや「案奏」の實態が右のようであるとして、それが當時の官制といかにかかわるのかという、官制の現實の運動面にかかわる問題であるとみられるが、その點について如上の諸研究が十分な考察をおこなったとはいいがたい。一般的な理解によれば、この時代には唐制のごとき中書、門下、尙書三省による整然たる政治體制は成立しておらず、國政の中樞機能は尙書がはたしていたとみられている。このような理解はおそらくあやまりでない。しかし、唐朝的體制成立の前史としてこの時期をみるのであれば、尙書中心の體制がいかにして唐朝的體制に變化してゆくかをみる必要がある。そのためには政策の立案、奏聞、批答、審議、施行という一連の經過をてがかりにするのがとくに有效な方策であると豫想されるのである。

さて、南朝における國家意志の形成、實現についてみるばあい、とくに注目さるべきものに「議」がある。これはすでに上述の野田、金子兩氏も部分的に言及しているものであるが、兩氏ともにそれほどふかい關心をよせているようにはみうけられない。本章はこの「議」の全容を制度的に明確にすることによって、如上の問題に多少の寄與をなそうとするこころみである。

第一節　政治過程と「議」

こころみに、當時の政治過程において「議」がいかに機能していたかの若干例をまずしめしてみよう。

劉宋末年の蒼梧王元徽五年（四七七）七月、蒼梧王が暗殺された直後のことを、『南齊書』巻一高帝紀には、

明日、太祖戎服、出殿庭槐樹下、召四貴集議、太祖謂劉秉曰、丹陽國家重戚、今日之事、屬有所歸、秉讓不當、太祖次讓袁粲、粲又不受、太祖乃下議、備法駕、詣東城、迎立順帝、

という。四貴とは蕭道成、劉秉、袁粲に褚淵を加えた四人をいう。ここに「集議」ということばがみえる。これは單に集まって相談をしたというようなごく一般的な用法であるかもしれないが、このときの事件に關する『南齊書』の他の箇所の記事[5]がすべてこの相談を「集議」と記録していることからすると、そのようなごく一般的な用法以上の意味があったとみることもできる[6]。

『宋書』巻五二褚叔度傳附兄淡之傳に、

後會稽郡缺、朝議欲用蔡廓、高祖曰、彼自是蔡家佳兒、何關人事、可用佛、佛、淡之小字也、乃以淡之爲會稽太守、

という。この「朝議」ということばも、單なる朝廷での議論と解せられないこともないが、『南齊書』巻三七劉悛傳に、

平西記室參軍夏侯恭叔上書、以柳元景中興功臣、劉勔殞身王事、宜存封爵、詔曰、與運隆替、自古有之、朝議已

定、不容復厝意也、

とあって、詔のなかにみえているところからすると、やはり特定の意味をもつものであったと想像できる。(7)

このような限定的なものではない、ごく一般的な會議、合議となると、たとえば『宋書』巻七〇袁淑傳に、

時索虜南侵、遂至瓜歩、太祖使百官議防禦之術、

といい、『梁書』巻三八朱异傳に、

及貞陽敗沒、自魏遣使還、述魏相高澄欲更申和睦、敕有司定議、

というような外交、國防問題からはじまって、『宋書』巻五六孔琳之傳に、

桓玄時議欲廢錢用穀帛、（中略）玄又議復肉刑、

といい、同書巻一〇〇自序に、

時三呉水淹、穀貴民饑、刺史彭城王義康使立議、以救民急、

といい、同書巻六六何尚之傳に、

時欲分荊州置郢州、議其所居、

といい、『南齊書』巻三六謝超宗傳に、

（泰始）三年、都令史駱宰議策秀才考格、

というように、さまざまな内政問題にいたるまで「議」がおこなわれているのであり、當時の政治過程において「議」が重要な役割をはたしていたことがうかがえる。また、先述の金子氏の研究によれば、『宋書』禮志には禮制に關する議論が五〇例前後のこされているのであるが、それらの議論をみると、禮制上の疑義はその内容の輕重にかかわらず、かならず「議」を經過するようさだめられていたように感じられる。このことも、禮制の政治的意味の重大さと

考えあわせて、當時の政治過程に「議」がはたした役割の重要さをしめすものといえる。

ところで、このような「議」の實例をみてゆくと、そのなかには特別な制度内容をともなっているらしいものがあることが判明する。二、三の例をあげてみよう。『宋書』巻九四恩倖徐爰傳に、

孝建初、補尙書水部郎、轉爲殿中郎、兼右丞、（中略）尋卽眞、遷左丞、先是、元嘉中、使著作郎何承天草創國史、世祖初、又使奉朝請山謙之・南臺御史蘇寶生踵成之、六年、又以爰領著作郎、使終其業、爰雖因前作、而專爲一家之書、上表曰、臣聞（中略）國典體大、方垂不朽、請外詳議、伏須遵承、於是内外博議、太宰江夏王義恭等三十五人同爰議、宜以義熙元年爲斷、散騎常侍巴陵王休若・尙書金部郎檀道鸞二人謂宜以元興三年爲始、太學博士虞龢謂宜以開國爲宋公元年、詔曰、項籍聖公、編錄二漢、前史已有成例、桓玄傳宜在宋典、餘如爰議、

とあり、「詳議」と「博議」なるものがみえる。「詳議」については、同書巻八五謝莊傳に、

孝建元年、遷左衞將軍、（中略）于時搜才路陿、乃上表曰、臣聞（中略）今莅民之職、自非公私必應代換者、宜遵六年之制、進獲章明庸墮、退得民不勤擾、如此則下無浮謬之愆、上靡棄能之累、考績之風載泰、櫄薪之歌克昌、臣生屬亨路、身漸鴻猷、遂得奉詔左右、陳愚於側、敢露芻言、懼氛恆典、有詔莊表如此、可付外詳議、事不行、

とあるような例もある。この兩例はひとつの典型をあげただけであり、類例は後述のごとく相當數ある。この兩者は、單に博く、もしくは詳しく議論するというように、その議論のありかたを表現する一般的なことばではなさそうである。なぜなら、この兩者には、上表文中で請い、皇帝がそれぞれ「議」を命じたその對手が、「博議」では内外、「詳議」では外であるという差が歴然としてあるが、これは當時の官制における内外官の別をおもいあわせると、みすごすことのできない差であるとせねばならない。「博議」は内外、「詳議」は外という對應は右の二例のみではなく、後掲のごとく他にもみられるものであるから、「博議」と「詳議」は嚴密に區別された、しかもそれぞれに固有の制度

的内容をもった特定の「議」とみなさねばならなくなろう。

つぎに、金子氏が分析の對象とされた『宋書』禮志から一例を引用してみよう。巻一六禮志三の記事である。

　大明二年正月丙午朔、有司奏、今月六日南郊、輿駕親奉、至時或雨、魏世値雨、高堂隆謂應更用後辛、晉時既出遇雨、顧和亦云宜更告、徐禪云、晉武之世、或用丙、或用己、或用庚、使禮官議正幷詳、若得遷日、應更告廟與不、博士王燮之議稱、（中略）愚謂不宜重告、曹郎朱膺之議、（中略）是爲北郊可不以辛也、尙書何偃議、（中略）愚謂宜從晉遷郊依禮用辛、燮之以受命作龜、知告不在日、學之密也、右丞徐爰議以爲、（中略）謂毛血告牷之後、雖有事礙、便應有司行事、不容遷郊、衆議不同、參議、宜依經、遇雨遷用後辛、不重告、若殺牲薦血之後値雨、則有司行事、詔可、

ここには、禮官の「議正幷詳」と各人の「議」、および「參議」なるものがみえる。この「參議」はときに「參詳」とも表現されるが、もちろん前述の「博議」「詳議」と異なる性格の「議」であることが容易に想像できる。そして、これについては金子氏がすでに解答をだしているのであるが、詳細は後段にゆずりたい。一方の禮官の「議正幷詳」は『宋書』禮志の例を通見すると、「詳正」「議正」などとよばれることが多いが、なかに「詳議」とよばれるばあいもあり、先述の「詳議」との關係が問題となる。これも詳細は後述することにしたい。

　さて、以上におおまかにながめてきたところによれば、「議」というのは單なる會議、議論という一般的意味にとどまらず、なにか特別な制度内容をともなう政治上の行事であることがおぼろげながら推測できるようにおもう。とくに、「博議」「詳議」「參議」にはそれぞれに限定された制度内容があったことはほぼまちがいない。次節ではこの三者について、その制度内容を具體的に解明してみたい。

第二節　「博議」と「詳議」

（一）「博議」

「博議」の例は、前節であげた『宋書』恩倖徐爰傳の國史限斷の議論のほか、おもなものとしてつぎのようなものがある。なお、理解に便ならしめるため、適宜段落を設け、「議」の内容は多く省略にしたがう。

『宋書』巻一四禮志一

太興初、
議欲修立學校、唯周易王氏、尙書鄭氏、古文孔氏、毛詩周官禮記論語孝經鄭氏、春秋左傳杜氏服氏、各置博士一人、其儀禮公羊穀梁及鄭易、皆省不置博士、
太常荀崧上疏曰、臣聞（中略）臣以爲三傳雖同一春秋、而發端異趣、案如三家異同之說、此乃義則戰爭之場、辭亦劍戟之鋒、於理不可得共、博士宜各置一人、以傳其學、
元帝詔曰、崧表如此、皆經國大務、而爲治所由、息馬投戈、猶可講藝、今雖日不暇給、豈忘本而遺存邪、可共博議之、
有司奏、宜如崧表、
詔曰、穀梁膚淺、不足立博士、餘如所奏、
會王敦之難、事不施行、

『宋書』巻一九樂志一

孝建二年九月甲午、
有司奏、前殿中曹郎荀萬秋議、按禮、祭天地有樂者、爲降神也、（中略）今郊亭闕樂、竊以爲疑、（中略）謂郊廟
宜設備樂、
於是內外博議、
驃騎大將軍竟陵王誕等五十一人竝同萬秋議、
尚書左僕射建平王宏議以爲、（下略）
散騎常侍丹陽尹建城縣開國侯顏竣議以爲、（下略）
左僕射建平王宏又議、（下略）
衆議竝同宏、祠南郊迎神、奏肆夏、（下略）
詔可、

『宋書』巻五四孔季恭傳附弟靈符傳
世祖大明初、自侍中爲輔國將軍郢州刺史、入爲丹陽尹、山陰縣土境褊狹、民多田少、
靈符表徙無貲之家於餘姚鄞鄮三縣界、墾起湖田、
上使公卿博議、
太宰江夏王義恭議曰、（下略）
尚書令柳元景・右僕射劉秀之・尚書王瓚之・顧凱之・顏師伯・嗣湘東王彧議曰、（下略）
侍中沈懷文・王景文・黃門侍郎劉戣・郄顒議曰、（下略）
太常王玄謨議曰、（下略）

光祿勳王昇之議曰、（下略）
上違議、從其徙民、竝成良業、
『宋書』巻一三律暦志下
大明六年、
南徐州從事史祖沖之上表曰、古暦疏舛、頗不精密、羣氏糾紛、莫審其要、（中略）謹立改易之意、有二、設法之情、有三、（中略）若臣所上、萬一可采、伏願頒宣羣司、賜垂詳究、庶陳錙銖、少增盛典、（下略）
世祖下之有司、使内外博議、
時人少解暦數、竟無異同之辯、唯太子旅賁中郎將戴法興議以爲、三精數微、五緯會始、自非深推測、窮識晷變、豈能刊古革今、轉正圭宿、案沖之所議、毎有違舛、竊以愚見、隨事辨問、（下略）
沖之隨法興所難辯折之曰、（中略）、尋法興所議六條、竝不造理難之關楗、謹陳其目、（下略）
時法興爲世祖所寵、天下畏其權、既立異議、論者皆附之、唯中書舍人巣尚之是沖之之術、執據宜用、上愛奇慕古、欲用沖之新法、時大明八年也、故須明年改元、因此改暦、未及施行、而宮車晏駕也、

これらをみてみると、そこに何がしかの共通の經過のあることがわかる。以下に、それらの經過について、若干の檢討をしてみたい。

第一段階は、問題の提示である。以上の例からみれば、それは太常、左丞兼著作郎、丹陽尹、有司などさまざまな官職によってなされており、そのばあいにもちいる書式も表、疏、奏など多様である。ただ、學校、學官に關する「太常上疏」（『宋書』巻一六）はのちの詔のなかでは表といいかえられており、また郊廟設樂のばあいの「有司奏」（『宋書』巻一九）は特異の例である可能性があり[8]、主として表によって問題提起がなされたとみるのがよいであろう。

このときに、上表者が表中に議論を要請する文言をくわえることもあるようで、前節に引用した國史限斷（『宋書』巻九四）はその例である。なお、この例は上表者が「外詳議」を要請したのに對し、「内外博議」がおこなわれた例である。それはあるいは國史限斷というその問題の性格によるものであるかもしれない。

この上表が受納されれば、第二段階として、皇帝によって「博議」が命ぜられるが、それは詔によったものであろう。『宋書』巻一四の例では、上表文の全容、もしくは抜粋がそのまま詔文中に轉載され、問題の所在を明示することになっているが、他のばあいもほとんど同様であろう。これは「詳議」のばあいもおなじである。

つぎに、實際の議論がおこなわれるが、その具體的なありさまは、徙民（『宋書』巻五四）や國史限斷（『宋書』巻九四）によくうかがえるであろう。問題はそのばあいの參加者である。ここで「博議」の參加者の一覧表をつくると、つぎのようになる。

表一

	議題	參加者	出典
(1)	暦法	太子旅賁中郎將　中書舍人	『宋書』巻一三
(2)	殷祭・遷毀之禮	大司馬　大司農　太尉諮議參軍　祠部郎	同右巻一六
(3)	郊廟設樂	驃騎大將軍等五一名　左僕射　右僕射　散騎常侍・丹陽尹	同右巻一九
(4)	山陰徙民	太宰等三五名　尚書令　右僕射　尚書　侍中　黃門侍郎　太常　光祿勳	同右巻五四
(5)	互市	侍中	同右巻八五
(6)	國史限斷	太宰　散騎常侍　金部郎　太學博士	同右巻九四
(7)	朝儀	八座丞郎	『南齊書』巻二二

なお、この表には、右にあげた事例のほか、「博議」と明記されているものすべてを包括している。

このうち、(3)の驃騎大將軍等五一名、(4)の太宰等三五名の具體的な官職は不明であるが、ここにあがった官職名をみてみると、太宰・大司馬・驃騎大將軍など三公、もしくはそれに準ずる高官のほか、尙書令・僕・郎等尙書省所屬諸官、侍中・黃門郎等門下系諸官と散騎常侍、光祿勳・大司農・太常等の九卿、太尉官屬、太子官屬、中書舍人まで、各種の官がふくまれている。ちなみに、南朝以前の例として、『宋書』卷一四禮志一にある曹魏明帝卽位時の改朔に關する「公卿以下博議」のばあいには、太尉、尙書僕射、尙書、尙書郎、中書監、中書侍郎、侍中、散騎常侍、中侯中詔、太子舍人、博士が參加している。

このような參加職官の多樣さは、「內外博議」「公卿博議」という表現と無關係ではなかろう。つまり、次項でふれるように、「詳議」が「外」においてなされるのであるのに對し、「博議」は「內外」もしくは「公卿」によってなされるものであった。このばあいの內外の區別は、いうまでもなく京師と地方の別ではなく、內朝外朝の別にかかわるものであり、より具體的にいえば、主として尙書省諸官、それに三公九卿をふくめたものが「外」官であり、「內」官とは近侍侍衞たる侍中・黃門郞以下の門下諸官や散騎常侍・侍郎をいうのである。

ただ、また「公卿」というのはとくに參加者の官種を限定するものではなかったことを暗示しており、事實、『宋書』卷一七禮志四に、

宋孝武帝孝建元年十月戊辰、
有司奏章皇太后廟毀置之禮、
二品官議者六百六十三人、
太傅江夏王義恭以爲、(下略)
六百三十六人同義恭不毀、
散騎侍郎王法施等二十七人議應毀、

領曹郎中周景遠重參議、義恭等不毀議爲允、

詔可、

とあるのによれば、「議」參加の資格は、一應は「二品官」[9]と限定されてはいるものの、實に六六三人という多數がこれに參加しているのである。これは參加者の官種が限定されていないことを推測させる。右の例は「博議」と明記されてはいないのであるが、すくなくとも太傅と散騎侍郎が加わっているので、先にふれた「內」「外」の區分や、次項における「詳議」の例とてらしあわせて、「博議」とみなして誤りないとおもわれる。

要するに「博議」の特色の一は、その參加者がひろく官人全般をふくむところにあるということができる。

議論がひととおりおわると、つぎにはその議論をふまえて、皇帝への報告、つまり有司の上奏がおこなわれる。その中には、前掲の諸例のいくつかにみられたような「宜如某表」「宜下以爲永制」というような結論的文言がふくまれていたはずである。この有司は後に詳述するように、尙書省諸官である。また、その結論にいたる過程で、尙書省諸官によって「參議」がなされた可能性があるが、この點も次節にゆずりたい。

最後の段階は、この上奏に對する最終的判斷であり、後代の批答にあたるものである。先掲の諸例でみるならば、「詔可」としてただちにそれを承認するばあいと、「詔曰云々」として若干の指示をしたのち、「餘如所奏」「餘如某議」として、その奏を可とするばあいとがある。なお、一例だけであるが、山陰徙民の例は、その有司の奏が否定されている。つまり、「徙民」については反對論、愼重論が續出したのであるが、「上違議」、つまり孝武帝はそれをおしきって、徙民を強行したのである。このばあい、この上奏がどのように處理され、詔がいかなる形式をとったのかがはなはだ興味ある問題となるが、一切が不明である。

さて、ここで問題になるのは、この最終段階での皇帝の判斷の實態、たとえばそれが皇帝獨自のものなのか、ある

いは別に諮問するところがあるのか、あるとすればそれはいかなる存在かという點である。前掲の例でいえば、學校學官についての「博議」（『宋書』巻一四）では、この「博議」の問題提起をした太常荀崧は、『春秋』三傳におのおの博士一人をおくべきであると主張し、「博議」の結論は荀崧の意見をそのまま認め、「宜如崧表」という上奏が有司によってなされたのである。ところが詔は『穀梁傳』に博士をたてることを拒否し、餘は奏するところのごとしと判斷している。三傳に博士をたてるという有司の上奏に對して、『穀梁傳』の博士だけを否定したのは、いったいだれの考えなのであろうか。ここには有司の上奏を皇帝とともに、あるいは皇帝からゆだねられて論議する存在が自然に豫測されよう。しかし、この點についても、後にあらためて檢討することにしたい。

（二）「詳議」

「詳議」の例は、先にあげた『宋書』巻八五謝莊傳所載の捜才に關するもののほか、數多くあり、なかでも『宋書』禮志に集中的にみられるが、これは次項で別にあつかい、本項ではそれ以外のものについて考察する。まずその典型的なもの數例をあげてみよう。

『宋書』巻一九樂志一

孝武大明中、以鞞拂雜舞、合之鍾石、施於殿庭、

順帝昇明二年、

尚書令王僧虔上表言之、幷論三調哥曰、臣聞風雅之作、由來尙矣、（中略）臣以爲宜命典司、務勤課習、緝理舊聲、迭相開曉、凡所遺漏、悉使補拾、曲全者祿厚、藝敏者位優、利以動之、則人思自勸、風以靡之、可不訓自革、反本還源、庶可跂踵、

詔曰、僧虔表如此、夫鍾鼓既陳、雅頌斯辨、所以攄感人祇、化動翔泳、頃自金籥弛韻、羽佾未凝、正俗移風、良在茲日、昔阮咸清識、王度昭奇、樂緒增修、異世同功矣、

便可付外遵詳、

『宋書』巻六一武三王江夏文獻王義恭傳

（使持節都督揚南徐二州諸軍事南徐徐二州刺史・侍中・太傅・領大司馬義恭）又與驃騎大將軍竟陵王誕奏曰、臣聞佾懸有數、等級異儀、珮笏有制、卑高殊序、（中略）今樞機更造、皇風載新、耗弊未充、百用思約、宜備品式之律、以定損猒之條、臣等地居枝昵、位參台輔、遵正之首、請以爵先、致貶之端、宜從戚始、輒因暇日、共參愚懷、應加省易、謹陳九事、雖懼匪衷、庶竭微欵、伏願陛下聽覽之餘、薄垂昭納、則上下相安、表裏和穆矣、

詔付外詳、

有司奏曰、車服以庸、虞書茂典、名器愼假、春秋明誡、（中略）義恭所陳、實允禮度、九條之格、猶有未盡、謹共附益、凡二十四條、（下略）

詔可、

『南齊書』巻一一樂志

永明二年、

太子步兵校尉伏曼容上表、宜集英儒、刪纂雅樂、

詔付外詳、

竟不行、

『南齊書』巻三九陸澄傳

遷御史中丞、建元元年、驃騎諮議沈憲等坐家奴客爲劫、子弟被劾、憲等晏然、左丞任遐奏澄不糾、請免澄官、澄上表自理曰、周稱舊章、漢言故事、爰自河雒、降逮淮海、朝之憲度、動尚先准、若乃任情違古、率意專造、豈謂酌諸故實、擇其茂典、案遐啓彈新除諮議參驃騎大將軍軍事沈憲・太子庶子沈曠幷弟息、敕付建康、而憲被使、曠受假、倶無歸罪事狀、臣以不糾憲等爲失、伏尋晉宋左丞案奏、不乏於時、其及中丞者、從來殆無、王獻之習達朝章、近代之宗、其爲左丞、彈司徒屬王濛憚罰自解、屬疾遊行、初不及中丞、（中略）遠取十奏、近徵二案、自宜依以爲體、豈得捨而不遵、臣竊此人乏、謬奉國憲、今遐所糾、既行一時、若默而不言、則向爲來准、後人被繩、方當追請、素飡之責、貽塵千載、所以備擧顯例、弘通國典、雖有愚心、不在微躬、請出臣表付外詳議、若所陳非謬、裁由天鑒、

詔委外詳議、

尚書令褚淵奏、宋世、左丞荀伯子彈彭城令張道欣等、坐界劫累發不禽、免道欣等官、中丞王准不糾、亦免官（中略）澄謏聞膚見、貽撓後昆、上掩皇明、下籠朝識、請以見事免澄所居官、

詔曰、澄表據多謬、不足深劾、可白衣領職、

これらをみると、「詳議」にも「博議」とおなじく、一定の經過のあることがわかる。いまそれを「博議」と對照しつつたどってみよう。

第一段階の問題の提示は表、奏、および後掲の例によると啓などによってなされる。このとき、その文中に、「詳議」を請う文言の入ることがある。その表、奏、啓の主體は、前節であげた『宋書』謝莊傳のばあいが左衞將軍であるほか、尙書令、太傅領大司馬侍中と驃騎大將軍、太子歩兵校尉、御史中丞、および後掲の例では侍中領歩兵校尉、通直散騎常侍など、さまざまである。

なお、この問題の提示についていえば、『南齊書』巻三九のばあいは、尚書左丞の奏彈をうけた御史中丞がその辨明をかねて、左丞が中丞を奏彈することの是非をうったえ出たものであり、後揭の『南齊書』巻九のばあいは、尚書の符に對して領國子助教が反論し、「詳議」をもとめたもので、やや特異な例である。一般的には諸官の自主的な表からはじまるとみてよかろう。

第二段階として、その表をうけて「詳議」が命ぜられるが、以上の例からみるかぎりでは、それは詔によってなされる。ただし、この點については次項「禮官詳議」を參照されたい。さて、この詔には、やはり「博議」と同様、「某表如此」として、おそらく表文の拔粹が引用され、「詳議」すべき問題の所在が明示される。そして、その後に、はなはだ注目すべきことには、「博議」とはまったく異なる文言があらわれる。それは「付外」「委外」ということばである。この「外」は、すでにふれたように「博議」の「内外」と關連したものであり、外朝、もしくは外朝の官とみなしてよいが、ここであらためて若干の檢討を附加しておこう。このばあい、次の二例が參考さるべきであろう。

『南齊書』巻九禮志上

建武四年正月、詔立學、永泰元年、東昏侯卽位、
尚書符依永明舊事廢學、
領國子助教曹思文上表曰、古之建國君民者、必教學爲先、將以節其邪情、而禁其流欲、故能化民裁俗、習與性成也、（中略）今制書既下、而廢學先聞、將恐觀國之光者、有以擬議也、（中略）今學非唯不宜廢而已、乃宜更崇尚其道、望古作規、使郡縣有學、鄉閭立教、請付尚書及二學詳議、
有司奏、從之、
學竟不立、

『南齊書』巻五〇文二王巴陵王昭秀傳

明帝建武二年、

通直常侍庾曇隆啓曰、周定雒邑、天子置畿內之民、漢都咸陽、三輔爲社稷之衞、中晉南遷、事移威弛、近郡名邦、多有國食、宋武創業、依擬古典、神州部內、不復別封、而孝武末年、分樹寵子、苟申私愛、有乖訓准、隆昌之元、特開母弟之貴、竊謂非古、聖明御寓、禮舊爲先、畿內限斷、宜遵昔制、賜茅授土、一出外州、

詔付尚書詳議、

其冬、改封昭秀爲巴陵王、

ここにあきらかなように、前者は尚書と二學に「詳議」せしめんことを請い、後者は詔により「詳議」を尚書に付しているのである。もっとも、前者のばあい、「有司奏、從之」というのが、「詳議」されたいという申請に従えという奏なのか、學を廢すべからずという上表の主旨に従えという有司の結論なのかがはっきりせず、また、「議」の發端についても、前者は最初に尚書の「符」があり、それをうけた領國子助教の上表によって「議」がはじまり、後者も通直散騎常侍の「啓」によるというように、[10]前掲の例とやや異なっているところに多少の疑點があるが、ともかくも、「付外」「委外」というばあい、それはおそらく外朝の中樞たる尚書のことをいうと解して誤りないであろう。なお、前者は次項の「禮官詳議」と酷似しており、その「尚書及二學詳議」という點については、次項でも言及したい。

要するに「詳議」が「博議」と異なる最大の點はここにある。「詳議」は尚書省內部においてなされる「議」なのである。ただし、それが尚書以外の官におよぶばあいがある。それが「禮官詳議」であるが、詳細は次項にゆずりたい。

議論が終了すると、次の段階として、前掲諸例中三例に奏がみえるところから、上奏がなされたはずである。その

上奏の主體は二例が有司、一例が尙書令であるが、おそらくこの上奏は「博議」とおなじく、尙書省諸官によってなされたであろう。ただし、その上奏者はかならずしも令・僕等の上級官にかぎらず、野田氏が實例をあげておられる（同論文七九頁）ごとく、その主題によって尙書五座、もしくは二〇曹の郎がこれをおこなうことがあった。「有司」なる表現は、かように上奏者が尙書令・僕にかぎらないことと關連があるとみられる。

最終段階は、この上奏に對する皇帝の判斷であるが、「詔可」とするばあいと、「詔」によって獨自の判斷が示されるばあいとがある。前掲諸例中のこの後者の形式の唯一の例である『南齊書』巻三九のばあい、尙書令の上奏は「兒所居官」であったが、「詔」は「可白衣領職」と處斷している。「博議」のばあいとおなじく、この判斷が皇帝一人によるのか、別に諮問するところがあるのかが問題となってこよう。

ちなみに、右の諸例中、詳細が不明の『南齊書』巻九の立學の例を除き、「詳議」の結果、提案が拒否されたもの、つまり「事（竟）不行」という例が『宋書』巻八五謝莊傳と『南齊書』巻一一である。そしてこのばあいに上奏文についての記事がともにない。これが單なる偶然であるのか、特別な意味があるのかははっきりしない。つまり、上奏文が奏上されて、「不可」なる「詔」、ないし批答が出たのか、議論の最終段階で尙書が上奏におよばずと判斷して奏上せず、議論の記録だけが尙書省中に殘存したものなのか、そのあたりの事情がよくわからない。

（三）「禮官詳議」

おなじく「詳議」といっても、前項にのべたものとやや形式を異にするものがある。それは主として『宋書』禮志に一括して掲載される禮制についての議論である。この「禮官詳議」については、前述したように、金子修一氏の研究がある。そこでの氏の分析はきわめて精密なものであり、補足すべき餘地はほとんどないが、本章の論述の都合上、最低限のことについて、氏の研究によりつつ、のべておくことにしたい。

とりあえず、金子氏がその研究中に引用（同氏論文四五、六頁）された『宋書』禮志の記事を、ここで二例再録してみよう。

『宋書』巻一七禮志四

大明元年六月己卯朔、

詔以前太子歩兵校尉祇男歆紹南豐王朗、

有司奏、朗先嗣營陽、告廟臨軒、檢繼體爲舊、不告廟臨軒、

下禮官議正、

太學博士王燮之議、南豐昔別開土宇、以紹營陽、義同始封、故有臨軒告廟之禮、今歆奉詔出嗣、則成繼體、先爵猶存、事是傳襲、不應告廟臨軒、

祠部郎朱膺之議、南豐王嗣爵封已絕、聖恩垂矜、特詔繼茅土、復申義同始封、爲之告廟臨軒、

殿中郎徐爰議、營陽繼體皇基、身亡封絕、恩詔追封、錫以一城、既始啓建茅土、故宜臨軒告廟、今歆繼後南豐、彼此俱爲列國、長沙南豐、自應各告其祖、豈關太廟、事非始封、不合臨軒、同博士王燮之議、

參詳、爰議爲允、

詔可、

同右巻同

明帝泰豫元年七月庚申、

有司奏、

七月嘗祠、至尊諒闇之內、爲親奉與不、
使禮官通議、
伏尋三年之制、自天子達、漢文愍秦餘之弊、於是制爲權典、魏晉以來、卒哭而祔則就吉、案禮記王制、三年不祭、唯祭天地社稷、爲越紼而行事、鄭玄云、唯不敢以卑廢尊也、范宣難杜預段暢、所以闕宗廟祭者、皆人理所奉、哀戚之情、同於生者、譙周祭志稱、禮、身有喪、則不爲吉祭、緦麻之喪、於祖考有服者、則亦不祭、爲神不饗也、尋宮中有故、雖在無服、亦廢祭三月、有喪不祭、如或非若三年之內必宜親奉者、則應禘序昭穆、而今必須免喪、然後禘祫、故知未祭之意、當似可思、起居注、晉武有二喪、兩朞之中、竝不自祠、亦近代前事也、伏惟至尊孝越姫文、情深明發、公服雖釋、純哀內纏、惟訪典例、則未應親奉、有司祇應、祭不爲曠、仰思從敬、竊謂爲允、
臣等參議、甚有明證、宜如所上、
詔可、

金子氏の研究であきらかになったように、ここには有司による問題の提示と禮官への諮問、禮官の議論、有司による總括的な意見という三部より構成される一連の議論と、それに對する「詔可」という皇帝の最終的判斷がみられる。氏はこの有司を尙書と斷定され、「有司奏」以下、「詔可」の直前までを尙書省における案奏作成の過程をそのまま示す形で書かれた上奏文、すなわち野田氏のいわゆる尙書「案奏」の一例と理解されるのであるが、そうだとすると、ここには尙書の上奏文の形成過程と、それを「詔可」とすることによって現實に實效あるものとする政策立案、實現の經過がみられることになる。これは本章の課題にとって重要なてがかりとなるものであろう。

さて、このうち、最後の有司による總括的意見となる「參議」「參詳」および、「詔可」についてはは別にあつかい、

本項でとりあげるのは、右の例に「下禮官議正」「下禮官通議」とされているものである。この禮官による議論は、すでにふれたように『宋書』禮志では、「詳正」「議正」「議正幷詳」などとよばれることも多いが、また「詳議」ともよばれ、後にあきらかになるように、前項の「詳議」と性格が近似しているので、ここでは「禮官詳議」とよんでおきたい。

さて、この禮官に下される「詳議」であるが、この有司を侚書と斷定された金子氏は、この「下禮官議正」「下禮官通議」は侚書の上奏文中の文言であって、侚書が禮官に下して議正せしめた、という意味であるとされ、野田氏の見解を援用しながら、侚書の「案奏」作成過程で、侚書省の當該曹以外の意見を徴するばあいは「符」「刺」という文書で諮問するとして、この「禮官詳議」のばあいは「侚書による問題の提示と、禮官への諮問（符）」がこの議論の第一段階であると認識されている（同論文五一、二頁）。もっとも、愼重にも、氏はこの段階がすべて「符」ではじまるとはいいきれず、皇帝に承認を求めるばあいもありえたであろうとのべておられる（同論文五二頁）が、それは正しい判斷で、事實、このような「禮官詳議」が「詔」によってはじまる例はみられるのである。ただしそれは『南齊書』においてである。それ以外にも、『宋書』巻一七禮志四に、

明帝泰始二年正月、孝武昭太后崩、

五月甲寅、

有司奏、晉太元中、始正太后尊號、徐邈議廟制、自是以來、著爲通典、今昭皇太后於至尊無親、上特制義服、祔廟之禮、宜下禮官詳議、（下略）

（以下略）

とあるが、この「宜しく云々」という表現は有司が禮官に下して詳議せしむべきことを皇帝に上申したものととるの

が自然であろう。すると、この上表をうけて禮官に「詳議」せしむべき旨の皇帝の意志が具體的に發せられている可能性もあるのである。この點はのちにふたたびふれよう。

なお、「禮官詳議」の問題提示に限っていうと、尙書の發議ではない「詳議」もみられる。その例は多くはないが、『宋書』巻一七禮志四に、

元嘉十年十二月癸酉、
太祝令徐閏刺、署典宗廟社稷祠祀薦五牲、牛羊豕雞竝用雄、其一種市買、由來送雌、竊聞周景王時、賓起見雄雞自斷其尾曰、雞憚犧、不祥、今何以用雌、求下禮官詳正、勒太學依禮詳據、
博士徐道娯等議稱、（下略）
太常丞司馬操議、（下略）
重更勒太學議答、
博士徐道娯等又議稱、（下略）
參詳閏所稱粗有證據、宜如所上、自今改用雄雞、

とあり、同書巻一八禮志五に、

宋後廢帝元徽四年、
司徒右長史王儉議公府長史應服朝服曰、（中略）服章事重、禮儀所先、請臺詳服、
儀曹郎中沈俣之議曰、（中略）其儉之所秉、會非古訓、青素相因、代有損益、何事棄盛宋之興法、追往晉之頹典、變改空煩、謂不宜革、
儉又上議曰、（下略）

（以下略）

とあるものは、尙書以外の官が「詳議」の發議をしたものである。これによると、後者のばあいは、司徒右長史が、みずからもその一員である公府長史の服章について問題を提起し、臺、すなわち尙書省が「詳議」することをもとめ、それに應じて當該曹たる儀曹の郞が意見をのべている。前者のばあいは、事情のはっきりしないところがあるのだが、[11]祭祀犧牲について、祭祀を職務とする太祝令が疑問點を指摘するところから「詳議」がはじまっている。ただし、この兩例はその議論の內容からみて「禮官詳議」であることは確實なのであるが、『宋書』禮志の通例と異なり、「有司奏」という語句がない。それは偶然ではなく、一般の「禮官詳議」と手續きがやや異なったものであるのかもしれない。

つぎに、その「禮官詳議」の實際であるが、ここに參加するのは、『宋書』禮志の例でいえば、太常・太常丞、太學博士、國子助教に限られる。[12]『宋書』卷三九百官志上によれば、太學、國子學の二學の學官はみな太常に屬することになっているから、[13]この禮官とは具體的には太常であるとみなすことができる。事實、『宋書』卷一七禮志四（金子氏論文四四頁引用）には、

元嘉七年四月乙丑、

有司奏、（中略）下太常依禮詳正、

とあって、太常に「詳議」せしめたことがはっきりしている。尙書が太常に諮問するばあいに「符」がもちいられている例は、『通典』卷四八禮典八「諸藏神主及題板制」に、

東晉尙書符問太常賀循、太廟制度、南向七室、北向陰室復有七、（下略）

とあるように、東晉にすでに存在する。[14]金子、野田兩氏のいうような、尙書が「符」によって諮問するという形式は

妥當であろう。

ただし、尙書省と太常に上下關係があったかどうかは斷定しにくい問題であり[15]、この諮問が上級官廳から下級官廳への諮問なのか、あるいは對等官廳同士の諮問なのかという點は檢討の餘地がある。そしてこれは、先にもふれたように、禮官に「下」すばあいの主體とその文書が尙書省と「符」に限られるのか、皇帝と詔なのかということともかかわってくる。

『南齊書』卷九禮志上に、

　建武二年、

通直散騎常侍庾曇隆啓、伏見南郊壇員兆外內、永明中起瓦屋、形製宏壯、檢案經史、無所准據、（中略）竊謂郊事宜擬休偃、不俟高大、以明謙恭肅敬之旨、庶或仰允太靈、俯愜羣望、

詔付外詳、

國子助教徐景嵩議、伏尋三禮、天地兩祀、南北二郊、但明祭取犧牲、器用陶匏、不載人君偃處之儀、今帳瓦之構雖殊、俱非千載成例、宜務因循、

太學博士賀瑒議、（中略）不聞郊所置宮宇、

兼左丞王摛議、掃地而祭於郊、謂無築室之議、並同曇隆、

驍騎將軍虞炎議以爲、（中略）瓦殿之與帷宮、謂無簡格、

祠部郎李撝議、（中略）郊祀氈案、何爲不轉製檐甍、

　曇隆議不行、

とあり、同書卷四六王慈傳に、

慈以朝堂諱榜、非古舊制、

上表曰、（中略）朝堂榜誌、諱字懸露、義非綿古、事殷中世、（中略）愚謂空彪簡第、無益於匪躬、直述朝堂、寧虧於夕惕、伏惟陛下保合萬國、齊聖羣生、當刪前基之弊軌、啓皇齊之孝則、

詔付外詳議、

博士李撝議、（下略）

太常丞王僩之議、（下略）

儀曹郎任昉議、（中略）謂宜式遵、無所創革、

慈議不行、

とある。これは「付外」という文言もあり、前項の「詳議」とまったく同形式のものといってよい。しかし、その議論は博士、太常丞、國子助教によっておこなわれており、本項の對象たる『宋書』禮志通例の「禮官詳議」と何らかわるところはない。これがいずれも「詔」によってなされたことははっきりしている。このばあい、禮官に「下」されたのは皇帝の「詔」であるにちがいない。

しかし、右の『南齊書』の兩例をみて、注目されることがある。それは、「參議」以前の、つまり純粋な「禮官詳議」とみられる部分に、尙書省諸官が參加している點である。實はこのような現象はすでに『宋書』禮志のばあいにもみられるものであった。典型的な例をあげると、前掲『宋書』巻一六禮志三に、

大明二年正月丙午朔、

有司奏、

今月六日南郊、輿駕親奉、至時或雨、（中略）使禮官議正幷詳、若得遷日、應更告廟與不、

博士王燮之議稱、（下略）
曹郎朱膺之議、（下略）
尙書何偃議、（下略）
右丞徐爰議以爲、（下略）
衆議不同、
參議、宜依經、遇雨遷用後辛、不重告、若殺牲薦血之後値雨、則有司行事、
詔可、

とあり、同書巻一七禮志四に、

孝武帝孝建三年五月丁巳、
詔以第四皇子出紹江夏王太子叡爲後、
有司奏、
皇子出後、檢未有告廟先例、輒勒二學禮官議正、應告與不、告者爲告幾室、
太學博士傅休議、（下略）
太常丞庾亮之議、（下略）
祠部朱膺之議以爲、（下略）
兼右丞殿中郎徐爰議以爲、（下略）
參議以爰議爲允、
詔可、

とあるものがそうである。[16]

つまり、尙書省が禮官に「下」(「勒」)して諮問したことになるにもかかわらず、その議論が當の尙書省の職官と禮官によってなされているということになるのであり、しかも前者では尙書郎ではなく、尙書までが參加しているのである。このことから、尙書が「符」を下して禮官に諮問し、その返答に對して有司(尙書)が總括的見解を出すという手續きがかりに原則であったとしても、かならずしも嚴密に遵守されていたのではなさそうであるという推測がうまれる。はたして、禮制の議論の參加者に尙書八座丞郎と二學博士の名が明記される例がすでに宋代にも一例みられ、[17]南齊になるとその數が多くなってくる。たとえば、『南齊書』卷一〇禮志下に、

建武二年正月、有司以世宗文皇帝今二年正月二十四日再忌日、二十九日大祥、三月二十九日祥禫、至尊及羣臣泄哀之儀、應定准、下二學八座丞郎、

とあり、同書卷九禮志上に、

建元四年、世祖卽位、其秋、有司奏、尋前代嗣位、或仍前郊年、或別更始、晉宋以來、未有畫一、今年正月已郊、未審明年應南北二郊祀明堂與不、依舊通關八座丞郎博士議、

とあるものである。[18]また、先にもあげたが、同書卷同禮志上に、

建武四年正月、詔立學、永泰元年、東昏侯卽位、尙書符依永明舊事廢學、領國子助教曹思文上表曰、(中略)請付尙書及二學詳議、

とあるのは、あきらかに尙書と二學に論議せしめんことを請うているのである。これは尙書が禮官に諮問する形式ではなく、尙書と禮官が合同で議論をしていることを示している。そして、このような尙書と禮官合同の議論においては、前項の「詳議」と同様、これが詔によって命ぜられた可能性は大いにある。つまり、「詔付外詳(議)」という段

階が加わるのである。[19]

ちなみに、『弘明集』巻一二尚書令何充等「奏沙門不應盡敬表」に、[20]

晉咸康六年、成帝幼沖、庾氷輔政、謂沙門應盡敬王者、

尚書令何充等議不應敬、

下禮官詳議、

博士議與充同、

門下承氷旨爲駮、

尚書令何充及僕射褚翌・諸葛恢・尚書憑懷・謝廣等奏、沙門不應盡敬、

尚書令冠軍撫軍都鄕侯臣充・散騎常侍左僕射長平伯臣翌・散騎常侍右僕射建安伯臣恢・尚書關中侯臣懷・守尚書昌安子臣廣等言、（中略）愚謂宜遵承先帝故事、於義爲長、

（以下略）

とある。これは東晉の例であるが、この「下禮官詳議」の主體は尚書令何充であるとみられる。なおこのばあい、博士の議をうけておそらく尚書が上奏し、それに對して門下が「駮」をおこなっている。これはきわめて注目すべき問題であるが、この點はのちにふれたい。ともあれ、東晉初期に尚書令から禮官へ下して「詳議」されているということは、この形式が尚書二學合同「詳議」よりもふるいものであったことをしめしている。當初は尚書と二學の「議」が分離していたものが、しだいに禮官獨自の「議」が尚書中に吸收されていったということであろう。

はなはだ繁雜になったが、本項では、「禮官詳議」が尚書からの諮問によって禮官、すなわち太常がおこなうものであったが、それがすべてでなく、尚書に二學等の禮官が加わっておこなうばあいもあり、そのばあいには皇帝の詔

によることもありうること、この兩者閒には禮官獨自の議論が尙書の「詳議」中に吸收されるという經過があったのではないかと推測してみた。(21)

次の段階はこの「禮官詳議」の結論のとりあつかいである。そして、ここに「參議」の問題が出てくるのであるが、それは次節に檢討することにしたい。

(四)　その他の「議」

以上にのべた「博議」「詳議」のほかに、單なる「議」としてさまざまな議論がみられるので、それらについても言及しておくことにする。まず著名なものであるが、『宋書』卷四二王弘傳所載の「同伍犯法」の議論をあげてみよう。そのあらましをしめせば、つぎのようになる。

弘博練治體、留心庶事、斟酌時宜、每存優允、與八座丞郎疏曰、同伍犯法、無士人不罪之科、然每至詰謫、輒有請訴、若垂恩宥、則法廢不可行、依事糾責、則物以爲苦怨、宜更爲其制、使得優苦之衷也、又主守偸五匹、常偸四十匹、竝加大辟、議者咸以爲重、宜進主守偸十匹常偸五十匹死、四十匹降以補兵、旣得小寬民命、亦足以有懲也、想各言所懷、

左丞江奧議、(下略)

右丞孔默之議、(下略)

尙書王准之議、(下略)

殿中郎謝元議謂、(下略)

吏部郎何尙之議、(下略)

弘議曰、（中略）謂士人可不受同伍之謫耳、罪其奴客、庸何傷邪、無奴客、可令輸贖、又或無奴僮爲衆所明者、官長二千石便當親臨列上、依事遣判、又主偸五匹常偸四十匹、（中略）既衆議糾紛、將不如其已、若呼不應停寢、謂宜集議奏聞、決之聖旨、

太祖詔、衞軍議爲允、

これは宋文帝元嘉年閒におこなわれた議論であるが、[22]この發端は衞將軍錄尙書事であった王弘の、八座丞郎に與えた「疏」である。したがって、それは尙書内部の「議」であるはずであり、現に參加者はみな尙書屬官である。これは詔によるものではないが、前述の「詳議」に類似する。そして、議論の結果は奏聞されて皇帝の判斷を仰いでおり、最終的には王弘自身の見解を妥當とする文帝の詔がでている。

これより二〇年ほど後、やはり宋文帝在位中に、鑄錢に關する議論がなされている。[23]その梗概を『宋書』巻六六何尙之傳によってしるすと、およそつぎのようなものである。

先是患貨重、鑄四銖錢、民閒頗盜鑄、多翦鑿古錢、以取銅、上患之、

（元嘉）二十四年、錄尙書江夏王義恭建議、以一大錢當兩、以防翦鑿、

議者多同、

尙之議曰、伏覽明命、欲改錢制、不勞採鑄、其利自倍、實救弊之弘算、增貨之良術、求之管淺、猶有未譬、（下略）

吏部尙書庾炳之・侍中太子左衞率蕭思話・中護軍趙伯符・御史中丞何承天・太常郗敬叔、竝同尙之議、

中領軍沈演之以爲、（中略）愚謂若以大錢當兩、則國傳難朽之寶、家贏一倍之利、不俟加憲、巧源自絕、施一令而衆美兼、無興造之費、莫盛於茲矣、

上從演之議、遂以一錢當兩、行之經時、公私非便、乃罷、

この「議」は右の「同伍犯法」とおなじく錄尙書事がその發議をなしているが、經過はかなり異なる。つまり、錄尙書事の建議に對して贊同者が多かったのであるが、尙書右僕射・加散騎常侍の官にあった何尙之が異をとなえて、ふたたび「議」がおこなわれたのである。このとき、何尙之がその「議」の冒頭に「伏覽明命」とのべているところをみると、おそらく何らかの形で皇帝の意志が表明されているとみてよい。

さて、この「議」の參加者をみると、尙書屬官以外に侍中・太子左衞率、中護軍、御史中丞、太常、中領軍などの職官がふくまれる。これはまさしく先にのべた「博議」であるにちがいない。

ちなみに、おなじく宋代の孝武帝孝建三年にも鑄錢の議がおこなわれているが、このときは、『宋書』卷七五顏竣傳に、以下のような經過のあったことが傳えられている。

先是、元嘉中、鑄四銖錢、輪郭形制、與五銖同、用費損、無利、故百姓不盜鑄、及世祖卽位、又鑄孝建四銖、三年、

尙書右丞徐爰議曰、（中略）謂應式遵古典、收銅繕鑄、納贖刊刑、著在往策、今宜以銅贖刑、隨罰爲品、詔可、

所鑄錢形式薄小、輪郭不成就、於是民閒盜鑄者雲起、雜以鉛錫、竝不牢固、又翦鑿古錢、以取其銅、錢轉薄小、稍違官式、雖重制嚴刑、民吏官長坐死免者相係、而盜鑄彌甚、百物踊貴、民人患苦之、乃立品格、薄小無輪郭者、悉加禁斷、

始興郡公沈慶之立議曰、（中略）愚謂宜聽民鑄錢、郡縣開置錢署、樂鑄之家、皆居署內、平其准式、去其雜僞、官斂輪郭、藏之以爲永寶、去春所禁新品、一時施用、今鑄悉依此格、（下略）

上下共事公卿、
太宰江夏王義恭議曰、伏見沈慶之議、（下略）
竣議曰、（下略）
時議者又以銅轉難得、欲鑄二銖錢、
竣又議曰、（下略）

この鑄錢の議の内容もはなはだ注目すべきものであるが、この點はいまはふれる餘裕がない。「議」の經過だけをたどると、孝建四銖なる錢が鑄造され、孝建三年に右丞徐爰が銅の需要をみたすため贖罪に銅をとることを提案して承認された。しかしその錢が弊害をもたらしたので、侍中左光祿大夫始興郡公であった沈慶之が立議して、この「議」がはじまったのである。沈慶之の提案に對して、上がその事を公卿に下したというのはおそらく詔が出たのであり、またその參加者もはっきりしているのは太宰江夏王義恭と丹陽尹・加散騎常侍顏竣だけであるが、それでもこの「議」が「博議」であった十分の證據となる。

以上の例以外で、單に「議」とだけあるものについて、議題、參加者、議論の結論の處理、皇帝の對應について一覽表を作ってみよう。

これらの内、(1)(2)(3)はいずれも東晉代のものであるが、「博議」に近似した例である。(4)もおそらく「博議」であり、(5)は「詳議」、(6)は尙書と禮官合同の「詳議」に類似している。このようにみると、「議」はおおむね「博議」と「詳議」の二種類に區分されるといえるようである。このことは、百官が政治過程において重要な位置づけをされる「議」に參加する機會をどれだけあたえられていたか、百官が具體的政治過程にいかにして、どの程度にかかわりえたかという問題に對して興味ある分析素材を提供することになろう。

表二

	議　題	參加者	結論の處理	皇帝の對處	出　典
(1)	殷祭	領司徒　護軍將軍　輔國將軍　尙書郎	撫軍將軍尙書奏		『宋書』卷一六
(2)	〃	領司徒　丹陽尹　中領軍　太常　太學博士　尙書左丞　員外郎兼著作郎	尙書奏從某議		同右卷同
(3)	郊兆	尙書令　國子祭酒　司徒　驃騎　僕射　太常　中書郎		事遂施行	同右卷同
(4)	分荊州置郢州	太宰　侍中錄尙書		上從侍中錄尙書議	同右卷六六
(5)	期親補兵	殿中郎兼左丞			同右卷六四
(6)	郊祭	太學博士　兼博士　兼太常　太尉從事中郎　司徒西閤祭酒　驃騎將軍　尙書　尙書令		詔可	『南齊書』卷九

第三節　「參議」

以上にのべてきた「博議」「詳議」「禮官詳議」とすこしく性格の異なる「議」が別にある。それは「參議」「參詳」などとよばれるものである。すでに前節であげた『宋書』卷一七禮志四所載の大明元年六月己卯朔條、明帝泰豫元年七月庚申條、その他『宋書』禮志に散見する例によくうかがえるように、「禮官詳議」がひととおり終った後には、「參議」「參詳」なるものがあって、その「禮官詳議」に對して一定の判斷をおこなっている。その判斷は何某の議がよいといった形式のものから、「宜如所上」「使有司行事」というようにその議の結論を實施にうつすことをもとめるものまでさまざまあり、また短文から相當の長文に至るものまでいろいろある。そして、『宋書』禮志の例でいえば、ほとんどその後に「詔可」なる文言が續いており、この「參議」の結果が大部分は皇帝の承認するところとなり、政策として實現したようにおもわれるのである。したがって、この一連の「議」のなかで、「參議」は單に議論のまとめというだけでなく、最終的には「詔可」を必要とするとはいえ、現實にはほとんど政策決定の最終段階であったということになる。さらにいえば、「詔可」はもはや單なる形式的手續きにすぎず、「參議」が事實上の政策決定の場であったといっても過言ではなかろう。その意味で「參議」のもつ意義は大なるものがある。

この「參議」の主體が尙書であることを解明されたのが金子氏であった。氏によれば、先述のごとく、『宋書』禮志の「有司奏」以下「詔可」の直前まではひとつの上奏文であり、とりもなおさず尙書八座が上奏する「案奏」であった。その文中にある「參議」の主體はもちろん尙書である。氏はまた「參議」の主體として具體的にあがっている官名を列擧されている（同氏論文五一頁）が、それによると、それら諸官は、令より下は丞・郞にいたるまでの尙書省諸官にほかならない。つまり、さまざまな禮官の議論に最終的な判斷をくだすのは尙書省であったのである。

ところで、いま令より郞にいたる尙書諸官が「參議」に參加しているといったが、「參議」が右にみたように議論の結論的意味をもつとすれば、それが令、僕等の上級官によっておこなわれることは當然豫想できる。はたして、『宋書』巻一六禮志三に、

孝建二年正月庚寅、

有司奏、

今月十五日南郊、（下略）

輒下禮官詳正、

太學博士王祀之議、（下略）

又議、（下略）

太常丞朱膺之議、（下略）

通關八座丞郎博士、竝同膺之議、

尙書令建平王宏重參議、謂膺之議爲允、

詔可、

とあるように、「禮官詳議」がおこなわれ、關係「議」者の意見が特定の意見に一致したあと、尙書令が念をおすかのように「重ねて參議」し、その意見を妥當とする旨の確認をおこなっているのである。

しかし、金子氏が指摘されているように、「參議」が丞や郎によってもなされているのは何故であろうか。丞や郎の「參議」の例をみると、左丞の「參議」がもっとも多く、右丞がそれにつぎ、郎中の例も三件『宋書』禮志にはみられるのである。(24)

左丞の職務は『南齊書』卷一六百官志によれば、

掌宗廟郊祠、吉慶瑞應、災異、立作格制、諸案彈、選用除置、吏補滿除、遣注職、

であったから、「禮官詳議」のまとめ役として「參議」をおこなうのは當然のこととも考えられるが、注目されるのはこの「參議」時に左右丞、郎の任にあった人物であり、實に徐爰が郎中として一度、右丞として三度、左丞として一度、「參議」に登場するのである。また、郎中・領曹郎中周景遠なるものの「參議」が二度あるが、この人物は「禮官詳議」において、禮官とは無關係のはずの領軍長史なる身分でしばしば姿をみせているのである。(25)『宋書』卷九三隱逸周續之傳によると、周景遠は周續之の兄の子で、續之の風があったというが、その續之は禮學に通じていた。徐爰は劉宋代著名の恩倖で、『宋書』卷九四恩倖傳にいうところでは、かれは「頗涉書傳、尤悉朝儀」であり、朝廷の儀制に曉通していたという。かれらが「參議」にしばしば登場する一因はそこにあるとみられる。つまりこの「參

議」は尚書省の上級官による議論の形式的總括ではなく、專門的知識をもつ官人による實質的かつ具體的なものであったとおもわれる。

ただし、徐爰傳には、ながく左右丞の任にあった徐爰について、

大明世、委寄尤重、朝廷大禮儀注、非爰議不行、雖復當時碩學所解過人者、既不敢立異議、所言亦不見從、

とあって、かれの專斷獨裁が「叅議」と關連づけられており、その「叅議」が例外に屬するものであったかのようである。しかし、このばあいは、たまたま儀制に通じた徐爰が左右丞として「禮官詳議」と「叅議」を主導したことが、結果的に專斷とうけとめられたものであろう。ともあれ、「叅議」が恩倖徐爰の實權掌握と關連づけられていることははなはだ注目すべきことである。

『宋書』禮志の諸例の上奏文について、金子氏はこの上奏文提出者を尚書八座とみておられる（同論文五〇頁）。そうであれば、議論の總括、すなわち「叅議」をたとい下級官である左右丞、郎がおこなったとしても、最終的責任は上奏の主體たる尚書八座にあるわけであるから、「叅議」の責任の所在さえ明示しておけば、議論の總括を令・僕が實際におこなう必要がないのであろう。ただ、前項でふれたように、野田氏の擧例によれば、主題によっては二〇曹中の所管曹が上奏をしている。これは後にふれる「議主」ともかかわることであるが、所管曹の上奏のばあい、左右丞・郎の「叅議」は重大な責任となろう。

なお、野田、金子兩氏とも、この尚書の上奏文、「案奏」の具體的形態の例として、『宋書』巻一五禮志二にある宋元嘉二六年、文帝東巡の際の皇太子監國の儀注中の「牋儀」をあげている。それはつぎのようなものである。[26]

尚書僕射、尚書左右丞某甲、死罪死罪、某事云云、叅議以爲宜如是、事諾奉行、某年月日某曹上

右牋儀、準於啓事、年月右方關門下位及尚書官署、其言選事者、依舊不經它官、

この「牋」と「案奏」との關係にはなお檢討の餘地があるとおもわれるが、それはしばらくおき、ここに僕射とならんで左右丞の名があるのは注目されよう。『南齊書』卷一六百官志にも、白案、黃案に關する左右丞の署名の記事に連續して、

　諸立格制及詳讞大事、宗廟朝廷儀體、左丞上署、右丞次署、

とあり、かかる諸事について左右丞が署することがわかる。左右丞の「參議」とこの署とは無關係ではなかろう。令僕はむしろ形式的な責任者であり、實質的責任は左右丞にあったことをおもわせる。[27][28]

ところで、ここで注意しておかねばならないことは、以上のような尚書の「參議」ではなく、門下の「參議」が存在したことである。『宋書』卷一五禮志二に、

　晉成帝咸和五年六月丁未、
　有司奏讀秋令、
　兼侍中散騎侍郎荀弈・兼黃門侍郎散騎侍郎曹宇駁曰、尚書三公曹奏讀秋禮儀注、新荒以來、舊典未備、臣等參議、光祿大夫臣華恆議、武皇帝以秋夏盛暑、常闕不讀令、在春冬不廢也、（中略）臣等謂可如恆議、依故事闕而不讀、
　詔可、
　六年三月、
　有司奏、今月十六日立夏、案五年六月三十日門下駁、依武皇夏闕讀令、今正服漸備、四時讀令、是祇述天和隆赫之道、謂今故宜讀夏令、
　奏可、

とあり、『宋書』卷六〇王韶之傳に、

高祖受禪、加驍騎將軍、本郡中正、黄門如故、（下略）

有司奏、東冶士朱道民禽三叛士、依例放遣、

詔之啓曰、尚書金部奏事如右、（中略）臣尋舊制、以罪補士、凡有十餘條、（中略）至於詐列父母死、誣罔父母淫亂、破義、反逆、此四條、實窮亂抵逆、人理必盡、（中略）愚謂此四條不合加贖罪之恩、

侍中褚淡之同詔之三條、却宜仍舊、

詔可、

又駁員外散騎侍郎王寔之請假事曰、伏尋舊制、羣臣家有情事、聽併急六十日、（中略）臣等參議、謂不合開許、或家在河洛及嶺沔漢者、道阻且長、猶宜別有條品、請付尚書詳爲其制、

從之、

とあり、『宋書』巻八七蕭惠開傳に、

孝建元年、自太子中庶子轉黄門侍郎、與侍中何偃爭積射將軍徐沖之事、偃任遇甚隆、惠開不爲之屈、偃怒、使門下推彈之、惠開乃上表解職曰、陛下未照臣愚、故引參近侍、臣以職事非長、故委能何偃、凡諸當否、不敢參議、竊見積射將軍徐沖之爲偃命所黜、臣愚懷謂有可申、故聊設微異、偃恃恩使貴、欲使人靡二情、便訶脅主者、手定文案、割落臣議、專載己辭、（中略）時偃寵方隆、由此忤旨、

とある。

この内、第一第二の例は、門下諸官が有司の奏、すなわち尚書の上奏および員外散騎侍郎を駁している例である。そして、その駁において、かれらが「參議」という用語をもちいていることが判明する。門下が尚書の意見を駁する例は、先にあげた『弘明集』巻一二にもみることができた。したがって、尚書の上奏が皇帝に達した段階で「參議」

なる門下の審議がおこなわれ、その上奏に疑義ありと判斷されたばあいには門下の駁がおこなわれたと考えることができる。

第三の例は、侍中、黄門侍郎等の近侍の官が「諸もろの當否」について「參議」するのが通例であること、その「參議」の内容は文案として皇帝に提出されることを示している。この「諸當否」が具體的にいかなる範圍の問題を包括するかはあきらかでないが、尙書の上奏内容がふくまれることはほぼ確實であろう。この例で侍中何偃と黄門侍郎蕭惠開が對立した積射將軍徐沖之事がいかなるものであるかはわからないが、蕭惠開の上表文中に「積射將軍徐沖之爲偃命所黜」とあるのからすれば、あるいは徐沖之の官職封爵についての問題かもしれない。とすればこれは尙書吏部の所管であるから、「參議」すべき「諸當否」中に尙書上奏がたしかにふくまれることになる。

さて、前節で檢討したように、「博議」「詳議」の最終的段階、というよりはそれが實效あるものとして實現する時點でなされるのが皇帝の判斷であったが、その判斷が皇帝一人の手によってなされるのかいなか、あるいはその判斷が單なる可否でなく、何がしかの修正をともなってなされるばあい、それはいかなる形でなされるのかという疑問をその時に提示しておいた。この疑問に對して、いまあきらかになった門下の「參議」はひとつの解答となるであろう。すでに野田氏は前掲論文において、「東晉宋初の侍中乃至門下省は、天子の政治上のブレインとして存在し」（八八頁）ており、皇帝はかれらを用いて尙書の專權を牽制したとしておられるが、その實際の制度的うらづけがこの門下の「參議」であったろう。(29) なお、以上は著名な唐代の門下の封駁とかかわる問題であるが、ここではこの點にはふれないでおきたい。

ちなみに、『宋書』卷六〇荀伯子傳に、

遷尙書祠部郎、義熙九年、上表曰、臣聞（中略）故太傅鉅平侯祜（中略）愚謂鉅平之封、宜同酇國、故太尉廣陵

公陳准、（中略）謂廣陵之國、宜在削除、故太保衛瓘、本爵菑陽縣公（中略）宜復本封、以正國章、詔付門下、

とあって、祠部郎からの舊臣の封爵に關する上表が「詔」によって門下へ付せられている。この祠部郎の上表がこれまでみてきたところの尙書の上奏に準じるものとすれば、門下の「參議」もまた「詔」によってなされることになる。ただ、この「詔付門下」はもっぱら宋以後にみられる詔書の定型文言「門下、云云、主者施行」[30]と關係するものであって、門下に詔書の提案を「參議」せしめたことではないかもしれず、とりあえず記して後考をまちたい[31]。

第四節　若干の補足

以上で「議」の制度的檢討がほぼ完了したが、二、三補足すべき點が殘されている。以下にそのことをとりあげたい。

その一は「議主」である。以上のような「議」がさらに具體的にいかように實行されてゆくのか、その「議」の運營者について、『南齊書』卷一六百官志の尙書の項に、つぎのような記事がある。

自令僕以下五尙書八座二十曹、各置郎中令史以下、又置都令史、分領之、僕射掌朝軌、尙書掌讞奏、都丞任碎、在彈違諸曹緣常及外詳讞事、應須命議相値者、皆郎先立意、應奏黄案及關事、以立意官爲議主、凡辭訴有漫命者、曹緣諮如舊、若命有諮、則以立意者爲議主、

はなはだ難解で、よくわからないところがあるが、尙書における「議」、とくに「命議」というからには詔による「詳議」とみられる「議」について、尙書郎が立意し、その立意の官を「議主」とする體制があったことを、この記事はしめしている。おそらく二〇曹の郎が所管の事件について發議し、その「議主」として議事運營にあたったので

あろう。禮制の議論で、禮官にまじって姿をみせる儀曹、祠部、殿中曹郎が實は「議主」であった可能性はすくなくない。さらに推測すれば、その「議主」が上奏の主體であったことも十分に考えられるであろう。

その二は、「議」の文書式である。『大唐六典』巻八門下省に、

凡下之通于上、其制有六、一曰奏抄、二曰奏彈、三曰露布、四曰議、五曰表、六曰狀、

とあり、四の議の原注に、

謂朝之疑事、下公卿議、理有異同、奏而裁之、

という。つまり、唐代には奏抄等六種の上達文書形式の一に「議」があり、そこでは公卿に下された議論中に各種意見があれば、おそらく併記して上奏する規程になっていたらしいことがうかがわれるのである。さかのぼって、『文心雕龍』巻五章表第二二では、

降及七國、未變古式、言事於主、皆稱上書、秦初定制、改書曰奏、漢定禮儀、則有四品、一曰章、二曰奏、三曰表、四曰議、章以謝恩、奏以按劾、表以陳請、議以執異、

とある。これは『獨斷』巻上に、

凡羣臣上書於天子者有四名、一曰章、二曰奏、三曰表、四曰駁議、

とあるものをふまえた文で、その駁議の説明は、

其有疑事公卿百官會議、若臺閣有所正處、而獨執異意者曰駁議、

であり、はやく漢代には上達文書の一に「議」があったことがわかる。ただし、この兩者はまったく同一であるのではなくして、唐制においては、公卿に下された「議」において意見の異同のあるばあいに、各論併記で上呈されるものが「議」であるのに對し、漢制においては、「執異」、つまり異議をとなえるばあいに上呈されるものが「議」であ

り、その文體も、『獨斷』によれば、

曰某官某甲議以爲如是、下言臣愚戆議異、

というものである。したがって、後者にあっては一文書中に複數の意見が併記されるのではなさそうである。ではこの兩者の公文書「議」はいかなる關係にあるのであろうか。

ひるがえって、たとえば『宋書』巻八二沈懷文傳に、

時議省錄尙書、懷文以爲非宜、上議曰、（下略）

とあり、同書巻六四鄭鮮之傳に、

時新制長吏以父母疾去官、禁錮三年、山陰令沈叔任父疾去職、鮮之因此上議曰、（下略）

とあるものなどは、まさしく「上表曰云々」「上奏曰云々」とまったく同類であって、「表」「奏」が何らかの定式をもつ公文書であれば、「議」もまたおなじく定式をもつ公文書であったと斷定できる。[32]それは『大唐六典』のいう唐制、『文心雕龍』のいう漢制と對應するのである。しかし、その内容からいえば、ここの兩例は、ともに改革や新制に對する異議であるから、この「議」は「執異」のためという漢制のそれをなお踏襲しているといえる。

ところで「表」「奏」等と「議」の文書形式上の差はいかなるものか、この點はほとんど不明といわざるをえないが、先揭の『大唐六典』原注からうかがえる唐制においては、公卿に下された「議」において、意見に異同があれば、それを上奏して決裁をうけるというのであるから、そこには各人の「議」の異同内容が明記されていたとしなければなるまい。とすると、すぐに想起されるのは金子氏の見解で、『宋書』禮志所載の有司の上奏文を、「有司奏」以下、「詔可」直前まで、すなわち有司の問題提起から、一連の尙書屬官、禮官の「議」を包括する部分全體にわたるものと斷定されたのは、きわめて示唆的である。そこには諸もろの意見の異同が併記されているのである。ただし、それ

はあくまで上奏文であって、そこに諸官の「議」が列記されているのであり、「議」そのものではない。しかし、はなはだ唐制の「議」の主旨に近似した形態であることもまた否定できないであろう。これ以上の推測はもはや避けるべきであるが、このあたりに唐制の「議」と漢制の「議」をつなぐものがあるようにおもう。

その三は「議」についての責任の所在である。金子氏は、上奏文中に各種「議」が列擧されることの意味を説明するために、『宋書』巻三武帝紀下永初元年閏月條のつぎの記事をひいておられる（同論文五二頁）。

辛丑、詔曰、主者處案、雖多所諮詳、若衆官命議、宜令明審、自頃或總稱參詳、於文漫略、自今有厝意者、皆當指名其人、所見不同、依舊繼啓、

つまり、「參議」ですませるのではなく、主要な意見にはその呈示者の名を明記させ、異論には各自の意見を列擧せよというのである。これがなぜ必要なのか、最終的な皇帝の判断の材料となることもありえたであろうが、「議」の内容に對する「議」者の責任問題とかかわるところがすくなくないとみられる。二、三の例をあげてみよう。『宋書』巻一六禮志三に、

晉安帝義熙二年六月、

白衣領尚書左僕射孔安國啓云、元興三年夏、應殷祠、昔年三月、皇輿旋軫、其年四月、便應殷、而太常博士徐乾等議云、應用孟秋、（下略）

御史中丞范泰議、（下略）

安國又啓、范泰云、（中略）太常劉瑾云、（中略）而泰所言、非眞難臣、乃以聖朝所用、遲速失中、泰爲憲司、自應明審是非、若臣所啓不允、卽當責失奏彈、而諐墮稽停、遂非忘舊、請免泰瑾官、

丁巳、詔皆白衣領職、

於是、博士徐乾皆免官、

とあり、『南齊書』巻三二江謐傳に、

俄遷右丞、兼比部郎、泰始四年、江夏王義恭第十五女卒、年十九、未笄、禮官議從成人服、諸王服大功、左丞孫夐重奏、禮記女子十五而笄、鄭云應年許嫁者也、其未許嫁者、則二十而笄、射慈云、十九猶爲殤、禮官違越經典、於禮無據、博士太常以下結免贖論、謐坐杖督五十、奪勞百日、謐又奏、夐先不研辨、混同謬議、准以事例、亦宜及咎、夐又結免贖論、詔可、

とあり、同書巻三九陸澄傳に、

宋泰始初、爲尚書殿中郎、議皇后諱及下外、皆依舊稱姓、左丞徐爰案司馬孚議皇后不稱姓、春秋逆王后于齊、澄不引典據明、而以意立議、坐免官、白衣領職、

とある。これらはみなその「議」において、典據（主として經典）によらず、あるいは正確な議論を展開せずして處罰された例である。[33] 當然といえば當然であるが、尚書諸曹郎や禮官の議論にはかならず責任が附隨しているのであり、典據のない議論や恣意的議論はこのようにして摘發され、懲罰の對象となるのである。であるから、異論のあるばあいにはもちろんのこと、すべての議論において責任の所在を明確にするために、その論者の名と議論の内容をあきらかにしておく必要があった。先の永初元年閏月辛丑詔のひとつの意味はここにあったとみられる。なお、つけくわえ

るならば、このことは、「議」がかならず口頭でなく、文書の「議」によってなされることとも無關係ではない。(34)

むすび

以上、宋齊代を中心に、「議」の検討をおこなってきた。これをあらためてここに要約するのは繁煩であるが、「議」の制度の骨骼だけのべれば、およそ以下のようになる。

「議」には、政策・諸制その他あらゆる政治上の諸問題を審議する「博議」「詳議」と、その議論の結果を調整する「參議」とがあった。

「博議」はあらゆる官種の官人が參加する「議」であり、問題提起が上表によってなされたあと、詔によって議論がおこなわれる。その結果が上奏されて、皇帝の判斷をうけるのである。

「詳議」は尙書省内部でなされる「議」であり、やはり上表による問題提起をうけて、詔が出され、議論がなされる。その結果もまた皇帝の判斷を得べく、上奏される。

「詳議」には、とくに禮制に關して、禮官、すなわち太常およびその管下の國學・太學の博士、助教を加え、もしくはかれらに事を諮問する形式でなされるものがある。このばあいは、主として尙書諸官が發議し、尙書から禮官に下し（詔によってなされるばあいもある）、議論の結果、「參議」によって調整された意見が上奏される。

「參議」は「博議」「詳議」とはやや性格を異にし、尙書省内部でなされる一種の議論の總括、意見調整である。それは禮官による「詳議」のばあいに典型的にみられるが、令僕、左右丞などが中心となっておこない、「議」の過程で出た各種意見を調整、統一する。その最終的見解が上奏されるのである。

ただし、「參議」には門下系の諸官によってなされるものもあり、そのばあいは尙書諸官が奏上した「議」の結論をさらに檢討し、皇帝の判斷に資するものであるようにみられる。

宋齊時代における「議」の制度的檢討という目的は以上でほぼ達成されたとしたいが、これで問題が解決したわけではもちろんない。はしがきでのべたところすらなお十分に檢討できなかったことに加え、如上の檢討でさらに新たなる疑問が生まれたとせざるをえない。とくに、宋齊時代の前後、たとえば『晉書』にみられる「議」の檢討と、本章でとり殘した「詔可」、およびそれ以後の具體的手續と文書式の問題は[35]、本章の缺を補うべく早急に檢討されねばならない課題である。本章を第一歩として、檢討をつづけたいとおもう。

註

（1）大庭脩「魏晉南北朝告身雜考──木から紙へ──」（初出一九六四、大庭『唐告身と日本古代の位階制』二〇〇三に再錄）。
（2）野田俊昭「東晉南朝における天子の支配權力と尙書省」（『九州大學東洋史論集』五、一九七七）。
（3）金子修一「南朝期の上奏文の一形態について──『宋書』禮儀志を史料として」（『東洋文化』六〇、一九八〇）。
（4）越智重明「州大中正の制に關する諸問題」（『史淵』九四、一九六五）四二頁。
（5）巻一高帝紀上の別の箇所に「蒼梧廢、（劉）秉出集議」というほか、巻二三褚淵傳は「羣公集議」、巻二六王敬則傳は「四貴集議」、巻三七劉悛傳は「太祖集議中華門」という。
（6）集議ということばは、ほかにも『宋書』巻七一江湛傳にみえる。
　虜遣使求婚、上召太子劭以下集議、
（7）朝議は、ほかに『南齊書』巻一一樂志、巻三七虞悰傳にみえ、『宋書』巻四七劉敬宣傳には、廷議という語もみえる。
（8）このばあいは、第二節でふれる尙書の「詳議」がまずなされ、その結論が上奏されたのであるが、實はその結論中になお疑義があったので、あらためて百官公卿による「博議」がなされたという特異例とみることができる。

（9）この「二品官」が官品二品でないことはいうまでもない。それはいわゆる「二品」の官を指すのであり、その「二品」なる存在の根據が禮制にあったことと、この禮制の議論の參加資格が「二品官」に限定されたこととはもちろん關係がある。宮崎市定『九品官人法の研究――科擧前史』（一九五六）二三三頁以下、中村『六朝貴族制研究』（一九八七）一二二頁參照。

（10）『南齊書』巻九禮志上に、

建武二年、通直散騎常侍庾曇隆啓、（中略）、詔付外詳、

とあり、後者と同年、同人の啓による「詳議」の例がいま一つある。これが異例なのかいなかは不明である。

（11）この例は宗廟社稷の祭祀犧牲について、その擔當官である太常屬官の太祝令が「刺」して「詳議」がはじまっている。ところで、「刺」はこの時代には官廳間の文書であり（この點は本章公表後、中村『魏晉南北朝における公文書と文書行政の研究』二〇〇一、一二五頁以下で詳細を検討している。）、このばあいの「刺」は「禮官詳議」を要請して尙書省へあてたものである。このような諸署令と尙書の關係や、諸署の發議權等については後考を期したい。なお、「刺」の例は『宋書』巻一五禮志二にもみえるが、それは尙書の「刺」である。

（12）ほかに前太常丞、前郎中など、退任したものの例がある。また、まったくの例外として、領軍長史周景遠なるものの參加が三例あるが、これについては第三節に言及する。

（13）太常屬官はほかに太廟令、明堂令、太祝令、太史令、太樂令、陵令、乘黃令である。

（14）なお、『晉書』巻二〇禮志中に、

升平元年、帝姑廬陵公主未葬、符問太常、冬至小會、應作樂不、

とあるが、この「符」の主體も尙書であろう。

（15）『通典』巻二五職官典太常卿に、

宋齊、皆有之、舊用列曹尙書、好選選曹尙書領護、

とあって、太常卿は列曹尙書を任用することになっており、また同書巻三七職官典の梁十八班では、列曹尙書が一三

班であるのに對し、太常卿は一四班で、一班高く、諸卿中の最高位にある。このようなことから考えると、尚書省と太常が上下關係にあると斷定しにくいのではなかろうか。

(16) ほかにも、『宋書』卷一五禮志二の宋孝武帝孝建三年八月戊子の「國子除太夫人」の例では太學博士、太常丞、祠部郎中が、おなじく大明二年六月の「侯伯子男世子喪」の例では博士、曹郎が、「參議」の前に議論に加わっている。

(17) 『宋書』卷一六禮志三に、

孝建二年正月庚寅、有司奏、(下略)

輒下禮官詳正、

太學博士王祀之議、(中略)又議、(下略)

太常丞朱膺之議、(下略)

通關八座丞郎博士、竝同膺之議、

尙書令建平王宏重參議、謂膺之議爲允、

詔可、

とある。

(18) 前註(17)、およびここにみえる「通關」については、なお十分にわからないところがある。今後の檢討課題としたい。

(19) ただし、『南齊書』卷九禮志上の永明五年十月の「皇孫冠事」では、尙書令王儉の議に「宜通關八座丞郎幷下二學詳議」とあり、尙書令が直接に二學での「詳議」を指示しているようにみえる。もっとも、このようにはっきりしているのはこの一例のみである。

(20) この事例については、後述する門下の參議と關連する。

(21) なお、『通典』卷九五禮典五五「妻已亡爲妻父母服議」條に、

晉穆帝永和中、司徒下問太常、(下略)

司徒又問國子博士、(下略)

とあって、司徒が禮官に諮問する例がある。

(22) この「同伍犯法」の論議については、增村宏「宋書王弘傳の同伍犯法の論議」（『文科報告』鹿児島大學文理學部紀要四、一九五五）に詳細な譯注がある。それによれば、これは元嘉元年におこなわれた議論である。

(23) 下述の二件の鑄錢の議論については、岡崎文夫「南朝の錢貨問題」（『南北朝に於ける社會經濟制度』一九三五）に詳しい。

(24) 左丞「參議」の例は、巻一五孝建元年六月己巳羊希、大明五年七月荀萬秋、巻一七元徽二年十月壬寅王諶、大明六年十月丙寅徐爰、巻一八泰始六年正月戊辰陸澄。ほかに、『南齊書』巻三六謝超宗傳に王逡之の例がある。右丞「參議」は巻一五大明五年閏月徐爰二例。郎中「參議」は、巻一六孝建元年十二月戊子周景遠、巻一七孝建元年十月戊辰周景遠、巻一八孝建二年十一月乙巳徐爰。

(25) 巻一五大明五年七月、巻一六大明七年二月辛亥、巻一七大明五年十月甲寅。

(26) 句讀は大庭氏前掲論文による。中華書局評點本はやや異なる。

(27) なお、「參議」が尚書諸官合同の意見調整であるばあいももちろんあったであろう。たとえば、『宋書』巻一六禮志三に、

大明二年正月丙午朔、有司奏、（中略）使禮官議正幷詳、（下略）
博士王燮之議稱、（下略）
曹郎朱膺之議、（下略）
尚書何偃議、（下略）
右丞徐爰議以爲、（下略）
衆議不同、參議、（下略）
詔可、

とある例は、詳細は省略するが、南郊に雨にあったばあいの、次の日程の決定と、告廟の有無についての議論である。そしてこの時は、意見が一致せず、「參議」の結果はその諸意見の折衷となっている。これらは參加者が再度相談して、意見調整をなしたものとみてよかろう。

(28) ちなみに、「參議」がまったくの形式であったばあいも確認できる。『宋書』巻六一武三王江夏文獻王義恭傳に、

上不欲致禮太傅、諷有司奏曰、（中略）臣等參議、謂不應有加拜之禮、

詔曰、（中略）所奏稽諸往代、謂無拜禮、據文既明、便從所執、

とあるが、皇帝の意向をうけたこの上奏において、奏文作成過程での「參議」が形式に過ぎないことが明白である。にもかかわらず、奏文中に「參議云々」の文言が入るのは、それが尙書における「議」の過程で不可缺の手續きであったことをしめしている。

(29) なお、「參議」がかならずしも以上の二類に限定されたものではないらしいことをしめす例が一例ある。『南齊書』巻四八孔稚珪傳に、

轉太子中庶子、廷尉、江左相承用晉世張杜律二十卷、世祖留心法令、數訊囚徒、詔獄官詳正舊注、先是、（永明）七年、尙書删定郎王植撰定律章、表奏之、曰、（中略）請付外詳校、擿其違謬、從之、於是公卿八座參議、考正舊注、有輕重處、竟陵王子良下意、多使從輕、其中朝議不能斷者、制旨平決、

とある。これは尙書删定郎が「詳議」を要請した異例の事例であるが、ここにいう「參議」は、後文の「朝議」と同一のもので、おそらく「博議」に入るであろう。

(30) 内藤乾吉「唐の三省」（『中國法制史考證』一九六三）一四頁參照。

(31) このほか『宋書』巻四一后妃文帝路淑媛傳にも「詔付門下」の例が、同書巻一八禮志五には「詔門下詳議」の例がある。

(32) ほかに、『南齊書』巻三七劉悛傳に、

建元四年、奉朝請孔覬上鑄錢均貨議、

とあるのもそうであろう。また、『南齊書』巻一高帝紀上に、宋末の宗室桂陽王休範の擧兵にあたって、時の當權者蕭道成らがとった對應について、つぎのようなことがのべられている。蕭道成は褚淵、張永、劉勔ら腹心と中書省で「計議」したが、だれも發言するものがおらず、それで蕭道成がみずから建康防衛のための諸軍の配置を發案し、

因索筆下議、竝注同、

という。これは、その「議」の結論を文書化し、しかも「議」の參加者はその結論に異論がない旨を注記したと解釋できる。これは「上議」とやや異なる事例であるが、「議」が單なる口頭の議論にとどまるものではないことをしめしている。

(33) なお、この三例はいずれも誤った「議」を尙書諸官が摘發しているのであるが、御史中丞が摘發した例が『宋書』卷一五禮志二の元嘉二十三年七月の白衣領御史中丞何承天奏である。

(34) 「參議」が誤ったばあいはどうか。「參議」は有司、すなわち尙書省、もしくは五座二〇曹のいずれかによる、個別の「議」の總括であるから、その責任の所在は個人ではなく、一機關にある。その意味でも、「參議」の主體が個人や個別の職官でなく、「有司」であるのは興味深い。それはともかく、「參議」の誤りを指摘した例はなさそうである。ただ、前註(33)にあげた例があるいはそれかともおもわれるが、その記事ははなはだ難解でいまは疑點を殘したままにせざるをえない。

(35) この問題は、この上奏の內容が人事であれば、「告身式」とかかわることになるから、豐富な蓄積のある「告身式」研究を指標にして檢討されることになろう。そして、その素材も、『文苑英華』所載の、唐の「制授告身式」と形式がまったく同一の沈約撰の詔や、『文館詞林』所載の詔など、若干數存在しているゆえ、多少の展望をもつことができる。(なお、この點については、前揭中村『魏晉南北朝における公文書と文書行政の研究』を參照されたい。)

第六章　陳の「用官式」とその歴史的意義

はしがき

東晉南朝の歴史上の位置づけについて、いまなお陳寅恪『隋唐制度淵源略論稿』にまさる示唆的業績はないとおもう。とくに隋唐律令の形成過程において、江南と河西につたわった西晉律令が、やがて漢律が遺存していた中原に還流して北魏太和律令に重大な影響をおよぼしたという構想は、たいへん壯大かつ刺戟的である。

律令は當時の官僚制による政治機構の構成運營と不可分の關係にあった。この構想と關連させれば、西晉律令に規定された兩晉南朝の官僚制と政治體制もまた、隋唐の官僚制と政治機構の成立にまったく無緣であったのではないことになる。じっさい、從來の魏晉南北朝の官僚制および政治制度研究は、漢唐間の過渡期として、魏晉南北朝官僚制と政治制度に、隋唐制度のたしかな萌芽をみとめてきている。

本章もまた、そのような問題關心から、兩晉南朝の政治制度の一部を分析して、それが隋唐制度に關連するものであることを明らかにしようとするものである。ただし、從來の方法とやや異なるのは、陳の制度をとりあげ、その制度の淵源を追究することにより、兩晉南朝における政治制度の發展、または成熟という視點にたって、この時代の歴史上の意味を認識することを目していることである。

陳制は、『五代史志』によれば、そのおおくを梁から繼承したことになっている。梁制が前代をどう繼承したかはあまり明らかではないが、その前代である宋末、および南齊末が南朝人士の華北への移動と、したがってかれらが將來する南朝文物の華北への影響の畫期であったことはよくしられている。しかし、陳亡後の陳の人士の隋における位置づけをみるとき、兩晉南朝の北朝と隋への影響は、より廣範な時期で檢討する必要があるとおもわれるのである。

このように、本章は陳の政治制度に關わる「用官式」なる人事制度に着目し、兩晉南朝の官僚制と政治制度の發展過程、その隋唐制度との關連を考察しようとするものである。

第一節　陳朝の「用官式」

陳朝の「用官式」とは、『隋書』卷二六百官志上末尾に以下のようにあるものである。便宜上、段落をつけて移錄する。

其用官式

(一)吏部先爲白牒、錄數十人名、吏部尙書與參掌人共署奏、勑或可或不可、其不用者、更銓量奏請、若勑可、則付選曹(曹字『冊府元龜』六二九により補う)、更色別、量貴賤、内外分之、隨才補用、以黃紙錄名、八座通署、奏可、卽出付典名、而典以名帖鶴頭板、整威儀、送往得官之家、

(二)其有特發詔授官者、卽宣付詔誥局、作詔章草奏聞、勑可、黃紙寫出門下、門下答詔、請付外施行、又畫可、付選司行召、

(三)得詔官者、不必皆須待召、但聞詔出、明日、卽與其親入謝後、詣尙書、上省拜受、若拜王公則臨軒、

この「用官式」について、はやくに着目し、重要な見解を公表したのは大庭脩氏である。[1] 氏は（一）（二）兩者の官吏任命手續について解説し、（一）では、まず吏部で候補者を奏上し、勅可があれば、選部に付し、就くべき職を定めて八座が通署して、再び奏上し、それが可決されれば、施行される、（二）では、詔誥局に付して詔の草案を作らせ、草案が奏可されれば門下へ移し、門下が付外施行を請えば、帝は可を書き、選司（吏部）に付して施行する、という手順であることを確認したうえで、（二）の中書、門下、尚書の三省を經由する發令手續は、唐代の制授の手續と全く同一であることを指摘した。また、唐の制授は本來は詔授と呼ばれていたことにも注意をうながし、唐の制授に類似する（二）が、「特發詔授官」であることからも、兩者の密接な關連を示唆されている。ただし、詔授される官職の範圍が陳と唐では異なり、陳の詔授官は唐の册授にあたる高官であることに注意をうながしている。また（一）については、唐の奏授との關係を意識されてはいるが、唐では吏部官僚のみが署したのに對して、陳制では八座の通署があることが大きく異なるとものべている。

このように大庭氏は（一）（二）に關して、陳制と唐制に制度が異なる點があることは認識しながらも、一方で兩者の手續が相似たものであることを明言しているのである。このことは、陳の「用官式」の歴史的意義を考えるうえで、非常に重要な問題である。

ところで、以上のような人事の手續は、總體としての政策決定手續の一環であり、したがって、ひろく當時の行政制度一般の問題としてとらえる必要がある。この點について、大庭氏は、この陳制は梁制を繼いだものであり、梁はそれ以前の制度を遵用したと考えられて、この制度の淵源を探り、西晉末・東晉初期に胚胎していたと推測された。もしそうであるならば、この「用官式」は單に人事の方式にとどまらず、魏晉南北朝行政制度やそれをささえる文書運營の實態と變遷を考えるうえで、貴重な記事というべきである。すなわち、魏晉南北朝政治制度の研究にとって、この「用官式」とそれに關する大庭氏の分析と推測ははなはだ重要な意味をもっているのである。

この大庭氏の推測は官吏任用手續に限定してなされたものであり、なお補强すべき部分があるとおもわれる。なぜなら、官吏任用に限れば、大庭氏の推測よりもさらに早く、西晉初期に、（一）の手順の萌芽をみることができるのである。その西晉初期の例とは、『山公啓事』で知られる山濤の故事である。『晉書』卷四三山濤傳に、

濤再居選職十有餘年、毎一官缺、輒啓擬數人、詔旨有所向、然後顯奏、隨帝意所欲爲先、故帝之所用、或非擧首、衆情不察、以濤輕重任意、或譖之於帝、故帝手詔戒濤曰、夫用人惟才、不遺疎遠單賤、天下便化矣、而濤行之自若、一年之後、衆情乃寢、濤所奏甄拔人物、各爲題目、時稱山公啓事、

とあり、山濤は一〇數年吏部尙書であったが、その閒官位に缺員が生じるごとに、まず數人の候補者を「啓」して武帝の意向をうかがい、その後で「顯奏」したという。

これを（一）の方式と比較してみると、吏部で候補者を皇帝に示し、その意向を確認して決定、吏部が再び奏上するという手續は、ほとんどおなじで、しかも後段の手續が奏をもちいるところまで共通する。ただ、（一）では候補者の推薦を吏部尙書と參掌人とでおこなうのに對して、山濤の場合は吏部尙書山濤一人であること、（一）が白牒を用い、奏するのに對して、山濤の場合は啓するのであるから、奏と啓とが異なる。

このうち、兩者のちがいについてさきにみておくと、山濤の場合、獨自の判斷により吏部尙書の權限を行使しているようであるのに對して、「用官式」の方式は吏部における通常業務の範圍内とおもわれる。奏と啓に關しては、啓は西晉時期には多樣な機能をもっていたようであるが、そのなかのひとつに皇帝に對する私的な意思傳達があり(2)、山濤のこの場合の啓もそのような役割をはたしている。このようにかんがえれば、山濤の場合は特異な方式であり、まだ制度として確立したものではなかったと理解すべきであろう。それゆえ、「衆情不察」という狀況が生まれたのに

ちがいない。

そうであると、山濤の吏部尙書としてのこの獨特の官吏任用方式が、當時の尙書の政策決定一般に普遍化できるか否かの判斷には、かなり懷疑的にならざるをえない。また奏と啓という文書の差が、その文書の機能が表現する政治制度上の諸官職の職權や統括關係において、西晉と陳とでどう異なるかという問題にも配慮が不可缺であろう。したがって、西晉の山濤の事例と「用官式」を短絡させるのは愼まねばならないが、しかし「用官式」にみられる人事の方式に類似したものが西晉にみられるという事實もまた、輕視すべきではないであろう。

このような觀點から、本章では具體的に以下の問題について檢討するつもりである。第一に「用官式」にみられる（一）（二）兩種の官吏任用手續、すなわち（一）の尙書選部が原案を作成し八座の通署を得て奏上し、裁可を得て施行する手續と、（二）の詔誥局が奏草案を作成し、勑可を得れば門下に下し、門下が付外施行を請い、畫可を得れば施行する、という手續が魏晉南朝において官吏任用以外に見られるのか、もしその手續が存在するなら、それはいつ頃に出現したものなのか、またこの兩者はどのような關係にあるのか、である。第二に、ここには奏や啓という文書名があらわれるが、具體的な行政手續に用いられる官文書は他にあるのか否か、あるとすればそれらはいかなる名稱や機能をもち、どのようにこの手續を書式として表現しているのか、である。

ただし、この二點についての檢討に際して、まず整理しておくべき事柄がある。それは（一）と（二）の手續が完全に對應する關係となっていないことである。すなわち（一）は官吏任用に關する任命決定に至る手續を詳細に記し、任命決定（「奏可」）後の手續については單に任命書の送付方法を記しているだけであるのに對して、（二）では、「詔授」であるから當然のことではあるが、任命決定の經緯は詳しくは記さず、任命決定後の任命書（告身）の草案の作成、その後の門下を經由し尙書が施行するまでに至る手續が詳細である。したがって、以後の檢討においても、皇帝の命令決定の經緯と、命令を施行する手續の二段階に分けることとしたい。

第二節　尙書の詳議と奏・黄案

魏晉時代、尙書が機要を掌握することはすでに學界の定説である。特に西晉時代には尙書が行政機構の中樞であることは、例えば西晉武帝が暗愚の太子の政治的資質を觀察しようとして「使以尙書事、令太子決之」（『晉書』巻四惠帝紀）とした著名な史實によって知ることができる。この尙書の實際の政策提案が、當時すでに後世のように奏によってなされていたことについては、『晉書』巻二〇禮志中にみえる以下の事案が想起さるべきであろう。便宜上、段落を設けて引用する。

泰始十年、武元楊皇后崩、及將遷于峻陽陵、依舊制、既葬、帝及羣臣除喪卽吉、

先是、尙書祠部奏從博士張靖議、皇太子亦從制俱釋服、博士陳逵議、以爲、今制所依、蓋漢帝權制、興於有事、非禮之正、皇太子無有國事、自宜終服、

有詔更詳議、

尙書杜預以爲、（中略）

於是尙書僕射盧欽尙書魏舒問杜預證據所依、預云、（中略）於是欽舒從之、遂命預造議、

奏曰、侍中尙書令司空魯公臣賈充、侍中尙書僕射奉車都尉大梁侯臣盧欽、尙書新沓伯臣山濤、尙書奉車都尉平春侯臣胡威、尙書劇陽子臣魏舒、尙書堂陽子臣石鑒、尙書豐樂亭侯臣杜預稽首言、（中略）

于是太子遂以厭降之議、從國制除衰麻、諒闇終制、

ことの經過はほぼ以下のようになる。西晉泰始一〇年、武帝楊皇后の死去と葬送に際しての除喪卽吉につき、尙書祠部曹が博士張靖の議に從い、帝と百官のみならず、皇太子もまた釋服するよう奏した。それに對して、博士陳逵が異を唱え、終服を主張した。そのため詔によって「詳議」がおこなわれ、杜預が獨自の意見を開陳したので、尙書僕射盧欽・尙書魏舒が杜預にその論據をたずね、贊同した。おそらくそれをもとに尙書內部で八座の議論があったのであろうが、最終的には尙書令賈充、尙書僕射盧欽、尙書山濤・胡威・魏舒・石鑒・杜預が奏をたてまつって、決着をみている。この諸人には、司空、侍中、都尉など兼職の官位をもつものがいるが、かれらが當時の尙書八座であろう。

この事案が注目されるのは、政策決定過程において尙書で「詳議」とよぶ議論がなされていることと、尙書八座が連名で尙書の最終案を奏していることである。南朝の「詳議」についてはかつて初步的な分析をおこなったことがある(3)が、この西晉の事例にはすでにその原型をうかがうことができる。また、「詳議」の結論を尙書八座が連名で最終案として奏していることは、「用官式」の（一）の後段と同一の手續である。このことについてはのちほどふたたび言及することになる。

この事案についてべつに検討したいのは、尙書の政策最終案である奏の作成手續と、それに關連する文書についてである。上記の泰始一〇年の「除喪卽吉」事案には二種類の奏があらわれる。このうちの尙書八座による奏は、禮制の疑義に關する議論の結論であって、いわば日常的な政策案とはいいがたいが、その前段となった尙書祠部の奏は、前例に基づく通常の日常業務的提案であったとおもわれる。これに對應するのが、山濤の例でいえば「啓擬數人」という過程であり、「用官式」でいえば「爲白牒、錄數十人名」の過程であろう。つまり人事でいえば、新任用候補者數人を用意することであり、いわば皇帝の裁可をえるための人事任用原案の作成ということである。その原案は人事の場合は尙書吏部曹によって案出されるのであるが、一般業務の場合、當然所管尙書曹、たとえば禮儀制度であれば祠部曹、が擔當することになるはずである。

ここまで検討すると、つぎに問題となるのは奏そのものの作成過程のさらなる分析である。奏は漢代には「奏以按劾」（『獨斷』）の機能をもつものとされているが、次第に多様な機能を帯びるようになり、東晉南朝ではまったく獨自の性格をもつ文書となる。[4] このことを奏の書式と奏作成手續の兩面から論じてみたい。

『宋書』巻五七蔡廓傳には、

徵爲吏部尚書、廓因北地傅隆問（傅）亮、選事若悉以見付、不論、不然、不能拜、亮以語錄尚書徐羨之、羨之曰、黃門郎以下、悉以委蔡、吾徒不復厝懷、自此以上、故宜共參同異、廓曰、我不能爲徐干木署紙尾也、遂不拜、干木、羨之小字也、選案黃紙、錄尚書與吏部尚書連名、故廓云、署紙尾也、

という一文があり、人事案件に錄尚書と吏部尚書連署の選案黃紙なるものが用いられることがわかる。これは「用官式」と對比すれば、第一段階の白牒による諮問ではなく、次の段階の黃紙による奏に關する文書であることは明らかである。この選案黃紙については、『南史』巻五齊本紀下東昏侯に、

臺閣案奏、月數十日乃報、或不知所在、閹豎以紙包裹魚肉還家、竝是五省黃案、

とあることに注意したい。すなわちこの臺閣案奏は黃案のことになるのであるが、黃案については『南齊書』巻一六百官志尚書左僕射および右丞條に、以下のような記事がある。

左僕射

領殿中主客二曹事、諸曹郊廟・園陵・車駕行幸・朝儀・臺內非違・文官擧補滿敍疾假事、其諸吉慶瑞應衆賀・災異賊發衆變・臨軒崇拜・改號格制・莅官銓選・凡諸除署、功論・封爵・貶黜・八議・疑讞・通關案、則左僕射主、右僕射次經、維是黃案、左僕射右僕射署朱符見字、經都丞竟、右僕射橫畫成目、左僕射畫、令畫、右官

闕、則以次并畫、若無左右、則直置僕射在其中閒、總左右事、

（中略）

右丞一人

掌兵士百工補役死叛考代年老疾病解遣・其内外諸庫藏穀帛・刑辠創業諍訟・田地船乘・稟拘兵工死叛・考剔討捕・差分百役・兵器諸營署人領・州郡租布・民戶移徙・州郡縣併帖・城邑民戶割屬・刺史二千石令長丞尉被收及免贈・文武諸犯削官事、白案、右丞上署、左丞次署、黃案、左丞上署、右丞次署（四字、評點本校勘記による）、諸立格制及詳讞大事・宗廟朝廷儀體、左丞上署、右丞次署、自令僕以下五尚書八座二十曹、各置郎中令史以下、又置都令史分領之、僕射掌朝軌、尚書掌讞奏、都丞任碎、在彈違諸曹緣常及外詳讞事、應須命議相値者、皆郎先立意、應奏黃案及關事、以立意官爲議主、凡辭訴有漫命者、曹緣諮如舊、若命有諮、則以立意者爲議主、

前段は、尙書諸官の具體的な署名の方法、すなわち朱色の「見」字の目の部分の横畫から各官が一畫づつ畫していく方式をつたえていて、貴重であるが、それはしばらくおき、黃案とは「文官擧補滿敍」のような人事案件もふくむ重大事案を、尙書諸官の連署のもとに奏するものをいうのである。したがって、蔡廓傳にいう選案黃紙とは、尙書が上呈する黃紙をもちいた人事選任原案の黃案のことであるとかんがえられる。

さて、『宋書』卷一五禮志二には、元嘉二六年（四四九）の文帝東巡に際する、皇太子監國の儀注が載せられているが、その中に、以下のような部分がある（書式は百衲本に従い、適宜句讀點を附した）。

某曹關、太常甲乙啓辭、押、某署令某甲上言某

事云云、請臺告報如所稱、主者詳檢、相應、請聽

如所上、事諾、別符、申攝奉行、謹關

年月日

この後には、以下のような注記がある。

右關事儀、準於黃案、年月日右方、關門下位、年月下左方下、附列尙書衆官署、其尙書名下、應云奏者、今言關、

餘皆如黃案式、

すでに論じたように[5]、これは「關事」なる文書の書式であるが、この書式は注記に從えば、黃案に準じたもので、末尾の年月日の左方下に尙書諸官の署名がつけられ、その下に黃案では奏というところを、本文書は皇太子監國であるので、關と稱するのであるが、その他は黃案の書式と同一であるというのである。すなわち、本書式は「關」字を「奏」字に變換すれば黃案の書式となるのであり、したがってその內容は黃案作成過程に關連するものということができる。

この文書の內容は以下のような手續をしめしていると解釋できる。太常の配下の某署の長官（令）某甲が某事を太常に上言した。太常は啓の形式でこのことを尙書（臺）に上申し、尙書がその上言通り承認（告報）するよう求めた。尙書では主管者がこれを調査（詳檢）し、某署令の上言が妥當であると判斷した。そして尙書は皇帝に對して、某署令の上言通りとしてもらいたいこと、あわせて皇帝が承認すれば符を發してそのとおり施行することを奏の形式で要請した[6]。

このように解釋すると、この文書書式は、尙書の奏が太常の某署令の上言から始まるこの案件の全體の經過と、尙書の審査および判斷、施行の要請の三要素から成るものであったことをしめすものとなる。

さてこのような奏の手續は、現實のものとして存在していた。『宋書』禮志には、「有司奏」で始まり、「詔可」で終わる一組の記事が多數收錄されている。それは尙書が、奏の作成の經過における議論を包括した形式で上程した奏

であることが、すでに明らかにされている。[7] その一例であるが、『宋書』巻一七禮志を、便宜上段落をつけて引用すると、

大明元年六月己卯朔、詔以前太子歩兵校尉祇男歆紹南豐王朗、
有司奏、朗先嗣營陽、告廟臨軒、檢繼體爲舊、不告廟臨軒、
下禮官議正、
太學博士王燮之議、（中略）祠部郎朱膺之議、（中略）殿中郎徐爰議、（中略）
參詳、爰議爲允、
詔可、

となる。この事案、嗣爵に際しての告廟の疑義について、禮官に下して議論させたところ、まず太學博士が見解を出し、これに對して祠部郎と殿中郎がこれに對する判斷をのべ、最後に「參詳」がおこなわれた。この經過が有司によって奏され、詔可となったのである。この禮官の議論が、さきの太常某署令の上言と對應し、祠部郎と殿中郎の判斷と「參詳」が主者詳檢にあたるであろう。

ところで、このように尙書から禮官に儀禮上の疑義を檢討するよう依賴することは、すでに東晉から見られるものごとである。『通典』禮典、『晉書』禮志には、東晉時代のものとして、尙書の臺符、もしくは單に符と稱する文書が散見されるが、そこには尙書が太常や博士に儀禮上の疑義を諮問した事實がみられる。[8] 例えば『通典』巻五八「天子納后」に、

穆帝永和十年、臺符問、六禮版文、舊稱皇帝、今太后臨朝、當何稱、博士曹耽云、（中略）、太常王彪之云、（下略）

とあるが、同書巻一〇二「父母墓毀服議」には、「尙書符問」といい、この符が尙書から出たことが明らかである。

これによって東晉時代から尙書が儀禮の疑義に關する議論を禮官に下問し、その回答を尙書で審査した後、皇帝に上奏して裁可を仰ぐ方式が存在したことを確認できるのである。この方式は、人事において尙書吏部が白牒によって候補者を豫定し、吏部が上奏して裁可をまつという「用官式」の（一）にかなりよく似ている。

さらに注意しておきたいのは、この禮官の詳議を含む尙書の奏のなかに、尙書八座の參與が見られることである。その最も早い例は、『宋書』卷一六禮志三に、

孝建二年正月庚寅、有司奏、今月十五日南郊、尋舊儀、廟祠至尊親奉、以太尉亞獻、南郊親奉、以太常亞獻、又廟祠行事之始、以酒灌地、送神則不灌、而郊初灌、同之於廟、送神又灌、議儀不同、於事有疑、輒下禮官詳正、

太學博士王祀之議、（中略）

太常丞朱膺之議、（中略）

通關八座丞郎博士、竝同膺之議、

尙書令建平王宏重參議、謂膺之議爲允、

詔可、

とあるもので、南郊の儀禮に關する疑義において、禮官に下して詳議し、太學博士と太常丞が意見陳述した後、八座丞郎がその判定をおこなっている。

以上の檢討から見ると、『宋書』禮志にみられる「有司奏」から「詔可」に至る一連の手順は、「用官式」の内の（一）の手續とほとんど同一であり、それに文書黃案が用いられ、尙書諸官がこれに署することも共通する。そしてこれらは東晉時代にはすでに出現しており、宋に入ると相當に整備されていたと考えられるのである。「用官式」は東晉以來の尙書の奏作成と上奏、裁可の手續を集成したものということもできるであろう。

しかも、この方式が既述の西晉泰始一〇年武元楊皇后死去後の太子の「除喪卽吉」の事案の處理と類似していることからすれば、その淵源は西晉にあるということになる。

これに對して（二）の場合は、事情が必ずしも明らかではない。ここに記されているのは、詔授の者は詔誥局に付して詔章の草文を作成させ、勅可を得る手續のみであり、（一）のような、白牒から八座通署の奏にいたる詳細な記載はない。ただ、南齊以後、はじめは中書郎が、その後は中書舍人が詔誥を主管する記事がしばしば出現することが注目される。たとえば、『南齊書』巻四八劉繪傳に、

　　轉中書郎、掌詔誥、

『梁書』巻三〇裴子野傳に、

　　頃之、兼中書通事舍人、尋除通直正員郎、著作舍人如故、又敕掌中書詔誥、

『陳書』巻一六蔡景歷傳に、

　　高祖受禪、遷祕書監中書通事舍人、掌詔誥、

とあるものである。中書舍人が皇帝側近として實權を掌握し專斷したことはよく知られた史實であり、したがってかれらが作る詔誥は、ほとんど皇帝の意志を體現したものであると推測できる。これは（二）の手續と共通性を持つことになろう。

このようにみると、すくなくとも南朝には、尙書の奏案の承認と、皇帝の發案をうけての草案作成という、相異なる作成手續をもつ二種の皇帝命令が併存することが確認できるのであるが、この兩方式の併存は元嘉末年にすでにあったと推測できる。その根據は皇太子監國儀注にある「外上事內處報下令書儀」と「令書自內出下外儀」という二種の令書の存在である。以下に、その全文を百衲本の書式にしたがい、適宜句讀點を附して引用する。[9] 文字の異同は、中

華書局評點本に從う。

某曹關、司徒長史王甲啓辭、押、某州刺史丙丁
解騰某郡縣令長李乙書、言某事云々、請臺告報
如所稱、尙書某甲參議以爲、所論正如法令、告報聽
如所上、請爲令書如左、謹關、
司徒長史王甲啓辭、押、某州刺史丙丁解騰某郡
縣令長李乙書、言某事云々、州府緣案、允値、請
臺告報、
年月日、尙書令某甲上、
建康宮無令、稱僕射、
右令、日下司徒、令報聽如某所上、某宣攝奉行如故
事、文書如千里驛行、
年月朔日子、尙書令某甲下、無令稱
僕射、
司徒承書從事到上、起某曹
右外上事內處報下令書儀
某曹關、某事云々、令如是、請爲令書如右、謹關、
右關署如前式

令、司徒、某事云々、令如是、其下所屬、奉行如故事、
文書如千里驛行、
年月日子、下起某曹、
右令書自内出下外儀

これもすでに分析したように、前者は尙書が州を介して郡縣から上がってきた事案を處理し、皇太子の裁可を得て施行する令であり、後者は皇太子の令をその通り奉行させる令である[10]。

以上の検討よりすれば、「用官式」の原案決定の方式は、そのような傳統のうえに出現した方式であることになり、しかもそれを行政法規の「式」として完成させたものであるということができる。

第三節　詔の下達と門下

「用官式」の官吏任命手續の（二）は、詔の下達の手續を詳細にのべている。先述のように大庭氏は（二）を唐の制授の手續と同一であることを指摘された。唐の制授による官吏任用の事例は「制授告身式」としてしられているが、それは「門下」の發辭に始まり、「主者施行」で結ぶ本文に、中書の令・侍郎・舍人の宣・奉・行が續き、門下の「付外施行」の要請と「制可」を經て、尙書の「符到奉行」の下達にいたる手順を文書化したものである。大庭氏によれば、「用官式」はこの手續と同一であるというのであるが、ここで問題にしたいのは、詔の下達における門下の役割である。

詔の下達について、「用官式」の（一）と（二）には決定的な差がある。それは（一）では、黃紙に任命者名を記

載した奏案は、「奏可」されれば、それ以上門下や尚書は經ず、ただちに典名に託されるのに對して、(二)では、「勅可」された黄紙が門下に下され、さらに門下が「付外施行」を請い、「畫可」を得てはじめて選司（尚書吏部）に付して、「行召」がなされるという點である。

このように兩者の手續は(一)の奏可と(二)の勅可ののちでは、大きな差があるようにみえるが、實はそれは當然のこととともいえる。なぜなら(一)の場合、すでに前節でのべたように、奏には皇帝の裁可があればそのように施行したいという尙書の要請がふくまれていたはずであるから、あらためてその施行を請う手續はおそらく必要がないのである。奏可であれば尙書は直ちにその施行にうつることができる。そして、この手續は、尙書の奏案を門下が皇帝に見せることが明記されていない以外は、唐の奏授告身式の手續とまったく同一である。

これに對して(二)には、詔誥局が作成し「勅可」された詔草案がまず門下に下り、門下が「付外施行」することを請う手續が存在する。それは門下が詔をうけとるだけでなく、うけとった詔誥局作成の勅可詔草案に對して、あらためて「付外施行」を請うことによって、その詔の內容を再確認する手續ともいえる。そうすると制授に對應して、ここには「用官式」の詔草案の作成過程において、たとえば唐の宰相會議のようなものが存在したかどうかといった問題も生じるが、いまのところ前節でのべた以上のことはあきらかにしがたい。ただ、門下が「付外施行」を請うこの制度が、詔の施行において、門下が單に詔をうけてその施行を尙書に機械的に付託するのではなく、詔誥局作成の詔草案に對して門下が何らかの關與をするという問題と連動するのではないかと豫測できる。

それゆえ、次には「用官式」(二)の詔の下達施行の過程における門下の役割について、その淵源をさぐってみたい。

これもすでに明らかにされているように、東晉時代に、それまでの「制詔」發辭の詔ではなく、「門下」發辭の詔が出現することが、『文館詞林』で確認できる。[11]それは當時の詔がまず門下に對して發せられることを意味しているが、このことに關して、やはり禮官の詳議の手續に關する事例が注目される。まず典型的な事例を一つ擧げよう。

『宋書』巻一八禮志五に、

晉哀帝初、博士曹弘之等議、立秋御讀令、不應緗幘、求改用素、詔從之、宋文帝元嘉六年、奉朝請徐道娯表、不應素幘、詔門下詳議、帝執宜如舊、遂不改、

とある。これは、表による奉朝請の提言を門下に議論させたように讀めるが、實はそうではない。似たような例を擧げれば、『宋書』巻六〇荀伯子傳に、

遷尚書祠部郎、義熙九年、上表曰、（中略）故太尉廣陵公陳准、（中略）謂廣陵之國、宜在削除、故太保衞瓘本爵蕭陽縣公、（中略）宜復本封、以正國章、

詔付門下、

前散騎常侍江夏公衞璵上表自陳曰、臣乃祖故太保瓘、（中略）伏聞祠部郎荀伯子表、欲貶降復封蕭陽、（中略）乞出臣表、付外參詳、

潁川陳茂先亦上表曰、祠部郎荀伯子表臣七世祖太尉准禍加淮南、不應濫賞、（中略）特垂衿察、

詔皆付門下、竝不施行、

とある。これは祠部郎が前代の功臣の封爵の黜陟を建議し、功臣の子孫がそれに對して一人は皇帝の溫情をねがっているのであるが、もう一人の衞瓘の孫衞璵は「付外參詳」を希望している。

「付外」とはかつて論じたように、尚書に詳議をゆだねることをいう。[12]衞璵は祠部郎荀伯子の建議に對して、あらためて尚書での詳議を要求しているのである。これが「詔付門下」と處理されたのは、詔が門下にあてて出されたこ

とを意味するのであって、門下に審議が付託されたのではない。門下が詳議の場である尙書に「付外」して詳議させるのである。したがってこの「付外」という表現は、尙書に付託するという意味においては、制授告身式における「付外」と完全に同一の意味である。そして「用官式」にある、門下が選司に付して施行させる手續もまったく同様である。すなわち『宋書』禮志の上記記事は、「用官式」(二)の門下が選司(尙書吏部)に付する手續がすでに東晉末には存在したことをしめすものとなる。

しかし、制授告身式および「用官式」と、『宋書』禮志の決定的なちがいは、前者においては、門下が詔の内容を尙書に實施させたいと請い、皇帝の「畫可」を得て尙書に付すのに對して、後者には、詔をうけて門下が施行を請い、皇帝がそれを認可する手續がみえないことである。

そこで次には詔をうけて尙書に施行させるだけではなく、うけた詔に對して門下が何らかの對應をしている事例を檢討する必要がある。これについては、まず『宋書』卷一五禮志二に、

晉成帝咸和五年六月丁未、

有司奏、讀秋令、

兼侍中散騎侍郎荀弈・兼黃門侍郎散騎侍郎曹宇駁曰、尙書三公曹奏讀秋令儀注、新荒以來、舊典未備、臣等參議、光祿大夫臣華恆議、武皇帝以秋夏盛暑、常闕不讀令、(中略)臣等謂可如恆議、依故事闕而不讀、

詔可、

とあるもの、および同書卷六〇王韶之傳に、

高祖受禪、加驍騎將軍本郡中正、黃門如故、(中略)

有司奏、東冶士朱道民禽三叛士、依例放遣、

詔之啓曰、尙書金部奏事如右、斯誠檢忘一時權制、（中略）愚謂此四條不合加贖罪之恩、

侍中褚淡之同詔之三條、却宜仍舊、

詔可、

とあるもの、および『弘明集』卷一二晉何充等「奏沙門不應盡敬表」の序に、

晉咸康六年、成帝幼冲、庾冰輔政、謂沙門應盡敬王者、尙書令何充等議、不應敬、下禮官詳議、博士議與充同、

門下承冰旨爲駮、尙書令何充及僕射褚翌諸葛恢尙書馮懷謝廣等奏、沙門不應盡敬、

とあるものに注目したい。

第一、第二の事例は、尙書の奏に門下が異論をとなえているものである。これは當然、尙書の奏の上呈の過程で、門下が關與し、ばあいによってはそれを審査する方式が出現していることをしめす。それが咸和五年（三三〇）にすでにみられることは注意されてよい(13)。

第三の事例は、本來は禮官と尙書諸官でおこなわれるはずの詳議に、門下が介入しているものである。禮官詳議の結果は尙書令の意見に賛同するものであったから、その結論は尙書令何充以下八座通署によって奏されることになるはずであるのに、その奏のまえに門下が駮している。門下が「付外」して尙書や禮官に詳議させるだけでなく、詳議の結論に反駁しているのは、門下のあらたなありかたといわねばならない。

ただ、これらの例は尙書の奏や禮官の詳議への關與であった。次には門下と詔の關係をみたい。上記第三の何充の事案があった東晉咸康六年（三四〇）から六〇餘年後の、桓玄の事例である。元興二年（四〇三）一二月三日、桓玄は東晉安帝より簒位した。おそらくその日を最初に、以下のようなやりとりがあった。以下、『弘明集』卷一二にある記事を符號と段落を附して引用する(14)。

（ア）許沙門不致禮詔　桓玄
門下、佛法宏誕、所不能了、推其篤至之情、故寧與其敬耳、今事既在已、苟所不了、且當寧從其略、諸人勿復使禮也、便皆使聞知、

（イ）答桓玄詔　晉卞嗣之袁恪之
十二月三日、侍中臣卞嗣之給事黃門侍中（郎か）臣袁恪之言、詔書如右、（中略）若許其名教之外、闕其拜敬之儀者、請一斷引見、啓可紀識、謹啓、

（ウ）詔　桓玄
何緣爾、便宜奉詔、

（エ）答桓玄詔　馬範卞嗣之
太亨二年十二月四日、門下通事令史臣馬範侍中臣嗣之言、啓事重被明詔、崇沖挹之至、復謙光之道、愚情眷眷、竊有未安、（中略）愚謂宜俯順羣心、永爲來式、請如前所啓、謹啓、

（オ）詔　桓玄
置之、使自已、亦是兼愛九流、各遂其道也、

（カ）答桓玄詔　卞嗣之
侍中祭酒臣嗣之之言、重被明詔如右、陛下至德、（中略）請如先所啓、攝外施行、謹啓、

（キ）詔　桓玄
自有內外兼弘者、何其於用前代理、卿區區惜此、更非讚其道也、

（ク）答桓玄詔　卞嗣之

始元元年十二月二十四日、侍中祭酒臣嗣之言、重奉詔、自有内外兼弘者、聖旨淵通、（中略）輒奉詔、付外宣攝、遵承、謹啓、

「沙門不致禮」を命じる桓玄の（ア）（ウ）（オ）（キ）の詔に對して、侍中を中心に門下諸官が抵抗し、反論するだけでなく、（カ）では自己の主張どおりに「攝外施行」を要請することすらしている。しかし、最後に屈して、（ク）では詔のとおり「付外宣攝」を請うている。

これは特殊な事例かもしれないが、門下に下った（ア）の詔に對して、門下が駁していること、門下が詔の「付外」施行を願いでていることは明白な事實である。また上記第三の例とあわせれば、そのような門下の駁は文書「啓」によってなされていることもしられる。

以上によれば、「用官式」（二）の詔の下達の手續、すなわち奏案の黄紙が門下に下され、門下が「付外施行」を請い、「畫可」を得て、尚書につたえられ施行される手續は、まず前段の門下への詔の下達は東晉にすでにみられるし、後段の門下が「付外施行」を請うことも、やはり東晉末には存在している。同時に、詔に對する門下の「駁」が生じていることも注目しておくべきことがらであろう。

このようにしてみれば、陳の「用官式」（二）もまた、すでに東晉代に出現したものとみとめることができるであろう。

むすび

本章でのべたことは、要するに陳朝の「用官式」にみられる人事における尚書吏部の候補者選定と原案作成、尚書

の奏による上呈、皇帝によるその裁可、および詔授のばあいの、詔の門下への下達と門下による施行の要請と施行という手續が、官吏任用にとどまらず、禮制の議論を中心に行政政策一般にももちいられていたこと、その方式は主に東晉代にその原型が出現していることである。陳朝の「用官式」はそれらを集成した人事手續とかんがえられる。ただし、東晉の制度がどのような過程をへて、「用官式」のような唐制と極似する整然とした制度になったかについては、なお微細な考察が必要であろう。

では陳朝の「用官式」が唐制と極似していることはどう理解すべきか。これを陳制が直接唐制につたわったと理解できるかどうかは、今後他の諸制度をふくめ總體的に檢討したのちに結論をだすべき問題である。しかし、主として法律制度で北齊の制を繼承しているとかんがえられている隋唐の制度に、東晉以後の南朝で形成された制度が影響をおよぼしていることは正當に認識しなければならないことであり、そこに南朝の重要な歴史作用があるとかんがえたい。

註

（1）大庭脩「魏晉南北朝告身雜考――木から紙へ――」（初出一九六四、『唐告身と日本古代の位階制』二〇〇三に再錄）。

（2）中村圭爾「三國兩晉における文書『啓』の成立と展開」（『古代文化』五一―一〇、一九九九、のち補充して中村圭爾『魏晉南北朝における公文書と文書行政の研究』科學研究費成果報告書、二〇〇一に收錄）參照。

（3）中村圭爾「南朝における議について――宋・齊代を中心に――」（初出一九八八、本書第五章）。

（4）中村前揭『魏晉南北朝における公文書と文書行政の研究』七六頁參照。

（5）中村前揭『魏晉南北朝における公文書と文書行政の研究』七九頁參照。

（6）祝總斌『兩漢魏晉南北朝宰相制度研究』（一九九〇、北京）參照。祝氏はこの關事儀を、尙書の奏が門下を經由して上呈される制度の明證としてあげている。

（7）金子修一「南朝期の上奏文の一形態について――『宋書』禮志を史料として――」（『東洋文化』六〇、一九八〇）。

（8）中村前掲『魏晉南北朝における公文書と文書行政の研究』五四頁參照。

（9）中村前掲『魏晉南北朝における公文書と文書行政の研究』一二頁參照。

（10）中村前掲『魏晉南北朝における公文書と文書行政の研究』二五、八〇頁參照。

（11）內藤乾吉「唐の三省」（初出一九三〇、『中國法制史考證』一九六三に再錄）、大庭前掲論文。祝氏前掲著二九六頁。なお、祝氏前掲著二九九頁は、この門下への詔の下達は、東晉初頭政治過程とふかく關わり、尙書臺を據點とする王氏の政治勢力を規制しようとする元帝側の意圖と符合するという。傾聽すべき分析であるとおもう。

（12）前掲中村「南朝における議について――宋・齊代を中心に――」本書第五章第二節（二）頁參照。

（13）祝氏前掲著二八八頁は、西晉時代にすでに門下諸官が尙書の奏を許する職掌をもっていたこと、しかしそれはどちらかといえば尙書の職務を補完するものであったとする。重要な指摘というべきであろう。

（14）祝氏前掲著二九九頁以下參照。

第七章　東晉南朝の門下

はしがき

中國前近代官僚制研究の視點は、およそ以下の諸點であろう。第一に、疑似近代官僚制的機構、すなわち合理的行政機構としての官僚制研究、第二に、公的身分特權の標示と保證の組織としての官僚制研究、第三に、皇帝權力の實質的行使の機能を有する組織としての官僚制研究である。この三視點による官僚制研究がもっとも典型的に展開されたのは、東晉南朝における門下、とくに侍中研究であるようにおもわれる。

門下研究の第一の視點は、とくに唐の三省制研究に代表的にみられるように、制詔の傳達と審議、封駮に關する仕組みに特化した研究である。のちにのべるような東晉における門下發辭の詔の研究も、この視點での重要な成果である。第二の視點は、たとえば兩晉南朝における九品官制中の三品官侍中、五品官黃門侍郎の職階の研究がそれにあたる。この二官がそれぞれの官品で表示される身分の表現にとどまらず、上級官僚層特有の身分を標示する官職として、官歴において重要な位置をしめ、その就任がいわゆる貴族かいなかの界限であったこともよくしられている[1]。第三の視點は、その名の通り、皇帝侍從の官として、日常的に拾遺補闕の職務に從事し、皇帝權力の發現に關與した家臣的存在としての侍中の研究にあたる。貴族層の侍中獨占に注目して、いわゆる貴族政治の實態を解明せんとする研究方法がこれにあたるであろう。

門下の研究をこのような視點を總合して推進し、東晉南朝の官僚制的政治機構および政治史研究にとって重要な貢獻をなした研究者として、日本の内藤乾吉、野田俊昭、中國の祝總斌三氏(2)の名をあげるべきであろう。

まずその嚆矢であり、かつその後の研究の古典となった内藤氏の研究は、唐の尙書省、中書省、門下省三省の機能を明確化したものであるが、その中で、門下に關して、東晉から門下發辭の詔が出現することを明らかにし、それは皇帝の詔が最初に門下を經由し、さらにその審査をうけることを意味するものであるとして、門下の筆頭官侍中は、その官を獨占する貴族が皇帝政治に對して、貴族層の意向を代辯するものと考えた。

野田氏の研究は、これに對して、門下は皇帝權力に對して貴族側の意向を代表するという從來說を批判し、皇帝政治の中心は尙書であるが、門下もまた皇帝による貴族支配のためのものであり、貴族支配强化のために侍中を重用したというものである。

祝總斌氏の研究は、兩漢魏晉南北朝の宰相制度全體についてのものであるが、その中で、東晉南朝の門下の組織と機能について、第一に、東晉で詔が門下を通過し、門下による詔の審査と下達が制度化されるという變化が生じたが、東晉ではなお安定せず、南朝になってさらに制度化がすすんだこと、詔の門下經由の意圖は皇帝の失政や暴政の防止にあったこと、第二に、南朝では門下の職權として「平省尙書奏事」が固定化され、儀注に規定されたこと、しかしながら、南朝の侍中は宰相ではなかったと斷定している。

以上のように、東晉南朝の門下に關わる從來の議論は、主に官僚制的政治機構最上層の意志決定手續とそれを實現する詔や奏の授受審査など文書行政の實態、それと關連させた侍中の政治制度上の位置や役割についてのものであった。そして、それが東晉南朝の政治制度像を明確にし、唐の三省制へと結實してゆく當時の政治制度の歷史的意味を確定したことはうたがいの餘地がない。

こうして明らかになった門下、とくに侍中を中繼點とする文書の運行と管理の方式は、東晉南朝における政治制度が、きわめて合理的かつ機能的であり、正史百官・職官志や『通典』職官典の類がえがこうとする官僚制的支配體制の典型的實現であるかのような印象をあたえるものである。

しかしながら、歴史實態として、かような官僚制的組織が正當かつ有效的に運用されるためには、そして所期の役割を正確にはたすためには、なによりも侍中その人の、あるべき學識素養や政治的見識・能力が不可缺であるにちがいない。如上の研究における門下とその役割に關する見解は、それが暗默の前提になっているようにみえる。しかし、ここにこそ、じつは六朝官僚制研究の陷穽が潛んでいるのではないだろうか。すなわち、官僚制の敍述である正史百官・職官志や『通典』職官典の類がえがく整然かつ機能的なる組織圖と、その運營における組織内官僚の屬人的要素の複合が、いかなる政治過程を現出するかについての有機的な分析が十分であったとはおもえないのである。

本章は、東晉南朝の門下、とくに侍中の實態を文獻記事に忠實に整理したうえで、それら門下に係る敍述と門下機構の具體的運行の實態とのある種の乖離を指摘し、六朝官僚制の獨自な性格を明確にすることをめざすものである。

第一節　門下の基本的職務規定

まず、東晉南朝における門下、とくに侍中と黃門侍郎の職掌について、正史における制度的規定を確認しておこう。『宋書』卷三九および四〇百官志上・下には、

侍中、四人、掌奏事、直侍左右、應對獻替、法駕出、則正直一人、負璽陪乘、殿内門下衆事、皆掌之、

給事黃門侍郎、四人、與侍中俱掌門下衆事、郊廟臨軒、則一人執麾、

とあり、これに對して、『南齊書』卷一六百官志の說明は、

宋文帝元嘉中、王華王曇首殷景仁等、竝爲侍中、情在親密、與帝接膝共語、貂拂帝手、拔貂置案上、語畢復手插之、孝武時、侍中何偃南郊陪乘、鑾輅過白門闔、偃將匐、帝乃接之曰、朕乃陪卿、

給事黃門侍郎、亦管知詔令、世呼爲小門下、

とあり、『隋書』卷二六百官志には、

門下省置侍中給事黃門侍郎各四人、掌侍從左右、擯相威儀、盡規獻納、糾正違闕、監合嘗御藥、封璽書、

とある。すなわち侍中・黃門侍郎ともに、定員が四名、職務は「門下」の業務の執行、「獻替」であり、その他にも皇帝側近としてさまざまな職務があった。以下、煩瑣であるが、職務別に具體的な事例をあげておきたい。

（一）獻替（文書によるものを含む）

明帝卽位、拜侍中、機密大謀皆所參綜、詔命文翰亦悉豫焉、（『晉書』卷六七溫嶠傳）

遷侍中、每正言得失、無所顧憚、由是失旨、（『宋書』卷五七蔡興宗傳）

又尋加侍中、（中略）每有獻替及論時事、必手書焚草、人莫之知、（『宋書』卷五八謝弘微傳）

上以散騎常侍舊與侍中俱掌獻替、欲高其選、（『宋書』卷八五王景文傳）

會侍中闕、（中略）高祖曰、我門中久無此職、宜用蕭介爲之、介博物强識、應對左右、多所匡正、高祖甚重之、（『梁書』卷四一蕭介傳）

（二）詔命作成

元凶弒立、以偃爲侍中、掌詔誥、（『宋書』卷五九何偃傳）

遷爲侍中、掌優策及起居注、（『南齊書』巻四三王思遠傳）

續拜侍中、竝掌中書散騎二省詔册、（『梁書』巻一五謝朏傳）

（三）直

（子爽）歷給事黄門侍郎侍中、孝武帝崩、王國寶夜欲開門入爲遺詔、爽距之、（『晉書』巻九三外戚王蘊傳）

又爲侍中、領前軍將軍、于時世祖出行、夜還、敕開門、莊居守、以棨信或虛、執不奉旨、須墨詔乃開、（『宋書』巻八五謝莊）

淳居黄門爲清切、下直應留下省、以父老特聽還家、（『宋書』巻五九殷淳）

從帝卽位、轉侍中、總宮內直衞、（『南齊書』巻二二豫章文獻王傳）

除太子庶子給事黄門侍郎、入直殿省、（『梁書』巻一武帝紀上）

（四）使者

元帝時、使黄門侍郎虞駿桓彝開倉廩振給、幷省衆役、（『晉書』巻二六食貨志）

使侍中顏旄宣旨、召溫入參朝政、（『晉書』巻九八桓溫傳）

元興初、會稽王道子將討桓玄、詔柔之兼侍中、以騶虞幡宣告江荊二州、（『晉書』巻五九齊王冏傳柔之傳）

發詔遣黄門侍郎省疾、（『宋書』巻六三殷景仁傳）

（中興）二年正月、天子遣兼侍中席闡文兼黄門侍郎樂法才、慰勞京邑、（『梁書』巻一武帝紀上）

（五）「解璽」

これは、上記四類とは別次元の職務である。

及齊受禪、朏當日在直、百僚陪位、侍中當解璽、朏佯不知、曰、有何公事、傳詔云、解璽授齊王、朏曰、齊自應有侍中、乃引枕臥、傳詔懼、乃使稱疾、欲取兼人、朏曰、我無疾、何所道、遂朝服、歩出東掖門、乃得車、仍還宅、是日遂以王儉爲侍中解璽、既而武帝言於高帝、請誅朏、（『梁書』巻一五謝朏傳）

このようにみてくると、侍中にはじつにさまざまな職務、ないし實務があったことになる。そのなかには、獻替や詔命の作成などのように、一定の見識・能力や學識・文章力が必要なものから、直や使者のように、むしろ忠誠心や實直さ、皇帝の名代や走り使いのような性格の職務まで多様であり、そのことは屬人的な意味での侍中就任者の資質や資格に統一性が希薄ではないかという疑問をいだかせる。本章の出發點はこの疑問であり、また本章の目的の一つはこの疑問の檢討であるが、詳細は後述する。

第二節　門下の具體的行政機能

前節末尾でのべた疑問のなかで、やはり重要であるのは、詔命および上奏にかかわる職務であろう。この點が從來研究における門下の機能についての焦點である。また、門下の具體的な活動についても、これに關する記事が壓倒的に多い。以下、それらを整理しつつ、門下就任者の屬人的要素を視野にいれながら、門下の機能を分類してみよう。

（一）　詔奏の授受

東晉よりはじまった門下の行政機構における重要な機能は、詔や奏の中繼、傳達である。これを「門下」發辭詔と「關門下」の二點から整理する。

「門下」發辭詔

前述した内藤氏の研究の起點は、周知のように、『文館詞林』巻六六六所載の東晉における「門下」發辭の詔四通であった。それらは「東晉元帝誕皇孫大赦詔」「東晉明帝立皇太子大赦詔」「東晉成帝加元服改元大赦詔」「東晉孝武帝立皇太子大赦詔」であり、最早期は元帝時期である。

その具體的書式は、前三者では「門下云々、其云々」であるが、最後の「東晉孝武帝立皇太子大赦詔」では、

門下、夫古先哲王有國有家者、必建儲貳之重、以崇無窮之統、(中略)其大赦天下、加位二等、大酺五日、布帛之賜、主者詳爲之制、其餘依舊、

となっていて、門下に對して詔が下ったことをしめしている。その詔は、「其」以下に具體的内容をしめすとともに、「主者」に對して具體的な實施方法を指示するという形式となっている。

しかし、『文館詞林』巻六六二から巻六七〇に至る七巻には、それ以前の詔の形式である「制詔」發辭の詔二八通[3]が收められている。もちろんこのことは『文館詞林』收錄詔の全體像が不明であるから、これをもってただちに「門下」發辭詔と「制詔」發辭詔の内容や頻度を比較することはできないが、しかし「門下」發辭詔が皇孫誕生、立太子、元服、すなわちなかばは皇帝家の慶事による大赦の詔であるのに對し、「制詔」發辭詔二八通は、成・穆・孝武各帝の「立皇后大赦詔」計三通と孝武帝「皇太子納妃班賜詔」がその類であるのを除いて、ほとんどが一般の大赦もしくは郊祀・征討・平賊による大赦の詔である。

このことは、皇帝家の家事に起因する大赦については、一般的な大赦とは異なり、尙書ではなく、まず門下に詔が下り、門下から尙書へその實施が傳達されることが、すくなくとも元帝時期にはじまったとすることができるかもしれない。

ただし、門下に詔が下ることになった經緯について、祝總斌氏に東晉初頭の政局のなかで、尙書を掌握した王氏に對抗するために、元帝が門下を據點にしようとしたことが、門下への詔となったというきわめて重要な說[4]があり、今後なお詳細な檢討が必要であろう。

「關門下」

『宋書』巻一五禮志五に「監國儀注」なるものが記載される。これは元嘉二六年二月、宋文帝が京口を東巡した際、皇太子が監國することになり、皇帝にかわって皇太子が政務を處理するための諸文書の名稱・書式を有司が上奏したものである。そこには、以下のように、各文書に關するいくつかの注記がみられる。

右、牋儀、準於啓事、年月右方、關門下位及尙書官署、

右、關事儀、準於黃案、年月右方、關門下位、年月下左方、下附列尙書衆官署、

前者は、「某曹關某事云云」からはじまる文書の注記であり、その注記の意味は、この文書は皇帝執政においては「啓事」とよばれる文書であるが、皇太子監國の場合は「牋」とよばれるのであり、年月記事の右にその文書を「關」する先の門下の官位と尙書諸官の署名を記せという、文書名と書式の説明である。

同樣に、後者は、皇帝に上する文書である「黃案」は、皇太子監國の場合には「關事」と稱され、年月の右には提出先として門下の官位を記し、年月の下左には提出者である尙書諸官の署名を加えよという說明である。

これ以外にも、「右、外上事、內處報、下令書」なる文書がある。この「令」は、皇帝のみが使用する詔に對して、皇太子がこれに準ずる文書を發する際にもちいられる文書名であり、皇太子監國に際して用いられるべき文書である。この文書は尙書某曹が某官からの上申を受けて、しかじかの令を作成したい旨を提案し、これを受けて皇太子が令を

下す方式に關する文書であるが、この文書の前半部、すなわち尙書某曹の提案部分についての注記も「右關門下位及尙書署如上儀」であり、「令書自內出下外」なる文書についても「關署如前式」という。

ここで重要であるのは、「關」の字義である。「關」には一般的には「申す」または「告げる」という意味があるが、前引關事儀の注記の後文には「其尙書官名下應云奏者、今言關」とあって、本來これらの文書冒頭の「某曹關」というのは、皇帝執政下の正規の文書では「某曹」、すなわち當該事案の主管尙書曹名の下に「奏」字が續く「某曹奏」とあるべきものであり、「關門下」も皇帝執政の場合の書式においては「奏門下」とあるべきところである。

これを要するに、これら文書は、尙書から皇帝への上奏文書であり、書式注記からみて、それらがまず尙書主管曹から門下へ送付されるものであるということになる。[5] 宋元嘉末年においては、門下は政治機構の結節點に存在し、尙書からの上奏文書を受領する職務を有していたことになる。

ところで、このような職責は、ただ機械的に文書を尙書から受領し皇帝へ送付するだけのことであろうか。そうであれば、門下はさしたる見識・學識がなくとも十分に務まる官職であるということになるが、實態はそうであろうか。

（二）　奏に對する門下の駁議

前項の門下の機能について、つぎに檢討すべきは、尙書の上奏を門下は單に受納し、皇帝に提示するのみであったのかという點である。

ここで、尙書の奏に對して、門下がなんらかの異議をとなえる事例を以下にあげる。個別具體的な事例のなかから、東晉南朝の政治過程の實態をうかがうことができるので、煩をいとわず、原文を引用する。

『宋書』卷一五禮志二（『晉書』卷一九禮志上略同）に、

成帝咸和五年（三三〇）六月丁未、有司奏讀秋令、兼侍中散騎常侍荀奕兼黃門侍郎散騎侍郎曹宇駁曰、尙書三公曹奏讀秋令儀注、新荒以來、舊典未備、臣等參議、光祿大夫臣華恆議、武皇帝以秋夏盛暑、常闕不讀令、（中略）臣等謂可如恆議、依故事闕而不讀、詔可、

六年三月、有司奏、今月十六日立夏、案五年六月三十日門下駁、依武皇夏闕讀令、今正服漸備、四時讀令、是祇述天和隆赫之道、謂今故宜讀夏令、奏可、

とあり、東晉初頭、秋令を讀むか否かについて生じた議論の經過を記す。有司とは尙書主管曹のことであり、ここでは三公曹のことである。尙書三公曹の秋令を讀むという提案に對して、門下諸官が駁議したものである。

この議論は、咸和五年には、光祿大夫が參議し、制度不備により讀まないというその意見を門下が採用して皇帝に上申し、皇帝から門下に對してそれを承認する「詔可」が下されたものであるが、同六年には、再度上奏されたものを「奏可」、すなわち承認したのである。

おなじく咸和中のこと、『晉書』巻七七陸曄傳に、

咸和（三二六～）中、求歸鄉里拜墳墓、有司奏、舊制假六十日、侍中顏含黃門侍郎馮懷駁曰、曄內蘊至德、清一其心、受託付之重、居台司之位、旣蒙詔許歸省墳塋、大臣之義、本在忘己、豈容有期而反、無期必違、愚謂宜還自還、不須制日、帝從之、曄因歸、

とある。これは大臣の休暇歸鄉の日限について、尙書の奏に對して門下が反駁し、皇帝がこれを認めたものである。

おなじく成帝の咸康年間の例として、『弘明集』巻一二に、

「奏沙門不應盡敬表」晉何充等

晉咸康六年（三四〇）、成帝幼沖、庾冰輔政、謂沙門應盡敬王者、尙書令何充等議、不應敬、下禮官詳議、博士議

與充同、門下承冰旨爲駮、尙書令何充及僕射褚翌諸葛恢尙書馮懷謝廣等奏、沙門不應盡敬、

とあり、成帝の執政庾冰の皇帝に對する沙門「應敬」の命に對して、尙書何充らが詳議の結果「不應敬」の結論を出し、これに門下が駁議、さらに尙書が「不應敬」を上奏したという事例である。

おなじく咸康年閒の例として、『晉書』巻二三樂志下に、

成帝咸康七年（三四二）、尙書蔡謨奏、八年正會儀注、惟作鼓吹鐘鼓、其餘伎樂盡不作、侍中張澄給事黄門侍郎陳逵駁、（中略）詔曰、（中略）澄逵又啓曰、（中略）詔曰、（中略）惟可量輕重、以制事中、散騎侍郎顧臻表曰、（中略）於是除高絙紫鹿跂行鼈食及齊王捲衣笮兒等樂、又減其廩、

とある。この事例の經過は以下のようになる。この年、翌年正月朝會の儀注の樂に關して、「鼓吹鐘鼓」のみを用い、餘は一切おこなわないと尙書が上奏したのに對し、侍中と給事黄門侍郎が駁し、さらに啓を用いて意見具申をした。これに對して詔が出て、中庸の妥協案を求め、散騎侍郎が一案を提示して結論が出た。

東晉初頭にあたる五胡後趙時代のこととして、同書巻一〇五石勒載記下にある例は、ある時暴風大雨、震雹、異常の雹があり、石勒がその故をたずねたところ、前年寒食を禁じたことを介子推の神が怒っているのではと答えるものがあり、そこで以下のような應酬があった。

勒下書曰、寒食既并州之舊風、朕生其俗、不能異也、（中略）尙書其促檢舊典定議以聞、有司奏、以子推歷代攸尊、請普復寒食、更爲植嘉樹、立祠堂、給戶奉祀、勒黄門郎韋謏駁曰、案春秋、藏冰失道、陰氣發泄爲雹、（中略）以子推忠賢、令緜介之閒奉之爲允、於天下則不通矣、勒從之、於是遷冰室於重陰凝寒之所、并州復寒食如初、

石勒が寒食復活を尙書に命じ、尙書がそのための儀典を作成し上奏したところ、黄門郎から全國實施ではなく、并州のみの實施とすべしという駁議が出て、石勒はこれにしたがったというのである。

劉宋に入って、『宋書』巻六〇王韶之傳には、

高祖受禪、加驍騎將軍本郡中正、黃門如故、西省職解、復掌宋書、有司奏、東冶士朱道民禽三叛士、依例放遣、韶之啓曰、尙書金部奏事如右、斯誠檢忘一時權制、懼非經國弘本之令典、臣尋舊制、以罪補士、凡有十餘條、雖同異不紊、而輕重實殊、至於詐列父母死、誣罔父母淫亂、破義反逆、此四條、實窮亂抵逆、人理必盡、(中略)愚謂此四條不合加贖罪之恩、侍中褚淡之同韶之三條、却宜仍舊、詔可、

又駁員外散騎侍郎王寔之請假事曰、伏尋舊制、(中略)臣等參議、謂不合開許、(中略)道阻且長、猶宜別有條品、請付尙書詳爲其制、從之、

とある。前者は尙書金部曹が上奏した贖罪に關する提案への門下の駁議であり、後者はおそらく尙書を經由した休暇申請に對して、門下が尙書にそのための規程を作成させることを提案し、皇帝の承認をえたものである。

なお『晉書』巻七五王坦之傳には、

徵拜侍中、襲父爵、時卒士韓悵逃亡歸首、云失牛故叛、有司劾悵偸牛、考掠服罪、坦之以爲悵束身自歸、而法外加罪、懈怠失牛、事或可恕、加之木石、理有自誣、宜附罪疑從輕之例、遂以見原、

とある。自首した逃亡兵に尙書主管曹が盜牛の嫌疑をかけ拷問して自白させた事案に對して、侍中が罪の輕減を主張したのである。

如上の例とはやや異なるが、『宋書』巻一六禮志三に、

明帝泰始二年(四六六)十一月辛酉、詔曰、(中略)宜聿遵前典、郊謁上帝、有司奏、檢未有先准、黃門侍郎徐爰議、(中略)愚謂宜下史官、考擇十一月嘉吉、車駕親郊、奉謁昊天上帝、高祖武皇帝配饗、其餘祔食、不關今祭、尙書令建安王休仁等同爰議、參議爲允、詔可、

とある。これは詳議の一例であるが、上帝への郊謁の祭祀に關して下された前例にしたがえという詔に對して、尚書が應答した上奏は以下のような內容であった。すなわち尚書で檢證したが前例はなく、黃門侍郎が議をおこして「車駕南郊、奉謁昊天上帝」という原案をつくり、尚書令以下がそれに贊同して奏案としたというのである。この上奏は皇帝に承認された。禮制に關わる尚書內部の論議に、門下が關與しているのであるが、それも學殖がなければなせない役職であった。[6]

以上の諸例から判斷すると、すでに東晉初頭、尚書の政策原案である奏をうけた門下は、ただそれを皇帝に提示するのみならず、その內容を吟味し、場合によっては駁議をおこなうことが常態化していたようにみえる。しかもその駁議の內容は以上の事例からみるかぎり、門下の相當な見識や學識に基づくところがすくなくないようにおもえる。凡庸な門下官人にとって容易な職責ではなかったはずである。もちろんそうであるからこそ、如上の事例は傑出した門下官人が殘した例外的事例であるということもできるのであるが。

（三）　詔の施行

駁議をうけた尚書の上奏は別として、皇帝の承認をえた上奏は、詔として門下に下る。これをうけた、政策實施過程での門下の對應は、具體的には以下のようなものであった。

例えば、『宋書』卷一八禮志五に、

晉哀帝初、博士曹弘之等儀《ママ》、立秋御讀令、不應細幘、求改用素、詔從之、宋文帝元嘉六年、奉朝請徐道娛表、不應素幘、詔門下詳議、帝執宜如舊、遂不改、

とある。これは東晉末、奉朝請の表による問題提起をうけて門下に詔が出され、その詔をうけた門下が、太常へ立秋

に月令を讀む儀式における幘について詳議をおこなうよう通達し、詳議が實施されて、帝の意向により、もとのままになったという經過を記したものである。

同書巻四一后妃文帝路淑媛傳には、

孝建二年、追贈太后父興之散騎常侍、興之妻徐氏餘杭縣廣昌鄉君、大明四年、太后弟子撫軍參軍瓊之上表曰、先臣故懷安令道慶賦命乖辰、自違明世、敢緣衞戍請名之典、特乞雲雨、微垂灑潤、詔付門下、有司承旨、奏贈給事中、

とある。この例は、宋晚期、表による追贈の哀願をうけて門下に詔が出され、その詔をうけた門下が、尙書の主管部署に實施を傳達し、主管部署が給事中を贈官することを奏したものである。ここでは詔を受けた門下を通じて、太后や帝の意向が尙書主管部署に傳わった結果の奏とみることができる。

『宋書』巻六〇荀伯子傳に、

遷尙書祠部郎、義熙九年、上表曰、（中略）故太尉廣陵公陳准、（中略）謂廣陵之國、宜在削除、故太保衞瓘本爵蕭陽縣公、（中略）宜復本封、以正國章、

詔付門下、

前散騎常侍江夏公衞璵上表自陳曰、臣乃祖故太保瓘、（中略）伏聞祠部郎荀伯子表、欲貶降復封蕭陽、（中略）乞出臣表、付外參詳、

潁川陳茂先亦上表曰、祠部郎荀伯子表臣七世祖太尉准禍加淮南、不應濫賞、（中略）特垂矜察、

詔皆付門下、竝不施行、

とある。この例は、封爵の主管部署である尙書祠部郎が前代の功臣陳准・衞瓘二人の封爵降貶を提案し、この處理が

門下に付託された。これに對して、祖先の封爵の降貶に直面した遺族が表によって哀訴し、その一人衞瓘の子孫はその表を尙書の詳議にかける（付外參詳）よう要請し、これをうけて處理を門下に付託する詔が下ったものである。ただ、この詔は門下に審議を付託したのではなく、衞瓘の子孫の上表に明言されるように、表はこれに關する詳議を求めているのであり、門下への詔も詳議を指示するものであったはずである。

以上の諸例は、詔が門下に下っても、門下はそれに對して判斷をおこなうのではなく、ただ尙書に案件審議のための詳議を開催することを通達するのみであったと考えられる。

つぎに『文苑英華』卷三八〇所收の沈約作成の詔について考えてみたい。それは以下のような文案である。

「沈文季加侍中詔」

門下、散騎常侍尙書左僕射西豐縣開國侯新除鎭軍將軍沈文季、業宇流正、鑑識超凡、秉茲恭恪、誠著匪躬、難起非慮、密邇墉圻、罄力盡勤、萬雉增固、寵服攸加、實爲朝典、可侍中、僕射新除侯如故、主者速施行、

この詔以外にも、同卷所收の他の詔、「崔慧景加侍中詔」「王亮王瑩加授詔」「臨川王子晉南康王子恪遷授詔」「王茂加侍中詔」のいずれも、「門下、云々、主者速施行」となっている。

また同書卷四三二所收の沈約「立太子赦書詔」も「門下、云々、可大赦天下、賜民爲父後者爵一級、主者速施行」という書式である。

これらは、門下に下った詔のなかに、主者、すなわち尙書に施行を命じる文言が添えられているが、このことは門下が單に詔を尙書に傳達するのではなく、門下が皇帝にかわって尙書に施行を命じる形式となっていることであると理解することもできる。それは詳議を付託するような方式よりも、より直接的な命令者として門下が機能していることをしめすものであろう。なお、この「門下、云々、可某官、主者施行」なる文言は唐代の「制授告身式」本文と同

一である。[7]

最後に人事に關する門下の機能について附言しておきたい。それは『隋書』巻二六百官志上の陳制に關する以下の記事のなかに現れる。

其用官式、吏部先爲白牒、錄數十人名、吏部尙書與參掌人共署奏、勑或可或不可、其不用者、更銓量奏請、若勑可、則付選曹（曹字『冊府元龜』巻六二九により補う）、更色別、量貴賤、内外分之、隨才補用、以黃紙錄名、八座通署、奏可、卽出付典名、而典以名帖鶴頭板、整威儀、送往得官之家、其有特發詔授官者、卽宣付詔誥局、作詔章草奏聞、勑可、黃紙寫出門下、門下答詔、請付外施行、又畫可、付選司行召、得詔官者、不必皆須待召、但聞詔出、明日、卽與其親入謝後、詣尙書上省拜受、若拜王公則臨軒、

この記事の詳細は別にのべているので[8]、ここでは門下による詔の施行に限定して、その手續を確認したい。この「用官式」には二通りの官位授與手續がある。その第一の方式は尙書吏部から始まるもので、吏部の人選、任命候補者の皇帝への上奏、皇帝の判斷、尙書八座の連署、皇帝の承認と續く。この經過のなかで、門下のことには言及がないが、當然皇帝への上奏等については、門下が關與したはずである。第二の方式は、「特發詔授官」であり、中書が選案を作り、皇帝の承認を得れば、人名を記した黃紙が門下に下り、門下が「請付外施行」、すなわち尙書に通達して施行せんことを皇帝に要請し、皇帝の裁可を得て、任命者を召し出すのである。この手續のなかで、門下は前述の駁議に類する行爲をなしえたか否かは不明であるが、注目しておくべきは、「付外施行」、すなわち詔の施行をそのまま尙書に通達するのではなく、再度「付外施行」を皇帝に請うという手續が入っていることである。詔の施行においては、門下は詔を尙書へ傳達して施行してよいかどうかを皇帝にむけて再度確認するのであり、これは駁議とは異なるが、詔の施行における皇帝への再確認という意味で、門下の存在の大きさをしめすものといえる。

ところで、門下は下達された詔をそのまま受けて、指示通りに處理したり、施行を命じたりするだけではなかった。きわめて例外的ではあるが、門下が詔に抵抗する事例がある。以下にその事例をあげる。『宋書』巻二五天文志三に、

(咸安二年)七月、(簡文)帝疾甚、詔桓溫曰、少子可輔者輔之、如不可、君自取之、賴侍中王坦之毀手詔、改使如王導輔政故事、

とあるのは、諸葛亮の故事にならい桓溫の簒奪を容認する結果となるはずの詔を、簒奪阻止のため侍中が破棄して、主旨をあらためた詔を出させたもので、詔の施行の段階でとられた非常手段といえるであろう。『晉書』巻七九謝安傳附邈傳に、

累遷侍中、時孝武帝觴樂之後、多賜侍臣文詔、辭義有不雅者、邈輒焚毀之、其他侍臣被詔者或宣揚之、故論者以此多邈、

とあるのも、侍中が詔を破棄したりすることが可能であったことをしめしているが、この兩例にみえる詔は、手詔といい、文詔と呼ばれているので、正式の詔ではなかった可能性があり、通常の詔とは區別する必要がある。とはいえ、それであっても詔は門下へという原則はここでも一貫している。

これらに對し、公然と門下が詔に抵抗した例として、東晉末桓玄が主導した王者への沙門敬禮の議論がある。以下、『弘明集』巻一二の該當個所を、記號をつけて引用する。

(a)許沙門不致禮詔　桓玄

門下、佛法宏誕、所不能了、推其篤至之情、故寧與其敬耳、今事既在已、苟所不了、且當寧從其略、諸人勿復使禮也、便皆使聞知、

(b)答桓玄詔　晉卞嗣之袁恪之

十二月三日、侍中臣卞嗣之給事黄門侍中（郎か）臣袁恪之言、詔書如右、（中略）若許其名教之外、闕其拜敬之儀者、請一斷引見、啓可紀識、謹啓、

（c）詔　桓玄

何緣爾、便宜奉詔、

（d）答桓玄詔　馬範卞嗣之

太亨二年十二月四日、門下通事令史臣馬範侍中臣嗣之言、啓事重被明詔、崇沖挹之至、復謙光之道、愚情眷眷、竊有未安、（中略）愚謂宜俯順羣心、永爲來式、請如前所啓、謹啓、

（e）詔　桓玄

置之、使自已、亦是兼愛九流、各遂其道也、

（f）答桓玄詔　卞嗣之

侍中祭酒臣嗣之言、重被明詔如右、陛下至德、（中略）請如先所啓、攝外施行、謹啓、

（g）詔　桓玄

自有内外兼弘者、何其於用前代理、卿區區惜此、更非讚其道也、

（h）答桓玄詔　卞嗣之

始元元年十二月二十四日、侍中祭酒臣嗣之言、重奉詔、自有内外兼弘者、聖旨淵通、（中略）輒奉詔、付外宣攝、遵承、謹啓、

ここでは（a）（c）（e）（g）四回の桓玄の詔に對して、（b）（d）（f）と三回にわたって侍中以下が啓によって詔の施行に抵抗し、（f）ではその啓の通りに尚書に施行させたいとまでいっているが、桓玄の四回目の詔に對し

ては、詔にしたがい尚書に通達することで落着した。

この事案における門下の抵抗は執拗なもので、簒奪當時の桓玄の勢威の實情を暗示するようにもおもえるが、そもそも發端の詔（a）は門下に對して沙門不敬禮を「便皆使聞知」、すなわち周知させよというものであり、主者に施行させよという通常の方式とは異なり、門下に直接對處を委ねようとするものであった。したがって、この場合の門下の抵抗は、一般化することが難しかろう。

なお、『宋書』巻七五王僧達傳に、

孝建三年、除太常、意尤不悅、頃之、上表解職、曰、臣自審庸短、少闕宦情、（中略）僧達文旨抑揚、詔付門下、侍中何偃以其詞不遜、啓付南臺、又坐免官、

とあるものは、門下の詔の施行に關しての事情がやや異なる。これは任命された官職に不服の官人の言動が問題視され、その處理が門下に付託されたものであるが、侍中は獨自の判斷で啓により南臺御史へ案件を送付している。門下が單に詔を尚書に傳達するだけではないことをしめすものである。

以上にみたように、詔の施行においては、門下は基本的にはそれをうけて「付外」すなわち尚書に詔を遵奉し、政策として實現するべき旨を通達するのが職務であり、その意味では詔の機械的な處理にとどまるのみのようであるが、ただ、その詔を施行してよいか否かを皇帝に再確認する手續が出現していることは、門下の特別な存在感をしめすものといえる。この手續の段階において門下が詔の施行に異論を唱えたような事例は確認できないが、單なる形式的な手續をこえた政治制度上の門下の重要機能というべきではなかろうか。そうであるとすれば、ここでも門下就任者には特別な資質が求められたとせざるをえない。

（四）門下と尚書

以上にみてきた東晉南朝における門下の政治制度上の機能は、行政機構の中樞であった尚書といかなる關係にあったのであろうか。門下と尚書は、すでにこの段階で、一方は皇帝の側近にあって奏と詔の傳達に直接關わるのみならず、奏と詔の內容に關して一定の容喙が認めらており、一方は皇帝に上呈する政策原案を門下に送り、政策施行を門下から直接受け取り、實施する立場となっていた。おなじく政治機構の中樞に位置するとはいえ、この兩者の機能分化は、政治機構の實際的な運營において、それぞれの權限を制約し、一方の專斷を抑制する役割をはたしたとおもわれる。

『宋書』卷五九何偃傳に、

元凶弑立、以偃爲侍中、掌詔誥、時尙之爲司空尙書令、偃居門下、父子竝處權要、時爲寒心、而尙之及偃善攝機宜、曲得時譽、

とあるのによれば、父何尙之は尙書令、子何偃は門下にあり、兩者ともに權要の地位にあって、その尙書と門下の父子間に當然連携が存在することが、絕大な權限を生むと世に理解されていたのである。

ところが、このような尙書と門下を一人で兼任する事例がすくなからずある。この現象は宋末に始まり、梁陳に時にみられるものであるが、とくに人事を擔當し、その意味で當時の政治體制に重要な意味を有した尙書吏部と門下の兼任が數例あり、注目される。以下、その事例をあげる。

王悅「（泰始中）遷尙書吏部郎、侍中、在門下、盡其心力」（『宋書』卷九二良吏傳）

謝瀹「（建元中）除黃門郞、兼掌吏部」（『南齊書』卷四三本傳）

顧憲之「遷給事黄門侍郎兼尚書吏部郎中」（『梁書』巻五二止足傳）
徐勉「天監二年、除給事黄門侍郎尚書吏部郎、參掌大選、遷侍中」（『梁書』巻二五本傳）
王泰「（天監中）累遷給事黄門侍郎員外散騎常侍、竝掌吏部如故、俄即眞」（同書巻二一本傳）
到洽「（普通五年）仍遷給事黄門侍郎、領尚書左丞」（同書巻二七本傳）
沈炯「梁元帝徵爲給事黄門侍郎領尚書左丞」（『陳書』巻一九本傳）
袁樞「（紹泰元年）除員外散騎常侍兼侍中、二年、兼吏部尚書、（中略）永定二年、徵爲左民尚書、未至、改侍中、掌大選事」（同書巻一七本傳）
到仲擧「文帝嗣位、授侍中、參掌選事、天嘉元年、守都官尚書」（同書巻二〇本傳）

これは、侍中・黄門侍郎という門下の官が、尚書の所管である人事權を掌握していることを意味し、皇帝側近が正當の行政組織である尚書と一體化していることになる。事例は吏部が中心であるが、尚書左丞の例もあり、皇帝主導の政治の制度的なあり方の一つとみることができる。ただし、その皇帝主導政治の實現そのものは、門下と尚書を兼任する官人の屬人的あり方によって、すなわち皇帝の意志に對して獨自もしくは主體的判斷をなしうるか、單にそれを遵奉するのみかに、かかっている。

第三節　侍中就任者について

（一）侍中就任者の實態

以上にみてきたように、東晉南朝の門下は、政治體制において、機構上でも機能においても、きわめて重要な位置にあった。すくなくとも、如上のような、門下に關する規定や奏・詔を中心とする文書による政治運營において、缺くべからざる地位であった。このような門下が十全にその機能を發揮し、名實ともに政治機構の中樞の機能をはたすかいなかは、何をおいてもその任にあたる人物の學識・經驗・能力にあったにちがいない。また、人事においては、そのような人材の侍中への配置が焦眉の急であり、愼重な人選がなされたと考えざるをえない。

ところが、具體的に侍中就任者をみてみると、かならずしもそのようには理解できない實情がある。以下、東晉南朝の侍中就任者の實態を紹介することとする。

章末**表Ｉ**は、東晉南朝の侍中就任者を網羅したものである。これをもとに、いくつかの注目すべき事實についてのべてみる。

（ア）侍中就任者數の偏向

章末**表II**は、**表Ｉ**のうち、東晉南朝のいずれかの王朝で、複數の侍中就任者を出した家について、就任者數を一覽にしたものである。

表層的な統計手法であるが、この表をみてすぐ氣づくのは、東晉をのぞく各王朝において、宗室諸王の侍中が壓倒的多數を占めるということである。各王朝の全就任例中にしめる比率は、東晉では必ずしも大きいとはいえないが、宋以後に漸增し、南齊・梁・陳では三割をこえる。宋以後は皇室諸子を若年で封王し、高位高官をあたえ、また藩鎭府將として出鎭する傾向が顯著であるが、侍中の就任狀況もその一環であろう。

宗室に次ぐのは、琅邪王氏である。東晉では宗室を凌駕し、宋以後では、宗室をのぞく全就任者中にしめる比率は宋・梁で二割、南齊では三割近くとなる。また王氏の全就任者數は、王氏に次ぐ就任者を出している陳郡謝氏の三倍以上になる。これらは突出した數字といわざるをえない。

王氏に次ぐ就任者を出しているのは、陳郡謝氏一九例、吳郡張氏一五例、濟陽江氏・會稽孔氏一四例、河南褚氏・吳興沈氏の一三例、陳郡袁氏・廬江何氏一二例、太原王氏・蘭陵蕭氏・吳郡陸氏九例等である。そして、この王氏以下あわせて一二氏の就任數が、宗室諸王をのぞく全就任者の六割近くになる。

侍中を出した家は、宗室をのぞいて九九氏である。そのうち、いずれかの王朝で複數の侍中を出した家は三三氏、それ以外は、吳興胡氏、南陽劉氏のように、二朝で一人ずつ侍中を出した家、巴東徐氏、東莞臧氏のようにただ一人が、二朝で侍中となった例をのぞけば、東晉以下五朝を通じて、侍中を得たのは各氏ともただ一人ということになる。以上のことは、侍中がきわめて限定された著姓に獨占される傾向にあったことをしめすであろう。なお、これらの中に、吳郡張氏・會稽孔氏・吳興沈氏・廬江何氏・吳郡陸氏等、南渡著姓ではなく、江南土着の著姓がすくなからずふくまれているのは、注意しておくべきであろう。

（イ）「加侍中」

侍中には、本官に附加され、「加侍中」と表現される任命方式がある。典型的な例を一二あげてみよう。『宋書』卷七七柳元景傳に、

（孝建元年正月、魯爽反）由是克捷、上遣丹陽尹顏竣宣旨慰勞、與沈慶之俱以本號開府儀同三司、封晉安郡公、邑如故、固讓開府儀同、復爲領軍、太子詹事、加侍中、尋轉驃騎將軍、本州大中正、領軍侍中如故、大明二年、復加開府儀同三司、又固讓、明年、遷尙書令、太子詹事侍中中正如故、以封在嶺南、秋輸艱遠、改封巴東郡公、五年、又命左光祿大夫開府儀同三司、侍中令中正如故、又讓開府、乃與沈慶之俱依晉密陵侯鄭袤不受司空故事、事在慶之傳、六年、進司空、侍中令中正如故、又固讓、乃授侍中驃騎將軍南兗州刺史、留衞京師、世祖晏駕、與太宰江夏王義恭尙書僕射顏師伯竝受遺詔輔幼主、遷尙書令、領丹陽尹、侍中將軍如故、給班劍二十人、固辭班劍、

元景起自將帥、及當朝理務、雖非所長、而有弘雅之美、（中略）永光（元）年夏、元景遷使持節督南豫之宣城諸軍事、卽本號開府儀同三司南豫州刺史、侍中令如故、

とある。柳元景は、孝建元年（四五四）に、魯爽の亂鎭定の功によって、諸官位にあわせて、「加侍中」となった。その後、大明二年（四五八）、三年、五年、六年とたびかさなる授位授官において、侍中等は「如故」のあつかいであったが、六年再度の授官で「授侍中」とあり、永光元年（四六五）に殺害されるまで、侍中は「如故」のあつかいである。この經過からいえば、六年の最初の人事までの侍中は「加侍中」であり、同年二回目の人事において、正式の侍中となり、その後は正式の侍中のままであったとせざるをえない。

『梁書』巻二二太祖五王臨川靖惠王宏傳に、

天監元年、封臨川郡王、邑二千戶、尋爲使持節散騎常侍都督揚南徐州諸軍事後將軍揚州刺史、又給鼓吹一部、三年、加侍中、進號中軍將軍、（中略）六年夏、遷驃騎將軍開府儀同三司、侍中如故、其年、遷司徒領太子太傅、八年夏、爲使持節都督揚南徐二州諸軍事司空揚州刺史、侍中如故、其年冬、以公事左遷驃騎大將軍、開府同三司之儀侍中如故、未拜、遷使持節都督揚徐二州諸軍事、揚州刺史侍中將軍如故、十二年、遷司空、使持節侍中都督刺史將軍如故、十五年春（中略（生母の喪あり））、尋起爲中書監、驃騎大將軍使持節都督如故、固辭弗許、十七年夏、以公事左遷侍中中軍將軍行司徒、其年冬、遷侍中中書監司徒、普通元年、遷使持節都督揚南徐州諸軍事太尉揚州刺史、侍中如故、（中略）七年三月、以疾累表自陳、詔許解揚州、餘如故、四月、薨、

とある。この場合は、天監三年の「加侍中」にはじまり、一五年まではそれが「如故」として持續されており、生母の喪明けにともなって、あらたに中書監となり、一七年夏に左遷された侍中か、冬に授官された侍中は正規の侍中と考えざるをえない。侍中には「加侍中」と正規の侍中の二種があったのである。

なお、萬斯同撰の東晉より陳にいたる「將相大臣年表」（『二十五史補編』所收）の侍中と、**表I**所載侍中を比較してみると、**表I**の方が二倍弱となる。これは**表I**所載侍中のおおくは官歴記載の中にあり、任官時期が不明であるために、「年表」では採っていないことによるとおもわれるが、**表I**の侍中の中には「加侍中」とは明記しないが、正規の侍中ではないものがあり、「年表」ではこれを除外したとも考えられる。そうすると「加侍中」の例は相當數にのぼることになる。

ところで、『宋書』巻一八禮志五に、

宋興以來、王公貴臣加侍中散騎常侍、乃得服貂璫也、

とあるのによれば、「加侍中」「加散騎常侍」のばあいも、正規の侍中・散騎常侍と同等の冠飾着用が認められており、可視的場面では、加官も正規の官も同等であったと思われる(9)。

以上の點からいえば、相當數の侍中就任者は侍中本來の、もしくは規定通りの職務を擔當したとは考えられず、單なる稱號として、あるいは身分として侍中の官位を身に帶びていただけであるとしかいえないことになる。

（ウ）「長兼侍中」

侍中には、「長兼侍中」という特異な就任方式があり、東晉南朝においては一六例を見いだすことができる。これは「未正授之稱」あるいは「試補」の意味であるとされる(10)。

この地位に就いた官人が具體的にいかなる職務もしくは任務を擔ったかは、『南齊書』巻四六蕭惠基傳に、「直在侍中省」とあって、侍中同様當直の任務があったことと、『梁書』巻二一柳惲傳に、

天監元年、除長兼侍中、與僕射沈約等共定新律、

とある例が殘るのみである。後者は、新律の策定にとくに必要とされてこの地位を得たと考えられるが、あるいは後

述のような事情で長兼侍中となったときに、たまたまこの任にあたったとも考えられ、確定しがたい。

その事情とは、長兼侍中就任者の官歴の通例である。一六例中、長兼侍中就任前の官職が吏部郎である者五例（東晉一、南齊二、梁二）、中書郎または給事黄門侍郎、太子中庶子を經た者一三例（東晉一、南齊五、梁六、陳一）、長兼侍中以後に侍中または散騎常侍となった者九例（南齊四、梁四、陳一）である。これら諸官はいわゆる清官の最たるものであって、特定の排他的な官歴を構成しており、その官歴を構成する官職には一定の就任順位がある。具體的には中書郎・黄門侍郎・太子中庶子から吏部郎・司徒左長史を經て侍中という經路である。(11) 長兼侍中は、この官歴において、中書郎から侍中までの閒で、その就任時期を調整するためにのみ設定された官位としか考えることができないであろう。

（エ）長期就任者

「加侍中」の例としてあげた柳元景と臨川王宏は、また「加侍中」および正規の侍中の在任期閒が通算して一〇年を越えている。このような例は他にもすくなからず見える。いま一二例を補っておく。

宗室諸王の例では、『宋書』巻五一宗室長沙景王傳附韞傳に、

> 韞字彥文、歩兵校尉宣城太守、子勛爲亂、大衆屯據鵲尾、攻逼宣城、于時四方牧守、莫不同逆、唯韞棄郡赴朝廷、太宗嘉其誠、以爲黄門郎太子中庶子侍中、加荊湘州南兗州刺史呉興太守、侍中領左軍將軍、又改領驍騎將軍撫軍將軍雍州刺史、侍中領右衛將軍、改領左衛將軍、散騎常侍中領軍、昇明元年、謀反伏誅、韞人才凡鄙、以有宣城之勳、特爲太宗所寵、

とある。宗室劉韞は晉安王子勛の亂のあった泰始二年（四六六）から誅死の昇明元年（四七七）までの一〇餘年閒で、長期にわたって侍中であった。この人物はまた、「人才凡鄙」であったことが注意される。

『陳書』卷二三王瑒傳によれば、かれは梁末に長兼侍中となり、陳に入って、

世祖嗣位、授散騎常侍領太子庶子、侍東宮、遷領左驍騎將軍、太子中庶子常侍侍中如故、瑒爲侍中六載、父沖嘗爲瑒辭領中庶子、世祖顧謂沖曰、所以久留瑒於承華、政欲使太子微有瑒風法耳、廢帝嗣位、以侍中領左驍騎將軍、光大元年、以父憂去職、高宗卽位、太建元年、復除侍中領左驍騎將軍、遷度支尙書領羽林監、（中略）尋授尙書右僕射、未拜、加侍中、遷左僕射、參掌選事、侍中如故、（中略）太建八年卒、時年五十四、

とあるように、沒年まで、父の死による中斷をのぞいて、ほぼ二〇年間、侍中の官位を帶びていた。

長期に連續して在位したのではないが、宋・南齊・梁の三朝にわたって侍中を授けられた例もある。『梁書』卷一五謝朏傳によると、かれは宋末年侍中となった。既述のように、宋齊交替の際、璽を解くのが侍中の任務であったが、それを忌避して、危うく誅殺されるところであった。しかし、南齊永明中にはまた侍中となり、その後三度侍中を授官されて固辭し、梁が成立すると、また侍中を授官され、固辭したが、舊宅に府をおき、そこで拜受したという。

（二）　就任者からみた侍中の官僚制における位置

以上のような、侍中敍任についての具體的狀況から、侍中の性格を規定するために有效とおもわれるいくつかの推測をしてみたい。

「加」「長兼」は當時の官人の官歷における侍中の特別な意味を表現している。侍中敍任は、官歷における身分や資格、就任順序の妥當性などが重視され、したがって官人の公的身分表示としての意味がつよかったと推測される。

宗室や特定の家に就任者が集中していることは、侍中本來の職務への適格性、すなわち一定の見識・學識や行政能力・文章力の保持という視點からの人選とは考えがたいところがあろう。もちろん例えば梁諸王中、梁武帝の學館考

試において甲科を得、侍中となったものも存在するから[12]、宗室がすべて無學無能ということにはならないし、同様のことは王氏以下にもいえることであるが、一般的にいって潤色の多い宗室や著姓出身の列傳によっても、侍中本來の職務に適格の突出した學識・見識・政治能力の保持者ばかりでないことはいうまでもなかろう。

以上の點とも關連するが、侍中には榮譽職的な色彩が濃厚であった。漢の侍中が加官であり、容姿を飾って皇帝に侍從し、褻器虎子の屬をあつかったことは、『通典』巻二一の記すところであるが、『南齊書』巻一六百官志にも、

侍中、(中略)齊世朝會、多以美姿容者兼官、

とあり、個人的な官人としての資質とは別の要素が敍任の條件であったこともある。

『南齊書』百官志によると、齊では侍中が門下と呼ばれたといい、『通典』巻二一はこの說を引用しているが、そもそも門下の原義からいえば、その職務は皇帝の家政の管掌であり、皇帝の私臣的色彩も濃厚であったといわざるをえない。おそらく王朝官人と皇帝家臣との峻別が未分化の狀態の中で、宗室諸王はもとより、琅邪王氏を筆頭とする著姓の侍中任官には、かれらを皇帝家直屬の私臣として保有するという皇帝側の意識が存在したのではないかと推測される。江南の著姓に侍中任用が多いという現象も、かれらの私臣化と懷柔という志向のなかで理解しうるであろう。

むすび

本章は前半と後半で、方法と視角が異なる。

前半部分では、侍中の制度的規定を中心に政治體制と官僚制における侍中の理念的あり方を確認し、ついで實際の政治過程の中ではたした機能を詔と奏への關與の具體例に基づいて檢討した。

侍中には、獻替や詔命の作成から直や使者など、多様な職務、ないし實務があった。また、實際の皇帝の支配意志を實現する文書行政においては、詔や奏に對する一定の判斷と關與が許容され、もしくは要請されていた。すなわち侍中は、東晉南朝における皇帝支配體制の中樞に位置する官職であったということができる。

それら任務に必要な侍中就任者の屬人的條件は、學識・見識や政治能力・文章力、あるいは忠誠心や實直さ等、職務に應じて多樣であったとみなすことができる。

後半部分は、東晉以下の侍中就任者全體について、その任官の狀況や傾向を概觀した。そこでは、宗室が多數を占めるほか、琅邪王氏の就任者が突出して多數であり、それ以外の著姓においても、きわめて限定された範圍における集中的な侍中任官例がみられた。そのことは、いかなる出身氏族であるかをのぞいて、屬人的な意味での侍中就任者の資質や資格に統一性が希薄であったことを意味すると判斷される。換言すれば、一部の就任者をのぞいて、支配體制中樞として機能するべき門下の就任者が、すべてが適格者とはかぎらず、したがって侍中の機能の十全な遂行に限界があったと推測されるのである。

しかしながら、一方では、そのような人事が不必要な侍中の機能も存在した。それは侍中の身分表示機能であり、また皇帝支配體制における私臣的君臣關係にある官人群の保有と維持のための官位稱號であった。

このような侍中の性格は、疑似近代官僚制的組織としての九品官制のなかで、相當に合理的行政機構として機能する官職であるとともに、一方では、公的身分特權の標示と保證のための官位であり、さらに皇帝權力の實質的行使を可能にする私臣的官僚群の一員としての官位稱號であるという、複合的なものであったと考えることができる。

かくして侍中は、多樣な性格と內容を有する六朝官僚制において、もっともその特質を表現する象徴的な官位であったということができる。

表1　侍中就任者一覧

	宗室諸王	陳郡殷氏
東晋	康帝（7）汝南王統（8、司馬懿玄孫）海西公奕（8）○簡文帝昱（9）齊王柔之（10、59）○恭帝（10）譙王恬（37）汝南王羕（59）○武陵王晞、○遵（10、64、元帝子、孫）會稽王道子、○元顯（64、簡文帝子、孫）	浩（77）仲文（99）
宋	南譙王恢（6）建安王休仁（6、72）明帝、襲（8）長沙王道憐、義融、義宗、緄、顗、秉、臨川王義慶、遵考、韞（51）廬陵王義眞、江夏王義恭、江夏王朗（61）●彭城王義康、南郡王義宣、南郡王恢、惔（68）南平王鑠、●晉平王休祐（72）竟陵王誕、廬江王禕、桂陽王休範（79）營道侯義纂（元凶、99）始興王濬（元凶、99）延孫（78）勔（86）	沖（59）景仁（63）
南齊	明帝（2）景先（3）、安陸侯緬（3）、江夏王鋒（3）文惠太子（21）●豫章王嶷（22）臨川王映、臨川王子晉、長沙王晃、武陵王、安成王暠、鄱陽王鏘、桂陽王鑠、河東王鉉（35）☆赤斧、穎冑（38）竟陵王子良、竟陵王昭冑、廬陵王子卿、安陸王子敬、●晉安王子懋、隨郡王子隆、西陽王子明（40）坦之（42）衡陽王鈞、始安王遙光、○安陸王緬（45）惠休（46）巴陵王寶義、廬陵王寶源（50）惠基（78）順之（梁1）	
梁	○簡文帝（3）元帝、臨川王大款、桂陽王大成（5）哀太子大器、愍懷太子方矩、穎冑、穎達（10）緬（12）○臨川王宏、安成王秀、●南平王偉、鄱陽王恢、鄱陽王範、始興王憺（22）長沙嗣王業、●淵藻、●桂陽嗣王象（23）吳平侯景（24）琛（26）南康王績、南康王會理、邵陵王綸（29）尋陽王大心、南郡王大連、☆南海王大臨（44）豫章王綜、武陵王紀、臨賀王正德、河東王譽（55）昂（24）☆○子顯、愷、★子雲（35）介（41）上甲鄉侯韶（56）	鈞（27）
陳	臨川王蒨（2）安成王頊（3）後主、長沙王叔堅、鄱陽王伯山（6、28）晉安王伯恭（14、28）、南康王方泰（14）○慧紀（15）廬陵王伯仁、江夏王伯義、永陽王伯智、桂陽王伯謀、建安王叔卿、宜都王叔明、新蔡王叔齊、晉熙王叔文、淮南王叔彪、尋陽王叔儼、嶽陽王叔愼、吳興王胤（28）	

		恆(63)			
武威陰氏				子春(46)	
陳郡袁氏	猷(83)湛(宋52)	湛(52)愍孫(57)顗(84)粲(89)	彖(48)	昂(31)樞(陳17)	樞(17)泌(18)憲(24)
琅邪王氏	導、珣、珉、謐、薈(65)混(20、65)胡之、彬、彪之(76)羲之、楨之、操之(80)敦(98)敬弘(宋66)	偃(外戚、41)弘(42)練(42)孺(42)球(58)淮之、韶之(60)華、曇首(63)敬弘(66)僧綽(71)景文、藴(85)悅(92)僧虔(南齊33)延之(南齊32)★●儉(南齊23)琇(5)僧朗(85)	●儉(23)華、○琨、延之、倫之(32)僧虔(33)★●晏(42)思遠(43)秀之、慈(46)奐、纘(49)逡之(52)志(梁21)僧衍(陳17)瑩(梁16)	騫(7)亮、瑩(16)○通、●勱(陳、17)瞻、峻、暕、泰、●份(21)規、☆承、褒(41)質(陳18)固(陳21)	沖、通(17)質(18)固、寬(21)瑒、瑜(23)
太原王氏	坦之、愷、國寶、淡(75)爽(93)欣之(20、93)			茂(9)僧辯、顗(45)	
東海王氏	雅、少卿(83)				
沛郡王氏			廣之(29)		
晉陵王氏			●敬則(26)		
長沙歐陽氏					頠(9)
太原溫氏	嶠(67)				
盧江何氏	○充(77)楷(宋91)	偃(42、59)尚之、悠之(66)戢(南齊32)	胤(9)戢(32)昌寓(43)	敬容(37)點、胤(51)	

東海何氏		勗（無忌子、71）			
譙郡夏侯氏				詳（10）亶（28）	
丹陽甘氏	卓（70）				
譙國龍亢桓氏	○溫（8）玄（10）石生、○沖、謙（74）				
譙國譙桓	景（81）				
潁川韓氏	伯（75）				
琅邪顏氏	含（77）髦（88）旄（98）	師伯（29、77）竣（59）			
丹陽紀氏	瞻（68）璩（77）？				
吳興丘氏		丘淵之（81）			
會稽虞氏	潭、嘯父（76）		悰（37）		
陳留阮氏	孚、裕（49）	萬齡（93）韜（南齊32）			
元氏				法僧、景仲、景隆、願達（39）	
南陽胡氏			諧之（37）	僧祐（46）	
吳興胡氏					穎（12）
吳郡顧氏	衆（79）和（83）				
秦郡吳氏					○明徹（9）
陳留濟陽江氏	彪（56）☆逌、灌（83）	夷（53）概（59）湛（71）謐（南齊31）	祀（6）謐（31）祏（42）斅（43）淹（南59）	蒨（21）	總（27）
魯國孔氏	夷吾（91）				
會稽孔氏	愉、汪、安國、坦、琳之（77）	季恭、山士、靈符（54）琳之、道存	道隆、稚珪（48）		●奐（21）

		（56、晋安王、84）覬（84）			
始興侯氏					○安都（8）
巴西侯氏					瑱（9）
廣陵高氏	崧（71）				
巴山黄氏					●法氍（11）
陳留濟陽蔡氏	●謨（77）	廓、興宗（57）	約（46）	撙（21）	景歴（29）
清河崔氏			慧景（51）		
陳郡謝氏	●安、琰、邈（79）	○晦（43）方明（53）○弘微（58）靈運（67）莊（85）朏（南齊37）	朏（37）謝瀹（43）	朏、覽（15）擧（37）徵（50）哲（陳21）	★哲、嘏、儼（21）
南平車氏	胤（83）				
吳郡朱氏				异（38）	
汝南周氏	嵩、謨（61）顗（69）閔（69）	淳（82）		捨（25）弘正（陳24）	弘正（24）
潁川荀氏	奕、邃（39）				
濟北淳于氏					●量（11）
琅邪諸葛氏	●恢（77）				
巴東徐氏				世譜（陳13）	世譜（13）
安陸徐氏					度
東海徐氏		湛之（71）	孝嗣（44）	緄（7）勉（25）	陵（26）
東莞徐氏	廣（82）				
吳興章氏					昭達（11）
鍾氏	雅（7）				
蘭陵蕭氏		●道成（南齊1）●			允（21）摩訶（31）

		武帝賾（南齊3）、豫章王嶷（南齊22）思話（南齊66）☆惠基、斌（南齊78）惠開（南齊87）			
東海蘭陵蕭氏					濟（30）
吳興沈氏		懷文（54、66）演之（63）慶之、文叔（77）	沖（34）文季、昭略（44）	●約（13）衆（陳18）	○恪（12）衆（18）○君理（23）欽（7）
汝陰任氏					忠（31）
樂安任氏				昉（14）	
安定席氏				闡文（1）	
范陽祖氏	約（6）臺之（75）				
新野曹氏				景宗（9）	
東莞臧氏	燾（宋55）	燾（外戚、55）			
吳郡孫氏					瑒（25）
廣陵戴氏	邈（61）				
高平郗氏	○鑒（67）				
河南褚氏	翜（77）裒（93）秀之（宋52）	秀之、淡之、湛之（52）、淵（齊1）炫（南齊32）	賁、澄（23）炫（32）	翔、☆向（41）	
范陽張氏	張澄（23）？			緬、☆纘（34）綰（5）	
吳郡張氏	張澄（23）？	暢（46、59）悅（46、59）演（晉安王、84）岱（南齊32）緒（南齊33）○永（53）	稷（7）瓌（24）岱（32）緒（33）景胤（49）稷（梁13・16）	稷（13・16）充（21）	種（21）

丹陽張氏	闓（76）張澄（23）？				
南彭城陳氏	陳碁（98）？		顯達（26）		
吳興陳氏				覇先（陳1）	
義興陳氏	陳碁（98）？			慶之（32）	
會稽丁氏	潭（78）				
程氏		程道惠（43、齊37）			
滎陽鄭氏		鮮之			
京兆杜氏				崱（46）	
吳郡杜氏					●稜（12）
彭城到氏				漑（40）洽（陳20）	仲擧（20）
鄱陽陶氏	侃（66）				
河東裴氏				之高（28）	
順陽范氏	泰（宋60）	泰、晏（60）			
南鄉范氏				★雲（1・2）	
南陽樊氏					毅（31）
北地傅氏		亮（43）			
長樂馮氏	馮懷（39）				
平昌伏氏	系之（92）				
濟陰卞氏	○壼（70）範之（99） 卞耽（83）？				
慕容氏	廆、皝（109）儁（110）				
滎陽毛氏					喜（29）
平昌孟氏		顗（66）			
潁川庾氏	準、希（73）楷（84） 蔑（88）	炳之（53）			
新野庾氏			杲之（34）		

豫章熊氏	遠（71）				
泰山羊氏				侃（39）	
桂陽羅氏	含（92）				
江夏李氏	式（92）				
蘭陵李氏			○安民（27）		
呉郡陸氏	曄（70）玩、始（77）	仲元（53）	萬載（46）瓌（24）	襄（27）雲公（50）	繕（23）
河東柳氏		世隆（10）●元景（77）	慶遠（9）	慶遠（9）惔、憕、忱（12）☆惲（21）	
沛郡劉氏		粹（45）			
彭城劉氏	☆隗、劭（69）		☆悛（37）	孺、孝先（41）	
南陽劉氏	○耽（61）	湛（69）			
丹陽路氏		休之（外戚、41）			
扶風魯氏					廣達（31）

凡例

人名の後の（　）内は、それぞれ出典である『晉書』『宋書』『南齊書』『梁書』『陳書』『南史』における巻數。『宋書』以下と『南史』の記事が重複する場合は、『南史』は省略した。該當時代以外の場合は略稱を附加（例えば東晉の欄に（宋　）とあれば、『宋書』の巻數）。（　）の後の?マークは、本貫が不明で、假に同族として該當欄に記入したものをしめす（表IIの數字からは除外）。

印なし：侍中

○：加侍中のみ

●：加侍中および侍中

☆：長兼侍中

★：長兼侍中および侍中

表Ⅱ　侍中就任者数

	東晋	宋	南斉	梁	陳	計
宗室諸王	12	29	32	36	20	
陳郡殷氏	2	3		1		6
陳郡袁氏	2	4	1	2	3	12
琅邪王氏	14	19	16	15	7	71
太原王氏	6			3		9
東海王氏	2					2
廬江何氏	2	4	3	3		12
譙郡夏侯氏				2		2
譙国龍亢桓氏	5					5
琅邪顔氏	3	2				5
會稽虞氏	2		1			3
陳留阮氏	2	2				4
元氏				4		4
呉郡顧氏	2					2
陳留済陽江氏	3	4	5	1	1	14
會稽孔氏	5	6	2		1	14
陳留済陽蔡氏	1	2	1	1	1	6
陳郡謝氏	3	6	2	5	3	19
汝南周氏	4	1		2	1	8
潁川荀氏	2					2
東海徐氏		1	1	2	1	5
蘭陵蕭氏		7			2	9
呉興沈氏		4	3	2	4	13
范陽祖氏	2					2
河南褚氏	3	5	3	2		13
范陽張氏				3		3
呉郡張氏		6	6	2	1	15
彭城到氏				3		3
順陽范氏	1	2				3
済陰卞氏	2					2
慕容氏	3					3
呉郡陸氏	3	1	2	2	1	9
河東柳氏		2	1	5		8
彭城劉氏	2		1	2		5
総計①	117	121	87	110	64	
②	88	110	80	92	49	
③	12	29	32	36	20	
④	105	92	55	74	44	
⑤	14	19	16	15	7	

総計覧①表Ⅰ全体　②表Ⅱ全体　③宗室合計　④宗室を除く合計（①マイナス③）　⑤琅邪王氏

註

（1）宮崎市定『九品官人法の研究』（一九五六）、とくにその二一三頁以下（一九七四年版）。中村圭爾『六朝貴族制研究』（一九八七）二五九頁以下。

（2）内藤乾吉「唐の三省」（初出一九三〇、『中國法制史考證』一九六三に再錄）、野田俊昭「東晉南朝における天子の支配権力と尚書省」（『九州大學東洋史論集』五、一九七七）、祝總斌『兩漢魏晉南北朝宰相制度研究』（北京、一九九〇）。

（3）『文館詞林』巻六六二至巻六七〇所載東晉「制詔」發辭詔二八通の題は以下の通りである。「東晉明帝北討詔」「東晉成帝北討詔」「東晉安帝征劉毅詔」（以上巻六六二）「東晉成帝郊祀大赦詔」（巻六六五）「東晉成帝立皇后大赦詔」「東晉穆帝立皇后大赦詔」「東晉孝武帝立皇后大赦詔」「東晉孝武帝皇太子納妃班賜詔」（以上巻六六六）「東晉穆帝日月薄蝕大赦詔」「東晉海西公災眚大赦詔」「東晉孝武帝地震大赦詔」「東晉孝武帝湮震大赦詔」「東晉孝武帝大旱恩宥詔」「東晉孝武帝陰陽愆度大赦詔」「東晉孝武帝玄象告譴大赦詔」「東晉安帝玄象告譴大赦詔」（以上巻六六七）「東晉元帝即位改元大赦詔」「東晉元帝改元大赦詔」「東晉簡文帝即位大赦詔」（以上巻六六八）「東晉安帝平桓玄改元大赦詔」「東晉安帝平洛陽大赦詔」「東晉安帝平姚泓大赦詔」「東晉安帝平賊大赦詔」「東晉穆帝誅路永等大赦詔」「東晉安帝誅司馬元顯大赦詔」（以上巻六六九）「東晉成帝大赦詔」「東晉康帝大赦詔」「東晉孝武帝大赦詔」（以上巻六七〇）

（4）前掲祝氏著二九九頁。

（5）中村『魏晉南北朝における公文書と文書行政の研究』（科學研究費補助金研究成果報告書二〇〇一）第二章參照。

（6）中村「南朝における議」（初出一九八八、本書第五章）參照。

（7）中村『魏晉南北朝における公文書と文書行政の研究』三八頁。

（8）中村「陳の「用官式」とその歴史的意義」（初出二〇〇五、本書第六章）參照。

（9）「加散騎常侍」は宋では八〇をこえる事例があり、南齊以後でも二〇例以上が確認できる。この散騎常侍は濫授されて、官位としての評價が次第に下落したことでも知られる。

（10）錢大昕『廿二史考異』に、「長兼者、未正授之稱、晉書劉隗傳、太興初、長兼侍中、孔愉傳、長兼中書令、是長兼之名、自

晉已有之矣」（中華書局評點本『南齊書』巻二三校勘記）といい、宮崎市定『九品官人法の研究』は、「長兼は試補というような意味である」（一九七四年版三三〇頁）といい、長兼祕書郎・長兼參軍・長兼行參軍の例をあげている。

（11）中村前掲著二五九頁以下。

（12）宮崎前掲書三五〇頁以下參照。表Ⅰの南郡王大連、南海王大臨がその例である。

第二編　六朝における政治的構造と社會的秩序

第八章　晉南朝における律令と身分制

はしがき

隋唐律令においてその完成をみた中國古代律令の展開過程のなかで、晉および南朝諸朝律令をいかに位置づけるかという問題について、從來の研究關心は主としてその繼承關係と律令法體系上の意味とにむけられてきたようにみえる。

隋唐律令の淵源を、その繼承關係からさぐろうとするばあい、問題とされるのは、その直接の祖型とされる北齊律令、さらにさかのぼって北魏律令であり、晉南朝律令にはそれほどの留意がはらわれないのが通常である。むろん、北朝系の律令と南朝系の律令がそれぞれ獨自に展開し、隋の滅陳後、南朝系律令は北朝系律令のなかに吸收され、消滅すると論斷した程樹德氏[1]を批判して、陳寅恪氏[2]が北魏律令、とくに太和後令のなかに漢・魏律令とともに、晉・南朝（宋・南齊まで）系律令の影響がすくなからずあることをあきらかにしたように、南朝系律令がその繼承關係においてまったく無視される存在であったのではない。しかし、おおむね漢律の影響をうけた北魏律令が直接に隋唐律令へと展開するとされるのに對し、晉律令は南朝諸朝に繼承されて一定の展開はみたものの、それ以上の意義は律令の繼承關係においてもたなかったとするのが一般的な理解といってよい。

これにたいして、法體系としての律令の完成への過程をみるばあい、近年とりわけ注目されるようになったのが西晉の泰始律令の意義である。それは池田溫氏[3]や堀敏一氏[4]の一連の研究によってあきらかにされたものであるが、要するに泰始律令において、はじめて刑罰法規としての律と、非刑罰法規、もしくは行政法規としての令の分化、および兩者の相卽不離の關係が成立し、以後南北兩朝をとわず、律令法體系に大なる影響をおよぼしたとされ、いわば律令史上の畫期として重要視されるようになってきた。

しかしながら、このような繼承關係や律令法體系のありかたから晉南朝律令の意義をみようとする觀點は、純粹に法制史的な側面に重心をおいていて、晉南朝律令の歴史的意義を解明するにはなお不足のところがあるといわねばならない。なぜなら、律令はそれ自體で獨自に成立するものではなく、歴史的な社會的政治的諸關係にそのありかたを規定されているはずであり、したがってその部分にまで視野をひろげてはじめて十分な意味での歴史的意義を把握できるとおもわれるからである。

この點についての重要な問題提起は、すでに堀敏一氏[5]によってなされている。氏は、泰始律令における律と令の分離、とくに令の獨立は令の規定の重要部分である官僚機構の發達という外的要因にあると推測され、また晉令四十篇の篇目構成が第一の戶令より以下、學令、貢士令、官品令とつづくことに着目され、それがかの九品官人法の論理と對應する編成であると考えられた。さらに氏は、かかる官僚制整備の背景には、この時代の國家の人民に對する直接的・個別的な支配の進展があるとされるのであるが、このように律令のありかたを、それ自體ではなく、ひろく國家や社會との關係においてとらえるという方法はきわめて示唆にとむものといえる。とりわけ晉南朝は典型的な貴族制社會とされ、獨自の性格をもつ時代とみられているが、それと律令制とを、官僚制および九品官人法を媒介にして關連づけた堀氏の立論は貴族制研究にとってもおおきな波紋をなげかけたといえる[6]。

ただ、堀氏の分析は現在のところ、晉泰始律令における律と令の分離、あるいは令の篇目構成など、いわば律令の外型にとどまったままであり、律令の具體的な内容や、現實の運營にまでたちいっての檢討はなされていない。しかし右のような方法にたつとすれば、そこにまでふみこんだ分析がもとめられるのは必須であり、また本章であきらかにするように、現に當時の國家や社會の歷史的な性格を象徵するとみられる内容や運用上の特色が存在しているのである。

本章は、晉南朝律令について、とりわけ特徵的とおもわれる現象の一、二をとりあげ、その分析を通して、晉南朝律令の特色や、それと當時の政治的社會的構造、なかんずく身分制との關係を考察し、さらに繼承關係や法制史上における意義をこえた晉南朝律令の歷史的性格について若干の言及をこころみようとするものである。

第一節　禮律と淸議

程樹德氏は晉律の最大の特徵として、「禮律竝重」という點をあげる。氏の『九朝律考』「晉律考」は、「晉班定新律始末」よりはじめ、「晉律篇目」、「晉律注解」とすすんだあと、「晉禮律竝重」の一項をたて、『晉書』より禮律なる表現について五條の例をあげるとともに、この表現が魏初および南朝にも存在することをのべ、それが六朝時代の常用語であったという。しかし、程氏の指摘はこの禮律なる表現から、禮と律とがひとしい比重をもっていたというところにとどまっていて、それ以上の分析は放棄されている。

いったい、禮と律、すなわち道德的規範と刑罰的規律が相互補完的な關係をたもちつつ支配體制の支柱として機能しているのは、晉代のみにかぎったことではなく、中國における皇帝支配體制の特質のひとつといってよい(7)。しかしながら、律の內容や運用に關して、あえて禮律なる表現がもちいられているのは、單なる德治と法治の關係という超歷史的な問題をこえて、律令の歷史的なありかたにかかわる問題がひそんでいることを豫測させる。とりわけ、貴族制社會とのかかわりでいえば、鄕論、淸議を媒介として支配體制に內在化される禮敎的秩序が貴族制の本質とふかく關連することはしばしば指摘されるところであり、その意味でも禮律なる表現とそれによってしめされるであろう晉律の性格は重要な問題となってくるであろうし、またそれに着目した程氏の指摘の意味は重大であるといわねばならない。

ところで、程氏は禮律を禮と律と理解しているようである。それは「禮律竝重」という表現であきらかである。しかしはたしてそれでよいのかどうか、まずそこから檢討をはじめねばならない。煩瑣であるが、程氏が指摘した禮律の語をふくむ記事を列擧してみよう。

（一）賈后素怨瓘、且忌其方直、不得騁己淫虐、又聞瓘與（楚王）瑋有隙、遂謗瓘與（汝南王）亮欲爲伊霍之事、啓帝作手詔、使瑋免瓘等官、黃門齎詔授瑋、瑋性輕險、欲騁私怨、夜使淸河王遐收瓘、左右疑遐矯詔、咸諫曰、禮律刑名、台輔大臣、未有此比、且請距之、須自表得報、就戮未晚也、瓘不從、遂與子恆嶽裔及孫等九人同被害、時年七十二、（『晉書』卷三六衞瓘傳）

（二）少爲武帝所禮、歷黃門侍郎散騎常侍前軍將軍侍中南中郎將都督河北諸軍事、父疾篤、輒還、仍遭喪、舊例葬訖復任、廙固辭迕旨、初（廙父華）表有賜客在鬲、使廙因縣令袁毅錄名、三客各代以奴、及毅以貨賕致罪、獄辭迷謬、不復顯以奴代客、直言送三奴與廙、而毅亦盧氏壻也（廙妻父盧毓）、又中書監荀勖先爲中子求廙女、廙不許、爲恨、因密啟帝、以袁毅貨賕者多、不可盡罪、宜責最所親者一人、因指廙當之、又緣廙有違忤之咎、遂于喪服中免廙官、削爵土、大鴻臚何遵奏廙免爲庶人、不應襲封、請以表世孫混嗣表、有司奏曰、廙所坐除名削爵、一時之制、廙爲世子、著在名簿、不聽襲嗣、此爲刑罰再加、諸侯犯法、八議平處者、褒功重爵也、嫡統非犯終身棄罪、廢之爲重、依律應聽襲封、詔曰、諸侯薨、子踰年卽位、此古制也、應卽位而廢之、爵命皆去矣、何爲罪罰再加、且吾之責廙、以肅貪穢、本不論常法也、諸賢不能將明此意、乃更詭易禮律、不顧憲度、君命廢之、而羣下復之、此爲上下正相反也、於是有司奏免議者官、詔皆以贖論。

（『晉書』巻四四華廙傳）

（三）遂免純官、又以純父老不求供養、使據禮典、正其臧否、太傅何曾太尉荀顗驃騎將軍齊王攸議曰、凡斷正臧否、宜先稽之禮律、八十者、一子不從政、九十者、其家不從政、新令亦如之、按純父年八十一、兄弟六人、三人在家、不廢侍養、純不求供養、其於禮律、未有違也、司空公以純備位卿尹、望其有加於人、而純荒醉、肆其忿怒、臣以爲純不遠布孝至之行、而近習常人之失、應在譏貶、司徒石苞議、純榮官忘親、惡聞格言、不忠不孝、宜除名削爵土、

（『晉書』巻五〇庾純傳）

（四）桂陽人黄欽生父沒已久、詐服衰麻、言迎父喪、府曹先依律詐取父母卒、棄市、仲堪乃曰、律詐取父母、寧依敺詈法、棄市、原此之旨、當以二親生存而横言死沒、情事悖逆、忍所不當、故同之敺詈之科、正以大辟之刑、今欽生父實終沒、墓在舊邦、積年久遠、方詐服迎喪、以此爲大妄耳、比之於父存言亡、相殊遠矣、遂活之、又以異姓相養、禮律所不許、子孫繼親族無後者、唯令主其蒸嘗、不聽別籍以避役也、佐史咸服之、

（『晉書』巻八四殷仲堪傳）

（五）幼好刑名之學、深抑虛浮之士、嘗著學箴、稱、老子云、絕仁棄義、家復孝慈、豈仁義之道絕、然後孝慈乃生哉、蓋患乎情仁義者寡而利仁義者衆也、道德喪而仁義彰、仁義彰而名利作、禮教之弊、直在茲也、先王以道德之不行、故以仁義化之、行仁義之不篤、故以禮律檢之、檢之彌繁、而僞亦愈廣、老莊是乃明無爲之益、塞爭欲之門、

（『晉書』卷九二文苑李充傳）

（六）時會稽剡縣民黃初妻趙打息載妻王死亡、遇赦、王有父母及息男稱息女葉、依法徙趙二千里外、隆議之曰、原夫禮律之興、蓋本之自然、求之情理、非從天墮、非從地出也、父子至親、分形同氣、稱之於載、卽載之於趙、雖云三世、爲體猶一、未有能分之者也、稱雖創巨痛深、固無讎祖之義、若稱可以殺趙、趙當何以處載、將父子孫祖、互相殘戮、懼非先王明罰、咎繇立法之本旨也、（中略）舊令云、殺人父母、徙之二千里外、不施父子孫祖、明矣、趙當避王朞功千里外耳、

（『宋書』卷五五傅隆傳）

（七）有解士先者、告申坦昔與丞相義宣同謀、時坦已死、子令孫時作山陽郡、自繫廷尉、興宗議曰、若坦昔爲戎首、身今尚存、累經肆眚、猶應蒙宥、令孫天屬、理相爲隱、況人亡事遠、追相誣訐、斷以禮律、義不合關、若士先審知逆謀、當時卽應聞啓、苞藏積年、發因私怨、況稱風聲路傳、實無定主、而干黷欺罔、罪合極法、

（『宋書』卷五七蔡興宗傳）

（八）率取假東歸、論者謂爲傲世、率懼、乃爲待詔賦奏之、甚見稱賞、（中略）後引見於玉衡殿、（武帝）謂曰、卿東南物望、朕宿昔所聞、卿言宰相是何人、不從天下、不由地出、卿名家奇才、若復以禮律爲意、便是其人、祕書丞、天下清官、東南望胄未有爲之者、今以相處、爲卿定名譽、尋以爲祕書丞、掌集書詔策、

（『南史』卷三一張率傳）

このようにならべてみると、禮律を禮と律とみなす程氏の理解はやや安易に失するものであるとせねばならないであろう。なぜなら、たとえば（一）の「禮律刑名」を例にとってみるならば、禮律と對置された刑名がいわゆる刑名の學の意味とすれば（（五）をみよ）[8]、禮律は禮と律ではありえず、むしろ禮教的規律とでもいうべき意味をもつとし

なければならないからである。そして、他のいずれのばあいにも、禮律が實は禮教的規律という意味であるとすると、文意がよく通じるようにおもわれる。このことは禮律にかかわる行爲がいかなるものかを検討することによって、よりはっきりとする。

禮律にかかわるとされるのはいかなる行爲であるのか。(二)では貨賕、貪穢、(三)では父老不求供養、(四)では異姓相養などという行爲に對する處罰の論據として禮律がもちだされ、(六)は子の婦を殺した女の處遇が論ぜられるが、禮律にかかわって論及されるのは父子關係であり、(七)では過去の犯罪加擔への告發についてのものであるが、その告發が道義上ゆるさるべきでないという文脈のなかで禮律の語がもちいられている。つまり、禮律によって處斷さるべき行爲がすべて禮教違反につながるものであることがあきらかなのであり、禮律が禮教的規律の意味であることはほぼまちがいないといえる。

しかしながら、同時に、この禮律が律令と不可分に言及されていることもまた否定できない。(二)・(四)ではそれは律の適用と關連づけられているのであり、(三)では「八十者、一子不從政」という禮律が新令でも同様であるとのべられ、(六)では禮律の議論のなかに舊令が引用されている。それは禮律が、程氏のいうごとき禮と律二者をあわせた表現ではないにしても、特異な關係のもとにある禮と律のありかたを表現するものであることを暗示している。

そもそも、律令そのものが多分に禮教的規律を内包していること自體は、けっしてこの晉律令にかぎられるわけではない。その象徴は律目における不孝の存在であり、いわゆる徳治と法治の統一の端的なあらわれをそこにみることができる。しかし、律令が本來かようなものでありながら、なおも禮律なることばが存在するのは、晉南朝律令における律令と禮教的規律がそのような一般的な關係にはおかれていないことをものがたっている。つまりそこには禮教にきびしく束縛された社會と、不孝などの一般的な禮教的規律を内包しながら、その事だけではこの社會に十全に對處しえない律令のすがたがあるのであり、この間隙をうめるものとしてあるのが律令と不可分に設定された禮律であったのである。

ところで、禮教違反という行爲について、晉南朝においてまず想起すべきものは清議であろう[9]。當時、禮教違反は清議によってきびしく糾彈され、とくに士人層にあっては終身禁錮などの處罰がおこなわれたのであり、清議もまた貴族制社會における社會的な秩序の特質をあらわすものとして注目されている。清議は本來、士人社會内部における自己規制的な役割をになったものであるが、南朝になると、それが皇帝の詔のなかで言及されるという注目すべき現象があらわれる。『宋書』巻三武帝紀下永初元年夏六月條に、

詔曰、(中略)其大赦天下、(中略)其犯郷論清議贓汙淫盜、一皆蕩滌洗除、與之更始、

とあるのが、その初出例であるが、以後、王朝交替時にはかならず一度、類似の詔がだされる[10]。この現象をどのように解釋するかについての意見はいろいろあるが、本章の主題である律令との關係にかぎっていうと、詔のなかにでてくる以上、清議は法制的意味づけをされているとせざるをえず、したがってすくなくとも律令規定に準じたあつかいをうけていると一應はみとめられよう。そこであらためてこの清議と律令の關係をみてみると、程氏「陳律考」にかなり詳細な言及があり、そこでは「陳律專重清議」の項をたて、『隋書』巻二五刑法志に、陳のこととして、

其制唯重清議禁錮之科、若縉紳之族、犯虧名教、不孝及内亂者、發詔棄之、終身不齒、

とあるのをあげたあと、

按南朝諸律、率重清議、不自陳始、隋志、梁制士人有禁錮之科、其犯清議、則終身不齒、是梁律已如是、日知錄、宋武帝簒位、詔有犯郷論清議、贓汙淫盜、一皆蕩滌洗除、與之更始、自後凡遇非常之恩、赦文竝有此語、是宋齊

以來、雖未明著律條、而犯清議者、非有赦書、皆終身禁錮、久已著爲成例、晉書卞壼傳、小中正王式付清議、廢棄終身、陳壽傳、居父喪有疾、使婢丸藥、客往見之、鄕黨以爲貶議、坐是沈滯者累年、知此例實始於晉、亦不自劉宋始也、南朝諸律均遠遜北朝、惟此一事、似非北朝所及、[11]

とのべている。清議そのものについては、顧炎武（『日知録』巻一三）の方がより精緻な論をたてているが、それと律令との關連をいうのは程氏の創見である。氏によれば、晉よりはじまった清議は、宋齊以來、律の條文には明記されないものの、終身禁錮を結果するものとして成例となっており、南朝律はおおむね清議を重視していたが、とりわけ梁陳兩代にあってそれが顯著であったということになる。

程氏のこのような見解は、きわめて示唆的である一方、實は明確でない部分もすくなくない。ひとつには、『隋書』刑法志が梁制、其（陳）制とそれぞれいうのが、律令そのものを意味するのかどうかがはっきりしないうえ、梁陳で律が清議を重視するというのは具體的にはどういうことになるのか、たとえば清議が律に明著されていないのに重視されるというのは運用面でのことなのか、またかかる現象は梁陳以前とどう異なるのかなど、さまざまな疑問をよびおこすのである。したがって、程氏説は再検討されなければならない。

さて、この清議と律令の關係を検討するについて、ひとつの示唆をあたえてくれるのは、前掲『宋書』武帝紀に鄕論清議とならんでできた贓汙淫盜である。この贓汙淫盜について、『宋書』巻四二王弘傳にみえる有名な同伍犯の議論中[12]、尚書左丞江奥の議に、

士人犯盜贓、不及棄市者、刑竟、自在贓汙淫盜之目、清議終身、經赦不原、當之者、足以塞愆、聞之者、足以鑒誡、若復雷同羣小、謫以兵役、愚謂爲苦、

という部分がある。すなわち、盜贓の罪をおかした士人で、量刑が棄市より輕かったものは、その刑を完了したのち

も贓汙淫盜の目にはいっており、淸議をうけること終身にして、大赦にあってもそれをゆるされない、と江奥はいうのである。[13] 赦にあっても免除されない贓汙淫盜の罪が、鄕論淸議とともに、きわめて限定された時期、つまり新王朝成立時に、詔によって一切ぬぐいさられるのは、先揭『宋書』武帝紀などにみえるとおりである。それはともかく、ここで注目したいのは、盜贓が士人においては、羣小、すなわち一般庶民と異なり、一方では棄市を最高とする律上の刑罰の對象となる犯罪であると同時に、それとは別に、淸議終身、經赦不原を結果する贓汙淫盜なる特異な罪目に該當するものであったという點である。それは、贓汙淫盜が士人にとっては棄市を最高刑とする律上の盜贓なる犯罪に對する處罰とはまったく異質の處罰としてあったということをしめすであろう。

贓汙淫盜が律の規定する刑罰とは異質の罰則の概念であるとすれば、先揭の詔にこれと竝擧された犯鄕論淸議もまさに律令規定の外にあるということになろう。つまり、淸議禁錮の科は、律令の規定ではなく、その外緣にあるものであり、士人にだけ適用されるものであったのである。『隋書』刑法志がそれを士人、あるいは縉紳の族に限定し、また、梁陳の律令といわず、梁陳の制といっているのはかかる事情によるものとみるべきであろう。この意味では、律が淸議をおもんじるという程氏の表現は正確ではないことになる。

ところで、このように士人のみを對象にした淸議禁錮の科が律令とは別個に機能しているということになると、逆に、律令においては、士人は一般庶民と區別される必要がなく、むしろ同等のあつかいをうけていたのではないかという豫測がうまれる。それゆえ、ここであらためて士人をふくむ社會的な諸身分が律令においていかに處理されているのかという點について檢討しておく必要があろう。これについて何よりもまず注目されるのは、律令の實際の運用において、その士人と庶人の差が法律適用の重要な基準となっていたという事實である。この點を先述の同伍犯の議論を素材に檢討してみよう。

これまで同伍犯の議論と稱してきた『宋書』王弘傳にみえるこの議論の論點は實は二點にわかれる。その一が同伍連坐に士人をくわえるかいなかというい わゆる同伍犯の議論であるが、別の一つが、

又主守偸五匹常偸四十匹、並加大辟、議者咸以爲重、宜進主守偸十匹常偸五十匹、死、四十匹降以補兵、既得小寛民命、亦足以有懲也、

すなわち、從來は主守が五匹、常偸が四十匹で死罪になっていた盜の罪科について、死罪の基準を主守十匹、常偸五十匹にひきさげ、四十匹以下は兵に充當するようにするという一種の罪科輕減措置の可否に關する議論であった。先掲の左丞江奧の議は、あわせて六人の論者の議の筆頭におかれたものであるが、その主旨は士人には別に淸議終身の處罰があるので、羣小、つまり一般庶民とおなじように補兵されるのは加重であるというものであった。ついで右丞孔默之の議は、

常盜四十匹、主守五匹、降死補兵、雖大存寬惠、以紓民命、然官及二千石及失節士大夫、時有犯者、罪乃可戮、恐不可以補兵也、謂此制可施小人、士人自還用舊律、

つまり、罪科輕減となる降死補兵は小人（庶民）にのみ適用さるべきであり、士人は舊來の律をもちいよというのである。また、この議論の結論となった王弘の見解は、

又主偸五匹常偸四十匹、謂應見優量者、實以小吏無知、臨財易昧、或由疏慢、事蹈重科、求之於心、常有可愍、故欲小進匹數、寬其性命耳、至於官長以上、荷蒙祿榮、付以局任、當正己明憲、檢下防非、而親犯科律、亂法冒利、五匹乃已爲弘矣、士人無私相偸四十匹理、就使至此、致以明罰、固其宜耳、並何容復加哀矜、且此輩士人可殺、不可讁、有如諸論、本意自不在此也、

というものであり、士人にたいする嚴酷な姿勢をうかがうことができる。

この論議のなかには、「且士庶異制、意所不同」とのべた尚書王准之のように、律令運用上、士庶それぞれで法適用が異なることに反對する意見もないわけではなかったが、右にあげた王弘ら三人の意見にみえるように、大勢は士と庶とで律令適用に差をもうけるという方向にかたむいており、結局は王弘の意見がみとめられたのである。そしてこのような意見の前提には、倫理的な存在としての士人の特異なありかたがあったことを、孔默之や王弘のことばによみとることができよう。

このような律令適用上の差という發想はつとに張裴の『晉律解』にあらわれる。『晉書』巻三〇刑法志に、

其後、明法掾張裴又注律、表上之、其要曰、（中略）侵生害死、不可齊其防、親疏公私、不可常其教、禮樂崇於上、故降其刑、刑法閑於下、故全其法、是故尊卑敍、仁義明、九族親、王道平也、

とあるが、これは上層階層と下層階層のあいだでは、法律適用に差をつけるという主張にほかならない[15]。しかも、下層を嚴酷な刑法適用によって支配する一方で、上層のばあいにその刑罰を緩和する理由は、そこに禮樂による秩序が存在するからということである。換言すれば、この張裴『律解』の發想の根底には、禮樂に秩序原理をもとめる階層と刑法を秩序維持の手段とする階層との辨別がある。この前者を士身分、後者を庶人身分にあたるとみなしてほぼ問題はなかろう。つまり、この『律解』の發想と同伍犯の議論にみえたような、士人の特別なありかたを前提とした律令適用上の士庶閒における差とには共通性があるのである。もっとも、『律解』と同伍犯の議論とでは、士人であるゆえに刑を輕減するか、かえって加重するかの差があるが、それは理念と現實の落差からくるものであろう。

さて、このように律令適用において士庶閒に差があるという事實は、晉南朝律令がそのなかに法的な身分概念としての士・庶をもたず、したがって、本來士庶の別なく均一に適用さるべきものであったということをしめすものにほかならないであろう。なぜなら、律令規定にあらかじめ士庶の差が存在するのであれば、あえて運用上に律令適用の

差をもうける必要はないはずであり、律令において士庶が均質であるからこそ、社會的實態としての士庶の差が嚴重であるところでは運用上の差が必要となると同時に、庶人とはその存在の根據を異にする士人に對してそのありかたに相應する罰則が律令外で必要になったと考えるべきであるからである。同伍犯の議論中、王弘の意見のなかに、

尋律令、既不分別士庶、

という有名なくだりがあるが、これは以上の觀點から理解すべきものであろう。くりかえすが、律令には法的身分概念としての士庶はなく、したがってそこでは社會的身分は一切捨象されているのである。

そもそも、律令とは皇帝による國家支配の要綱であり[16]、支配體制の基本理念であった。そして、當然のことながら、律令は古代中國における皇帝一元の專制主義的支配の原理を體現していたはずである。その皇帝一元の專制主義的支配とは全人民を均質的存在として一律に支配することであった。そこでは社會における人民のあらゆる存在形態はすべて捨象されることになろう。したがって、全人民をすべて均質的な存在として把握するのが律令の本質であるはずであり、晉南朝律令も例外ではなかったのである。

しかし、そのような性格が顯著であればあるほど、社會的實態としての士庶二大身分の存在という晉南朝社會の歴史的なありかたに十全に對處しえないという矛盾を晉南朝律令はもっていたことになる。その克服のために、律令と不可分に設定されたのが士人にのみ適用される禮教的秩序維持のための罰則であり、その象徵が清議禁錮の科であった。

このようにみてくると、晉南朝律の特色として程氏がふれた「禮律竝重」、「專重淸議」なる現象は、實は晉南朝律令そのものがもつ性格ではなくして、律令をふくめた支配體制全般にかかわるものであり、律令そのものとしては、禮律や清議で表現されるごとき社會的秩序を超克せんとする志向を内包していたというべきであろう。ただし、その

志向が十分實現しなかったことはあらためていうまでもなかろう。

第二節　除　名

『太平御覽』巻六五一刑法部一七にはつぎのような『晉律』佚文三條がひかれている。

吏犯不孝、謀殺其國王侯伯子男官長、誣偸、受財枉法、及掠人和賣、誘藏亡奴碑、雖遇赦、皆除名爲民、

除名比三歳刑、

其當除名、而所取飮食之用之物非以爲財利者、應罰金四兩以下、勿除名、

この三條の『晉律』佚文にみえる除名なる刑罰はつとに注目をあび、沈家本[17]、程樹德[18]兩氏がすでに晉の刑名中の重要なるものとしてとりあげているが、そののちも、その特異な性格について、河地重造氏[19]、越智重明氏[20]などが、晉南朝の歴史的な政治的社會的構造との不可分な關連という視點で論及しておられ、筆者[21]もまたかつて同樣な觀點からこの除名をとりあげたことがある。筆者の舊稿は最近越智氏の批判するところとなったが[22]、氏の所說には若干の疑問をもたざるをえないので、本節では反論もふくめて、除名を再檢討し、あわせてこの除名の項の存在から晉律の性格の歴史性を考察してみたい。

まず除名の出現は晉律が最初であるのかどうかを檢討しておく必要があろう。この點については河地氏、越智氏、および筆者はおおむね除名が魏晉代に出現した刑であるという理解で一致しているが、程、沈兩氏はすでに除名が漢律中に存在したという見解をとっている。この兩氏說への批判はすでに河地氏がおこなわれ、また筆者も河地氏說に若干の補充をおこなったが、ここでさらに補强をしておきたい。

沈、程兩氏説の根據は、『陳書』巻三三儒林沈洙傳の記事である。それは梁代の測囚（罪人取調べ）の法に關するもので、つぎのようになっている。

梁代舊律、測囚之法、日一上、起自晡鼓、盡于二更、及比部郎范泉刪定律令、以舊法測立時久、非人所堪、分其刻數、日再上、廷尉以爲新制過輕、請集八座丞郎幷祭酒孔奐行事沈洙五舍人會尙書省詳議、時高宗錄尙書、集衆議之、（中略）舍人盛權議曰、比部范泉新制、尙書周弘正明議、咸允虞書惟輕之旨殷頌敷正之言、竊尋廷尉監沈仲由等列新制以後、凡有獄十一人、其所測者十人、款者唯一、愚謂染罪之囚、獄官宜明加辯析、窮考事理、若罪有可疑、自宜啓審分判、幸無濫測、若罪有實驗、乃可啓審測立、此則枉直有分、刑宥斯理、范泉今牒述漢律云、死罪及除名、罪證明白、考掠已至、而抵隱不服者、處當列上、杜預注云、處當、證驗明白之狀、列其抵隱之意、竊尋舊制深峻、百中不款者一、新制寬優、十中不款者九、參會兩文、寬猛寔異、處當列上、未見釐革、愚謂宜付典法、更詳處當列上之文、

この范泉の牒でのべられた漢律以下の條文を沈、程兩氏ともに漢律佚文とみなし、除名が漢律にすでに存在したとするのである。

これについて、河地氏はすでに右の沈洙傳の議論が除名の律を直接問題としているのでなく、拷問を主たる論題としているから、范泉の牒をそのまま漢律斷片とみとめうるかどうかに疑問があるとされ、また『漢書』巻五景帝紀元年秋七月條の、「奪爵爲士伍、免之」の師古注に、

謂奪其爵、令爲士伍、又免其官職、即今律所謂除名也、

とあるのに注目し、師古が唐律の除名しか引かないのは、かれが漢律に除名のあることをしらなかったか、あるとしても内容のちがうものと考えたからであろうとのべ、漢律における除名の存在に疑念を呈しておられる。

筆者は舊稿でこの漢律の「處當列上」に杜預注がつけられていることをとりあげ、杜預が晉律の注解をつくったこと（『晉書』卷三四本傳參照）はしられているが、漢律に注したとはみられないので、この漢律が實は晉律のことではないかと推測した。

この推測は南朝諸朝律令の編纂の過程と、そのなかでの范泉の位置をみれば一層たしかなものになるようにおもわれる[23]。東晉が西晉律令を踏襲したのは當然のこととして、その後をついだ宋もまたおなじく晉律令を承用した。南齊武帝は永明七年、尙書刪定郎王植之をして、張杜舊律二十卷に集注せしめ、一書とした。それは張注と杜注の兩者を取捨選擇するものであったというが、その兩者が張裴の晉律注である『雜律解』二十一卷[24]と、杜預のそれである『律本』二十一卷[25]であることはいうまでもない。つまり南齊律もまた晉律を繼承しているのである。ところで、この南齊律はどうやら施行されないままであったらしいが、梁がおこると、武帝は齊時の尙書郎で、この南齊律を家傳していたという蔡法度を尙書刪定郎とし、この王植之の舊本を增損して梁律二十卷を編纂させた。この梁律二十卷は晉律二十卷から諸侯律を去り、倉庫律をくわえただけであったというから、ほぼ晉律を繼承したものといえる。そして陳では、尙書刪定郎范泉を中心に、梁時の明法吏を採用して陳律を編纂したのであるが、若干の修正以外は梁律そのままであったという。

このような經過をおってみると、律の根本となっているのが晉律であって、律家が漢律律本やその知識を保有していたとは到底考えがたいのである。それは范泉も例外ではなかったろう。

『隋書』卷三三經籍志二では、漢隋閒の律令諸本をあげているが、そこにみられる晉南朝關係の律は、杜預撰『律本』二十一卷、張裴撰『漢晉律序注』一卷、同『雜律解』二十一卷、蔡法度撰『晉宋齊梁律』二十卷、同『梁律』二十卷、『陳律』二十卷であり、そのほか亡佚したものとして杜預撰『雜律』七卷をあげるだけである。そして、それ

らは同志によれば、

漢律久亾、故事駁議、又多零失、今錄其見存可觀者、編爲刑法篇、

というようなものであって、これからしても漢律殘存の可能性はほとんどない。わずかに『漢晉律序注』の書名に漢律の痕跡をみとめることができるが、この書物もその佚文[26]から判斷すれば、漢晉閒の律令の沿革を總論風にのべたものであって、漢律律文そのものを錄したものとはおもえない[27]。

以上の點からみて、前揭沈洙傳にみえる測囚の議論において范泉が引用したものが漢律である可能性はすくなく、むしろ晉律である蓋然性がたかいのであり、したがって除名はやはり漢律にはなかったとせざるをえないのである[28]。

さて、その除名の內容についてであるが、そのもっとも注目すべき見解は河地氏によって提出された。氏は、除名の名とは、具體的には「仕籍もしくは官籍、そうして實質は士籍ともいうべきもの[29]」であるとされた。そして、そこから「士」を排除する除名の律としての法制化の前提には、「現任官吏より以上の範圍をふくむ仕籍があり、それが制度的な意味をもった實質上の士籍となり、またそれが士身分と特權享受を保證するものとなっていた[30]」（傍點河地氏）という歷史的現象があるとされ、このような仕籍の士籍化が貴族制成立のひとつのステップとなったととかれたのである。

筆者の舊稿はこの河地氏の意欲的な論旨に觸發されたところが大であるが、除名の名を官僚身分たることを保證する籍注とみなし、ただしくは除名爲民というこの刑は官僚身分を剝奪して「民」身分とすることであるとした。そして、この「民」身分は社會的身分としての士と庶をふくむものであると考えた。かくて除名出現の背景には政治的身分秩序である「吏―民」と社會的身分秩序である「士―庶」の乖離という六朝社會の歷史的構造があると主張したのである。とくに重要な「士」身分にかぎっていえば、河地氏が除名されぬかぎり失われぬ身分として士を想定したの

に對し、筆者は免官・除名などの政治權力による措置では剝奪できぬ身分としての士を構想したことがおおきなちがいである。ちなみにいえば、そのような士身分、およびそれに相對する身分である庶人を社會的身分とよんだのは、その身分成立の契機が政治權力にではなくて鄕里社會にあり、たとえばこの兩身分閒での身分變動が淸議・鄕論など本源的には鄕里社會に根ざすものである社會的規制力によってなされるということを根據にしている。

一方、越智氏ははやく、「除名は、官僚＝士の處罰の一つで、そのものが官僚たることを認めずその政治的身分を民＝庶とすることである。[31]」ととかれたが、その後、さらにこの說を發展させられ、除名は免官から出たものであって、兩者は同質のものであるが、ただ除名が免官より重いだけで、いずれも鄕品などをもつことが否定されると斷定された。[32]またそれに基づいて、筆者の「吏—民」「士—庶」の圖式を批判されている。[33]

氏の除名についての見解は、除名に限定して考察したものでなく、氏のえがく壯大な六朝史像の一斑として提出されたものであるから、ここに除名だけをあげつらうのは無意味かもしれないが、ことは身分秩序にかかわる重大な論點であり、とくに除名・免官が鄕品をうばわれることになるとされるにいたっては、是非とも論及しておかねばならない。

たしかに舊稿は「吏—民」「士—庶」の圖式化に性急でありすぎたし、越智氏が指摘されたように『唐律』名例律の「諸除名者云々」の項の解釋も淺薄であったことをみとめざるをえない。しかし、除名そのものについての筆者の理解は、くりかえすようだが、政治的支配者身分たる吏が、その身分を剝奪されて政治的被支配者身分たる民とされること、すなわちあくまで政治的身分の變動にとどまり、民のなかでの社會的身分たる士・庶の變動には別の契機、つまり淸議・鄕論が必要であったというものであって、筆者自身は越智氏の舊說とさほど異ならないと認識している。氏自身、最新の見解で、「除名は政治的身分の改變に止まった、つまり、政治的身分の士を政治的身分の庶にするのに止まった、とすべきである。[34]」としておられるのである。

ところが、一方で氏は先述のように除名・免官とも鄕品を失うとされる。そうすると、この鄕品の有無と政治的身分の改變とは不可分の關係であるということになるが、かような意味での鄕品は一般に理解されている中正の評品としての鄕品とは異なったものとせざるをえないであろう。また、鄕品の與奪をおこなうものとしては別に清議や鄕論があることも氏はいわれるが[35]、ではおなじく鄕品を失うことになる清議・鄕論と除名・免官はどうかかわるのか。これについて、氏は「官界における免官、除名の處罰（ないしそれより重い處罰）に加えて鄕論＝鄕邑清議に付するというのは、中正が鄕村社會の輿論の名において、鄕品を奪うことである。[36]」といわれる。これは鄕品に二種（免官・除名によって失われる鄕品と、鄕論によって失われる鄕品）あるとしておられるようにもとれるが、理解しがたいところといわねばならない。

これがすべてではないが、越智氏の除名についての最新の見解には論理的にいってこのような疑問をもたざるをえないのである。くわえて、現實の事例からみても、除名・免官が同質であり、かつともに鄕品の喪失につながるというのは疑問におもわれる。たとえば、氏は『晉書』巻四四華廙傳（第一節所掲（二））で華廙の免官を免爲庶人といい、除名ともいっていることを指摘される[37]。しかし、同傳をよくみると、華廙はその直前に父の喪にあっているから、當時の例として官職を去っているはずである。その時點での措置として除名があるのであるから、それは免官と除名が同質であることをしめすものとはならない。同様に、『晉書』巻五〇庾純傳（第一節所掲（三））をみれば、「父老、不求供養」の科で庾純を除名削爵すべきであるという議のおこる直前に、庾純は酒席での賈充との口論がもとで免官されている。したがって、除名は免官されたあとも適用されうる刑罰であったということになり、官僚身分との關係でいえば、兩者が同質であると斷ずるのは疑問となろう。いったい、鄕品の退割は官人にとってはなみなみならぬ處罰

であったはずである。『晉書』巻四八閻纘傳に、

父卒、繼母不慈、纘恭事彌謹、而母疾之愈甚、乃誣纘盜父時金寶、訟于有司、遂被淸議十餘年、纘無怨色、孝謹不怠、母後意解、更移中正、乃得復品、爲太傅楊駿舍人、

とあるのは、一旦鄕品が剝奪されれば、その復活には特筆さるべき手續を要したことをしめす一例である。ところが、免官であれ、除名であれ、その後の官界復歸はいとも容易になされているようにみえる。それは、免官も除名もともに官人のもっとも根本的な身分標識である鄕品に變動はなく、王朝からあたえられる官僚身分の變動にのみかかる刑であったためではなかろうか。

ただ、舊稿でも指摘したように、除名後の復歸のばあい、おおく「起」と表現するのであるが、それは士人がはじめて官僚身分を獲得することになる起家と對應するものであって、ここに除名と免官の差をうかがうことができる。つまり、除名とは起家以前の狀態にもどされることであって、その時點ではかれらはあくまで官僚身分をもたない。したがって政治的被支配者たる民となるのである。これだけでは越智氏の新説への十分な反論になっているとおもえないが、こと除名に關しては、舊稿の見解は大筋として變更する必要がないようにおもわれる。ただ、舊稿はそこからただちに「吏―民」「士―庶」の圖式をみちびきだしたのであるが、これはいささか飛躍であったとせざるをえない。除名の出現は現任の官職を免ぜられたり、去ったりしてもただちに民や庶人とならない身分、そして除名によってはじめて民へと身分をおとすことができるような身分の成立を前提とすると理解するべきであった。

では、そのような身分とは具體的には何をさすことになるのか。舊稿でもひいたが、『通典』巻九〇禮典齊縗三月に、

晉崇氏問淳于睿曰、凡大夫待放於郊三月、君賜環則還、賜玦則去、不知此服已賜環玦未、答曰、其待放已三月、

未得環玦、未適異國、而君掃其宗廟、故服齊縗三月、或難曰、今去官從故官之品、則同在官之制也、故應爲其君服斬、王肅賀循皆言老疾三諫去者爲舊君服齊、則明今以老疾三諫去者不得從故官之品可知矣、今論者欲使解職歸者從老疾三諫去者例、爲君服齊、失之遠矣、釋曰、按令、諸去官者從故官之品、其除名不得從例、今但言諸去故官之品、不分別老疾三諫去者、則三諫去得從故官之例、王賀要記猶自使老疾三諫去者爲舊君服齊、然則去官從故官之例、敢見臣服斬、皆應服齊明矣、夫除名伏罪、不得從故官之例、以有罪故耳、老疾三諫去者、豈同除名者乎、又解職者嘗仕於朝、今歸家門、與老疾三諫去者豈異、而難者殊其服例哉、

とある。ここに引用された令（晉令）[38]をみれば、現任官をうしなったものは、故官（おそらく過去に就任した諸官のうちの最高官）の官品を一種の資格としてもっているのであるが、除名のばあいにはそれがないことになる。この令では免官がどのようにあつかわれるのかが不明であるため、一抹の疑問ものこるが、除名されぬかぎりうしなわれぬ身分標識とはその故官の品ということになろう。

官品令は官人の身分を官品を基準に規定する。この晉官品令の佚文とおもわれるものとして、『宋書』巻一八禮志五に、

諸在官品令、第二品以上、其非禁物、皆得服之、第三品以下、加不得服三鑲以上、（中略）第六品以下（中略）第八品以下（中略）騎士卒百工人（中略）奴婢衣食客、（中略）諸去官及薨卒不祿物故、家人所服、皆得從故官之例、

とあるもの、『魏書』巻一八太武五王臨淮王譚傳附子孝友傳に、

官品令、第一第二品、有四妾、第三第四、有三妾、第五第六、有二妾、第七第八、有一妾、

とあるものをあげることができるが、ここにある官品が現任官のものにかぎらないことはいうまでもなかろう。同様な規定としては、『晉書』巻二六食貨志の占田、佃客規定、『宋書』巻五四羊玄保傳附兄子希傳の占山規定などがある。[39]

このような官品令や類似の諸規定からは、現任かいなかにかかわらず、官品の多寡によって表現される官人の基本的身分の制度化をうかがうことができる。その官品は單なる身分標識にとどまらず、王朝によって承認された一定の身分的特權をともなうものであった。その意味でこれこそまさしく政治的支配者身分といいうる。

ところで、晉令において官品令が出現した意味の重要性は、はしがきでもふれたように、堀氏が明確にのべておれる。氏は官品令の存在に當時の官人身分制の重視をよみとられるのであるが、同時に晉官品令における身分規定のありかた、すなわち一品から九品におよぶ官品の等級づけを、鄕黨社會における人物評價たる鄕品と不可分のものとして理解される。(40) やや意味が異なるが、宮崎市定氏にも、「この兩令（日本の官位令と唐の官品令―筆者）は朝廷が定めた公式の階級制度であるが、それは當然、同時に社會的な階級制度を何等かの意味において反映しているに違いない。(41)」という示唆的な發言がある。それは換言すれば、六朝時代の社會的秩序の標章としての鄕品のありかたをそのまま政治的秩序として編成したのが、この官品令にみえる官人身分制であると理解することにほかならない。(42) ここに晉官品令の歴史的意義をみいだすことができるのであるが、晉律における除名の存在は、晉令のみならず、晉律もまたかかる官人身分制の成立と不可分の關係をもっていたことをしめすものであり、晉律の除名が前提とした政治的身分秩序の本質もまた右のような官人身分制と不可分のものであったといえるであろう。

む す び

律令を考察の對象にえらびながら、實際の分析は主として律にかぎられ、律令全體にまで論點をひろげることができなかったが、ともかく以上の考察でつぎのような點をあきらかにしたつもりである。

その第一は、社會内部に形成されている身分秩序に律がいかに對應しているかという問題に關してであるが、晉南朝律にはそれらを法的身分概念として内包せず、捨象するという性格のあることをみた。それは、刑罰法規としての律の超歴史的性格を顧慮すると、きわめて當然のことではあるが、また、皇帝による一元的支配という支配理念がこの時代にも普遍性をもっていたということを暗示する。

しかしそれは律がこの時代を特色づける強固な社會的身分を超克したことをけっして意味しない。かえって、律がそのような普遍的、超歴史的性格を保持していたからこそ、現實の運用過程では、恣意的とまではいえないにしても、かなり社會内部の身分秩序のありかたに規定された彈力的な適用のしかたをされねばならなかった。それは逆にこの當時における社會的身分秩序の規制力の強大さをものがたるし、それゆえ律に準じたかたちで、社會的身分秩序にかかわる諸種の規制が法制化されることにもなったのである。

しかし、そのような状況のなかで、ともかくも律だけがかような性格をもちつづけたことは、律が支配體制におけるもっとも根本的な理念の表現であることをおもえば、六朝における政治的な支配體制の本質を規定するうえできわめて重要な意味をもつものとせざるをえない。

第二に、律令は皇帝權力を頂點として形成される政治的身分秩序といかにかかわるかという問題については、除名なる刑罰の分析を通して、官品によって表現される政治的支配身分の制度化が律令によってなされていることを確認した。

このような政治的身分の制度化は、まずは官僚制整備の一段階と位置づけることができよう。つまり、官僚豫備軍の確保、官僚の身分的安定、そして官僚層への支配強化などがこのような政治的身分の制度化からもたらされるはずである。

しかし、政治的身分の標識である官品に鄉里社會の身分標識たる鄉品が反映しており、また士が本來仕、つまり官人を自己實現の究極としていることを想起すれば、このような政治的身分の法制化は、社會的身分たる士庶を政治權力の規制しうる範圍内で把握しようとするねらいをもっていたといえないだろうか。それは士にとっては、社會内部における支配者としてだけの存在から、政治的體制、すなわち公的世界における支配者へと飛躍することを可能にもしたが、その反面で、官品の多寡によって構成された皇帝を頂點とする階層的體制内の一存在への轉落をも意味するものであったろう。

政治的社會的諸制度と不可分にあるゆえ、歴史的性格をあらわにする令とは異なり、超歴史的な皇帝支配體制下における普遍的な刑律である律の性格からして、主として律の分析に重心をおいた以上の考察からは、それほど明確な晉南朝律令の歴史的性格をえがけなかったのは當然のことかもしれない。しかしながら、そのなかで政治的な身分秩序の法制化を晉律のなかにみいだしえたことは、重要であるとおもう。なぜなら、それはあたらしい支配體制の起點とみられるからである。しかし、これと九品官制やのちの隋唐律令官制との關連、あるいは貴族制とのかかわりについての分析は後日を期したいとおもう。

註

(1)　程『九朝律考』「後魏律考序」。
(2)　陳『隋唐制度淵源略論稿』四刑律。
(3)　池田「中國律令と官人機構」(『前近代アジアの法と社會』一九六七)、「律令官制の形成」(『岩波講座世界歴史』五、一九七〇)。

（4）堀「晉泰始律令の成立」（『東洋文化』六〇、一九八〇）、「魏晉南北朝における律令法體系の成立過程」（『中國律令制とその展開』一九七九）、「中國における律令制の展開」（『東アジア世界における日本古代史講座』六、一九八二）、「中國における律令法典の形成」（『中國律令制の展開とその國家・社會との關係』一九八四）。

（5）堀前揭「中國における律令制の展開」、「中國の律令制と農民支配」（『民族と國家』一九七八年度歷史學研究會大會報告、一九七八）。

（6）貴族制社會の成立と律令制社會の成立を對置させる考えは、「中國における律令制の展開」八一頁にみられる。

（7）禮と法の關係については、さしあたり菊池英夫「律令法系の特質の成立過程について」（『中國律令制の展開とその國家・社會との關係』）參照。

（8）この刑名が、晉律二十篇の第一である刑名律である可能性もある。そうすると、この文章の文意は、晉律の刑名律においては臺輔大臣は云々ということになり、禮律とは晉律そのものをさすことになろう。しかし、『晉書』卷三〇にある張裴『律解』に、

刑名所以經略罪法之輕重、正加減之等差、明發衆篇之多義、補其章條之不足、較擧上下綱領、

というような刑名律の性格からいえば、この刑名を晉律刑名律に限定するのはやや疑問におもう。むしろ、刑罰の總稱のごとき意味であるとする方がまだしも意味をとりやすい。

（9）清議については、越智重明「清議と鄉論」（『東洋學報』四八―一、一九六五）、『魏晉南朝の貴族制』（一九八二）第三章第二節、唐長孺「清談與清議」（『魏晉南北朝史論叢』一九五五、北京）、周一良「兩晉南朝的清議」（『魏晉隋唐史論集』第二集、一九八三、北京）などの研究がある。

（10）ほぼ同文の詔は、『宋書』卷八明帝紀泰始元年冬十二月丙寅、『南齊書』卷二高帝紀下建元元年夏四月、『梁書』卷二武帝紀中天監元年夏四月、同卷三武帝紀下太淸元年正月辛酉、『陳書』卷二高祖紀下永定元年冬十月乙亥にそれぞれみえる。『宋書』明帝紀と『梁書』武帝紀下以外は建國時のものである。

（11）商務印書館版『九朝律考』はこのようになっているが、中華書局版評點本『九朝律考』（一九六三、北京）三三一頁では、

「南朝諸律」以下「非北朝所及」までが、「北朝諸律、都無此科」となっている。

(12) 同伍犯の議論の解釋については、增村宏「宋書王弘傳の同伍犯法の論議」(『鹿兒島大學文理學部紀要文科報告』四、一九五六)を參照した。

(13) まったく同様な主張が、『抱朴子』外篇審擧卷第一五に、

又諸居職、其犯公坐者、以法律從事、其以貪濁贓汙爲罪、不足至死者、刑竟及遇赦、皆宜禁錮終身、輕者二十年、如此不廉之吏、必將化爲夷齊矣、

とみえる。

(14) 『太平御覽』卷二三一引『晉中興書』に、

范堅字子常、爲廷尉、奏主典吏邵廣盜官幔合布四十疋、依律棄市、

とある。四十疋棄市は晉盜律の規定であろう。

(15) 「禮樂崇於上」以下の部分の解釋は、內田智雄編『譯注中國歷代刑法志』(一九六四)「譯注晉書刑法志」一三三頁を參考にした。

(16) 池田前揭「律令官制の形成」二八六頁。

(17) 沈「歷代刑法考」分考一七(『沈寄簃先生遺書』甲編)。

(18) 『九朝律考』「晉律考」。

(19) 河地「晉代の『士』身分と社會秩序の諸問題」(『經濟學雜誌』三九—二、一九五八)。

(20) 越智前揭「淸議と鄕論」、「魏晉南朝の最下級官僚層について」(『史學雜誌』七四—七、一九六五)、『魏晉南朝の貴族制』第三章第二節「淸議・鄕論をめぐって」、「白衣領職をめぐって」(『小尾博士古稀記念中國學論集』一九八三)。

(21) 中村「晉南朝における除名について」(初出一九七四、『六朝貴族制研究』一九八七に再錄)。

(22) 越智前揭「白衣領職をめぐって」。

(23) 南朝諸朝律令の沿革については以下の文獻を參照のこと。『隋書』卷二五刑法志、『南齊書』卷四八孔稚珪傳、程『九朝律

考』「南朝諸律考序」、堀前掲「中國における律令制の展開」。

(24) 『隋書』巻三三經籍志二。なお『新唐書』巻五八藝文志二では張裴『律解』二十卷。

(25) 同右、なお『新唐書』藝文志では賈充杜預『刑法律本』二十一卷。

(26) 程『九朝律考』「晉律考」晉律注解の項に四條（『史記』平準書索隱、『北堂書鈔』巻四五、『太平御覽』巻六三八、巻六四二所引）を採錄する。

(27) なお『九朝律考』「漢律考序」で、程氏は漢律は六朝宋になお存したが、宋末にいたって完全に散佚したとのべている。その六朝末に漢律がなお存したとする論據の一は『陳書』沈洙傳の記事であり、他の一は『史記』索隱に崔浩『漢律序』が引用されていることである。しかし、『漢律序』が漢律律文そのものを保存していたかどうかは疑問であるし、また漢律を重視した北朝（陳前掲書參照）でたとい漢律が保存されていたとしても、それが晉律を宗とする南朝につたわっていた可能性はあまりなかろう。

(28) なお、實際に除名があらわれるのは曹魏末である。河地、中村兩論文參照。

(29) 河地前掲論文三九頁。ちなみに、沈氏は官籍からの除外としている（前掲書）。

(30) 同右四〇頁。

(31) 「清議と鄉論」九頁。なお、同年に發表された「魏晉南朝の最下級官僚層について」では、「吏が除名の刑をうけた際そのものは民となる。こうしたことは除名の對象となるものの政治的身分が（政治的被支配者＝民でないという意味での）吏であったのを示している。」（一七頁）とされている。

(32) 『魏晉南朝の貴族制』一一五頁、「白衣領職をめぐって」四一三頁。なお、後者は「官人が免官、除名の處罰を受けると政治的身分としての庶＝庶民となる。それだけに自動的に鄉品（など）がなくなる云々。」という發言であって、免官・除名は庶となること、庶には鄉品がないこと、の二點が前提になっている。第一點は本章の檢討課題であるからしばらくおくが、第二點については、氏が上級庶民は鄉品をもつとされている（たとえば『魏晉南朝の貴族制』二三二頁）點と齟齬しないであろうか。

(33)「白衣領職をめぐって」四一七頁以下。そのなかで、士・庶・吏・民にはいろいろの意味があり、それを特定のものに限定して一般論化するのは無理があるとされるところは承服しがたい。なぜなら、歴史的用語に多様な意味があるのは當然で、そのうちいずれがもっとも歴史性を表現しているかを把握し、それを基礎に考察するのが重要と認識するからである。
(34)「白衣領職をめぐって」四一一頁。
(35)「清議と鄕論」一三頁、「白衣領職をめぐって」四一三頁など。
(36)『魏晉南朝の貴族制』一一四頁。なお、「白衣領職をめぐって」四一三頁では、免官・除名されて鄕品がなくなったものを鄕論＝鄕邑清議に付するのは、鄕品を奪うことを「確定」するのを意味するともされる。
(37)「白衣領職をめぐって」四一〇頁。
(38)程「晉律考」はこれを晉官品令の佚文とする。後揭『宋書』禮志所引官品令に類似の部分があるから、そのとおりであろう。
(39)「晉律考」は佃客規定を佃令佚文とするが、『魏書』太武五王傳の妾規定が官品令であるのをみれば、占田規定ともども官品令佚文の可能性がある。なお『宋書』羊希傳の占山規定を程氏は晉科としている。
(40)「中國における律令制の展開」七九〜八〇頁。
(41)宮崎「日本の官位令と唐の官品令」(『アジア史論考』中、一九七六)三六七頁。ただし、社會的階級制度の意味が本章でのそれとやや異なるかもしれない。
(42)なお堀「身分制と中國古代社會」(『駿臺史學』五〇、一九八〇)二〇三頁では、この鄕品の身分秩序をひろく國家的身分制にまで關連づける視點が提示されている。

第九章　晉南朝律令と諸身分構成

はしがき

堀敏一氏はかつて貴族制社會と律令制の關係について、いくつかの重要な發言をしておられる。官僚制、身分制や均田制などの諸制度の制度的な明確化が進行することに着目し、國家・社會の全體を運用する律令法の體系が確立するのが魏晉南北朝時代であるという認識に立って、貴族制社會が强力な國家權力のもとに再編されてくる北朝隋唐の段階をとくに「律令制社會」とよぶことが許されてよいであろうと發言されたのは、四半世紀前のことである(1)。その後、さらに積極的に、鄕里社會の崩壞から貴族制社會が成立し、里共同體から豪族共同體が出現する漢末魏晉の變化は、同時に律令制社會をも成立させたと主張され(2)、律令制という體質は本來貴族制社會に內在するのではないかとまで、その考えを進められている(3)。

このような貴族制社會と律令制の密接な關係の媒介項として、堀氏がしばしば言及されるのは官僚制と身分制である。その官僚制と身分制の貴族制的性格をしめす具體的な制度が鄕里社會の秩序を本源的な立脚點とする九品官人法と、官品による身分序列なのであり(4)、それが律令に規定されているところに、より具體的な貴族制社會と律令制の連繫を見出されたのである。一方、身分制についていえば、この官品による身分序列とは異質の體制である良賤制との關係も視野に入れ、「良民・奴婢身分制の確立は、魏晉の際の貴族制の成立、換言すれば、士・庶の身分制および士人内の品級制の成立と關連し、ともに社會の身分的序列を法的・制度的に固定して、秩序の維持をはかろうとするものであったと考えられる。(5)」という見解をしめされ、貴族制社會と律令制の研究のあたらしい方向を暗示しておられる。

貴族制と律令制という、六朝隋唐の歴史的性格を表現する際にしばしばもちいられる、しかし本質的規定が基本的に異なる二種の概念を、律令に規定された官僚制と身分制の性格を通じて關連づけ、六朝隋唐のあらたな歴史的性格を模索しようとする堀氏の構想は、卓越したものというべきであり、今後もいっそう深化されなければならない研究課題のひとつである。(6)

筆者は、このような堀氏の研究からつよく影響を受けた後學の一人として、かつて晉南朝の律令と身分制についての一文を草したことがある。(7)それは、氏の方法を受容しつつ、律令そのものに關しては氏の分析が律と令の機能分化や令の篇目構成など外形的特徴に主眼をおき、律令の具體的内容や現實の運營にまでたちいっていないという認識のもとで、當時の律令と身分制の關係を禮律重視、除名の出現の二點から論じようとしたものであった。しかしながら、そこでの分析は主として律を對象とする結果に終り、しかも身分制そのものについては抽象的な言及にとどまっていて、所期の目標に遠く及ばなかった。この反省のうえに立って、ここでこころみるのは、律令の規定そのものの中に、いかなる具體的な身分構成を見出すことができるかの檢討と、その貴族制社會への位置づけである。

王朝の支配體制を制度的に整備し、維持するために存在する律令において、そのもっとも根幹をなすのが官僚制と身分制に關する規定であることは堀氏の指摘の通りであろう。なかでも身分制に關する規定は、支配機構そのものだけでなく、支配體制の主體と客體を相互連關的に把握するための不可缺の分析對象であろう。そしてそのような視點に立つ律令内容の具體的檢討がもとめられている。本章は、その一つのこころみである。

第一節　律令の身分序列

晉泰始律令の成立の經過、および、とくにその律と令の分業關係とその畫期的意義についても、すでに堀氏によって簡にして要を得た説明がなされている。(8) その晉律令と、それを繼承した南朝律令の中で、いかなる身分呼稱がもちいられ、またそれら特定の呼稱をあたえられた諸身分がいかなる序列構成をとっているのか、このことをまず檢討してみよう。

すでにのべたように、堀氏は魏晉時代における立法上の畫期的な變革には、九品官人法の制定と、官僚制の强化という事情があったことを强調された。これは卓見であって、『晉令』佚文をみれば、『晉令』四〇篇中第四にある「官品令」はもちろんのこと、その他の令文においても、官品が一種の身分規定として、最も重要な役割をはたしていること、というよりは、すべての令文中の身分規定の中心に官品を規定する「官品令」が位置することが了解できる。

一、二の具體例をあげると、『宋書』巻一八禮志第五に、

諸在官品令、第二品以上、其非禁物、皆得服之、第三品以下、加不得服三鏁以上（中略）袿袍、第六品以下、加不得服金鏁（中略）、及以金校飾器物張絳帳、第八品以下、加不得服羅紈綺縠雜色眞文、騎士卒百工人、加不得服大絳紫襈（中略）、以銀飾器物張帳、乘犢車、履色無過綠靑白、奴婢衣食客、加不得服白幘（下略）、

とあり、『魏書』巻一八太武五王臨淮王譚傳附子孝友傳に、

古諸侯娶九女、士有一妻二妾、晉令、諸王置妾八人、郡公侯妾六人、官品令、第一第二品有四妾、第三第四有三

妾、第五第六有二妾、第七第八有一妾、

とある。みられるように、前者は服裝裝飾車馬等の、後者は妻妾についての、諸身分の身分的特權の規定であるが、前者は「官品令の第二品以上は云々」、後者は「官品令の第一第二品は云々」の意であって、等差をともなう身分的特權の規定の基準が「官品令」の規定する身分におかれていることが明白である。(9)

このような「官品令」の規定する官品によって九品の身分的特權を規定することは、『晉書』巻二六食貨志にみえる西晉の「戸調之式」の占田佃客規定、『隋書』巻二四食貨志にみえる東晉大興四年頃の給客制とされる規定、(10)『宋書』巻五四羊玄保傳附兄子希傳にみえる占山規定などに典型的にみられるし、また佚文『晉令』中にもしばしばみられる。(11)

ところで『太平御覽』巻六三四范寧啓國子生假故事引「假寧令」には、「諸百官九品云々」とあって、九品内の百官がひとまとまりの身分としてとらえられていることがわかるが、同令別條に「諸文武官若流外已上者、(中略)其五品已上(下略)」とあって、流内九品以外に、文武の流外官が法制的身分として認知されていたことが判明する。

なお、以上にいう官品とは、『通典』巻九〇引『晉令』に、

諸去官者從故官之品、其除名、不得從例、

とあるのによって、現任官の官品のみでなく、官を去っているものの從前の就任官の官品をもふくむものであることがわかる。九品官制は下位の品から上位の品へと昇進してゆくのが原則であるから、官人は次第に官人資格としての官品を上昇させていると考えられる。「故官之品」とはまさしくそのような意味での官資の機能をはたしていたとみることができる。「官品令」所載官品を秩序原理としている一品から九品までの身分序列は、したがって現任官の官品を基準にした一時的なものではなく、着實に積み重ねられつつ再生産されてゆく、安定的なものであったことになる。なおこの點については後に再論する。

つぎに、「官品令」所載官品以外の身分として、いかなる身分が令文中に認められるかをみてみよう。『藝文類聚』巻四六引『晉令』に、

中、

博士皆取履行清通、淳明典義、若散騎中書侍郎太子中庶子以上、乃得召試、諸生有法度者及白衣試在高第、拜郎

とあり、「官品令」五品官中の散騎侍郎・中書侍郎・太子中庶子とならんで、諸生、白衣の名が現れる。諸生はしばらくおき、白衣は、すでに考察したように[12]、當時においては官人としての身分は保有しながら、正式な現任官のないものを意味する語と解したい。それは、後にのべる民とは決定的に異なるが、といってその民との差が先天的に獲得された身分差として表現されるのではなく、後天的に獲得された官人身分によって決定されるような身分であるといえる。したがって、ばあいによっては、故官の品をもち、それによって身分的位置づけを受けることも當然ありえた。

およそ以上が「官品令」との關連の中で認識される身分の表現であるとみなしてよいであろう。もっとも、白衣がその意味からして「官品令」中に規定されていたとは考えがたいが、右にのべたような故官の品をもつばあいは、明らかに「官品令」中の諸官に準じるものとみなすことができよう。

では、この「官品令」からは外れた身分としていかなるものがあろうか。前掲『宋書』禮志所引『晉令』にみられる身分序列は、

官品令第二品以上　同第三品以下　同第六品以下　同第八品以下　騎士卒百工人　奴婢衣食客

となっていた。この序列中、第八品以下のある部分までが「官品令」の範圍に入るのは確かであるが、このことについては後述にゆずり、とりあえずここで確認しておきたいのは、騎士卒百工、奴婢衣食客という身分呼稱が、上下の等級として存在することである。

このうち、士卒百工が『晉令』中の、特に服裝乘車に關する基準となる身分であることは、佚文『晉令』中にしばしば士卒百工に關する規定があること、(13) および『晉書』卷四六李重傳所載の、西晉太康末年の李重の上奏中に、

八年己巳詔書申明律令、諸士卒百工以上、所服乘皆不得違制、若一縣一歲之中、有違犯者三家、洛陽縣十家已上、官長免、

とある一文によってあきらかであろう。

さて、右の『宋書』禮志の騎士卒百工人については、つとに濱口重國氏が、士卒は國家常備軍の兵士のことで、兵戶として永代の兵役義務を負い、百工人とは官の工匠たる工戶のことで、永代工匠たる義務を負い、騎は騶の譌で、車馬導引の賤卒馬丁の類であり、いずれも當時の社會的評價からすると良民中の最下位にあったとのべられている。(14) これに對して、山田勝芳氏は右『宋書』禮志と『晉令』を考慮に入れれば、士卒百工人とは官と奴婢衣食客の閒に位置する庶民そのものを指すのではないかとされ、そのうち農民を士卒とし、百工によって工商を代表させたものか、あるいは工人の徭役が官府での器物製作など特殊であったために百工だけを士卒と區別したか、いずれかであるとされた。(15) 良民中の最下位のものか、庶民そのものに當るか、この見解の差は當時の身分構成のあり方や、士卒百工なる法的身分表現の性格にもからむ重要な論點であるとみられるが、詳細は後に檢討したい。

ところで、『宋書』禮志によれば、その士卒百工の直近上位は第八品以下である。しかし、第八品以下にふくまれるはずの官位保有者と士卒百工とが一階の差だとは考えられない。その閒に位置する身分はないのであろうか。『晉書』卷三武帝紀太康元年五月條に、平吳直後の慰撫措置として、

吳之舊望、隨才擢敍、孫氏大將戰亡之家徙於壽陽、將吏渡江復十年、百姓及百工復二十年、

とある。この舊望、將吏、百姓、百工という序列を『宋書』禮志や『晉令』と對比してみると、第八品以下と士卒百

工との閒に、百姓なる身分が位置するのではないかと推測できる。これについて想起されるのは、先掲『宋書』羊玄保傳附兄子希傳にみえた占山封水の禁に關する五條の規定の身分序列である。それは、

官品第一第二　第三第四　第五第六　第七第八　第九及百姓

となっている。つまり、官品九品の下に百姓なる身分呼稱が存在するのであり、しかも、この占山封水の規定に關する限り、百姓は第九品と同等の特權、すなわち占山一頃を公認されているのである。

このようにみてくると、先の『宋書』禮志の第八品以下と士卒百工の閒には、この百姓、ないしそれに相當する身分が存在していると考えることが可能になる。それが『宋書』禮志にはっきりした形で現れていないのは、おそらく服裝車乘の規定において、百姓は第八品以下と同等であって、士卒百工とは區別される位置にあったからであり、占山封水規定で第九品と同等であったと同様、第八品以下士卒百工以上の中に包含されているとみるべきであろう。

『太平御覽』卷六五一引『晉律』に、つぎのような條文がある。

吏犯不孝、謀殺其國王侯伯子男官長、誣偸受財枉法、及掠人和賣、誘藏亡奴婢、雖遇赦、皆除名爲民、

また、『宋書』卷八一劉秀之傳に、

（大明）四年、改定制令、疑民殺長吏科、議者謂値赦、宜加徙送、秀之以爲、律文雖不顯民殺官長之旨、若値赦、但止徙送、便與悠悠殺人曾無一異、民敬官長、比之父母、行害之身、雖遇赦、謂宜長付尙方、窮其天命、家口令補兵、從之、

とあるが、この「民殺長吏」も『晉律』佚文とみなすことができる。

さらに、『太平御覽』卷八六五引『晉令』にも、

凡民不得私煮鹽、犯者四歳刑、主吏二歳刑、

とある。これら『晉律』『晉令』の文中にみえる民は、單なる民衆をよぶ一般的呼稱とするよりは、何か律令中に特定の位置づけをされた身分表現とみなければなるまい。

その理由は、この三條でみる限り、民がすべて吏との對比で用いられる呼稱であることである。最初の『晉律』の除名に關しては後に論じるが、そこでは吏が除名されて民となるのであり、後二者は長吏主吏との間に特定の關係をもつ存在として民があることをしめしている。とりわけ、後二者の長吏主吏という表現は、統治の主體としての吏をつよく想定させるものであり、その吏との對比で捉えられる民は、吏の統治下におかれる存在、統治の客體としての性格を賦與された存在であると推測できる。このような關係は、一種の政治的支配被支配の關係であるといえる。すると民とは政治的被支配者としての意味をふくむ表現であることになる。

ちなみに、『藝文類聚』巻八九引『晉令』に、

其夷民守護樧皮者、一身不輸、

とあるものも、漢族王朝の政治的支配下におかれた夷族の民を表す法的な表現であって、單なる夷族の民衆の意だけではないことが理解されよう。

では、その政治的被支配者としての民は、より嚴密にはいかなる存在として認識することができるであろうか。そのことは、前掲『晉律』條文にみえる除名の檢討によって明確になるであろう。除名については、筆者はこれまで再度檢討する機會をもった(16)。詳細は割愛してその大要をいえば、それはおよそ以下のようなものである。除名は魏晉時代になってはじめて出現した官人に對する罰則である。具體的にいえば、それは官人が出身以來蓄積した官人としての履歴上の資格、いわば官資のごときものを一切剝奪することであった。それによって官人は出身直前の身分に還元

されるのである。民とは、その出身直前の、先天的に獲得されていた身分のみをもつ存在を指す呼稱であった。ところで、このような除名が出現した背景には、現任の官職を免ぜられたり去ったりしてもただちに民や庶人とならない身分、そして除名によってはじめて民へと身分を落すことができるような身分の成立があると考えられる。[17]それが右の吏である。そして、その吏は、すでにのべたような故官の品をふくむ九品・流外以上とほぼ同義であることも了解されるであろう。

それに對する民は、では一律の存在であるかといえば、否である。この點についてもすでに考察したように、それは社會の中に現れた士と庶という二大身分を包攝する概念であったとおもわれる。士も庶も官僚身分の獲得によって等しく政治的支配者、すなわち吏となることが可能であったが、除名とはその政治的支配者身分を剝奪して、その本來の社會的身分である士、ないし庶へと還元する處罰であったのである。そして、除名された後の身分である民とは、この士と庶をふくむものであった。除名の出現はこのような社會內部における士庶の身分の顯在化とも關連している。しかし、後述するように、律令はこの士庶の身分を法制的には認知せず、それらを包攝する呼稱として、從來の庶・庶人・庶民にかえて民を採用したのである。[18]

以上に概觀したように、晉南朝律令中には、故官の品および白衣をふくむ九品以上、流外以上、百姓、士卒百工、奴婢衣食客、および吏、民などさまざまな身分表現がみられた。そして、それらがほぼ右の序列で一種の階層的身分秩序を構成していることが確かめられた。ただし、九品から奴婢衣食客までと吏・民とはかならずしも同一體系として組合わせることができるとは限らない。このこともふくめ、右の身分序列が貴族制社會の性格といかに關わるかを、次節で考察してみたい。

第二節　「士庶」と「吏民」

はしがきにのべたように、士人内の品級制の成立は、九品官人法の原理からして、社會の身分的序列を法的・制度的に固定したものであり、それが貴族制の成立でもあるというのが堀氏の身分制と貴族制の關連についての基本的認識であった。また堀氏によれば、そのことはやはり社會の身分的序列の法的・制度的固定化である良民・奴婢身分制の確立と關連するのであるという。このような社會における現實の存在を法的・制度的に固定化することによって秩序維持をはかるというのは、堀氏の身分制認識の根底にある視角であるとおもわれる。この點で、とくに良賤制をめぐって尾形勇氏との閒に認識の鋭い對立があることも周知に屬する事柄であろう。[19]

たしかに、九品官人法は在地の社會の上層階層内部の階梯的身分序列を官品として制度化する機能をもっていたとみて誤りではない。そして、在地の社會の身分序列がそのまま政治的身分序列として律令で固定化されることによって、在地社會の支配層が政治體制のなかでもその支配的地位を保證され、特權的身分と化すこと、そしてそのことを貴族制とみなす堀氏の構想に、筆者はおおいなる共感をもつ。しかし、前節で明らかにしたような律令における身分構成のあり方からみれば、貴族制社會と律令的身分制との關連には、なお考慮すべき點若干があるように感じられる。その主要な第一點は、官品を基準とした秩序のもつ意義であり、第二點は、吏と民という構圖、および士庶という社會における二大身分を包攝したその民の概念設定の意味である。以下、この二點についてやや詳しく論じてみたい。

まず第一點の官品を基準とする秩序についてのべよう。九品官制における九等官の序列が、本來的には在地社會における等級である鄕品九品を基礎にしたものであることは、堀氏をはじめ、すくなからぬ研究者の共通認識である。[20]

しかし、實際の九品官制の人事運用においては、鄉品九品は九品官制內部の人事の大枠を規定することはあっても、個別の人事そのものにまで決定的な規制力を及ぼすことはなかった。むしろ逆に、個別の人事においては、本人の功勞をふくむ官資が重要な役割をはたしたとみられる。つまり、官僚制には官僚制獨自の論理による運營の可能性が殘されているのである。(21)

前節で論じた九品、故官の品、白衣、除名などといった問題は、まさしくこの官資と關係する問題であるといえる。すなわち、そこからは、官人は官人社會に參入して以來の履歷を、いわばかれの官人としての身分標識として所持していることが確認できるのであり、それは九品官制の官人身分秩序の形成において決定的な役割をはたしたと推測できるのである。

九品官の身分的特權は、土地所有、佃客保有、山川占有、妻妾、服乘の規定等々あらゆる局面で保證されていた。これに右の官資をくわえ、九品官制は、官人の身分的特權享受者層の、その特權享受を保證し、かつ享受の程度を指示する機能を帶びていたといえる。

その際、そのような特權享受の保證と程度が、根源的には鄉品九品、すなわち社會內部の身分秩序に基礎をおいていることはむろん重要であるが、一方で、それとは一定の距離を保ち、いわば官僚制獨自の論理の中で規定されていることも忘却してはならない。鄉品九品から排除される存在であっても、九品官制に參入し、一定の品官を獲得することは容易ではないが不可能ではなかったし、官人は官僚制自體の獨自の運營のなかで、かならずしも鄉品九品に完全に拘束されることなく、官品の一定の上昇が可能であった。極端な場合、社會的低階層出身者が員外散騎常侍などによって官品令第三品相當の地位に昇ることも、南朝ではありえた。その場合、かれはかならずしも平穩な受け容れられ方ではないにしても、特權享受層の隊列に參入し、特權を享受できたであろう。

そのことを可能ならしめたのが律令であることはいうまでもない。律令に規定された官品を基準とする身分秩序は、このような意味で、社會的身分秩序とは一定の距離をおいて成立することが可能であった。逆にいえば、律令による身分編成は、社會的な身分秩序を無條件の前提にするものではなかったということになる。泰始律令における官品令とそれに關する諸種の身分規定の出現は、堀氏の說かれたような意義にくわえて、社會的身分秩序には卽應しないようなあたらしい特權身分の編成という役割をはたしたといえる。やや極端にいえば、西晉律令は社會の身分秩序を捨象した地平に、官僚制を基準にした階梯的形態の身分制を編成し、それに對應した身分的特權の保證を實現したのである。社會的身分秩序とは別にこのような身分秩序が成立していることは、極めて官僚制的形態を伴って存在する六朝貴族制の獨特の現象のひとつといえる。したがって、西晉律令と六朝貴族制との關わり方の局面として、西晉律令が官僚制を基軸にした階梯的身分秩序の形成と維持を實現した點を無視することはできない。

さらに考慮しておくべき點は、その身分秩序と特權が九等の階梯的形態をとっていること自體の意味である。それは品官以上の官人總體が一律の特權集團としての連帶感や集團意識をもつことを妨げ、この特權集團のなかに一種の階層性、ないしは分斷的關係をもちこむことになったのではないかと推測させる。それはかれらに特權を賦與する立場にある皇帝からする個々の官人への統御をより容易にしたであろうし、官人の皇帝に對する臣從をより迎合的かつ從順なものにしたのではなかろうか。

ところで、このような階層的、もしくは分斷的秩序は、品官以上の身分集團内部においてのみ設定されたものではなかった。それは品官以上の特權集團から排除された流外、百姓、士卒百工、奴婢衣食客による身分秩序にもまたみられるものであり、それらの身分秩序もまた右にのべたような意義を含有していたと考えてよい。ただし、それが史料中に確認できるのは服裝車乘の制においてのみであり、それゆえ皇帝による統御や、かれらの皇帝への服從の意識、相互の身分意識中に、この階梯的秩序がいかに影響を及ぼしているかを明確にすることは困難である。

ところで、以上のような身分秩序とは性格を異にするような身分構成が一方でみられることに注意する必要がある。それが前述の考慮すべき第二點である吏民の構造である。

『宋書』巻四二王弘傳に、

弘議曰、尋律令、既不分別士庶、又士人坐同伍罹謫者、無處無之、多爲時恩所宥、故不盡親謫耳、

とある。これは士庶の問題についての有名な一條であるが、文意は明瞭である。すなわち、律令では士庶を區分していないこと、したがって同伍犯の連坐に坐しても、士人が特別扱いを受けることはないというのである。

右の王弘傳の同伍犯の議論全體にみえる士庶の存在形態や士庶のあり方の認識をめぐる發言に端的にしめされるように、現實の社會生活における士庶の差は極めて顯著であったようにおもわれる。とくに士がもつ諸種の優越性と、その優越性と表裏の關係で課せられる嚴格な倫理主義的義務、ないし規制は、士と庶を同水準の法的處遇下におくことを著しく困難にしたのではないかと想像させる。現に、王弘傳によれば、同伍犯においても士に對して恩宥という優遇措置がとられているのである。

しかし、すでに前節でのべた所で明らかなように、少なくとも現在知る限りの晉律令佚文に、右のような意味での士と庶は現れない。そして、王弘傳の「尋律令、既不分別士庶」の一條は律令規定中に士と庶の概念はないことを明言したものといえる。その士庶の代りに用いられたのが、その中に士庶を包攝した民なのである。

民を律令中の身分概念としてあらたにもちいた意圖は、右のような社會内部における二大身分の存在を捨象し、それら全體を政治的支配者たる吏の對極に政治的被支配者として一律に位置づけようとする所にあったとみるべきであろう。そこには、特に士の社會内部での優越性を政治的權力によって克服しようとする志向の顯在化をみることがで

きよう。

一方の吏においても、このような民の性格と對應するような位置づけがみられよう。つまり、政治的支配者層を一律に吏と捉えるとき、當然その中には、社會內部の存在としては士庶いずれの身分をもつものも包含される可能性がある。その場合に、特に吏となった庶は、吏となった士とともに一律の政治上の身分や特權を保證されるだけでなく、社會生活における場合に逆轉して、士に對して支配者的地位に立つこともありうる。

さらに考慮すべきは、この吏の概念中に流外以上の多樣な身分が政治的支配者として一律に包含されている點である。それは先述のような細分化された官僚の身分構成とはまったく異なった原理による官僚編成である。そしてその意圖は、民との對比において政治的支配者層を一體化せしめる所にあった。

ともかく、右のような吏民のあり方は、社會內部における現實の身分秩序を克服し、政治的權力を根據に一元的な支配被支配の關係を樹立しようとする志向の現れであったといえる。

では、この吏民の構造は、いま一方の品官を基準とする秩序といかに關わるであろうか。この點を檢討するにあたって、特に問題となるのは、百姓・士卒百工と民、および士庶との對應關係である。以下、このことを論じたい。そもそも百姓・士卒百工という身分系列が農工商という職業上の分業によるものであり、士庶が本來統治の主體と客體の關係に基づく具體的な概念であるのに對して、民はきわめて包括的、かつ抽象的な概念である。用語からみれば百姓と民は互換性のある語ではあったが[22]、前者はその姓という語に、六朝時代には姓族・姓望など比較的高位の社會的存在を連想させる語感をもっており、民中の士によりいっそうの親近性がある。それに對して、士卒百工はすでにふれた山田氏の主張のように庶民としての性格をつよくもつ。つまり、百姓・士卒百工もまた、士庶と同樣、民の概念中に包攝されるものであったということになる[23]。

ただし、百姓と士卒百工が、士と庶にそれぞれ該當するというのではけっしてない。士卒百工に士がふくまれることはありえない。一方、百姓の中に庶がふくまれることは當然ある。それだけでなく、兩者の存立の根據が異質であり、實態として一致することがありえたとしても、それぞれが位置づけられる構造が異なるのである。

以上の檢討から、晉南朝律令の身分規定のあらましとその性格を要約しよう。それは、大枠としては在地社會の中の現實的な存在形態に基づく社會構成を法的制度的な身分として階層的に編成するものであったが、特に上層階層についてはは社會内部の支配者層としての地位を認めて、九品官身分として位置づけ、その限りにおいてその階梯的な特權享受を保證しようとするものであった。その一方で、政治的關係としては法的制度的な官による支配以外の支配を認めず、在地社會内部の支配と被支配の關係を含有する身分構成を否定して、吏民という政治的權力による一元的支配體制を樹立しようとしたものであった。

このように認識してみると、西晉に出現した律令制的身分編成は、一定の社會的秩序による規定をうけつつも、政治的權力による一元的支配を志向する一面をもつものであったといえる。その一元的支配を逆に規定しかえすような社會からの力が働くときに、貴族制がより顯著に實現するといえないだろうか。

むすび

以上に晉南朝律令にみえる身分構成の具體的なあり方とその意味を、貴族制との關連に留意しつつ檢討してみた。その結果、前者については、大別して二系統の身分序列の存在することが確認された。その一つは、品官、流外、百姓、士卒百工、奴婢衣食客という具體的かつ階梯的形態のそれであり、別の一つは、吏と民という抽象的かつ單純な形態をもつものであった。

このそれぞれは、前者は社會の諸種の現實的な存在を法的制度的に規定したものであり、後者においては、それらや社會内部で一種の支配被支配の關係にある身分の士庶を捨象し、政治的な支配被支配體制へと編成したものであると考えられる。

ただし、前者は在地社會の支配者層に對して、官僚としての限りにおいて、その特權的身分を保證しようとするものであるが、その保證は一律でなくて階層的であるという特徴がある。同時にそれは官僚制それ自體の中から特權身分を産出する可能性をもち、在地社會の身分秩序をそのまま制度的に編成することを妨げるものでもあった。

一方、後者においては、在地社會の具體的な存在形態や身分秩序はすべて否定され、あくまで政治的權力を根據に、單純な支配被支配の身分序列を構築しようとしたものであり、一種の皇帝一元的支配體制が志向されていた。

このような異質の身分秩序が律令中に併存したことは晉南朝律令の歷史的性格の一部を構成しているといえる。特に、政治的體制と社會の身分秩序との關係でいえば、後者が前者を規定する途を拓いたといえる反面、前者が後者を克服しようとした側面を認めざるを得ないであろう。そして、このようなあり方を律令にとらしめた政治的社會的體制が貴族制であると考えたい。換言すれば、かような律令制的身分制がそのまま貴族制の政治的表現であるということになる。

註

（1）　堀敏一「總説」（『岩波講座世界歷史』五、一九七〇）九〜一一頁。

（2）　堀敏一「中國における律令制の展開」（『東アジア世界における日本古代史講座』一九八二）八一頁。

（3）註（2）論文七三頁。
（4）堀敏一「貴族制社會の成立」（『中國文化叢書』八、一九六八）一八九～一九〇頁。
（5）堀敏一「身分制と中國古代社會」（『駿臺史學』五〇、一九八〇）二〇三頁。
（6）堀氏は一九八七年、氏の古代身分制研究の集成ともいうべき『中國古代の身分制――良と賤』なる大著を公刊されたが、その冒頭で、貴族と平民、官僚の位階のように、後天的に獲得されて變動する身分は同書の課題ではないとのべられ（三頁）、この問題についての研究のその後を明らかにされていない。
（7）拙稿「晉南朝における律令と身分制」（初出一九八六、本書第八章）。
（8）堀敏一「晉泰始律令の成立」（『東洋文化』六〇、一九八〇）。
（9）この兩者について、私は先に拙著『六朝貴族制研究』（一九八七）八七頁、および註（7）拙稿二二九頁で、「官品令」佚文としたが、これは山田勝芳「中國史上の「中世」」（『綜合研究中世の文化』一九八八）註（23）の指摘の通り、明白な誤りである。前者は山田氏、程樹德『九朝律考』中華書局本三〇〇頁の説のように「服制令」であろう。後者は、拙著のみでなく、程前掲書二七九頁、張鵬一『晉令輯存』三秦出版社本五三頁も「官品令」とし、また中華書局評點本『魏書』も官品令の下に讀點をうつが、いずれも正しくない。なお、張前掲書二四〇頁はこの『晉令』前半を「王公侯令」とする。
（10）張前掲著一四二、一四三頁は兩者を「佃令」とし、程前掲著は前者の占田規定を「戶調令」（三〇一頁）、佃客規定を「佃令」（三〇二頁）とする。
（11）程前掲著三〇〇頁所載「服制令」、三〇七頁所載「晉假寧令」參照。
（12）前揭拙著三〇二～三〇七頁。
（13）程前掲著三〇一頁。
（14）濱口重國『唐王朝の賤人制度』（一九六六）四八八頁。
（15）山田勝芳「均の理念の展開」（『集刊東洋學』五四、一九八五）八～九頁。
（16）前揭拙著二八七～三三〇頁、前揭拙稿二二一～二三〇頁。

(17) 前掲拙稿二二八頁。

(18) 張前揭著一四七頁に、「復除令」として、

　　庶人遭三年喪者、復除徭役、

の一條をあげ、『通典』卷一〇八より採ったとするが、おそらく誤りである。『通典』卷八〇、『宋書』卷一五禮志二に、その原文らしきものがあるが、それは泰始元年詔であり、律令ではない。

(19) たとえば堀前掲「身分制と中國古代社會」一九〇～一九四頁。

(20) 拙稿「六朝貴族制論」(初出一九九三、本書第一六章)、及び註(12)。

(21) 拙稿「初期九品官制における人事」(初出一九八七、本書第四章)。

(22) たとえば『宋書』卷五五傅隆傳に、會稽剡縣民黄初というのを、『南史』卷一三宋宗室臨川王義慶傳に百姓黄初というような例がある。もちろん避諱であるが、唐初兩語の互換性をしめしている。なお、次註參照。

(23) ちなみに、山根清志「唐の「百姓」身分について」(『社會經濟史學』四七―六、一九八二)によれば、唐では良民とは別に百姓なる身分があり、百姓は良民の一部であったという。また、唐前半には、百姓は士農工商中の農工商を指したが、後半にはもっぱら農民を指すようになったともいう。六朝においても檢討したい問題である。

第一〇章　貴族制社會における血緣關係と地緣關係

はしがき

貴族とはいったいいかなる存在であるのか、この問題について、日本の學界で現在有力な見解の一つは、內藤湖南の貴族の定義、すなわちその家柄が自然に地方の名望家として永續した關係から生じた、というものである(1)。地方の名望家として永續するということは、ある特定地域に存在する、連續する家系が前提であり、この前者は地緣的關係、後者が血緣的關係であって、このいずれが缺けても、名望家としては認められないということになる。つまり、この定義は、貴族にとって、地緣的關係と血緣的關係の兩者不可分の結びつきが、かれらの政治的社會的に優越的な地位を保證するために不可缺な要素であったことをのべたものと考えることができる。たしかに歷史上、貴族とみなされる家族が、本貫地との密接な一體感を標榜するとともに、長大な家系と大規模な族的結合を有し、それを根據にして政治的社會的に優越的な地位を獲得していることには、疑問の餘地がない。

ところで、そもそも地緣的及び血緣的關係は、いつの時代にも普遍的に存在する、社會における人間の結合紐帶である。それがなぜ、この時代に限って貴族を生み出したのかを問うことが必要なのであり、兩者を一般的な關係として捉えるなら、じつはこの兩者を前提にした貴族の定義は、その歷史的性格を喪失し、貴族制と稱される時代の歷史上の意味も曖昧なものとなろう。この兩者の關係のあり方をもふくめ、土地と血緣を媒介とした關係が、この時代にいかなる實體と特質を有したのかをあらためて檢討することこそが、貴族制社會の歷史的性格の認識を深化させるための不可缺の作業であるとせねばならない。

さて、ながく「共同體論」によって貴族制社會研究に先導的な役割を果たしてきた谷川道雄氏は、最近、內藤湖南のいわゆる鄉團を通じての中國史認識に觸發され、氏が主張してこられた共同體をより實體化するための具體的方法として、六朝時代の宗族研究の必要性を主張されるとともに、六朝における宗族の特徵について概括的な見通しをしめされた⑵。この主張は、「共同體論」に對峙する立場の如何に關わらず、今後の貴族制研究の重要な論點となると豫測されるのであるが、以上にのべたことからすれば、宗族という血緣的結合に加えて、地緣的結合がいかなるものであり、また血緣的結合にいかに關連するかという視角が不可缺であろうとおもわれる。

本章は、谷川氏の主張を受け止め、貴族制社會の血緣的關係と地緣的關係の實體と性格を、日本の學界の動向の中で考察しようとする初步的なこころみである。

第一節　同族的結合の變貌

血緣的關係には、父子兄弟からはじまって、人閒存在を結びつける原初的紐帶として、またそれらを一定の秩序に統合する契機として、さまざまな形態があるが、貴族制社會に特徵的に現れると考えられるのは、家系・系譜と同族的結合である。貴族とは、一般的には祖先以來の長大な家系を持ち、大家族、あるいは大規模な同族的結合による族員の集團を擁して、それがかれらの社會內に有する勢力の根源の重要な要素をなすと認識されている。前者は時閒的經過をともなう、いわば縱にのびる關係であり、後者は同族的集團を構成する、いわば横にひろがる關係であって、おなじく血緣を紐帶にする關係ではあっても、社會の中における機能は異質であると考えねばならない。前者は、族員個人および一族の傳統と傳承とによって、歷史的經緯の中でかれらの社會的に優越的な評價を形成し、後者は、同族集團としての勢力と、それに屬する族員個人の多樣な活動によって、社會の中で政治的經濟的勢力を形成するための重要な手段とみなすことができる。

ではこの血緣的な諸關係が貴族制と關連してどのように研究されたか、またそれはどのように評價できるかを、次に簡單にみておきたい。これまでの貴族制研究において、一個の重要な研究方法として、個別有力貴族の系譜及びその同族的集團の諸事象の分析という方法があった(3)。それらが、貴族の具體的な存在形態を明らかにするとともに、當時の代表的な同族集團の實態についておおくの知見をもたらしたことは、周知の事實である。しかし、そこで明らかにされた事實は、あくまで當時の顯著に貴族的である一部特定の同族集團に關するものであって、どこまで當時の社會における同族的結合、あるいは血緣關係の普遍的原理として認識できるかは、疑問とせざるをえない(4)。ここにおいて、先述のように宗族に着目し、それが有する血緣的關係に關する幾つかの特徵を捉えようとこころみた谷川氏の視角は、當時の社會に普遍的に存在する同族的結合の六朝史的形態とその原理解明に直結するものとして、今後重大な關心を寄せられるべきであるとおもう(5)。

ところで、血緣的關係や同族的結合によって結びつけられた人々の相互關係や序列は極めて強固であるということが自明の前提とされている。しかし、その歷史的な實態についてまず檢討しなければ、血緣的關係の歷史的性格を正しく認識することはできないであろう。例えば西晉八王の亂にみる同族閒の爭亂や、南朝宋齊帝室にみられた「前見子殺父、後見弟殺兄」(『魏書』卷九七島夷劉裕傳)という慘狀は、父系血緣による同族的結合と族內秩序が政治的動機によって攪亂され、弛緩してしまったための現象とみることができる。これらは帝室内部での權力鬪爭という特殊な事例であるが、これほど顯著な例ではなくとも、これに類する同族的結合と族內秩序の混亂は、他にも幾つか見られ、この時代の特徵の一つとみなせる。例えば、東晉初頭の義興周氏、東晉末の太原王氏の例は、政治過程に影響された族內の對立の好例である。(6)特に太原の王氏の場合は、族的結合の範圍にも關わる事例であるが、このことは後にあらためてとりあげよう。

これほど極端でなくとも、同族內の族員が必ずしも强固な結合關係にはなく、社會的經濟的に平等均一の狀態でないことは、しばしばみられる。そもそも同族的結合の强固さの現れとされる族內の賑恤が、かえって同族內の族員閒に社會經濟的格差があることをしめすものであるし、その他にも、例えば琅邪王氏における本流と分枝の烏衣巷王氏との差(7)や、吳興の沈氏における族人相互の身分貧富の差や反感(8)の例等をみると、この當時の同族的結合が必ずしも無條件に强固なものであったとはいえなくなるのである。

このような族的結合の狀況の中で、これに關連すると見られる現象が出現する。後漢時代末期における百口と呼ばれる新しい集團の顯現である。この表現が登場するのは『魏略』からであり(9)、その後「闔門百口」などという表現が南北朝にしきりに見られる。それは、一般的には、家族ないしは日常的生活を共有する集團の人數を象徵的に表現したものと理解できるのであるが、まず注意しておきたいのは、その百口と呼ばれる集團の性格である。具體例を見ていくと、百口は時には、人質であり、保證の擔保であり、連帶責任を負うべき集團であり、生死を共にする運命共同體である。(10)それが故に、百口は、百口を率い、或いはそれを代表する人物の行動を規制するもっとも重要な要素として機能している。いわば當時においてある人閒が歸屬する、もっとも基本的集團であり、人閒關係のもっとも本質的な結合によって構成された集團と考えられるのである。

百口については、守屋美都雄氏にすでに研究があるが、そこには次のような興味深い指摘が幾つかある。これは漢六朝に官人の家を呼ぶ言葉となり、實體としては擬制的血緣者をふくむ集團であって、主人の權力が強く、責任も重く、族人の集合も純粹な親緣意識に基づく宗家中心の結合ではなく、むしろひとりの有力者を中心とする利害關係を基底とする集合に過ぎず、したがって親族協同體的な親睦意識よりは、主人とそれに隸屬する者といった關係の方が強くあらわれていたとおもわれる、等というものである。(11)

しかし、あまりにその集團の主人に對する隸屬的な性格にだけ注目すると、當時の人閒關係における百口の別の意義を見失うおそれがある。例えば、百口の命を投げ出して義擧に應じたと評された例（『南齊書』巻二四張瓌傳）や、反軍に投じた人物に歸順を勸めて、卿《きみ》は百口が都にあり、墳墓もあり、情は木石ではなかろうにと詔した例（『宋書』巻八八沈文秀傳）等に典型的に見られるのは、ある人物と百口とは人閒的情愛に結ばれて一體であるという感覺であり、兩者の閒には當然そのような感情があるはずであるという當時の社會の通念である。では、それはいかなる規模と構成をもつ集團であったろうか。

守屋氏は、既述のように、百口には擬制的血緣者がふくまれていたとされ、その中には奴隸賤客をも包含していたという說に贊意をしめしておられる。であれば、それは最低數個程度の單婚家族で構成される集團、すなわち祖父を中心とした、父子、兄弟同居の集團と考えられる。先の例で擧げた張瓌についての評は、かれの從父によってなされており、沈文秀への詔はかれの弟によってもたらされた。それは百口の範圍を暗示するものであろう。

百口がそのような範圍をもつとすれば、次に檢討しなければならないのは、それが當時の一般的な血緣的結合の中で、どのような位置にあるかである。この點について、日常的な生活單位や居住空閒の問題を取り上げてみよう。守屋氏は、六朝時代の南人と北人の相違について、『隋書』巻三一地理志下揚州に、「(江南之俗) 父子或異居」とあるの

と、『魏書』巻七一裴叔業傳に、叔業の兄叔寶の子植について、

植雖自州送祿奉母及贍諸弟、而各別資財、同居異爨、一門數竈、蓋亦染江南之俗也、

とある記事を擧げ、江南では文化生活の向上から父子異居の風が現れ、これに對して江北では、同居同財を重んじ、特に名家といわれるほどの家ではその風が顯著であったとのべている。そして江北の同居同財の風について、『魏書』巻五八楊播傳附弟椿傳に引く椿の子孫への戒めの語に、

又吾兄弟、若在家、必同盤而食、若有近行、不至、必待其還、亦有過中不食、忍飢相待、吾兄弟八人、今存者有三、是故不忍別食也、又願畢吾兄弟世、不異居異財、汝等眼見、非爲虛假、如聞汝等兄弟、時有別齋獨食者、此又不如吾等一世也、

とあるのに、江南との對蹠的な側面を見いだしておられる[12]。この家族規模で兄弟同居同財が實現すれば、孫の世代まてふくめて、家族員數はおよそ百口とみなすことができよう。

ところで楊椿のこの語は、同居同財への願望とはうらはらに、その逆にむかう世相をしめしていて、江北ですら兄弟異居への止めがたい風潮の存在が感じられるのであり、まして江南では、例えば『宋書』巻八二周朗傳に、宋孝武帝の頃の上書として、

今士大夫以下、父母在而兄弟異計、十家而七矣、庶人父子殊產、亦八家而五矣、凡甚者、乃危亡不相知、飢寒不相卹、

とあるように、五世紀後半、社會の上層下層を問わず、父子兄弟の異居殊產の風が過半であったとされている。そうであるとすると、百口はあらゆる階層における普遍的な結合集團ではなく、むしろそれが分解しつつある狀況の中、比較的上層の階層間でのみ維持されている集團であった可能性がある。すなわち、大家族的聚居、同居同財は一種の

理念であり、價値であって、必ずしも普遍的な現實ではないかもしれないのである。

第二節　地緣的關係の顯現

地緣的關係とは、基本的には一定の居住空間を共有する人間相互の緣故による關係であるが、貴族制社會との關連でいえば、居住空間である鄕里社會内部の人間關係に止まらず、鄕里社會をこえた場における同鄕的結合、貴族とその本貫である州郡縣との關係等も、當時に特徵的な地緣的關係の中に包括することができよう。

從來の貴族制研究における地緣的關係に關わる問題についていえば、貴族の基盤としての鄕黨をめぐる、その內部構造や鄕黨の支配者的存在である有力者の性格、次第に本貫から遊離する貴族と本貫地との關係、廣範にみられる同鄕人相互の強い連帶感等が論議の對象となり、例えば鄕黨の有力者が階級關係を超越した人格的指導者の如き性格を持つことが主張されたり、本據とする鄕黨を喪失した貴族が本貫州郡縣への歸屬意識を強く持つこと、あるいは同鄕人の連帶感が一種の社會的規制力として機能していること等、地緣的關係の強固さが共通認識となっているようにおもえる。以下では、この時代の地緣的關係の獨自な現象の幾つかについて、檢討してみたい。

地緣的關係が形成する最も基本的な集團は鄕黨社會である。この鄕黨社會における人間關係、或いは鄕黨社會と個人の關係について、よく知られている史實がある。それは『三國志』卷二一王粲傳附吳質傳注引く『魏略』に、

始質爲單家、少游倣貴戚閒、蓋不與鄕里相沈浮、故雖已出官、本國猶不與之士名、

とあるもの、及び『南史』卷四九庾華傳に、

初梁州人益州刺史鄧元起功勳甚著、名地卑瑣、願名挂士流、（中略）而解巾不先州官、則不爲鄕里所悉、

とあるもので、それらは鄉里との密接な日常的關係が、一個の人間として存在することにとって不可缺のものであるという價値觀が社會の中にあること、及びその關係から生じる地緣的な人間的關係が、ばあいによっては後者のように形式的であっても、個人の人物評價や「士」としての身分獲得に不可缺のものであったことをしめしているのである。この事例は、二つの問題を提起するであろう。

その第一は、個人と本貫の關係の重視である。人は誰しも生まれ故鄉を持つものであり、特に前近代の居住地移動の機會が制限されている時代には、ほとんどがその生まれ育った土地で日常生活を送るものであるから、その故鄉に對する特別な歸屬感情は自然なものであるといえる。しかし、ここに見られるような個人と故鄉の密接な關係は、そのような自然發生的なものではなく、むしろある社會的な觀念のもとで强調される、社會規範、もしくは理念のような印象をあたえるであろう。つまり、個人と鄉黨との密接な關係は、もちろん現實に存在することもあるが、中にはそうあるべきであるという觀念のもとで結ばれているばあいもあるということである。實態のみでなく、ある種の價値觀として個人と本貫の密接な關係が存在するというのが、當時の地緣的關係の歷史的性格の一部なのである。

このような現象があらわれたのは、後漢末以後の狀況が作り出した特殊な條件によるものと考えられる。それは、一つには戰亂その他による大規模な人口移動であり、次には主として官人の地位の世襲による居住地の本貫からの遊離である。こうした中で、あえて故鄉に踏みとどまり、地緣的結合による日常生活を送ることが、社會の肯定的評價を生むことになったのではないかと想像される。

その第二は、鄉黨自體が持つ個人の身分や地位決定の力である。士名や士流等を得ることが鄉里との結びつきと密接な關係にあったとすると、そのような地緣的關係は、ある種の秩序關係形成の契機を內包するものであることになる。『三國志』卷二三魏書常林傳に、

晉宣王以林鄕邑耆德、每爲之拜、或謂林曰、司馬公貴重、君宜止之、林曰、司馬公自欲敦長幼之敍、爲後生之法、

とあり、前掲『南史』庾華傳に、

子喬、復仕爲荊州別駕、時元帝爲荊州刺史、而州人范興話以寒賤仕叨九流、（中略）及屬元日、府州朝賀、喬不肯就列、曰、庾喬忝爲端右、不能與小人范興話爲雁行、

という。これらは同一の州、または郡に屬する者たちの閒に、朝廷での官爵の上下とは全く異質の上下關係が存在していたことをしめしている。すなわち、當時の地緣的關係によって成立している鄕黨の集團は、單に日常生活の場での人閒關係の集合ではなく、獨自の秩序を形成する契機なのである。これも當時の地緣的關係の重要な歷史的性格の一つとみなすことができる。

では、鄕黨が以上のような機能や性格を持つことができるのは、いかなる條件によるのであろうか。當時の地緣的關係については、なお一つの注目すべき現象がある。それは、州・郡・縣等を本貫として共有する人物の閒に結ばれる特殊な結合關係、いわば同鄕人相互に結ばれた結合關係である。これについてはすでに考察したことがある[13]ので、簡單にその內容をのべるに止めたいが、それは個人のあらゆる行動を規定する理念として存在しており、すべての人閒關係に優越するばかりでなく、政治的な關係すら凌駕するような重い意味を持つ關係であった。

ところで、この關係は例えば、同一州の出身者相互、同一郡出身者相互等というように、さまざまな水準がある。それはこの關係が、基本的には居住地の近接、日常生活での親近感から出發して、次第に日常的具體的な交流から、そのような機會が遞減する同縣人、同郡人、同州人となるにつれて、その關係が觀念的抽象的になっていくからであり、それでいていずれの水準においてもそれらは同鄕的關係として機能しているのである。このような段階的狀況は、かつて川勝義雄氏が構想された「鄕論環節の重層構造[14]」を連想させるが、その場合においても鄕論の機能する場と水

準は異なっても、鄕論の本質はかわらないのと同様である。それはともかく、この同鄕的關係は鄕黨の內部において、その地緣的關係に結ばれた人閒の集團から發生した、當時の人閒相互の最も根元的な關係と見ることができよう。したがって、このような人閒關係に結ばれた鄕黨內の集團は、當時においては、個人が最終的に歸屬する根本的集團と觀念されるであろう。そこから排除されることは、存在の根據を喪失することであり、逆に鄕黨との關係の維持は、たとえそれが形式的、名目的なものであっても、必要不可缺のものであったのである。

そして、その鄕黨內の强固な同鄕的結合を前提にして、士名といい、士流という特別の地位が得られるのであり、或いは「鄕里の小人」[15]が生み出されるのである。この場合に特に興味深いのは、同鄕的結合が次第に觀念的・抽象的になるにつれて、そこから析出される地位身分はより高次元で普遍的になるのであり、それを端的にしめすのが、『隋書』卷三三經籍志二譜系篇に、

其中國士人、則第其門閥、有四海大姓・郡姓・州姓・縣姓、

とあるものである。すなわち、家柄の基礎になる地域區分の大小が、家柄の普遍性または格差となるのであるが、地域區分の大小が先にのべた同鄕的結合の具體性や抽象性と關わることは、いうまでもないであろう。

以上がこの時代の地緣的關係の最も根本的な歷史的性格であると考えたい。

第三節　血緣的結合と地緣的結合の相互作用

以上二節にわたって、血緣的および地緣的關係の、當時に特徵的な現象をのべてみた。ここであらためて檢討しなければならないのは、その兩者の關係である。本來、血緣と地緣は、まったく異質の人閒關係であるはずである。以

上にのべたように、その兩者がいずれもこの時代に獨自な性格を露わにしながら機能していたとすると、兩者の關わり方にも當然時代的特徵があると豫測されるし、ばあいによっては兩者の閒に、補完や矛盾の關係が生じていることもありうると見られる。以下、これを貴族と本貫の關係と鄕黨社會の內部構造の二面から檢討してみたい。

まず貴族と本貫の關係について、特徵的な事例を檢討してみたい。

『南史』卷二五王懿傳に、

北土重同姓、竝謂之骨肉、有遠來相投者、莫不竭力營贍、若有一人不至者、以爲不義、不爲鄕邑所容、仲德（懿）聞王愉在江南貴盛、是太原人、乃遠來歸愉、愉接遇甚薄、因至姑孰投桓玄、

とある。守屋美都雄氏は、この例を南人北人の差に關する議論の中に引いて、同姓同族に對する親しみが、河北に比べて江南が薄かったようであるとのべられる[16]。しかし、實は王懿は太原祁人であり、漢司徒王允の弟懋七世の孫と稱するのに對して、王愉は太原晉陽人であり、同じく太原の王氏とはいえ、その本貫の縣が異なる。そしてこの兩王氏は、後漢末には、祁縣の王氏には、王允の兄の子王淩（『三國志』卷二八）、晉陽縣の王氏には王昶（『三國志』卷二七）がでて、兩者はともに知名で、年齡から昶が淩に兄事したという（『三國志』卷二七）。

太原王氏に關する守屋氏の硏究によれば、王昶の父澤、澤の兄柔の兄弟が、太原晉陽の王氏の祖先として確實に遡りうる上限であるが、太原には祁縣の王氏もあり、祁縣の王氏は魏末の王淩の族滅により、その子孫が繁榮することはなかったとされる[17]。兩王氏のそれ以前の關係は不明であるが、あるいはこの兩王氏は本來は同族で、いつの時代かに兩縣に分居し、二派に分かれたとも考えられる。晉陽の王氏の南渡した者たちでは、東晉末の王恭と王國寶の抗爭が有名であるが、この兩者は王恭が王柔から數えて八世、王國寶が王澤から數えて七世の孫である。二人の閒には、すくなくとも史料に見る限りでは同族的結合の强さをうかがわせるような姿勢は感じられない。しかし、王國寶の弟

王沈と王恭の閒柄は、友善で、王沈が王恭の祖先の墓參をするほどであり、これについて守屋氏は兩王氏が全くの他人になりきってはいないこと、しかし、同族意識はうしなっていなかったにせよ、具體的に結合する義務が負わされていたとはおもえないと論じている[18]。これほどの世代が經過すれば、同族的結合は相當に弛緩してしまうようであるが、それでも同族意識が完全には拂拭されない微妙な狀態にあるのである。これは先述の百口の顯現と關係する現象であるとみられる。晉陽の王氏ですらこのようであるから、王國寶の兄である王愉が、祁縣の王氏である王懿に對して骨肉というような感情を生じるはずはなかったであろう。

それはそれとして、ここで注目しておきたいのは、この兩王氏が、晉陽と祁という本貫縣名によって、互いを區別していたらしいことである。王懿はどうやら同姓ということと、同じく太原の王氏であることだけを意識して、本貫縣名が異なることを考慮しなかったようであるが、王愉にはその區別があったのである。ここには郡の規模での同族と、縣の規模での同族という認識の差が生じている。

これに似た例として、譙國の桓氏の二派がある。桓氏は、本貫を同じ譙國でも、龍亢縣にかける一派と銍縣にかける一派とがある。『晉書』卷六四元四王忠敬王遵傳に、

右將軍桓伊嘗詣遵、遵曰、門何爲通桓氏、左右曰、伊與桓溫疏宗、相見無嫌、遵曰、我聞人姓木邊、便欲殺之、況諸桓乎、

とある。この事例の桓溫は譙國龍亢縣、桓伊は譙國銍縣が本貫である。桓氏がこの二派に分離した時期やその事情は不明であるが、その分離は實際は本宗とは別の縣への分居という形式でおこなわれたに違いない。ここにもまた、同族または同姓と本貫に關する認識の相違がみられる。すなわち、武陵忠敬王司馬遵は、桓氏であれば、すべて同一とみなすのに對して、王の左右は本宗と疏宗を區別しているのであるが、その區別は具體的には龍亢縣と銍縣という本

貫縣名の違いでなされているであろう。

もう一つの例は、宋朝の帝室、彭城の劉氏の事例である。宋の建國者劉裕は漢の楚元王交の子孫と稱し、彭城郡彭城縣を本貫とするが、『宋書』巻一武帝紀では、この本貫を通常の郡縣名で記さず、「彭城縣綏輿里人」と、縣鄉名で記す。その理由については、『南史』巻一七劉康祖傳附劉延孫傳[19]に、

又出爲南徐州刺史、先是、武帝遺詔、京口要地、去都密邇、自非宗室近戚不得居之、劉氏之居彭城者、分爲三里、帝室居綏輿里、左將軍劉懷肅居安上里、豫州刺史劉懷武居叢亭里、三里及延孫所居呂縣凡四劉、雖同出楚元王、由來不序昭穆、延孫於帝室本非同宗、不應有此授、時司空竟陵王誕爲徐州、上深相畏忌、不欲使居京口、遷之廣陵、廣陵與京口對岸、使腹心爲徐州據京口以防誕、故以南徐州授延孫、而與之合族、使諸王序親、

とあって、同じ祖先を共有し同じ彭城郡彭城縣であっても、劉氏は里名によって三派に分かれ、さらに呂縣の劉氏が存在するというのであるが、その上に、史書からは沛縣の劉氏の存在も確認できる（『晉書』巻八五劉毅傳）。そして、すくなくとも彭城三劉氏と呂縣の劉氏とは「不序昭穆」というから、日常的には血緣的關係の確認などはなされず、したがって同族的結合が緊密であったとは言い難い。むしろ里を基準とする地緣的な日常生活の集團が存在し、同族意識はその背面に後退していたと考えるのが妥當であろう。これは血緣的關係が、地緣的な契機によって分離されていることをしめすが、上の事例は、そのような分離した血緣的關係が、政治的意圖から再編成され、しかもそこでは強い同族的結合再現が期待されていることをしめすものである。

以上の例は、血緣的關係で結ばれた同族集團が幾つかの分派に分かれるとき、各分派の區別は、その本貫の屬する郡、縣、里によってなされることをしめしているのであるが、ここで各分派の相互關係や結合の程度を考えてみると、同里の者、同縣の者、同郡の者によって、その關係の性格や程度が異なり、同里より同縣、同縣より同郡と進むにつ

れて、相互關係は具體的で親密なものから次第に抽象的で疎遠なものへと變化することが豫測される。この様子は、すでに見た同鄕的結合の段階的形態に類似する。

ところで、すでにのべたように、血緣的關係と地緣的關係は本來異質な結合紐帶である。そのような兩關係が、現實社會においてどのように關わるかは、これまであまり意識されていないようにおもわれる。この點に關して、次に、鄕黨社會の內部構造に關する問題點を取り上げてみよう。鄕黨社會には血緣的關係と地緣的關係が同時に包含されていると考えられるからである。鄕黨社會の實例としてしばしば言及される、「率擧宗族他附從數百人、（中略）入徐無山中、營深險平敞地而居」（『三國志』巻一一田疇傳）、「袞乃率其同族及庶姓保于禹山」（『晉書』巻八八孝友庾袞傳）「諸父兄弟及鄕閭宿望、莫能覺其優劣」（『晉書』巻四五武陔傳）等という表現は、鄕黨社會が同族的結合と同鄕的結合兩者の緊密な結びつきによって成立していることを明示している。

このことに關して、先述した谷川氏はこの宗族への注意の喚起に際して、宗族鄕黨を、宗族は父系の親族組織であり、鄕黨は同鄕人の結合形式であるから兩者には血緣と地緣の相違があるとされながらも、宗族が擴大すれば必然的に地域を全面的に占有することになるから、實際上は重なりあうことがすくなくないとされている[20]。たしかにそのようなことは大いにありうるが、先にみたような後漢から南北朝にかけての鄕黨社會に關する表現は、それが單一の血緣的集團から構成されるのではなく、複數の血緣的集團によって構成されていることをしめしている。それを地緣的關係が結集しているのではなかろうか。

したがって、やはり鄕里社會の內部構造を檢討するばあい、血緣的及び地緣的な結合の雙方によって結びつけられた社會をまず想定しなければならないであろう。そして、そのばあい、再三のべたように血緣的及び地緣的關係が本來異質な結合紐帶であることに、大きな注意が必要である。

上引の鄕黨社會の表現は、大半が當時の戰亂や飢饉等の非日常的狀況における集團構成、例えば避難や防衛のための集團、或いは賑恤の對象としての鄕黨社會を指していて、いわば非日常的狀況におけるものであるから、そこには兩者の調和的かつ緊密な結びつきが見られる。それだけでなく、日常的な居住空閒である鄕黨社會においても、この兩者が調和的に鄕里社會統合の原理として兩立し、或いは矛盾なく結びついて一つの集團を構成し、またその集團を存續せしめることがあった可能性がある。例えば、『四民月令』正月の謁賀には、「謁賀君師故將宗人父兄父友友親鄕黨耆老」といって、血緣的結合と地緣的結合が連續した、調和的な關係として鄕黨社會を秩序づけていたことがしめされている。また、先述の王懿の例も、血緣關係を粗略にすると「以爲不義、不爲鄕邑所容」という結果を招くというのであるから、血緣地緣の兩關係は相互に補完しあっているといえる。

しかしながら、宗族鄕黨の現實は、そのような側面だけでなく、日常生活においては相矛盾する人閒關係の二つの契機として、血緣的關係と地緣的關係の閒に緊張が存在していた可能性もないわけではないのである。例えば、宗族鄕黨の結合紐帶の强固さをしめすものごととしてしばしば言及される宗族鄕黨への賑卹を考えてみよう。かりに、極限的な狀況におかれた鄕里社會において、賑卹がおこなわれるようになったばあい、そしてその賑卹において優先順位の設定を餘儀なくされたばあい、血緣的及び地緣的關係が矛盾なく、調和的に兩立しうるであろうか。現に、宗族の族人救濟の例として谷川氏が言及された『四民月令』記事にいう「務先九族、自親者始」[21]は、その救濟行爲に血緣的關係が優先することを明示しているのである。もっとも、現實的に、賑卹において血緣地緣いずれの關係が優先されたか等という事例は檢證するのが困難であるが、このような疑問を否定しさることはできないであろう。

このような狀況であるからこそ、原初的な感情から發する同族的結合に對して、同鄕的結合はさらに强く意識的に要請されなければならなかったとも考えられるが、この點についてはまだ十分な檢討に至っていないので、今後の課題としたい。

むすび

以上三節にわたって、血縁的關係、地縁的關係、及び兩者の關係に關して、その魏晉南北朝に特徴的に見られるとおもわれる現象の幾つかを取り上げ、初步的な檢討を加えてきた。ただし、議論が江南の事例に偏重して、華北が粗略であり、また論據である歴史的な事例も些少で、ほとんど抽象的な推論に終始しているが、同族的結合の意識と實態の差の存在、日常的生活に基づく中規模な血縁集團の出現、同鄕的結合の普遍化と重層化、同族的結合と同鄕的結合の複雜な相關性等に關して、粗雜な理解を提示し、問題提起をしたつもりである。

家族、家系・系譜、服制や祭祀等の儀禮、地縁的血縁的關係の地域差等、論じるべき問題はなお多いが、いずれも今後の課題である。

谷川氏の主張に觸發されての議論としては甚だ貧しい内容となったが、本章にのべたような視點が、貴族制研究にいかに新しい地平を拓きうるかもふくめて、考察を重ねていきたいとおもう。

註

（1）内藤湖南「概括的唐宋時代觀」（初出一九二二、『内藤湖南全集』八、一九六九）一一一頁。

（2）谷川道雄「六朝時代の宗族——近世宗族との比較において」（『名古屋大學東洋史硏究報告』二五、二〇〇一）。

（3）例えば、守屋美都雄『六朝門閥の一硏究——太原王氏系譜考——』（一九五一）や、矢野主税の「張氏硏究稿」（『社會科學論叢』五、一九五五）他一連の系譜研究等がその代表的なものである。

（4）守屋氏は、前掲著書第八章「むすび」で、氏の太原王氏の研究について、自ら「限られた一つの家のみを對象とした研究であるから、そこから把握される諸事象を、普遍的な事象として理解してよいかどうかは輕々に斷じがたい。」とのべておられる。

（5）宗族に着目した谷川氏の問題關心は、實はこのような部分にあるのではなくて、むしろ關心の中心は內藤湖南の「鄉團自治論」から得た、政治と地方組織の關係のありかたという、中國史の全過程認識に關わる問題にあるようにおもえる（前掲論文一二九頁）。これまた谷川氏の提起する重要な中國史研究の課題であるが、このことは本報告では考慮の外におくことにしたい。

（6）『晉書』卷五八周處傳附子玘・玘子勰・玘弟札・札兄子莚傳には、東晉王朝や王敦に對する對應をめぐって、玘・勰・札・莚や周氏族人が各人各様の行動をおこない、また族人閒の殺人まで發生していることをのべている。王氏については同書卷四五王湛傳、卷八四王恭傳參照。

（7）『南齊書』卷三三王僧虔傳に、

　王氏以分枝居烏衣者、位官微滅、

とある。

（8）『宋書』卷七四沈攸之傳によると、吳興武康の沈攸之は沈慶之の從父兄の子であったが、幼時孤貧で、元嘉二七年の北魏太武帝の南侵の際、三吳民丁の徵發で、徵發された。この時、沈慶之は太子步兵校尉であったが、沈攸之はその蔭庇を得られなかったらしい。その後沈慶之にしたがい、戰功を擧げたが、沈慶之に抑えられ、恨みを抱いたという。後、廢帝の不興を買い死を賜った沈慶之に毒藥をもたらしたのは、沈攸之であった（『宋書』卷七七沈慶之傳）。

『梁書』卷一三沈約傳には、

　少時孤貧、丐于宗黨、得米數百斛、爲宗人所侮、覆米而去、及貴、不以爲憾、用爲郡部傳、

という。郡部傳は、沈約の官歷から見て、沈約とは隔絕した地位といわねばならない。これは沈約と宗人との閒に、經濟的

だけでなく、一種の身分的な差があったことをしめす。

(9) 『後漢書』傳五四趙岐傳に、後漢桓帝時、宦官に睨まれて逃亡生活を送る趙岐を見かけた孫嵩なるものが、岐に對して、「不有重怨、即亡命乎、我北海孫賓石、闔門百口、埶能相濟」と問いかけた例があるのが唯一である。ただし、これは本來は『三國志』卷一八閻溫傳注引く『魏略』孫賓碩傳の記事である。

(10) このようなことを象徴的に示す例の若干を以下に擧げておく。

是歳冬、魏王受漢禪、遣使以權爲吳王、詔使（浩）周與使者俱往、周既致詔命、時與權私宴、謂權曰、陛下未信王遣子入侍也、周以闔門百口明之、權因字謂周曰、浩孔異、卿乃以擧家百口保我、我當何言邪、

（『三國志』卷四七引く『魏略』浩周傳）

初、（王）敦之擧兵也、劉隗勸帝盡除諸王、司空導率羣從詣闕請罪、值顗將入、導呼顗謂曰、伯仁、以百口累卿、顗直入不顧、

（『晉書』卷六九周顗傳）

（沈）攸之與武陵王贊牋（中略）又曰、（中略）豈不知俛眉苟安、保養餘齒、何爲不計百口、甘冒危難、

（『宋書』卷七四沈攸之傳）

（蕭思話）起義以應世祖、遣使奉牋曰、（中略）雖百口在都、一非所顧、

（同書卷七八蕭思話傳）

（沈攸之）遂擧兵、其妾崔氏許氏諫攸之曰、官年已老、那不爲百口計、

（『南齊書』卷一高帝紀上）

(11) 守屋前掲著書一四四頁以下參照。

(12) 守屋美都雄「南人と北人」（初出一九四八、『中國古代の家族と國家』一九六八に再錄、四四七頁以下）參照。

(13) 中村圭爾『六朝貴族制研究』（一九八七）第一篇第三章參照。

(14) 川勝義雄『六朝貴族制社會の研究』（一九八二）六一頁以下參照。

(15) 中村前掲著書一六〇頁參照。

(16) 守屋前掲「南人と北人」（『中國古代の家族と國家』）四四八頁。

(17) 守屋前掲『六朝門閥の一研究』二一頁。

(18) 守屋前掲『六朝門閥の一研究』五〇・五一頁參照。
(19) 『南齊書』卷三七劉悛傳にも、
　劉悛字士操、彭城安上里人也、彭城劉同出楚元王、分爲三里、以別宋氏帝族、
とある。
(20) 谷川前掲論文一三〇頁上段參照。
(21) 谷川前掲論文一三四頁上段。

第一一章　魏晉時代における「望」

はしがき

六朝隋唐時代に「望」なるものが存在し、それが六朝隋唐時代の社會、すなわち貴族制ないし門閥社會と不可分の關係にあるというのは、はやくから注目され、研究されてきた問題である。これまでの研究狀況の逐一の紹介はここではおこなわないが[1]、おおまかな傾向としては、「望」とは本來は個人を對象とした人物評價、とくに鄕黨社會との關連のうえでのそれが本來の意味であったが、貴族制、もしくは門閥社會の進展にともない、家や鄕黨とのむすびつきがうまれ、望族や郡望などといった形態で現象するというような理解で一致している。望族や郡望という現象形態は唐代でとくに顯著であるうえ、さらに多樣な意味がうまれていることもすでにあきらかにされている[2]。

ところで、唐代はさておいて、六朝時代に限定してみると、たとえば望族、郡望、民望などというものの實體が一定の家格をもった有力豪族であり、鄕黨社會のなかに存在する階層であることについてはとくに異論があるわけではないが、かれらがほかでもなく「望」とよばれるその意味については、なお議論のなされるべき餘地がのこされているようにおもわれる。たとえば、六朝貴族が望族、郡望とよばれるという事實に着目して、六朝貴族を「豪族共同體」の概念でとらえようとする谷川道雄氏の所說や[3]、「州里に信服され、一旦有事の際には鄕兵集團を組織して地域社會の治安と秩序を維持確保しうるような豪族」（傍點原文）を「望族的あり方」（傍點原文）とよぶ安田二郎氏の研究[4]などは、「望」なる表現に特定の意味をみいだしているにちがいないのであるが、その意味はおそらく、望の一般的語義であるのぞむ、のぞみから連想されているであろう。このような、「望」字の語義から社會の内部の諸關係を考察しようとする方法はきわめて示唆的である。

この二氏とはまったく對蹠的に、「望」を政治理念の形態として理解し、獨自の議論を展開されるのは越智重明氏である[5]。氏によれば、政治、とくに人事は「政治理念上人々の望みに従って行われるべきことになる」のであり、人びとの望みは、望まれる人物が官人となり、または高要官職につくべきであるということをふくんでいるという。氏の論の焦點は、基本的には「望」と政治體制、とくに官制や官位との閒に不可分の關係があるというところにあろう。

こうしてみると、六朝時代の「望」について、いま検討されねばならないのは、たとえば郡望、望族、あるいは單に望とよばれる者たちの歴史的な實體ではなくして、望み望まれるという、「望」なる行爲や意識の意味と本質ということでなければならない。

今日でももちいられる人望、聲望、輿望などということばにおいては、一般的な意味からおせば、その望は社會一般や特定集團中の評判や人氣、個人に對する評價といった意味が妥當となるが、それは一定の價値觀を共有する集團のなかに釀成される價値判斷にほかならない。そしてそれは六朝時代にもそのまま該當するものである。越智氏は「望」を輿論の一種と規定しておられるし、谷川・安田兩氏のいわれる望族が、一種の輿論をその不可缺の要素としていることは容易に推察できるのである。

しかし、これだけで「望」の本質が把握できるのではないようにおもえる。六朝時代に、ひとびとはなぜ、またこれに、なにを望むのか、その望みの對價はなにか、そして、その望みはいかなる歴史的な意味をもっているのか、こうした疑問をあらためて考えなおしてみたいというのが、本章の意圖である。

第一節 「望」の諸相

この時代の「望」はじつにさまざまなかたちで現象する。その多様な「望」の位相を具體的に検討することからこの論をはじめてみたい。

（一）

『三國志』巻二魏書文帝紀黄初元年の裴注には『獻帝傳』なる書をひいて、漢魏禪代の衆事、とくに禪讓の過程でだされた臣下の上奏、漢帝の冊詔などを列擧するが、それらのなかに「望」なる語が頻出する。それは「兆民之望」「民望」「萬國之望」などと表現され、漢朝はすでにその「望」をうしなっているのであり、いまやそれにかわって「望」をえた魏王はすみやかにその「望」にそって天子となるべきであり、その「望」にたがうことはできないのである、とくりかえしのべられる。このような、特定の人物が「望」にしたがって天子の位につかなければならない、あるいはつくことができるという主張は、このほか五胡十六國諸君主の僭位の際にもしばしばみられるものである。[6]

あるいはまた、西晉武帝の危篤に際して、「朝野之望」が武帝の母弟齊王攸にあつまったといわれ、[7]惠帝賈皇后が愍懐太子を殺害して、もって「衆望」を絶ったというのもまた、[8]特定の個人と天子の位とを不可分に直結するものとして「望」が現象し、かつ現實に機能していたことをうかがわせるものである。

そもそも、すでに越智氏が指摘されたように、[9]天子、もしくは君主を「民之望」と表現することは、つとに『左傳』

襄公十四年にみえるものであって、以上の例で看取しうる天子の位と「望」との密接不可分の關係は、その傳統のうえにあるともいえるが、よくよく考えてみると、そこには看過しえない違いがあるようにみえる。もちろん兩者ともに君主もしくは天子そのものを「望」とみなすことで共通しており、また君主もしくは天子そのものが「望」の對象であること自體、きわめて重要な問題をはらんでいるのであるが、漢魏禪代の衆事以下の例には、『左傳』と異なり、「望」の現實的な機能の側面がよりつよく感得される。つまり、「望」は禪代や天子への登位における必要不可缺の要素であり、また正當化の手段であった。そこには「望」にはしたがわねばならないという觀念が前提としてある。このこと自體、きわめて注目すべき問題をはらむのであるが、この點はのちに詳しく考察することにし、とりあえず「望」による支持の獲得、あるいは「望」の尊重がなによりも重視されている點だけをまず指摘しておこう。

もっとも、「望」はつねに禪代や天子への登位のような限定された局面でばかり現象するとはかぎらなかった。いな、むしろより普遍的に現象するばあいのほうが一般的であったといってよい。たとえば、西晉の八王の亂において、この亂に關與した西晉宗室諸王はしばしば「望」によって一時的に實權をにぎり、失政の果てに「望」をうしなって失脚したものであった。[10]政治過程一般において現象するこのような「望」はそれこそ枚擧に遑ない。二、三の例をあげるにとどめたいが、以下のようなものはその具體例である。『三國志』卷一五魏書賈逵傳注引『魏略』に、

逵進曰、（中略）唯殿下爲兆民計、無違天人之望、

といい、同書卷一四魏書郭嘉傳注引『魏書』に、

嘉曰、（中略）夫除一人之患、以沮四海之望、安危之機、不可不察、

といい、同書卷二六魏書滿寵傳に、

（滿寵）言之曰、（中略）此人有名海內、若罪不明、必大失民望、

といい、『晉書』巻七〇甘卓傳に、

　時湘州刺史譙王承遣主簿鄧騫説卓曰、（中略）大將軍（王敦）以其私憾稱兵象魏、雖託討亂之名、實失天下之望、

といい、同書巻三一后妃傳上武悼楊皇后傳に、

　于是有司奏、（中略）遣使者以太牢告于郊廟、以奉承祖宗之命、稱萬國之望、

という。

以上の例は、その實體は後述することとして、「望」なるものがさまざまな政治過程の場で現象し、現實に一定の機能をはたし、あるいははたすはずのものと觀念されていたことをしめしているであろう。つまり、簒奪者であれ、爲政者であれ、いずれも「望」をみたし、それに副わねばならないのであり、逆に「望」をうしなうことは、その者にとって、はかりしれない負の效果をもたらすものであった。極言すれば、「望」のみがあらゆる行爲の規範であり、同時にかれらにとってつよい規制力としてもあったのである。

　ここでは、「望」は特定の個人や特定の行爲に對する、それに關係する特定集團の期待とでもいうことができよう。ただし、その期待に背くことが許されないという點で、それは單純な期待ではなく、拘束力をもつ規制的力であった。

　ところで、「望」と表現される期待やそれと不可分の規制力は、一定の政策決定の要求やその指針として機能することがあった。晉の阮种の對策が「宜師蹤往代、襲迹三五、矯正更俗、以從人望」（『晉書』巻五二本傳）とのべ、王羲之が殷浩にあてた書翰で「除其煩苛、省其賦役、與百姓更始、庶可以允塞羣望」（同書巻八〇本傳）とのべたような例がその典型的なものである。つまり「望」を標榜することが、要求の正當性の根據であったのである。

　しかし、とりわけ「望」は政治の重要な要素であった人事政策にかかわって、重要な機能をはたしたようにみえる。その意味では、先述の越智氏の見解は妥當である。たとえば西晉の八王の一人成都王穎の謀主であった盧志が成都王

に「宜旌賢任才、以收時望」（『晉書』巻四四盧欽傳附志傳）とすすめ、あるいは雍州刺史に赴任した唐彬が教をくだし、州内の名士を推擧して「以副於邑之望」とのべた（同書巻四二唐彬傳）ように、限定された政治、とくに人才登用を「望」とかかわらせて主張するような例がある。さらに具體的な例となると、「大單于之望、實在于我」（『晉書』巻一〇六石季龍載記上）という石虎のことばや、「朝野之望、許以台司」（同書巻七五荀崧傳）、「少傅之任、朝望屬王珣」（同書巻八三王雅傳）などという事例であきらかなように、特定の個人を特定の地位、官職とむすびつけるのに「望」は重要な役割をはたしている。また「有公才而無公望」「有公望而無公才」（『晉書』巻七六虞騤傳、巻七八丁潭傳）、「自然有公輔之望」（同書巻七九謝安傳）、「未弱冠便有台輔之望」（同書巻一一四苻堅載記附苻融載記）、「以爲有藩伯之望」（同書巻六七郗恢傳）などという表現もまた、「望」が特定の個人と特定の地位や官職を直結せしめる媒介としてあったことを明示しているであろう。また逆に「望」のない人物の登用があるべからざることも、王敦の重篤に際して、かれに代って來襲した王含にあてた王導の書翰の一文「安期（王敦の子應）斷乳未幾日、又乏時望、便可襲宰相之迹邪」（『晉書』巻九八王敦傳）であきらかとなろう。ともあれ、これらの「望」も要するに、たとえば「公望」であれば、その人物が公となって、その「望」が實現されねばならないという考えや、あるいはその實現を爲政者にのぞむということが前提にあるわけで、それはいままでみてきた「望」と共通のものといえる。

以上に見てきた「望」は、要するに望み望まれるという、ある種の思念のやりとり、もしくは觀念上の行爲といえるであろう。

（二）

ところが、この時代にはそのような「望」とはまた違うあらわれかたをするものがある。まず事例をしめしてみよう。漢末三國初の時期のこと、董卓と對立した袁紹、韓馥らは、董卓の擁する漢帝にかわって劉虞なる人物を帝位につけようとしたが、劉虞をえらんだのは、かれが「宗室知名、民之望也」という理由であった（『三國志』巻八魏書公孫瓚傳）。おなじころ、もとの冀州刺史李邵は、野王にあったその實家を溫に遷そうとしたが、司馬朗は邵が「國人之望」であるゆえ、その徙居が人心の動搖をまねくことを危惧し、反對した（同書巻一五司馬朗傳）。また、曹操が徐州に出兵したおり、その閒隙をぬって張邈、呂布らが起兵し、曹操の本據兗州を窮地におとしいれる事件がおこったが、曹操の謀主荀彧は程昱が「民之望」であるとして、兗州にもどり、事態の收拾にあたらせようとした（同書巻一四程昱傳）。

八王の亂のとき、范陽王虓らは上言して、「司徒（王）戎、異姓之賢、司空（東海王）越、公族之望」とのべ、二人に朝政をゆだねるよう請うた（『晉書』巻三七范陽王傳）。西・東晉の交、石勒は下書して、その敵對者祖逖のことを「北州士望」とよび、その祖氏の墳墓を修復し、對立緩和をはかった（同書巻一〇五石勒載記下）。東晉初の有名な三月上巳の事件、つまり、いまだ南土に支持をえられない元帝のため、王導、王敦らが威儀をただして帝に騎從し、その威容に驚歎した南人の紀瞻、顧榮らが帝の召辟に應じ、ようやく南人層の支持をうけるようになったという、東晉政權確立の畫期ともいえるこの事件において、重要な役割をはたすことになった顧榮、紀瞻は「江南之望」「此土之望」であった（同書巻六五王導傳）。

これらの事例においてとくに注目されるのは、つぎの二點である。第一に、そこでは特定の個人が「望」そのものであること、第二に、「望」そのものであることが、その特定の個人と、かれの存在や行爲がかかわる事象に一定の影響をあたえていること、である。

この第二の點については次節で詳說するとして、第一の點について、なお若干の言及をしておこう。特定の個人を

「望」そのものと等置するばあい、右にあげた例では、その「望」は「民之望」「國人之望」「公族之望」「北州士望」「江南之望」など、一定の限定をうけていた。このような限定はほかにもしばしばみられるもので、いまその注目すべきもののいくつかをひろいあげてみると、「時望」[11]「宿望」[12]などという比較的一般的なものから、「朝望」[13]「朝廷之望」[14]「宗室之望」[15]「君子之望」[16]などと、その社會的、政治的な範圍を限定するものなどまであるが、もっともよくみられるものは、「鄙州之望」[17]「邑之望」[18]「邦之望」[19]、もしくは「武威之宿望」[20]「西州之德望」[21]「吳之舊望」[22]「楚國之望」[23]「河東之望」[24]というように、個別地域的な限定をおこなっているものである。このような限定は、「望」の主體（望む側）と對象（望まれる側）、あるいは「望」の範圍の問題の檢討に重要な示唆をもたらすのであるが、そのことは後述にゆずろう。

なお、このような「望」は個人存在のありかたの表現でもあった。たとえば、さきにふれた「公族之望」と「異姓之賢」の對照、あるいはまた「宿望」と冠冕、令族、舊胤というような表現との對照はそのことをしめすであろう。[25]

なお、特定の個人に限定するのではなく、たとえば『晉書』巻五三愍懷太子傳に、

　惠帝卽位、立爲皇太子、盛選德望、以爲師傅、

というように、しかるべき人物を一般的に「望」と表現するばあいもすくなくない。

また、特定の個人と「望」の關係という點でいえば、この當時、個人存在のありかたや資質を「望」で表現するばあいもおおい。つまり特定の個人の「人望」「才望」「德望」「器望」[26]等等の有無をその人物の資質と直接に關連づけるものであって、たとえば何某はわかくして「才望」あり、といった類の表現は一種の常套句でさえある。さきにふれた「公望」「公輔之望」なども、この「望」と共通する性格をもっている。「才望」「德望」などが抽象的な資質の表現であるのに對し、「公望」「公輔之望」などというのは、その資質の具體的内容をさすと考えられるからである。ともあれ、個人の資質の表現が「望」によっておこなわれるという意味についても留意が必要となろう。

さらに、その特定の個人に收斂する「望」が一定の現實的意味をもっているらしいことも注目されるところで、たとえば西晉時代に裴頠が尙書左僕射、侍中にのぼったとき、かれ自身はもともと外戚ではあったが、「雅望」がたかく、それゆえ四海のひとびとはその顯達ぶりを、外戚の地位によるものとはみなかったといわれ（『晉書』巻三五裴頠傳）、東晉初の桓沖はみずからの「德望」が謝安におよばないとみて、かれに內相の地位をゆだね、みずからは外鎭に出た（同書巻七四桓沖傳）などというのは、そのことをしめすであろう。

ちなみに、『三國志』巻二八魏書鄧艾傳注引『漢晉春秋』には、魏末の蜀漢征服のときのこと、蜀を降服させながら、鍾會の叛逆にまきこまれた鄧艾の橫死の逸話をのせる。鄧艾父子を殺害したのは田續であったが、田續はかつて鄧艾に處罰されたことがあった。その田續をそそのかし、往時の辱に報復すべく、鄧艾討伐にさしむけたのが衞瓘である。このことをきいた杜預はつぎのようにのべている。

伯玉（衞瓘）其不免乎、身爲名士、位望已高、既無德音、又不御下以正、是小人而乘君子之器、將何以堪其責乎、

これは「望」である特定の個人はそれにふさわしいありかたと行爲をせねばならないと觀念されていたことをしめしている。「望」は單にその對象の行爲を規定するだけでなく、その對象の存在のありかたをも規定するのである。

（三）

このようにみてくると、「望」にはおおまかにいって、ふたつのあらわれかたがあることがあきらかとなろう。つまり、政治過程そのほかの場に現象し、一定の機能をはたし、またはたすはずのものと觀念されている、ある者たちが特定の個人に望むという思念上の動きをいう「望」と、個人の存在そのものを表現する「望」とであって、後者は、まさしくこの思念上の動きのむけられるさきとなった具體的個人にほかならない。

そして、この兩者の根底にあるのは、特定の價値觀を共有する集團からする、その集團と關連する特定の存在に對する期待であり、またその期待に背反することは許されないとする觀念である。

したがって、この兩者は不可分のものであることはうたがいをいれない。『三國志』巻二八魏書諸葛誕傳注引『世語』に、

誕再在揚州、有威名、民望所歸、

とあり、『晉書』巻三六張華傳に、

以華庶族、儒雅有籌略、進無逼上之嫌、退爲衆望所依、

とあるように、「望」は特定の個人に收斂してゆくが、その「望」の收斂してゆく特定の個人が「望」そのものなのである。そして、この特定の個人へ收斂してゆく「望」が前者の、つまり思念上の行爲である「望」であることはいうまでもなかろう。それにくわえて、前者の「望」自體が對象たる個人の行爲や意識になにほどかの規制力をおよぼしていることも、さきにあげた例でみられるはずである。もっとも、そのばあいの對象たる個人は簒奪を目前にしたものであったり、爲政者、實權者であったりするばあいが大部分であるにせよ、ともかくも望むということはその望みの對象たる個人に對してはたらきかける力を持つものであったことは留意しておかねばならない。

さらにまた、この兩者の「望」はその機能の面でも共通性をもつ。前者の「望」は、「望むこと」が一定の機能をはたすのであるのに對して、後者のそれは「望」であることが一定の機能をはたすのである。それは換言すれば、前者のばあいは「望」が直接的に機能するのに對し、後者においては、「望」がまず特定の個人に收斂し、その「望」なる個人を媒介にして間接的に機能するということになろう。

ともあれ、以上にみてきた例からすれば、「望」なるものは當時の政治、社會のなかで、きわめて重要な機能をは

たしていたことが看取されるであろう。しかし、實のところ、「望」の機能はこれだけではない。むしろ、もっと別のところに、いっそう重要な、本質的といってもよい機能を内包しているのである。

第二節　「望」の本質的機能

前節で、「望」もしくは「望」である個人が重要な機能をはたしている例をいくつかみてみた。しかし、「望」の機能の特異性は、そこでみたごとく「望」がむかい、收斂するところの存在、たとえば天子であれ、執政、當權のものであれ、特定の個人であれ、かれらに天子の位につくことの正當性をあたえ、執政・當權者にその地位にある正當性を附與し、一定の政治姿勢や政策をとらせ、また特定の個人にその存在のありかたや行爲を規定したりするというように、その「望」の對象にはたらきかける機能だけをみるのでなく、「望」の主體、すなわち望む側、望みをかける側における機能に注目するばあいに、よりいっそうはっきりしたものになるであろう。本節では、「望」がその對象（望まれる側）ではなく、主體の側（望む側）にとっていかなる機能をもつかについて考察してみたい。

たとえば、前節の最初の例としてあげた天子の位と「兆民之望」「民望」をとりあげてみよう。漢魏禪讓や曹丕の登位が「兆民之望」「民望」に副うものであるというばあいの兆民や民の實體がいかなるものであり、またそれらの「望」がいかにして具現しうるのかという問題はのちにゆずるとして、そのような「兆民之望」「民望」に副う禪讓や登位、あるいはすくなくともその標榜は、「望」の對象たる魏朝や曹丕にとっては、その正當化をもたらすものと觀念されていることはいうまでもないが、一方、「望」の主體たる兆民や民にとっては、禪讓や登位の正當性の否應なしの是認に直結するにちがいない。つまり、兆民や民が「望」んだからこそ禪讓や登位がおこなわれたのであり、したがって、兆民や民はかれらの「望」によって實現した結果を歡迎し、是認しこそすれ、逆に拒絶することはありえなくなる。次節でのべるように、「望」の實體が具象化の困難なものであることは、その標榜する「兆民之望」「民望」がはたして眞に兆民や民の希望、要望であるかいなかの檢證をほとんど不可能にするゆえに、禪讓や登位が「兆民之望」「民望」にかなうかどうかも實際には證明不可能となる。こう考えると、この禪讓や登位に機能する「望」のしくみはまことに巧妙なものといわざるをえない。

ともあれ、はたしてそれが「望」の主體（望む側）の眞實の共同意志なのかどうかが檢證不可能のままに强調され、その「望」に副うように結果した事實を、「望」の主體の側は論理的には、積極的に承認せざるをえない、という構造は、いまみた禪讓や天子の位の局面にとどまるのではなく、前節でみたあらゆる相の「望」の現象に妥當するはずである。そのことは、事例を逐一檢討しなくともすでに明白であろうが、もう一、二の例をあげてみたい。たとえば、政策決定のばあいがそうである。「望」にしたがって方向づけされたと稱された政策に對して、それを「望」んだとされた側は拒絶の根據をもたず、逆にその政策への服從が强制されることになろう。人事もおなじである。「望」によって登用された個人、たとえば「公望」によって公に就任した個人に對して、「公望」をもっていた側、すなわち「望」の主體側は、拒否の根據をもてないことは當然であろう。

つまり、「望」はその對象（望まれる側）を規定するとともに、その主體（望む側）をも規定してしまう、いわば兩刃の劍であったということになる。じつはこのことを實證するのは必ずしも容易ではないが、「望」たる特定個人のばあいをみることによって、さらにはっきりするはずである。以下、いくつかの例をみてみよう。

さきにもみたように、漢末三國初の袁紹、韓馥らによる「宗室知名、民之望也」である劉虞の推戴は、もしそれが實現していたならば、漢帝である「民望」劉虞の支配に對し、「望」の主體である「民」は無條件の服從を强制されるはずである。

東晉初の三月上巳のできごとでは、「江南之望」であった紀瞻と顧榮が元帝の召命にこたえて東晉政權に參加したことによって、

呉會風靡、百姓歸心焉、自此之後、漸相崇奉、君臣之禮始定、（『晉書』卷六五王導傳）

という結果をひきおこした。もちろん、そこには、二人に對する江南社會上層部の素朴な信賴感を否定できないのであるが、二人の行動が、かれら「望」の主體である江南社會の東晉政權に對する姿勢を決定し、以後の東晉政權への關與の仕方を拘束した側面を無視することはできないであろう。

この顧榮にはまた、西晉末の陳敏の亂の際における著名な逸話がある。はじめ陳敏が兵をおこしたとき、顧榮はその本心はともかくとして、陳敏に孫呉の故事にならって江南割據を示唆するなど、協力的なすがたをよそおったが、陳敏の限界をみて、紀瞻、甘卓らと陳敏の軍を攻撃することになる。秦淮をはさんで對峙した兩軍であったが、顧榮がひとたび羽扇でさしまねくと、それだけで陳敏の軍勢は潰散してしまったというのである（『晉書』卷六八顧榮傳）。多少の誇張はもちろんあるにしても、その母胎たる江南社會に對する「望」の影響力の強大さ、ないしは規制力をしめす事例といえるのではなかろうか。

『三國志』卷一五張既傳注引『三輔決錄注』によれば、漢末のこと、まだ兒童であった張既のひととなりを洞察した郡功曹游殷なる人物は、張既を自宅にまねいて饗應し、そのうえでわが子の將來を託した。張既ははじめ謙遜して拒否したが、游殷が「邦之宿望」であって、その旨にしたがうことが困難だとさとり、ついに許諾したという。「望」がその母胎たる社會のなかの人閒關係につよい規制力をもっていることは、この例においてあきらかであろう。

またおなじころ、先述の曹操の徐州征討の閒隙をぬった張邈、呂布らの叛亂に、「民之望」であるからと荀彧から

兗州に派遣された程昱は、その道すがら范の令勒允に禍福をとき、勒允は涙ながらに「不敢有二心」とちかったという（『三國志』巻一四魏書程昱傳）。これなども「望」なる存在が、その出身地の社會に對して一定の現實的力をもっていたことをしめすであろう。

また、八王の亂に、汝南王亮らを殺害しようとした楚王瑋にむかって、その謀臣公孫宏は、それは非常の事態であるから、「宜得宿望、鎭厭衆心」とのべ、司徒王渾に參乘させたという（『晉書』巻四二王渾傳）。見かけだけのことであっても、「望」の容認があれば、いかなる悪事も民衆の反發をやわらげ、あるいは納得させることができると考えられていることがわかる。

これらのことは、前節でのべたような「望」の支持、「望」への服從とはまさしく表裏の關係として、「望」に副えば、その「望」の主體の側を統御することが容易であるというしくみが存在することを明示する。

「望」なる存在がその母胎たる社會、ないし集團にむかって、一定の規制、拘束をなすというほどにはあからさまでなくとも、「望」がその主體の側に影響力をもっていた例となると、このほかにもさまざまなものがみられる。これもさきにふれた例だが、漢末、山東の諸將が董卓征討の兵をおこしたころ、野王に住まいしていた前の冀州刺史李卲は、その地が山險にちかく、治安不良のため、溫に徙居しようとした。司馬朗は、李卲が「國人之望」であり、また寇賊出現のまえに徙居するのは人心の動搖と、山險の民の侵入をまねくと反對した。李卲がしたがわずに徙居したところ、山險の民は亂をおこして野王に侵入し、寇鈔をおこなったという（『三國志』巻一五魏書司馬朗傳）。また、東晉末の劉裕の北伐のときのこと、慕容燕から劉裕に降服した尙書張俊は、燕が劉裕の攻撃に固守するのは、ひとつには後秦の姚興とたのみとするからであり、韓範さえ手中にひきいれることができれば、「燕人絶望、自然降矣」といった（『晉書』巻一二八慕容超載記）。

あるいはまた、九品中正制の批判で有名な劉毅の子暾は、王彌が反亂し、百官を殺戮したときにも、王彌の「鄕里宿望」の故をもって難をまぬかれたという（『晉書』巻四五劉毅傳附暾傳）し、何充は顧衆が「州里宿望」であるため、つねにかれを優遇したという（同書卷七六顧衆傳）。

このような例は、「望」なる存在（望まれる側）がその主體（望む側）との關係において、いかに重要な意義をもっているかをしめすであろう。その意義は多様で、たとえば、「望」とその主體の側とのあいだに一種の信頼關係をみることも可能であるし、また李郃や韓範の例は、「望」が主體の側にとって、かれら自身の保護や秩序維持のよりどころでもあったことをしめしている。しかし、なによりも注意したいのは、「望」がその主體の側にとって、一定の規制力、拘束力であったという事實である。

なに者かに、なにかを「望」んだ社會や集團構成員が、逆にそのなに者かによって强力に控制される。端的にいえば、「望」の對象（望まれる側）とその主體（望む側）との關係の特異さは、この一點にある。「望」は、一見その主體の側が共同意志によって對象を規定するもののようであって、しかし深奥部では逆に對象によって主體が規定されるという、相互規定的な構造をもっているのである。しかも、その規定のしかたは、暴力裝置によるもののごとく、外在的、現實的力によるものではなく、主體の側が主體的、積極的にその規定を體現するかのごとき様相をしめすのである。

このようにみてくると、「望」はもはや單なる望みや願いの地平をこえ、特定の集團における支配のための秩序原理のごとき相貌を呈してくる。するとつぎには、このような「望」の原理はいかなる集團において機能するのか、そして、その集團を構成するはずの、いままで「望」の對象（望まれる側）と主體（望む側）とよんでいたもの、「望」に媒介され、特異な關係にあるこの兩者はいかなる實體であるのかという點が問題となってくるであろう。そして、それらとの關連のなかで、いよいよ「望」の本質の検討もおこなわねばなるまい。

第三節　「望」の對象と主體

これまでにとりあげた事例からいえば、容易に把握できるのが「望」の對象であることはすぐに了解できる。望む側の望みや願いがむけられるその對象は、ときにはそれが漠然としていて、いかなる具體的存在にむけられたのかはっきりしないばあいもないわけではないが、おおくのばあい、その「望」のむけられる第一のものは天子や、天子の地位を目前にした者たちであり、執政・當權の爲政者たちであった。つまり、政治的體制における支配者たちであった。そして、つぎには「望」の對象は特定の個人であった。ただし、このばあい、右の政治的體制上の支配者にむけられたものと同様に、「望」は單にその特定個人になにかを望むというかたちで現象するばかりでなく、特定個人に收斂し、その者が「望」なる存在になるばあいもあった。この最後のものは、その特定個人にむけられる望みの内容が、政治的體制上の支配者にむけられたそれのように具體的なものではないかわりに、「望」は具體的個人そのものであって、政治的體制上の支配者にむけられる「望」が抽象的内容であるのと對照をなしている。それはともかくとして、その「望」そのものである特定個人が歴史的には大部分が社會の有力者層であったことは從來の研究が一致していうところであり、銘記しておく必要がある。(27)つまり、「望」によって媒介される對象と主體（望まれる側と望む側）の兩存在のうちの一方、すなわち望まれる側は、ある社會や集團における上層部分、とくにその最高位に位置する存在であるということ、この點にまず留意しなければならない。

では、そのような對象に「望」をかける側はいかなる存在であったのだろうか。このことについてまず想起したいのは、すでにふれたように、「望」につけられた限定詞であろう。それをあらためてとりあげてみると、兆民、萬國などというように全國規模のもの、國人、邦、邑、州里などというように地域社會一般をいうもの、武威、呉、楚國、河東、江南、西州など、特定の地域を限定するもの、民、士[28]、君子というような身分制的意味をふくむもの、朝、朝廷、公族、宗室などという特定の集團をいうものなど、さまざまであった。

このうち、「朝廷之望」「公族之望」「宗室之望」などというのは、文字どおり、朝廷や公族、宗室の構成員が主體（望む側）となるものであって、ことさらに解説をくわえる必要はなかろう。ただひとつ留意しておくとすれば、それは後にのべるような地域社會だけでなく、朝廷、公族、宗室といったきわめてかぎられた構成員からなる集團においても、「望」なる存在がそこから析出されるということの意味であって、そのことは「望」の構造が當時の諸集團に普遍的であったのではないかという推測をおこさせる。

さて、「望」につけられた限定詞のうちでもっともおおいのは、地域に關するそれである。たとえば、「邦之宿望」「邑之望」といい、あるいは「楚國之望」「河東之望」「江南之望」などというとき、その「望」たる個人に收斂する望みというのは、邦や邑、また楚國、河東、江南のそれぞれにおける全構成員のものであることを言外にふくんでいるとみなければならない。「望」がそのようにある限定された地域の全構成員を母胎にしたものとされていることは、なによりも「民望」ということばによって明證されるであろう。なぜなら、この當時、民ということばは、その社會内部の諸階層を包括した用語としてあったのである[29]。そして、「望」なる存在がある地域社會、ないし諸集團の全構成員の望みの收斂であるとみえるところに、「望」の本質がある。しかし、この點についてはもうすこし言及が必要であろう。多少視點をかえてみたい。

ふりかえって考えてみると、疑問におもわれるのは、いったい、邦や邑、あるいは楚や河東といった地域社會の構成員の「望」――この抽象的にして、得體のしれないもの――は、いかなるかたちで實現し、具象化するのかという點である。ある地域のひとびとの、それも全員の望みなどというものは、いかにして當時それを把握できたのであろうか、またいかにして政治過程の中で具體化しえたのであろうか。

『晉書』巻四五劉毅傳につぎのような記事がある。

後司徒擧毅爲青州大中正、尚書以毅懸車致仕、不宜勞以碎務、陳留相樂安孫尹表曰、（中略）臣州茂德惟毅、越毅不用、則淸談倒錯矣、於是青州自二品已上光祿勳石鑒等共奏曰、謹按陳留相孫尹表及與臣等書如左、臣州履境海岱、而參風齊魯、故人俗務本、而世敦德讓、今雖不充於舊、而遺訓猶存、是以人倫歸行、士識所守也、前被司徒符、當參擧州大中正、僉以光祿大夫毅、純孝至素、著在鄕閭、忠允亮直、竭於事上、仕不爲榮、惟期盡節、正身率道、崇公忘私、行高義明、出處同揆、故能令義士宗其風景、州閭歸其淸流、雖年耆偏疾、而神明克壯、實臣州人士所思準繫者矣、誠以毅之明格、能不言而信、風之所動、淸濁必偃、以稱一州咸同之望故也、竊以爲禮賢尚德、教之大典、王制奪與、動爲開塞、而士之所歸、人倫爲大、臣等虛劣、雖言廢於前、今承尹書、敢不列啓、按尹所執、非惟惜名議於毅之身、亦通陳朝宜奪與大準、以爲尹言當否、應蒙評議、

西晉時代、すでに致仕していた劉毅を司徒府が青州大中正に任命しようとした際に、尚書が反對し、それに對し青州の人士が司徒府の方針どおり劉毅の州大中正就任を要請したときの話であるが、ここで注目したいのは、「一州咸同之望」が鄕論・淸議と關連づけられている點である。孫尹の上表には、劉毅を州大中正にしなければ淸談が倒錯するとのべているし、なにより周知のように、州大中正は鄕論・淸議とふかくかかわる存在であった。また、さきにみたような個人に收斂する「望」も、具體的にはその個人の存在やありかたに關するものが主であったが、その當時、個人に對する評價は品藻、すなわち鄕論・淸議を經由するものであった。もちろん、個人の資質の評價が「望」なる

表現をかりてなされるのも、このことと關係がある。

そうしてみると、鄕論・淸議と「望」とは不可分の關係にあったことになる。つまり、抽象的な「望」は、鄕論・淸議のなかで現實化し、具象化したのではないか、ということを右の記事は推測させる。(30)

鄕論・淸議が漢末六朝初においてきわめて重要な役割を歷史的にはたしたことは、川勝義雄氏の研究(31)以來、ほぼ確定された認識となっているが、その鄕論・淸議がより具體的にいかなるかたちで機能したかということについては、まだ十分にわかっていないところがある。なにかそれが合議的なものであり、しかも儀式性がつよかったらしいことは推測できても、(32)鄕論・淸議參加者の意見がどのように集約され、調整され、最終的にいかにして現實化されたのかというような具體的な點はよくわからないのである。ともあれ、「望」が鄕論・淸議をとおして集約され、具現すると推測できるとすると、「望」の主體（望む側）の解明にひとつのてがかりができたことになる。

鄕論・淸議は、もとは共同體的世界として元來あった鄕里社會を母胎とするものであったが、やがて現實の鄕里社會內部の階層化にともない、上層階層の掌握・操作するところとなったといわれる。(33)しかし、現實の鄕里社會はそのように變貌したとしても、觀念的にはなおその構成員全員がすべて共同體的に構成する世界としての「鄕里」の存在が意識されていたとおもわれるのであり、そこではやはり鄕里社會總體が鄕論・淸議の母胎であるという觀念が、つよい虛僞性をふくみながら强調されていたとみられる。(34)

したがって、かような鄕論・淸議と不可分の關係にある「望」もまたそのような性格をおびていたことが當然考えられるのである。

つまり、さきにふれた「民望」、あるいは各地域によって限定された某地の「望」なる表現は、まさしく「望」が各地域の成員總體を母胎にし、「望」の主體がそれぞれの地域社會の全構成員からなる、あるいはそうあるはずという観念の存在を强調するもののごとくであるが、その實、その「民望」や某地の「望」を事實上擔い、その主體となるのは、その民や某地の上層部分、現實的な指導者・支配者層であったのである。

もっとも、鄕論・淸議は、州、郡、縣等等さまざまなレベルのものがあったことがしられているが、「望」のばあいもまた、萬國、南北、西州、江南、楚、吳などという「望」の限定詞からうかがわれるように、すくなくとも下位は郡單位から、州單位、州をこえるもの、特定の地域區分、全國規模のものまで、さまざまな規模とレベルのものがあった。そして、「望」の對象と主體（望まれる側と望む側）の實體は、それぞれの規模とレベルによって異なったはずであるが、基本的な構圖、すなわち對象（望まれる側）はある社會や集團の最高位にあるもの、主體（望む側）は觀念的にはその社會や集團の構成員全體であるが、現實にはその社會や集團の上層部分、あるいは指導的、支配的位置にある存在であるというところは、普遍性をもつものであった。

むすび

このようにみてみると、「望」は單なる輿論をこえた複雜な構造をもっていることがあきらかとなろう。つまり「望」は社會や諸集團の最高位にあるものたちにとっては、かれらに對する社會や諸集團からの單なる希望や期待から發して、觀念的規範と化し、かれらの意識や行爲を拘束し、規定する社會や諸集團の側の共同意識とでもいうべきものであった。かれらは「望」にしたがわねばならない。でなければ、かれら自身の存在が否定されてしまう。しかし、逆に「望」にしたがえば、かれらの存在と行爲は正當性をもつのみならず、「望」を共有する社會や集團に對して强制力を有し得る。

では、「望」はそうせしめる現實的な力を、しかも具體的に所有していたと速斷してよいであろうか。たしかに、「望」には結果的にみれば現實的力として機能したとみられるばあいがないわけではない。しかし、かれらが「望」にしたがうのは、「望」にしたがい、あるいはしたがったと標榜すればするほど、かれらがその存在や行爲の正當性を高度にもつことになるからである。この際、その「望」が眞に「望」の主體であると觀念される社會や諸集團の全構成員の共同意志であるかどうかは問題にならない。なぜなら、それは當の社會や諸集團の構成員たちにとっても、實際およそ檢證不可能のことがらに屬するであろうし、また檢證の必要もない。重要なことは、「望」の實體ではなくして、抽象化された「望」にしたがい尊重しているという外貌なのである。そして、このように「望」にしたがったと標榜して出現した政治過程や特定の個人に對して、「望」の主體の側である社會や諸集團の全構成員はそれを拒否する一切の根據をもてないのである。

「望」の構造は、こうして、一方では被支配者との合意のもとでの政治過程という理想的な姿態をよそおうとともに、「望」に準據したことを標榜した支配者の政治行爲に對して、被支配者の側はむしろ主體的に贊同、支持せざるをえなくなるという、一種の巧妙な强制をその背後に隱蔽しているということになる。しかも、その「望」が民や各地域社會のものであるかぎり、一人たりともその主體から自らを疎外し、呪縛からのがれることはゆるされないのである。

支配の對象が、客觀的には被支配者でありながら、主觀的にその支配秩序の主體であるという幻想をいだき、その支配秩序をささえるべく積極的に秩序に參加したり、そう義務づけられたりするのは、虛僞意識的な支配の一形態である。「望」の構造はそれに共通するものをもっているといえないだろうか。すくなくとも「望」ということばには、「望」の主體と觀念された社會や諸集團の構成員たちの、支配秩序に對する積極的なはたらきかけの意味がこめられている。「望」なるものが存在し、一定の機能をはたしているかにみえる史實の存在は、當時の政治過程が社會や諸集團の要望にしたがい、それに副って展開したか、すくなくともそうあるべきであり、もしくはそうありたいという政治意識があったことをしめすであろう。そこには、强壓的な支配は露ほども感じられない。「望」はまさに支配の正當化と不可分のものであった。支配者と被支配者を媒介するこの關係が「望」とよばれたのはまことに示唆的で、かようなものは「望」以外にはありえなかったのである。

こう考えれば、「望」の構造は當時の社會や各種集團に普遍的に內在する支配秩序の基本原理であったということになる。王朝以下、各レベルの地域社會まで、あるいは朝廷や宗室、君子や士の身分といったさまざまな母胎にはぐくまれ、その母胎に獨自の秩序をあたえる虛僞意識としてあったということができよう。

ところで、はしがきにふれたように「望」は六朝時代の歷史的な政治的、社會的構造の問題として、換言すれば貴族制や皇帝支配體制の問題の一環として把握されてきており、本章の根底的な關心もまたそこにある。それゆえ、以上の結論をふまえて、多少の言及をおこなうべきであるが、しかし、これらの問題に接近するには、本章の議論ではなお不十分である。とくに、「望」なる存在の歷史的實體の具體的檢討や、唐代の望との比較檢討などは、今後の課題としてのこされている。したがって、これらはすべて後日を期し、本章をとりあえずその考察の第一歩とするにとどめたい。

註

（1）「望」に關する論文にはつぎのようなものがある。六朝時代については、越智重明「魏晉南朝の士大夫について」（『九州大學文學部四十周年記念論文集』一九六六）、『魏晉南朝の貴族制』（一九八二、第三章第四節「望」）（なお、以下はこの文章を氏の現時點での結論とみなす）、矢野主税「北朝に於ける民望の意義について」（『社會科學論叢』六、一九五六）、「郡望と土斷」（『史學研究』一一三、一九七一）、唐代については、竹田龍兒「唐代士人の郡望について」（『史學』二四―四、一九五一）、池田溫「唐代の郡望表」上、下（『東洋學報』四二―三、四、一九六〇）、矢野主税「望の意義について」（『社會科學論叢』一二、一九七二）がその主たるものであり、末尾の矢野氏の論文には、それまでの研究が整理されている。

（2）前掲矢野「望の意義について」。

（3）谷川道雄「中國社會の構造的特質と知識人の問題」（初出一九七二、のち『中國中世社會と共同體』一九七六に再錄）、「魏晉南北朝及隋唐的社會和國家」（『中國史研究』一九八六―三）など。

（4）安田二郎「南朝の皇帝と貴族と豪族・土豪層――梁武帝の革命を手がかりに――」（初出一九七〇、のち「梁武帝の革命と南朝門閥貴族體制」と改題して『六朝政治史の研究』二〇〇三に再錄）。

（5）越智前揭『魏晉南朝の貴族制』第三章第四節「望」。

（6）『晉書』巻一〇五石勒載記下に、

勒羣臣議以勒功業旣隆、祥符竝萃、宜時革徽號、以答乾坤之望、於是石季龍等奉皇帝璽綬、上尊號于勒、

とあり、同書巻一一六姚萇載記に、

西州豪族尹詳趙曜王欽盧牛雙狄廣張乾等率五萬餘家、咸推萇爲盟主、萇將距之、天水尹緯說萇曰、今百六之數旣臻、秦亡之兆已見、以將軍威靈命世、必能匡濟時難、故豪傑驅馳、咸同推仰、明公宜降心從議、以副羣望、不可坐觀沈溺而不拯救之、萇乃從緯謀、

とあり、同書巻一一五苻丕載記に、

（美水令犍爲張）統曰、（中略）爲將軍計者、莫若奉爲盟主、以攝衆望、推忠義以總率羣豪、則（呂）光無異心也、

とあるようなものがその例の一部である。

（7）『晉書』巻三九馮紞傳に、

帝病篤得愈、紞與（荀）勖見朝野之望、屬在齊王攸、

とあり、同書巻三八文六王齊王攸傳に、

勗等以朝望在攸、恐其爲嗣、禍必及己、

とある。

(8)『晉書』巻三一后妃傳上惠賈皇后傳に、

后甚懼、遂害太子、以絕衆望、

とある。

(9) 前掲越智『魏晉南朝の貴族制』一二七頁。

(10)『晉書』巻三七、三八をみよ。また、福原啓郎「八王の亂の本質」(初出一九八二)、「西晉代宗室諸王の特質——八王の亂を手掛りとして——」(初出一九八五、ともに福原『魏晉政治社會史研究』二〇一二に再錄)參照。

(11)「時望」には抽象的なそれと、特定の個人を意味するものとの兩者があるが、後者の例には、たとえば、『晉書』巻六八賀循傳に、

帝下令曰、(中略)循言行以禮、乃時之望、俗之表也、

というようなもの、あるいは、同書巻七四桓沖傳に、

或勸沖誅除時望、專執權衡、

などというものがある。

(12) 後掲『晉書』巻七六顧衆傳や、同書巻一一一慕容暐載記附陽騖傳に、

(陽)騖淸貞謙謹、老而彌篤、旣以宿望舊齒、自慕容恪已下莫不畢拜、

とあるものなど。

(13)『晉書』巻四三山濤傳に、

濤以德素爲朝之望、

とあり、同書巻同樂廣傳に、

廣既處朝望、

とあるものなど。

（14）『三國志』巻二二魏書陳矯傳注引『世語』に、

帝憂社稷、問矯、司馬公忠正、可謂社稷之臣乎、矯曰、朝廷之望、社稷、未知也、

とあるものなど。

（15）『晉書』巻八九忠義周該傳に、

（周該叔父）級謂該曰、（中略）譙王宗室之望、據方州之重、

とあるものなど。

（16）『三國志』巻六魏書袁紹傳注引『九州春秋』に、

紹延徵北海鄭玄而不禮、趙融聞之曰、賢人者、君子之望也、

とある。

（17）『晉書』巻一一六姚萇載記に、

南安人古成詵進曰、（中略）陛下宜散秦州金帛、以施六軍、旌賢表善、以副鄙州之望、

とある。

（18）前掲『晉書』唐彬傳。

（19）後掲『三國志』巻一五魏書張既傳注引『三輔決錄注』。

（20）『晉書』巻一二六禿髮傉檀載記に、

（宗）敞曰、涼土雖弊、形勝之地、道由人弘、實在殿下、段懿孟禕、武威之宿望、辛晃彭敏、秦隴之冠冕、裴敏馬輔、中州之令族、張昶、涼國之舊胤、

とある。

（21）『晉書』巻一二六禿髮烏孤載記に、

（禿髪）傉檀爲車騎大將軍廣武公、鎭西平、以楊軌爲賓客、金石生時連珍、四夷之豪雋、陰訓郭倖、西州之德望、

とある。

(22)『晉書』巻三武帝紀太康元年五月辛亥條に、

封孫皓爲歸命侯、拜其太子爲中郎、諸子爲郎中、吳之舊望、隨才擢敍、

とある。

(23)『三國志』巻六魏書劉表傳注引『傅子』に、

表怒不已、其妻蔡氏諫之曰、韓嵩、楚國之望也、

とある。

(24)『三國志』巻一六魏書杜畿傳に、

畿謂衞固范先曰、衞范、河東之望也、

とある。

(25)註（20）（21）參照。

(26)これらの例は史料に頻出するので、例示を割愛する。

(27)註（1）參照。

(28)『晉書』には、「士望」なる語が數箇所にあらわれる（巻四九謝鯤傳、同羊曼傳、巻七四桓彝傳、巻一〇五石勒載記、巻一〇八慕容廆載記）。これが文字どおり、士庶の士の「望」であるとすれば、「民望」とは別に、士階層獨自の「望」が存在することになる。それは特定の身分的集團のありかたを考えるうえで、重要なてがかりとなるであろう。ただし、現行『晉書』がしばしば避諱により民字を士に改變していることからみて、史料に頻出する「民望」のことである可能性もあるので、ここではこれ以上ふれないでおきたい。

(29)拙著『六朝貴族制研究』（一九八七）第三篇第一章「除名について」參照。なお註（28）參照。

(30)すでに越智氏は前揭『魏晉南朝の貴族制』一二七頁で、（廣義の）望は、全國を單位とする輿論の一種である、とのべられ

ている。

(31) 川勝『六朝貴族制社會の研究』(一九八二)。とくに、その第Ⅰ部參照。

(32)『通典』巻三二職官典總論州佐夾注引『晉令』に、

大小中正爲内官者、聽月三會議上東門外、設幔陳席、

とある。宮崎市定『九品官人法の研究——科擧前史——』(一九五六)一五六頁をみよ。

(33) 堀敏一「九品中正制度の成立をめぐって——魏晉の貴族制社會にかんする一考察——」(『東洋文化研究所紀要』四五、一九六八)參照。

(34) 前掲拙著第一篇第二章「『士庶區別』小論」補註Ⅲ、および同第三章「『鄕里』の論理」參照。

第一二章　「風聞」の世界——六朝における世論と體制——

はしがき

宋の洪邁『容齋隨筆』四筆巻一一「御史風聞」[1]にいう、

御史　風聞もて事を論ずるを許さる、と。相承けて此の言ありて、從りて來たる所を究めず。予を以て之を考うれば、蓋し晉宋自り以下、此くの如し。齊の沈約御史中丞と爲り、王源を奏彈して曰く、風聞すらく東海の王源、と。蘇冕會要に云わく、故事云々、（下略）

洪邁のこの指摘は、もしそれがまことに晉宋以後のものであるならば、この風聞がその時代の御史の特殊な奏彈制度にかかわるのみならず、そもそも風聞ということばに感得される、實體もさだかでない傳聞の媒體や傳達方式の存在の意味、さらにはそれに類似する實態をもつとかんがえられる、後漢から六朝にかけてだけにみられる鄕論、淸議などとの關係を想起させるものであり、六朝時代獨自の現象として、注目に値する。それらはいずれも六朝時代の歴史的性格と密接にかかわるものごとである。

從來、この風聞による奏彈については、周一良、祝總斌兩氏がこれをとりあげられただけであった。兩氏は、南北朝における御史臺奏彈の特殊形態として、のちほど紹介するような貴重な見解を提示されているが、問題關心が奏彈

制度に集中したためか、いまのべたような南北朝の歴史的性格にかかわるような論點には言及されていない。(2)

本章は、この風聞による奏彈をてがかりとして、當時の社會に流布される世論、あるいは世論によそおわれた情報がもつ意味を考察し、すすんで當時の社會秩序や政治體制の認識に、あらたな要素を提供せんとするものである。

第一節　「風聞奏事」とその研究史

はじめに、ややくわしく「風聞奏事」の具體的内容をながめ、これまでの研究のあらましを紹介しておこう。洪邁がその論のもととしたのは、南齊の御史中丞沈約の「奏彈王源」であった。いま『文選』巻四〇所收のこの一文の主要部分を摘錄すれば、以下のようになる。(3)

給事黄門侍郎兼御史中丞吳興邑中正臣沈約稽首して言す。（中略）風聞すらく、東海の王源、女を嫁して富陽滿氏に與うと。源、人品庸陋と雖も、胄實に華に參ず。曾祖雅は位八命に登り、祖少卿は內帷幄に侍り、父璿升りて儲闈に釆られ、亦淸顯に居る。源頻りに諸府の戎禁を叨くし、通徹に豫班す。而るに姻を託し、好みを結ぶこと、唯利のみ是れ求め、流輩を玷辱すること、斯れより甚だしきと爲すは莫し。源人身遠きに在り、輒ち媒人劉嗣之を攝して臺に到らしめて辨問す。嗣之列して稱すらく、吳郡滿璋之、相承けて云う、是れ高平の舊族、寵奮の胤胄なりと。家計溫足、託せられて息鸞の爲に婚を覓む。王源告げられて窮盡せんとし、卽ち璋之の簿閥を索め、璋之は王國侍郎に任じ、鸞又王慈の吳郡正閤主簿と爲るを見て、源父子因りて共に詳議し、判して與に婚を爲す。璋之錢五萬を下し、以て聘禮と爲す。源先に婦を喪い、又聘する所の餘直を以て妾を納る、と。其の列する所の如くんば、則ち風聞と符同す。竊に璋之の姓族を尋ぬるに、士庶辨ずる莫し。（中略）臣等參議し、請うらくは見事を以て源の居る所の官を免じ、禁錮終身、輒ち下して事を視ることを禁止すること故の如からん。源の官品は黄紙に應じよ、と。臣は輒ち白簡を奉じ以聞す。臣約誠に惶れ誠に恐る、云々。

風聞を根據とした御史中丞の奏彈がこの例のみにとどまらず、南朝において幾例かみられることは、周一良氏の指摘のとおりである。とりあえず參考のために、それらのうち典型的な一例の奏彈文をあわせてここに摘錄しておこう。『南齊書』巻三六謝超宗傳のものである。(4)

上　超宗の輕慢に懷いを積み、兼中丞袁彖をして奏せしめて曰く、風聞すらく、征北諮議參軍謝超宗、根性浮險、率情躁薄なり。仕えては聲權に近く、務めは諂狎を先にす。(中略)輒ち白從王永先を攝し、臺に到らしめて辨問すらく、超宗何の罪過有る、諸貴に詣りて皆不遜の言語有り、竝びに事に依りて列對せよ、と。永先列稱すらく、主人超宗恆に行來して諸貴要に詣るに、每に觸忤多く、言えば怨懟を語る。(中略)其の辭列の如くんば、則ち風聞と符同す。超宗罪自ずから已に彰わるれば、宜しく常准に附すべし。超宗少くしては行檢無く、長じては民慝に習い、狂狡の跡は聯代の疾む所、迷傲の釁は累朝に黜觸す。(中略)請うらくは見事を以て超宗の居る所の官を免じ、領記室を解き、輒ち外に勒して收えて廷尉の法獄に付し、罪を治せんことを。超宗の品題は、未だ簡奏に入れざらん。臣輒ち白簡を奉じ以聞す、と。

その大半の事例がそうであるように、御史中丞による風聞に基づく奏彈文は、まず風聞の內容をあげ、それを確認するために關係者を「攝」して事情聽取し、その事情聽取の內容である「列」が風聞と符合することをのべ、最後に處斷案がしめされるという形式をもつ。

ところで、この「風聞奏事」が南朝にかぎらず北朝にも存在し、しかも南朝にはみられない現象を派生させていることに注意されたのは祝總斌氏である。では、北朝における「風聞奏事」はいかなるものか。その典型的な例は、

『魏書』巻九四閹官抱嶷傳附從弟老壽傳[5]に、

老壽凡薄、酒色情を肆まにす。御史中丞王顯奏して言すらく、風聞す前洛州刺史陰平子石榮、積射將軍抱老壽、恣蕩非軌にして、室を易えて姦し、臊聲は朝野に布き、醜音は行路を被う。卽ち攝して鞫問するに、皆風聞と差うことなし。禮を犯し化を傷つくること、老壽等卽ち主なり。謹しんで案ずるに、石榮籍貫は兵伍、地は宦流より隔たり、（中略）老壽種類聞こえるなく、氏姓紀するなし。（中略）請うらくは見事を以て官を免じ、廷尉に付して罪を理め、鴻臚爵を削らんことを。詔して、可なり、と。

とあるものであるが、そのほか、同書巻一九中任城王澄傳に、「また尋ぬるに、御史の體は、風聞を是れ司る。」という澄の表文があり、同書巻八八良吏裴佗傳に、「風聞を以て御史の彈ずる所と爲る。[6]」というような例もみられる。北朝の例では御史中丞が御史中尉となっているものもあるが、ほぼ南北同様の御史による「風聞奏事」がこの當時存在したことは確實である。ただし、同じく御史奏彈にかかるとはいえ、その對象にやや相違がある。この點は、後にくわしく論じることにしたい。

さて、この「風聞奏事」について、これまでいくつか論じられてきたことがある。まずこれが御史によるものであることに關して、この方式は尙書僕射によってもおこなわれたと周一良氏がのべておられる。氏は『梁書』巻二武帝紀天監元年閏月條の詔[7]に、「今、端右風聞を以て事を奏すべきこと、元熙の舊制に依れ。」とあることに注目され、一方、『宋書』巻四二王弘傳[8]にのせる、元熙直前の義熙一二、三年に謝靈運を奏彈した尙書僕射王弘の奏彈文に、「內臺の舊體、風聲を用いて擧彈するを得ず。」とあるのと照合され、端右・內臺とはそれぞれ尙書僕射・尙書令のことであり、王弘は僕射として本來許されていない「風聞奏事」を敢行しようとして、劉裕に承認されたのであり、それが天監の詔にいう「元熙の舊制」であるが、この制はその後すたれ、梁武帝が天監元年にいたって復活させようとしたのである、とされた(9)。

その後、祝總斌氏は、これを魏晉南北朝の奏彈制度の一環としてとりあげられた。すなわち、當時の奏彈は御史中丞・尙書左丞の兩者によってなされたとし、右の周氏説に關しては、王弘傳にいう內臺の奏彈の主要責任者は尙書左丞であり、中丞・左丞兩者の奏彈にあっては、御史中丞には風聞による奏彈が許されていたのに對し、尙書左丞は文書による糾彈をおこなうところに、その重要な差があったとのべている(10)。

次の問題は、この風聞の根據にかかわるものである。奏彈制度としてとらえるとき、風聞なるものによる奏彈は、その根據の有無や故意、枉濫などの問題を派生する可能性があり、その事實確認や事情聽取が必須のものとなろう。祝氏はこのことに着目され、その具體的な運用制度について考察をしている。すなわち、すでに「風聞奏事」の奏彈文の形式についてふれたように、南朝においてはそれは關係者を「攝」、すなわち召喚して事情聽取をおこなう方式でなされており、その事實確認があってはじめて正式の奏彈が可能であったのであり、風聞だけでは直接の罪狀として彈劾できなかったというのが祝氏の見解である。もっとも彈劾における事實確認と「攝」については、はたしてそのように理解してよいものか疑問のところもあり、再檢討の必要がある。

これに對して、北朝の例はより具體的であるようで、たとえば北魏末年のこととして、『魏書』卷七七高道穆傳(11)に、道穆の上疏をのせているが、それには「竊かに見るに、御史出使すれば、悉く風聞を受く。時に罪人を獲たりと雖も、亦枉濫無きにしもあらず。」といい、その對策もしくは冤罪の防止に、

御史若し出て糾劾すれば、卽ち廷尉に移し、人の數を知らしむ。廷尉司直を遣して御史と倶に發せしめ、到る所の州郡、分かちて別館に居らしむ。御史檢了れば、移して司直に付して覆問せしめ、事訖れば御史と倶に還れ。中尉の彈聞、廷尉の科按は一に舊式の如くせん。

という手續を提案する。つまり「風聞奏事」には枉濫が不可避であり、したがって廷尉の下に司直をおき、これを中心に御史臺の積極的かつ綿密な事實確認をめざしたことがうかがわれる。南北朝におけるこの微妙な差は、本章の検討課題の一つである。

なお、風聞という語に關連して、北朝では『魏書』巻三八王慧龍傳附孫瓊傳に、「光州刺史と爲り、受納の響有り、中尉王顯の劾する所と爲る。」といい、同書巻七一王世弼傳に、「東徐州刺史に除せらる。治は刑に任じ、民の怨む所と爲り、受納の響有り。歳餘、御史中尉李平の彈する所と爲る。」というような例をみることができる。[12]これは「風聞奏事」によくにており、この響は北朝においては風と互用、もしくは併用されていたと祝氏はのべている。

最後に、この「風聞奏事」の淵源に關する問題をとりあげよう。洪邁はこれを晉宋以後のものとみたのであるが、その起源はじつは漢代の「謠言黜陟」にあると主張されたのが周氏であった。氏は『後漢書』傳五〇下蔡邕傳[13]をひき、蔡邕がたてまつった封事七事の第四事「三公をして謠言もて事を奏せしむ」、およびその注にひく『漢官儀』の「三公長吏の臧否、人の疾苦する所を聽採し、條してこれを奏す。是れ謠言を擧げる者と爲すなり。」という記事、さらに『續漢書』巻二四百官志司徒條注の應劭曰、『後漢書』傳四七劉陶傳、同書傳五七黨錮范滂傳の記事に基づき、[14]「風聞奏事」は後漢にすでにあること、ただし、後漢のそれは三府掾や公卿が刺史二千石を檢擧するものであって、奏事者・被劾者が晉宋の「風聞奏事」と異なるだけであると論斷しておられる。なお、祝氏はこれを承認しつつも、「風聞奏事」が彈劾のみであるのに對し、「謠言黜陟」は貶黜のみでなく、襃奬もあるとされているが、このことは留意しておく必要がある。

およそ以上が、「風聞奏事」なるものの概要と、それにまつわる從來の研究の論點のすべてであるが、これらの論點のなかには單に彈劾制度の一端という側面にかぎられないいくつかの重要な問題がひそんでいるようにおもえる。

それはたとえば、なぜ風聞などを根據にした彈劾が存在成立しうるのか、それは一般の彈劾と結果としてどう異なるのかといった彈劾制度としての「風聞奏事」についての疑問からはじまって、彈劾の根據となりうる風聞とはそもそもなにか、洪邁說をみとめるとすれば、その晉宋以後という時代的性格はいかなる意味をもつのかという風聞なるものの歷史的意味、さらにはこれが當時の南北兩朝において政治的社會的にいかなる現實的意味をもっていたのかというその機能など、さまざまに檢討に値する問題が存在する。

以下、そのいくつかに焦點をあわせ、「風聞奏事」が表現する六朝時代の歷史性の一面にせまってみたい。

第二節　奏彈制度と「風聞」

まず、彈劾に風聞が根據となることについて、それがじつは風聞そのものを證據とすることではないという理解があることに、留意しておくべきであろう。それはほかならぬ洪邁が立論の根據とした『唐會要』巻六〇や『新唐書』百官志(15)にみえるもので、洪邁自身もそれを襲っているのであるが、それらのいうところは、御史臺に訴狀がとどけられたとき、それが彈劾に値すると判斷した御史は、訴人の姓名を略し、風聞によって探知したとして彈劾にもちこむことができたというものである。このことはすくなくとも五代・宋代において、「風聞奏事」とは風聞そのものを根據にして彈劾することではなく、訴人姓名の省略、あるいは隱蔽という彈劾制度上の一方式として認識されていたことをしめしていよう。

もし「風聞奏事」の實態がそのようなものであるとすると、かような方式の存在は御史彈劾の機能や性格について、さまざまな議論を提供することになるはずであるが、その議論のまえに、はたして六朝の「風聞奏事」はその方式のことであるのかどうかを確認しておかねばなるまい。

こころみに南朝の例のいくつかをみてみよう。たとえば『文選』巻四〇彈事には、任昉「奏彈曹景宗」・「奏彈劉整」、沈約「奏彈王源」という三通の奏彈文がおさめられている。最初の一通は刺史の前線での敗戰の責任をとうものであるが、あとの二通は、前者が故劉寅家の遺產争いでの劉整の横暴ぶりを、後者が王源とその子の家柄に背反した婚姻を彈劾するもので、民事という點で彈劾の性格が似通っている。それゆえこの後二者を比較してみると、前者は訴人である劉寅の妻が御史臺に訴狀によって訴え出たことをうけての事情聽取と彈劾であることを明記する、[16] したがって通常の彈劾とみられるのに對して、後者は王源家の破廉恥的罪狀を風聞から説明しはじめており、これが「風聞奏事」であるが、そこに訴人の名がない。

この兩者をさらに比較してみると、前者は當事者たる寡婦が訴えたところの當事者の財產にかかるいわば個人的な訴訟であるのに對して、後者の王源家の婚姻は、名族にかぞえられる東海の王氏に對するものであり、しかも當時の各家の家格の評價や士庶の身分問題に關連する、いわば體制の本質にかかわる問題であった。しかも、現實には當人たちがそれを合法と認識していたらしく、また奏彈文で沈約が強調するように、家譜の詐欺や賣買による家柄の詐稱が横行する時代への警鐘としての性格を、この奏彈はもっている。したがって、だれかある個人が密告提訴したというよりは、御史中丞が體制の根幹にかかわる問題として、自主・主體的に彈劾したとみるのが妥當であろう。

かくして『文選』の奏彈文二例の比較からみると、「風聞奏事」がじつは單なる噂に基づく彈劾ではなく、風聞にことよせた訴人姓名の省略、さらには隱蔽をすら目的としたものであり、あるいはそれを彈劾の口實とした可能性を否定しきれない。このほかの例においても、一切訴人の姓名はみられないばかりか、右の可能性を傍證するような事例すらみられる。それは皇帝から御史中丞へのはたらきかけによる「風聞奏事」である。上が御史中丞をして奏せしめたと明記する劉祥・謝超宗（『南齊書』巻三六本傳）の例はもとより、梁武帝の不興をくんでなされたらしい任昉の范縝に對する奏彈（『梁書』巻一六王亮傳）などは、具體的な訴人を設定せず、奏彈することのみを目的になされたものとみなしてまちがいない。また、宿怨のあった徐陵を汚職の咎で奏彈した劉孝儀の例（『陳書』巻二六本傳）なども、これに類して、訴人の省略というよりは、風聞を口實にした枉訴の例とよむことができる。

一方の北朝の例は、南朝のような具體的なものがすくなく、その意味での検討は十分にはおこなえないが、逆にさきに祝氏の議論として紹介したように、「風聞奏事」がしばしば枉濫を生じ、ために事實確認が不可缺のものという認識が朝廷にあらわれたことからみて、明確な根據もないまま單なる傳聞によってのみ彈劾するというにとどまらず、口實としてこれを濫用するという現象が存在したことがうかがわれよう。『魏書』巻七七辛雄傳[17]によれば、正始中、廷尉少卿袁翻なるものが、「罪を犯すの人、恩を經、訴を競い、枉直明らかにし難き」により、「曾て風聞に染まる者は、曲直を問わず、推して獄成ると爲し、悉く斷理せず。」と上奏したという。風聞にかかった者については、判決済みとして、改めて審理しないとは强引であるが、このことは風聞の濫用のさまと、事實調査が困難であったことを明示している。辛雄は「若し傳聞を卽ち證と爲さば、則ち理に於いて太だ急なり。」と、傳聞だけの提訴をとりあげることに疑問を呈しているが、傳聞を據り所にするだけではなく、訴人が虚僞の提訴をおこなうことに端を發する枉濫も存在したであろうし、訴人がないにもかかわらず、姓名を略したごとくによそおって意圖的に枉濫を生じさせうることもあったであろう。この點は南朝と共通するが、ただ、北朝に風聞の裏づけという觀點が生じていることには注意が必要である。

ところで、「風聞奏事」にそのような官人の地位・生命を危險にさらす可能性が内包されているのであれば、當然その枉濫を防ぐために、その濫用に對する一定の規制が存在したとみるのが自然である。實際、北朝では事實確認の方式が議論されているのであり、先述のように、祝氏は「風聞奏事」といっても、御史中丞がみずから目睹したばあいをのぞくと、奏彈には根據が必要であったのだとされ、そのことは奏彈文における「攝」、すなわち證人喚問の實施によって明示されているとのべている。(18)

たしかにこれは合理的な理解である。にもかかわらず、その「攝」をやや仔細に検討してみると、むしろ「攝」の設定は、風聞を事實として立證するためでなく、「風聞奏事」が確固とした客觀的根據に基づいていることを印象づける單なる形式にすぎないのではないかとの疑問をぬぐいきれなくなるのである。いま南朝の「攝」の例五例(19)について、「攝」された人物がどのような立場にあるかをみてみると、白從、白從左右、門生、宅督、媒人となる。白從・門生・宅督などは、この當時は無位無官で有力者に寄食する存在であり、その主人が彈劾された後、御史臺に喚問されたかれらが、まちがいなく失脚沒落の途についた主人に殉じて、御史臺奏彈の罪科を否定するような證言をはたしてなしえたであろうか。かれらは御史臺側の證人なのである。また、その辨問の內容は、奏彈されたものたちの日常生活における私的な言動にかかわるものがほとんどで、眞の意味での事實確認とみられるものはすくない。(20)

ちなみに、北朝における唯一の「風聞奏事」の奏彈文の實例である石榮・抱老壽のばあいは、奏彈された本人自身が「攝」せられ、しかも「鞫問」されている。これは御史臺の主張を裏づけるための「攝」でしかない。

このような風聞の事實確認としての「攝」の實情をみるかぎり、この「攝」の存在は風聞が事實であることを立證するためのもの、したがって「風聞奏事」が明白な根據なしに、まさしく風聞のみでの奏彈は許されなかったことをしめすのではなく、かえって風聞が事實であるという御史臺の主張を立證するための巧妙な形式にすぎないことをしめしているのである。

以上の検討から、「風聞奏事」には、訴人姓名の省略はもとより、さらにすすんでその隱蔽、枉訴の口實の側面がたしかにあることが了解されたであろう。しかしながら、それが「風聞奏事」のすべてではもとよりない。そのことを『宋書』巻四二王弘傳の記事から檢討してみよう。この記事はすでにのべたように、周一良氏が尙書僕射の「風聞奏事」の例として論究されたものである。まずこの記事をやや詳細に要約しておこう。義熙一二、三年頃、尙書僕射領選王弘が、謝靈運を奏彈した。その直接の罪科は、謝靈運がその愛妾と力士の桂興なるものの密通により、桂興を殺害して江に投棄したというものであった。ただ、この奏彈は、謝靈運に對するだけではなく、御史中丞の王准之にもむけられていた。御史中丞は「風聲」がかまびすしいのに、彈擧しなかった。知っていたのであれば情實、知らなかったのであれば愚昧であるというのである。そして、前述のように「風聲を用いて擧彈するを得」ないのが「內臺の舊體」ではあるが、このことは明白な事實として朝野に流布されたものであるから、あえて拱手默然とはしない、と尙書僕射として擧彈する意圖を明言する。(21)

この王弘の事例は、風聞の語はみえないものの、內容からみて御史中丞の「風聞奏事」の存在をしめす最初の記事である。ここではまず、それを風聞とはいわず、風聲といっていることにとりあえず留意をうながしておきたい。それはともかく、これは御史中丞の奏彈は風聲に基づいておこなわれうるが、尙書僕射はそうでないこと、この事件のばあいは、謝靈運の罪科は風聲ではあっても明白な事實とみとめられると王弘が判斷し、それゆえ風聲擧彈がゆるされていない尙書僕射の立場で奏彈におよんだという事例である。この風聲は、王弘が異例の尙書僕射擧彈にふみきったことからみて、まさしく當時流布されたうわさそのもの、しかも信憑性が高いと判斷されたうわさに相違あるまい。風聞の語がないゆえ、これを南朝の「風聞奏事」と完全に同一のものとするのには愼重であらねばならないが、すくなくともこの風聲は、ここまでみてきたような訴人姓名の省略隱蔽のためのものでないことはたしかである。ただし、この事例で注意すべきことは、王弘のいうようにこの事件がそれほどに世人周知のことであるならば、證據をあつめ、

「内臺の舊體」を逸脱せずに提訴することもできたはずなのに、なぜ風聲を根據にしたのかということである。

　ここでふたたびさきにのべた「風聞奏事」の訴人姓名の省略、隱蔽、枉訴の口實という側面をかんがえてみると、そのようなある意圖によって歪曲された奏彈は皇帝主導の疑獄でもないかぎり、官人層や一般社會の理解を得られまい。しかし、現實に風聞による奏彈はおこなわれ、一定の效力を發揮しているのである。というよりはある種の奏彈には風聞を標榜することが必須であり、皇帝主導の奏彈ですら、風聞を口實にせざるをえなかったというべきであって、そこには風聞のある種の力を感得せざるをえない。やはりここは、奏彈からいったんはなれて、あらためて風聞とは何かを檢討すべきところであろう。

第三節　「風聞」の本質

すでにみてきたように、「風聞奏事」を正當化しうるためには、風聞そのものに、口實などとは異質の、特定の意味がそなわっていなければなるまい。そして、「風聞奏事」が洪邁のいうように晉宋以後のものであるとすれば、風聞の特定の意味は、晉宋以後の時代の歷史的性格と密接にかかわってくるはずである。

　とりあえず、南朝における「風聞奏事」の實例から、風聞がいかなる内容なのかをその奏彈による處斷もあわせて一瞥してみよう。(22)

一　前廣州刺史韋朗　在任中、州内で銀塗漆屛風などの奢侈品政策　免所居官
二　竟陵王征北諮議參軍領記室謝超宗　性質輕薄、朝政誹謗、言辭不遜　免所居官收付廷尉法獄治罪
三　臨川王驃騎從事中郎劉祥　言辭不遜、朝政批判、亡兄廣州刺史の歸葬を途中で放棄　免官付廷尉

四　平東將軍吳郡太守沈文季他縣令等　唐寓之の亂における反亂軍に敗戰、または抵抗を放棄　禁止視事如故および贖罪
五　王源　士庶不明の家との通婚、その婚姻の聘資による納妾　免所居官　禁錮終身　禁止視事　「官品應黃紙」
六　征虜將軍太子左衞率蕭穎達　魚軍稅の要求　免所居官
七　尙書左丞范縝　人物の褒貶失當（現司徒を誹謗、前尙書令を過度に賞贊）　免所居官　「位應黃紙」
八　豫章內史伏暅　人事に對する不滿から、妹の迎葬と稱して辭職、內史を授けられて辭退せず　免所居官
九　上虞令徐陵　縣令として汚職　免官

南朝における「風聞奏事」は以上ですべてである。これらのうち、四の事例の風聞は他の例と異なり、その風聞內容は、反亂時の地方行政官の逃亡や抵抗など、反亂への對抗という地方官長の現實の職責についてのものであるが、これ以外は、現任の官職の職務職責に對するものというよりは、ひろく士人としての言動の善惡當否にかかわるものであるといえよう。しかもその言動は、偏狹な對人關係、人物評の失當、朝政誹謗など、すぐれた人士にあってはならない道義的問題に關するものが多い。そしてその典型が、當時の士庶の秩序をみだしかねない王源父子の婚姻問題であった。そうすると、風聞は官人職掌に對してよりは、士人の存在の根據に對してなされる、士庶の秩序の根幹にかかわるものごとであるのではないかという推測が可能となる。その推測は、これらの風聞の對象となった諸人が、たとえば王源に對して奏彈者の沈約がのべたように、ある程度以上の社會的地位をもつものたちであったということによって、より強いものになる。

南朝に對して北朝の例はそれほど多くないが、御史中尉奏彈文がのこる唯一の事例である『魏書』閹官抱老壽傳では、風聞の內容は「室を易えて姦す」という醜聞で、それが「禮を犯し、化を傷つく」ものと明言されている。しか

し、このほかの例は、御史中尉李彪が趙郡王幹を奏彈するのに、幹の「貪淫にして、典法に遵わず」という風聞をもちいたこと、通直散騎常侍兼知度支崔樞なるものが、度支に受納の風聞あるにより御史の彈劾をうけたことが史書に[23]のこるだけである。この三例、第三の例は博陵の崔氏という名門官人の汚職で、南朝の第九の例と類似しているが、前二者は宦官や宗室の姦事、貪淫の疑惑で、同じ風聞でも南朝と懸絶した內容である。南北のこの差はのちにまたとりあげることになるが、ここでは、とくに南朝の風聞の意味について、さらに檢討をつづけたい。

風聞の意味についてしばしば言及されるのは、『漢書』卷九五南粵王傳の顏師古注にいう「風聞は風聲を聞くことなり。[24]」である。すでにふれたように、南朝最初の「風聞奏事」の例とみられる『宋書』王弘傳でも、焦點となっていたのは風聞ではなく風聲であったから、風聲が特定の意味をもつことによって「風聞奏事」が成立すると豫測することが可能である。では風聲とはなになのか。

風聲には、單なる消息、風の便りの意味だけではなく、古典以來、風俗や教化、聲望という意味がある。[25]そしてその意味での風聲は、漢末以後にままみられる。たとえば、『漢書』卷七二卷首に、園公などの逸民の名をあげ、「皆、未だ嘗て仕えず、然れども其の風聲は以て貪を激し俗を厲ますに足る。」といい、『後漢書』傳五六陳蕃傳に、「桓靈の世、陳蕃の徒の若きは、咸な能く風聲を樹立し、惛俗に抗論せり。」というようなものであるが、すすんで晉にはいると、『晉書』卷三四杜預傳に、「己丑詔書考課成り難きを以て、薦例に通じるを聽す。薦例の理、卽ち亦風聲に取る。」といい、同書卷三五裴楷傳に、「帝問いて曰く、朕天に應じ時に順い、海內更始す。天下の風聲、何をか得、何をか失うと。」などという風聲があらわれる。[26]前者は人事に關する、後者は王朝交替に關する社會內部の價値判斷の論議である。このような風聲は、もはや噂、消息の類ではありえない。それはこの當時の社會に流布される、一種の影響力ないし規制力をもった「情報」というべきであろう。

風聲が奏彈の對象となった最初の例が、すでに言及した王弘の謝靈運彈劾である。その風聲の内容は、かれの愛妾密通に起因する殺人、死體投棄事件であった。ただ、王弘のもとめた「所居の官を免じ、臺に上して爵土を削り、收えて大理に付して罪を治せ。」という處罰に對して、劉裕は寛大にも免官に止めているところからみて、これは通常の殺人事件のあつかいではなかったようである。仔細に王弘の主張を吟味すると、この醜穢な事件は謝靈運自身の「閫闈を防閑する能わず」、すなわち妻妾監督の遺漏が招いたと斷言しているが、もちろん發端は被害者の行動にあったのであり、司直による處斷になじまなかったのではないかと推測される。あるいは、この件は證據をあげ明白な犯罪として處理するよりは、むしろ一種の破廉恥な醜聞として處理するところにねらいがあったともかんがえられる。風聲を根據にしたのは、これが單純な刑事事件ではなく、謝氏のような階層身分にとってありうべからざる事件ということを印象づけるためではなかろうか。そうであるならば、風聲は一種の社會的秩序維持のための規範ということになる。

つぎに風聞による奏彈の求刑についてみると、「免所居官」が大半で、それに附隨して「收付廷尉」などの措置がもとめられているが、王源と范縝のばあいだけに、「源官品應黄紙」「縝位應黄紙」という措置が附加されている。この措置は、「風聞奏事」のこの二例にみられるだけで、これ以外に多數ある南朝の御史中丞奏彈文には一切みえないものであり、したがって、「風聞奏事」の性格にもかかわるものと豫測できる。當時の黄紙には、司徒が管理する鄕品登錄簿の意味があり、[27]「免所居官」のあとにこれが附加される意味は、現任官を免官した後、かれらの基本身分を「黄紙に應ず」、つまりは黄紙登錄の官人としての初源的身分に差し戻すということであろうとかんがえたい。すなわちこの措置こそは、他の奏彈と異なり、「風聞奏事」が、官僚的世界だけではなく、士人の世界にまでおよぶものであることを明示しているのである。[28]

ちなみにいえば、既述のように、奏彈としての風聞は提訴の枉濫の可能性をはらんでいた。しかし、奇妙なことに北朝と異なり、南朝の「風聞奏事」には、それについての議論は一切みられない。あからさまな口實にみえる風聞であっても、その正當性が保證されているかのごとくである。それは風聞が出現した、あるいは風聞を出現させてしまったことが、すでに士人として失態であり、さらには風聞と標榜された時點で、もはや拂拭しえない汚點を背負うことになるからであるとかんがえられる。

風聲という表現から感得される、風という特異な媒體による情報傳達の方式は、その起點が不分明で、社會における不特定多數を傳達の對象とし、また不特定多數がその傳達にかかわるという點、あるいはすくなくともそのように裝っている點で、後漢以後の鄕論、淸議や中正配下の訪問が採取する人物評と、その存在形態が極似する。鄕論淸議は、士人階層の社會的秩序における支配者的位置を維持するために、士人の倫理を淨化し、强化しようとした社會的規範であったし、訪問が採取する人物評とは、基本的に士人の鄕里社會における日常世界の觀察結果である。そして、右にのべたところからすれば、風聲にもそれに似たような意味があったとみられるのである。

第四節　「風聞」の機能

王弘の言によれば、御史中丞はつねに風聞を探知する職務上の義務をもち、他人がしりえた風聞をしらないのは愚昧、また風聞が發生すれば職責としてかならずそれを捕捉し、奏彈しなければならないのである。このことは、南朝を通じて、御史中丞に要請されたものごとと理解してよいであろう。このような御史中丞の職務は、先述のような「風聞奏事」のさまざまな實情を考慮すると、當時の御史中丞の政治過程における特異な重要性を明示することになる。すなわち、御史中丞は普段の物情探索からはじめて、ばあいによっては意圖的な枉濫すら可能にするような職務權限を有していることになるのである。しかも探索の對象は、犯罪行爲に止まらず、士人の日常の言動にまでおよぶものである。これは士人出身の官人層に多大の脅威をあたえたものと推測できる。

　このことは、南朝の政治過程における御史中丞の意義にかかわる問題であるが、とくにその士人監視の機能と皇帝權力との關連などは、南朝貴族制の理解にかかわる問題としてすでに魏晉南朝の御史中丞の制度史的研究で言及されている[29]。しかし、ここでむしろ注目してみたいのは、士人の監視統制の手段として、風聞や風聲が用いられた意味である。風聞が前節でのべたようなものであるならば、それは士人を頂點とする社會秩序のなかで士人自身によって運營さるべきものである。そうであってはじめて、それは主體的な秩序維持のための規制力たりうる。しかし、「風聞奏事」はその士人を頂點とする社會秩序に御史中丞が介入することを意味する。それは換言すれば、社會秩序に對する政治的權力の介入であるが、御史中丞による風聞を標榜しての奏彈は、士人の抵抗をやわらげ、介入を容易に、もしくは可能にするための方策であったとかんがえられるのである。

　ところで、風聞の機能についてはなお論ずべき問題がある。それは既述のような、「風聞奏事」の淵源に、後漢の「謠言黜陟」があるとする見解に關してである。「謠言黜陟」の實情が「彊者は怨を爲して、擧奏せられず、弱者は道を守りて、陷毀せらること多く」、「貴戚を回避す」るものであったことは曹操の認識のとおりであり[30]、その後この制度がどうなったのかは、あきらかではない。謠言はこの後もしきりに史書にはあらわれるが、それは文意不明の豫言としてであり、地方官の黜陟にかかわるものとしてではない。

　ところが『世說新語』規箴篇（『晉書』卷八三顧和傳略同[31]）に、以下のような話がつたわる。王導が揚州刺史となったとき、八部從事を各管郡に派遣した[32]。從事であった顧和も出て還り、諸從事が同時に王導に謁見した。時に諸從事は各人が郡太守の得失を奏上したが、顧和ひとりが無言であったので、王導が顧和におまえは何を聞いたのかと問うたところ、その答に、明公が政治を輔佐すれば、政網は呑舟の巨魚をも漏らすほどでよいのに、「何に縁りてか風聞を采聽し、以て察察の政を爲さん。」とあったので、王導は咨嗟稱贊したという。これによれば、東晉初頭、謠言採取に似て、風聞採取の地方長官監察方式が存在しているのを知る。察察の政とは、『老子』の「其の政察察、その民缺缺」に基づき、煩瑣な監察による地方行政の統制をいうのであり、それは寛容で知られた王導の施政方針と異なろう。『晉書』卷八二孫盛傳[33]にも、東晉中期のこととして「州は從事を遣わして風聲を觀採す」という一文があり、さらにくだって、『太平御覽』卷七七一『宋元嘉起居注』[34]には、會稽從事が揚州刺史に、會稽郡管下餘姚縣の縣令が奢侈品を造作したという風聞を報告し、おそらくそれをうけた揚州刺史が、中央政府に上呈して、有司（尙書）から奏されている。周氏はこれも前述の王弘の端右奏彈の一例とされるが、したがうべきであろう。『元嘉起居注』には、一方で御史の「風聞奏事」の例があり[35]、元嘉年閒には王弘の提言をうけて、いずれも風聞による尙書と御史中丞兩者の奏彈がおこなわれていたことになる。その內、尙書の奏彈がすたれ、梁の天監元年に復活の詔がでたことは既述のとおりである。しかし、同時に元嘉以後、刺史と部從事による風聞採取、あるいはそれに基づいた御史奏彈の例は南朝ではみられない。あえて類例をあげれば、梁になって、縣令として贓汙の咎の風聞で奏彈された徐陵がそうであるが、これも御史が監察に出向いて奏彈したのではなさそうである。

　これに反して、北朝の場合に、御史の出使と、それによる地方官の監察・彈劾はとくに顯著な現象のようにみえる。それはすでにみた例でいえば、『魏書』高道穆傳に、「竊かに見るに、御史出使すれば、悉く風聞を受く。時に罪人を獲たりと雖も、亦枉濫無きにしもあらず。」とあって、その對策として廷尉が司直を派遣して御史とともに行かしめることを提案していた。これは北魏末年の莊帝のころのことであるが、『魏書』卷八世宗紀正始二年秋七月甲戌の詔[36]

にも、

今、大使を分遣し、方を省て巡檢せしめ、其の愆負の風響と相符する者に隨いて、卽ち糾黜を加え、以て雷霆の威を明らかにし、以て旌軒の擧を申べよ。因りて以て風を觀、俗を辨え、功過を採訪し、賢者を褒賞し、淫慝を糾罰し、窮まれるを理め、弊れるを恤れみ、以て朕が心に稱え。

とあって、使者の地方派遣と、風響の聽採を命じている。あるいはまた、同書卷四七盧昶傳[37]に、

昶奏して曰く、（中略）守宰の暴貪は、魏闕に風聞あり。

というように、地方官長の失政はただちに風聞にあらわれるのであり、もしくは風聞によってそれを公然化することがゆるされていた[38]。北魏が地方政治の一端として、地方官長の監察の强化を意圖し、その具體的方法に風響をもちいたことが理解されよう。

そして以下に擧例するように、風響による地方官彈劾の例はすくなくないのである[39]。

太和初め、名家の子を以て擢んでられて中散と爲り、宰官に遷る。南安王楨に貪暴の響有り、中散閭文祖を遣して長安に詣りて之を察せしむ。文祖楨の金寶の賂を受け、楨の爲に隱して言わず。事發し、之に坐す。

（『魏書』卷五〇慕容白曜傳附弟子契傳）

景明初め、冠軍將軍南徐州刺史に除せらる。（中略）後本將軍を以て東徐州刺史に除せられ、治は刑に任じて民の怨む所と爲り、受納の響有り、歲餘にして、御史中尉李平の彈する所と爲るも、赦に會いて免がる。

（同書卷七一王世弼傳）

正始中、光州刺史と爲る。受納の響有あり、中尉王顯の劾する所と爲り、終に免（冤）を雪ぐを得たり。

（同書卷三八王慧龍傳附子瓊傳）

このような方式は、『北齊書』巻四七酷吏畢義雲傳に、文宣帝の代、御史中丞畢義雲が、かつてかれを奏彈した尙書左丞司馬子瑞に報復するため、子瑞の從兄が刺史を務める州に御史を派遣して「風聞を采」ろうとしたとあることから、北齊にいたってもおこなわれていたことがわかる。

このような風響を用いた地方官長に對する監察の方式の存在は、傳聞情報による奏彈が內包する枉濫の危險性や、起點や傳達者が特定しがたいという傳聞の性格を想起すると、北朝におけるきわめて嚴しい地方支配の志向をしめすものといえる。

ここにいたって、その兩者が互用され、もしくは同義であるという見解もあった風聞と風響の關係について、あらためて整理する必要がうまれる。現象的にみれば、南朝の風聞はその對象がおおくは士人であり、またその內容が道義的もしくは倫理的問題であったのに對して、北朝の風響は、地方官長を對象に、その執務態度や施政の實情に對して出現するものである。これをあえて單純化すれば、南朝の風聞は社會秩序のなかで機能し、北朝の風響は官僚制度のなかで機能するということになる。北朝が風聞ということばにかえて風響をもちいるのは、すでにそのようなものとしての傳統をもつ風聞とは異なる意味と機能をもたせたかったからであるという推測も可能であろう。

む　す　び

「風聞奏事」はたしかに洪邁のいうように、東晉以後に顯現する現象であった。それはこの時代の歷史的な社會秩序や政治體制を反映し、したがって、當時の社會秩序や政治體制のありかたにかかわる問題ととらえることができる。しかもそこには、南朝と北朝という、社會秩序も政治體制も異質な二つの世界の特色があらわれている。風聞の名のもとに規制されるものごとが、南朝と北朝で異なり、南朝ではそれは、士人社會内部の規制力であり、北朝では官僚制運營の監察の一方式として機能していたのである。後者も東晉ではその方式が存在したが、永續することのないまま、風聞の對象は士人社會内部へとむかい、その南朝のような風聞は北朝にはあらわれなかった。北朝では風聞の根據が大きな問題であったのに對して、南朝では風聞そのものの發生がすでに問題視されたが、このような違いにも、南北の風聞の對象や性格とその機能する場の差がしめされている。

「風聞奏事」の存在は、このような南北間の差を前提にしていえば、南朝においては、士人を頂點とする社會秩序に對する政治的權力の介入の志向を意味し、北朝においては、嚴格な地方支配體制の維持運營への志向を意味する。そしてこの兩者は、まさしく南北兩政權が直面していた政治的課題であったのである。

最後に指摘しておきたいのは、このような傳聞を根據とする政治手法の傳統と變質に關する問題である。「風聞奏事」の淵源が後漢の謠言による黜陟にあることは、周氏の見解のとおりである。その方式がおもに北朝に繼承されていることは、本章で論じた重點の一つでもある。問題は、それがなぜ謠言から風聲、風聞、風響にかわったのかという點である。これについては、いまのところおおまかな豫測の段階でしかないが、傳聞の機能する場と機能の性格が變化したのではないかとかんがえたい。すなわち謠言は一般社會全體を基盤とする傳聞であり、自然現象や豫知豫言をもふくむ内容をもつが、風聲風聞は本章でのべたように、士人社會を基盤とするものであり、その内容も人倫や道德に關するものが大半である。風響はあるいは謠言に似た基盤であったかもしれないが、内容はやはり官人としての職務職責や執務態度が中心である。このような傳聞の性格の違いは、おそらく社會構成の歷史的展開の中で生じたものと推測できるが、このこと全體はなお今後の具體的な分析を必要とするものである。

註

（1）『容齋四筆』卷一一御史風聞の原文全文は以下のとおり。
御史許風聞論事、相承有此言、而不究所從來、以予考之、蓋自晉宋以下如此、齊沈約爲御史中丞、奏彈王源曰、風聞東海王源、蘇冕會要云、故事御史臺無受詞訟之例、有詞狀在門、御史採狀有可彈者、即略其姓名、皆云風聞訪知、其後疾惡公方者少、遞相推倚、通狀人頗壅滯、開元十四年、始定受事御史、人知一日劾狀、遂題告事人名、乖自古風聞之義、然則向之所行、今日之短卷是也、二字本見尉佗傳、
これに言及された沈約の「奏彈王源」は註（3）參照。
『唐會要』卷六〇の原文は以下のとおり。
故事、御史臺無受詞訟之例、有詞狀在門、御史採有可彈者、即略其姓名、皆云風聞訪知、其後御史疾惡公方者少、遞相推倚、通狀人頗壅滯、至開元十四年、始定受事御史、人知一日劾狀、遂題告事人名、乖自古風聞之義、至今不改、蘇氏駁曰、御史臺正朝廷綱紀、舉百司紊失、有彈邪佞之文、無受詞訟之例、今則重於此而忘於彼矣、
『唐會要』に類する記事は、『新唐書』卷四八百官志三に、つぎのようにある。
故事、御史臺不受訟、有訴可聞者、略其姓名、託以風聞、其後、御史嫉惡者少、通狀壅絕、十四年、乃定授事御史一人、知其日劾狀、題告事人姓名、其後、宰相以御史權重、建議彈奏先白中丞大夫、復通狀中書門下、然後得奏、自是御史之任輕矣、
なお、胡滄澤『唐代御史制度研究』（一九九三、臺北）四九頁には、この『會要』記事を引用しての唐代の「風聞奏事」に關する言及があるが、この制度の晉宋代についての研究は、周・祝兩氏のほかにはみられないようである。

（2）周一良「風聞奏事」『魏晉南北朝史札記』（一九八五、北京）二七三頁、祝總斌「魏晉南北朝尚書左丞糾彈職掌考――兼論左丞與御史中丞的分工」（『文史』三三輯、一九九〇）。

（3）『文選』卷四〇沈約「奏彈王源」
給事黃門侍郎兼御史中丞吳興邑中正臣沈約稽首言、（中略）自宋氏失御、禮教雕衰、衣冠之族、日失其序、姻婭淪雜、罔

計厮庶、販鬻祖曾、以爲賈道、明目腆顏、曾無愧畏、（中略）風聞東海王源、嫁女與富陽滿氏、源雖人品庸陋、胄實參華、曾祖雅、位登八命、祖少卿、内侍帷幄、父璿、升采儲闈、亦居清顯、源頻叨諸府戎禁、豫班通徹、而託姻結好、唯利是求、玷辱流輩、莫斯爲甚、源人身在遠、輒攝媒人劉嗣之到臺辯問、嗣之列稱、吳郡滿璋之、相承云是高平舊族、寵奮胤胄、家計温足、見託爲息鸞覓婚、王源見告窮盡、即索璋之簿閥、見璋之任王國侍郎、鸞又爲王慈吳郡正閤主簿、源父子因共詳議、判與爲婚、璋之下錢五萬、以爲聘禮、源先喪婦、又以所聘餘直納妾、如其所列、則與風聞符同、竊尋璋之姓族、士庶莫辨、滿奮身殞西朝、胤嗣殄沒、武秋之後、無聞東晉、其爲虛託、不言自顯、王滿連姻、寔駭物聽、潘楊之睦、有異於此、且買妾納媵、因聘爲資、施衿之費、化充牀第、鄙情贅行、造次以之、糾慝繩違、允茲簡裁、源即主、臣謹案、南郡丞王源、忝藉世資、得參纓冕、（中略）臣等參議、請以見事免源所居官、禁錮終身、輒下禁止視事如故、源官品應黄紙、臣輒奉白簡以聞、臣約誠惶誠恐、云云、

なお傳統的な訓讀では、風聞をほのかに聞くと讀むようであるが、本章では、風聞と連稱することにしたい。

（4）

これに類する事例をふくめ、原文の要點部分を以下にかかげる。

『南齊書』卷三六謝超宗傳

永明元年、（張）敬兒誅、超宗謂丹陽尹李安民曰、往年殺韓信、今年殺彭越、尹欲何計、安民具啓之、上積懷超宗輕慢、使兼中丞袁彖奏曰、風聞征北諮議參軍謝超宗、根性浮險、率情躁薄、仕近聲權、務先諂狎、人裁疎黜、亟便詆賤、卒然面譽、旋而背毀、疑閒台賢、每窮詭舌、訕貶朝政、必聲凶言、腹誹口謗、莫此之甚、不敬不諱、罕與爲二、輒攝白從王永先、到臺辨問、超宗有何罪過、詣諸貴皆有不遜言語、竝依事列對、永先列稱、主人超宗恆行來詣諸貴要、每多觸忤、言語怨懟、與張敬兒周旋、許結姻好、自敬兒死後、惋歎忿慨、今月初詣李安民、語論張敬兒不應死、安民道敬兒書疏、墨迹炳然、卿何忽作此語、其中多有不遜之語、小人不悉盡羅縷諳憶、如其辭列、則與風聞符同、超宗罪自已彰、宜附常准、（中略）請以見事免超宗所居官、解領記室、輒勒外收付廷尉法獄治罪、超宗品第未入簡奏、臣輒奉白簡以聞、

『南齊書』卷三六劉祥傳

有以祥連珠啓上者、上令御史中丞任遐奏曰、祥少而狡異、長不悛徙、請謁絶於私館、反脣彰於公庭、輕議乘輿、歷貶朝

望、肆醜無避、縱言自若、厥兄浮櫬、天倫無一日之悲、南金弗獲、嫂姪致其輕絶、孤舟夐反、存沒相捐、遂令暴客掠奪骸柩、行路流歎、有識傷心、攝祥門生孫狼兒、列祥頃來飲酒無度、言語闌逸、道說朝廷、亦有不遜之語、實不避左右、非可稱紙墨、兄整先爲廣州、於職喪亡、去年啓求迎喪、還至大雷、聞祥與整妻孟爭計財物瞋忿、祥仍委前還、後未至鵲頭、其夜遭劫、內人竝爲凶人所淫略、如所列與風聞符同、請免官付廷尉、

『南齊書』卷四四沈文季傳

御史中丞徐孝嗣奏曰、風聞山東羣盜、剽掠列城、雖匪日而殄、要塹干王略、郡縣闕攻守之宜、倉府多侵秏之弊、擧善懲惡、應有攸歸、吳郡所領鹽官令蕭元蔚桐廬令王天愍新城令陸赤奮等、縣爲白劫破掠、竝不經格戰、委職散走、元蔚天愍還臺、赤奮不知所在、又錢塘令劉彪富陽令何洵、乃率領吏民拒戰不敵、未委歸臺、餘建德壽昌、在劫斷上流、不知被劫掠不、吳興所領餘杭縣被劫破、令樂琰乃率吏民徑戰不敵、委走出都、會稽所領諸暨縣、爲劫所破、令陵琚之不經格戰、委城奔走、不知所在、案元蔚等妄藉天私、作司近服、昧斯隱慝、職啓虔劉、會稽郡丞張思祖謬因承乏、總任是尸、涓誠芻效、終焉無紀、平東將軍吳郡太守文季征虜將軍吳興太守西昌侯鸞、任屬關河、威懷是寄、輒下禁止彪琰洵思祖文季視事如故、鸞等結贖論、

『梁書』卷一〇蕭穎達傳

遷征虜將軍太子左衞率、御史中丞任昉奏曰、臣聞貧觀所取、窮視不爲、在於布衣、窮居介然之行、尙可以激貪厲俗、惇此薄夫、況乎伐冰之家、爭雞豚之利、衣繡之士、受賈人之服、風聞征虜將軍臣蕭穎達、啓乞魚軍稅、輒攝穎達宅督彭難當到臺辨問、列稱尋生魚典稅、先本是鄧僧琰啓乞、限訖今年五月十四日、主人穎達于時謂非新立、仍啓乞接代僧琰、卽蒙降許登稅、與史法論一年收直五十萬、如其列狀、則與風聞符同、穎達卽主、臣謹案、征虜將軍太子左衞率作唐縣開國侯臣穎達（中略）臣等參議、請以見事免穎達所居官、以侯還第、

『梁書』卷一六王亮傳

高祖不悅、御史中丞任昉因奏曰、臣聞息夫歷詆、漢有正刑、白褒一奏、晉以明罰、況乎附下訕上、毀譽自口者哉、風聞尙書左丞臣范縝、自晉安還、語人云、我不諂餘人、惟諂王亮、不餉餘人、惟餉王亮、輒收縝白從左右萬休到臺辨問、與

風聞符同、又今月十日、御餞梁州刺史臣珍國、宴私既洽、羣臣竝已謁退、時詔留侍中臣昂等十人、訪以政道、縝不答所問、而横議沸騰、遂貶裁司徒臣朏、褒擧庶人王亮、臣于時預奉恩留、肩隨竝立、耳目所接、差非風聞、竊尋王有遊豫、親御軒陛、義深推轂、情均湛露、酒闌宴罷、當辰正立、記事在前、記言在後、軫早朝之念、深求瘼之情、而縝言不遜、妄陳褒貶、傷濟濟之風、缺側席之望、不有嚴裁、憲准將頽、縝卽主、臣謹案、尙書左丞臣范縝、衣冠緒餘、言行舛駮、（中略）臣等參議、請以見事免縝所居官、輒勒外收付廷尉法獄治罪、應諸連逮、委之獄官、以法制從事、縝位應黄紙、臣輒奉白簡、詔聞可、

『梁書』卷五三良吏伏暅傳

時始興内史何遠累著清績、高祖詔擢爲黄門侍郎、俄遷信武將軍監吳郡、自以名輩在遠前、爲吏倶稱廉白、遠累見擢、暅遷階而已、意望不滿、多託疾居家、尋求假到東陽迎妹喪、因留會稽築宅、自表解、高祖詔以爲豫章内史、暅乃出拜、治書侍御史虞皭奏曰、（中略）風聞豫章内史伏暅、去歳啓假、以迎妹喪爲解、因停會稽不去、入東之始、貨宅賣車、以此而推、則是本無還意、暅歷典二邦、少免貪濁、此自爲政之本、豈得稱功、常謂人才品望、居何遠之右、而遠以清公見擢、名位轉隆、暅深誹怨、形於辭色、興居歎吒、寤寐失圖、天高聽卑、無私不照、去年十二月二十一日詔曰、國子博士領長水校尉伏暅、爲政廉平、宜加將養、勿使恚望、致虧士風、可豫章内史、豈有人臣奉如此之詔、而不亡魂破膽、歸罪有司、擢髮抽腸、少自論謝、而循奉慠然、了無異色、暅識見所到、足達此旨、而冒寵不辭、吝斯苟得、故以士流解體、行路沸騰、辯跡求心、無一可恕、（中略）請以暅大不敬論、以事詳法、應棄市刑、輒收所近獄洗結、以法從事、如法所稱、暅卽主、臣謹案、豫章内史臣伏暅、（中略）臣等參議、請以見事免暅所居官、凡諸位任、一皆削除、

『陳書』卷二六徐陵傳

中大通三年、（晉安）王立爲皇太子、東宮置學士、陵充其選、稍遷尙書度支郎、出爲上虞令、御史中丞劉孝儀與陵先有隙、風聞劾陵在縣贓汙、因坐免、久之、起爲南平王府行參軍、

（5）『魏書』卷九四閹官抱嶷傳附從弟老壽傳

老壽凡薄、酒色肆情、御史中丞王顯奏言、風聞前洛州刺史陰平子石榮、積射將軍抱老壽恣蕩非軌、易室而姦、臊聲布於

朝野、醜音被於行路、卽攝鞫問、皆與風聞無差、犯禮傷化、老壽等卽主、謹案、石榮籍貫兵伍、地隔宦流、處世無入朝之期、在生絕冠冕之望、（中略）老壽種類無聞、氏姓莫紀、丐乞刑餘之家、覆養閹人之室、（中略）請以見事免官付廷尉理罪、鴻臚削爵、詔可、

（6）『魏書』卷一九中景穆十二王任城王澄傳

御史中尉東平王匡奏請取景明元年以來內外考簿吏部除書中兵勳案幷諸殿最、欲以案校竊階盜官之人、靈太后許之、澄表曰、（中略）又尋御史之體、風聞是司、至於冒勳妄考、皆有處別、若一處有風謠、卽應攝其一簿、研檢虛實、若差舛不同、僞情自露、然後繩以典刑、人孰不服、豈有移一省之案、取天下之簿、尋兩紀之事、窮革世之尤、如此求過、誰堪其罪、斯實聖朝所宜重愼也、靈太后納之、乃止、

『魏書』卷八八良吏裴佗傳

世宗親臨朝堂、拜員外散騎常侍、中正如故、轉司州治中、以風聞爲御史所彈、尋會赦免、轉征虜將軍中散大夫、

また、同書卷七二賈思伯傳に、

肅宗時、徵爲給事黃門侍郎、因請拜掃、還鄕里、未拜、以風聞免、尋除右將軍涼州刺史、

というような例もある。

（7）『梁書』卷二武帝紀中天監元年閏月條

詔曰、成務弘風、肅厲內外、寔由設官分職、互相懲糾、而頃壹拘常式、見失方奏、多容違惰、莫肯執咎、憲網日弛、漸以爲俗、今端右可以風聞奏事、依元熙舊制、

（8）『宋書』卷四二王弘傳

宋國初建、遷尙書僕射領選、太守如故、奏彈謝靈運曰、（中略）世子左衞率康樂縣公謝靈運、力人桂興淫其嬖妾、殺興江涘、棄尸洪流、事發京畿、播聞遐邇、宜加重劾、肅正朝風、案世子左衞率康樂縣公謝靈運、過蒙恩獎、頻叨榮授、聞禮知禁、爲日已久、而不能防閑閫闈、致茲紛穢、罔顧憲軌、忿殺自由、此而勿治、典刑將替、請以見事免靈運所居官、上臺削爵土、收付大理治罪、御史中丞都亭侯王准之、顯居要任、邦之司直、風聲噂喈、曾不彈擧、若知而弗糾、則情法斯

撓、如其不知、則尸昧已甚、豈可復預班清階、式是國憲、請免所居官、以侯還散輩中、內臺舊體、不得用風聲舉彈、此事彰赫、曝之朝野、執憲蔑聞、羣司循舊、國典既頽、所虧者重、臣弘忝承人乏、位副朝端、若復謹守常科、則終莫之糾正、所以不敢拱默、自同秉彝、違舊之愆、伏須准裁、高祖令曰、靈運免官而已、餘如奏、端右肅正風軌、誠副所期、豈拘常儀、自今爲永制、

なお、この事件は『宋書』巻六七謝靈運傳には、

坐輒殺門生、免官、

とあるのみである。

（9）周一良前掲論文二七三頁參照。

（10）祝氏前掲論文六一頁參照。

（11）『魏書』巻七七高崇傳附子恭之（字道穆）傳

（御史中尉兼給事黄門侍郎）道穆又上疏曰、（中略）竊見御史出使、悉受風聞、雖時獲罪人、亦不無枉濫、（中略）如臣鄙見、請依太和故事、還置司直十人、名隷廷尉、秩以五品、選歷官有稱、心平性正者爲之、御史若出糾劾、卽移廷尉、令知人數、廷尉遣司直與御史倶發、所到州郡、分居別館、御史檢了、移付司直覆問、事訖與御史倶還、中尉彈聞、廷尉科按、一如式、

（12）『魏書』巻三八王慧龍傳附孫瓊傳

正始中、爲光州刺史、有受納之響、爲中尉王顯所劾、終得雪免、

『魏書』巻七一王世弼傳

後以本將軍除東徐州刺史、治任於刑、爲民所怨、有受納之響、歲餘、爲御史中尉李平所彈、會赦免、

（13）『後漢書』傳五〇下蔡邕傳

（嘉平）六年七月、制書引咎、誥羣臣各陳政要所當施行、邕上封事曰、（中略）（四事）又令三公謠言奏事、

（李注）漢官儀曰、三公聽採長吏臧否、人所疾苦、條奏之、是爲舉謠言者也、

(14)『續漢書』卷二四百官志司徒條注の應劭曰（范滂傳注引く『漢官儀』に略同じ）
　每歲州郡聽採長吏臧否、民所疾苦、還條奏之、是爲之舉謠言者也、頃者舉謠言者、掾屬令史都會殿上、主者大言某州郡
　行狀云何、善者同聲稱之、不善者各爾銜枚、
『後漢書』傳四七劉陶傳
　光和五年、詔公卿以謠言舉刺史二千石爲民蠹害者、
同書傳五七黨錮范滂傳
　後詔三府掾屬舉謠言、
(15) 註（1）所引『唐會要』卷六〇および『新唐書』百官志參照。
(16)『文選』卷四〇任昉「奏彈劉整」
　御史中丞臣任昉稽首言、臣聞馬援奉嫂、不冠不入、氾毓字孤、家無常子、是以義士節夫、聞之有立、千載美談、斯爲稱
　首、臣昉頓首頓首死罪死罪、謹案齊故西陽內史劉寅妻范、詣臺訴列稱、出適劉氏、二十許年、劉氏喪亡、撫養孤弱、叔
　郎整、常欲傷害侵奪、（中略）求攝檢、如訴狀、輒攝整亡父舊使奴海蛤到臺辯問、列稱、（下略）
(17)『魏書』卷七七辛雄傳
　初、廷尉少卿袁翻以犯罪之人、經恩競訴、枉直難明、遂奏曾染風聞者、不問曲直、推爲獄成、悉不斷理、詔令門下尚書
　廷尉議之、雄議曰、（中略）願言者六、（中略）三曰、經拷不引、傍無三證、比以獄按既成、因即除削、或有據令奏復者、
　與奪不同、未獲爲通例、又須定何如得爲證人、若必須三人對見受財、然後成證、則於理太寬、若傳聞即爲證、則於理太
　急、今請以行賕後三人俱見、物及證狀顯著、準以爲驗、
(18) 祝氏前揭論文六二頁。
(19) 註（4）『南齊書』謝超宗傳、『梁書』王亮傳、『南齊書』劉祥傳、『梁書』蕭穎達傳、『文選』沈約「奏彈王源」をそれぞれ
　參照。
(20) 蕭穎達の宅督の列は、魚軍稅なるものの詳細が不明であるが、主人蕭穎達が既設の稅目の魚軍稅を許可をえて收受したと

いう内容で、客觀的な事實確認のようにみえる（『梁書』蕭穎達傳參照）。また、王源のばあいにおける媒人の「攝」は、婚姻の經過をのべただけであって、この婚姻の最大の問題である王源家の婚家富陽の滿氏が士庶の辨別しがたい家柄であるという點は御史中丞の見解なのである（『文選』沈約「奏彈王源」參照）。

(21) 註（8）『宋書』王弘傳參照。

(22) 第一の例の原文は以下のとおり。それ以外の原文は註（4）に引用。

『初學記』巻二五屛風

宋元嘉起居注曰、十六年、御史中丞劉楨奏、風聞前廣川《ママ》刺史韋朗、於廣州所作銀塗漆屛風二十三牀、又綠沉屛風一牀、請以見事追韋朗前所居官、

同書同巻鏡臺

宋元嘉起居注曰、韋朗爲廣州刺史、作銅鏡臺一具、御史中丞劉楨奏、請以見事免朗所居官、

同書同巻席

宋元嘉起居注曰、御史中丞劉楨奏、風聞廣州刺史韋朗、於府州部所作新白莞席三百二十二領、請以見事追韋朗前所居官、

(23)『魏書』巻二一上趙郡王幹傳

幹貪淫不遵典法、御史中尉李彪將糾劾之、會遇幹於尙書下舍、因屛左右而謂幹曰、殿下、比有風聞、卽欲起彈、恐損聖明委託之旨、若改往修來、彪當不言、脫不悛改、夕聞旦發、而幹悠然不以爲意、彪乃表彈之、

『北史』巻三二崔鑒傳附曾孫子樞傳

除通直散騎常侍、兼知度支、子樞明解世務、所居稱職、因度支有受納風聞、爲御史劾、遇赦免、

(24)『漢書』巻九五南粵王傳

又風聞老夫父母墳墓已壞削、兄弟宗族已誅論、

顏師古注、風聞、聞風聲、

(25)『尙書』畢命「彰惡癉善、樹之風聲」、孔傳「明其爲善、病其爲惡、立其善風、揚其善聲」

文公六年『左傳』「竝建聖哲、樹之風聲」、杜預集解「因土地風俗、爲立聲教之法」

(26)『漢書』巻七二王貢兩龔鮑傳

自園公綺里季夏黃公角里先生鄭子眞嚴君平、皆未嘗仕、然其風聲、足以激貪厲俗、近古之逸民也、

『後漢書』傳五六陳蕃傳

論曰、桓靈之世、若陳蕃之徒、咸能樹立風聲、抗論惛俗、

『晉書』巻三四杜預傳

其略曰、(中略)己丑詔書以考課難成、聽通薦例、薦例之理、卽亦取於風聲、

『晉書』巻三五裴秀傳附從弟楷傳

帝嘗問曰、朕應天順時、海内更始、天下風聲、何得何失、

(27) 拙稿「黃紙雜考」(『大阪市立大學東洋史論叢』一九九三)三六頁以下參照。

(28) 謝超宗のばあい、これとは異なり「超宗品第未入簡奏」という措置がともなった。ところがこの時、兼中丞袁彖に謝超宗を奏彈させた南齊武帝は、袁彖のこの奏が言辭ともにあやまっていると大怒し、尙書左丞王逡之に袁彖を奏彈させたのである。王逡之は袁彖の奏彈が「輕文略奏」であると斷定し、かつ「彈事舊體、品第不簡、而釁戾殊常者、皆命議親奏、以彰深僭」とのべている。これは一般の奏彈では、品第にまで奏文は言及しないが、罪科の深いものは別であって、謝超宗の場合はその別途の嚴しい扱いを受けるべきところを、袁彖が寬容にも、「超宗品第未入簡奏」という措置としたと非難しているのである。そのような意味をもつ品第とは、おそらく鄕品のこととみなしてまちがいない。品第を簡するとは、官人の身分を黃紙にまで遡及させることであろう。これよりすれば、「應黃紙」は、やはり鄕品が表示する初源的な身分にまで、官人をおとすこととなる。

(29) 越智重明「魏晉南朝の御史中丞」(『史淵』一二〇輯、一九八三)一四〇頁以下。もっとも、同論文には、風聞の問題はとりあげられていない。なお、註(1)に言及した胡氏の研究は、この「風聞奏事」が唐代の御史臺權力の擴大を意味すること、それが開元年間に一定の制限をうけたことを論じるが、唐以前については、これが存在したこともふくめて言及がない。

(30)『三國志』巻一武帝紀注引く『魏書』に、
是後詔書敕三府、擧奏州縣政理無效、民爲作謠言者免罷之、三公傾邪、皆希世見用、貨賂並行、彊者爲怨、不見擧奏、弱者守道、多被陷毀、太祖疾之、是歲以災異博問得失、因此復上書切諫、設三公所擧奏專回避貴戚之意、奏上、天子感悟、以示三府責讓之、諸以謠言徵者皆拜議郎、

(31)『世說新語』規箴篇
王丞相爲揚州、遣八部從事之職、顧和時爲下傳還、同時俱見、諸從事各奏二千石官長得失、至和獨無言、王問顧曰、卿何所聞、答曰、明公作輔、寧使網漏吞舟、何緣采聽風聞、以爲察察之政、丞相咨嗟稱佳、諸從事自視缺然也、

(32)『世說新語』箋疏引く程炎震によれば、東晉元帝時、揚州は丹陽以下管郡十であったが、『資治通鑑』巻九〇太興元年胡注は、義興・晉陵をかぞえないという。

(33)『晉書』巻八二孫盛傳
出補長沙太守、以家貧、頗營資貨、部從事至郡、察知之、服其高名、而不劾之、盛與溫牋、而辭旨放蕩、稱州遣從事、觀採風聲、進無威鳳來儀之美、退無鷹鸇搏擊之用、

(34)『太平御覽』巻七七一『宋元嘉起居注』
有司奏云、揚州刺史王弘上、會稽從事韋詣解列、先風聞餘姚令何玢之造作平床一乘舴艋一艘、精麗過常、用功兼倍、請免玢今官、詔可其奏、

(35)註(22)參照。

(36)『魏書』巻八世宗紀正始二年秋七月甲戌
詔曰、(中略)今分遣大使、省方巡檢、隨其愆負與風響相符者、卽加糾黜、以申旌軒之擧、因以觀風辨俗、採訪功過、褒賞賢者、糾罰淫慝、理窮恤弊、以稱朕心、

(37)『魏書』巻四七盧玄傳附孫昶傳
昶奏曰、(中略)故士女呼嗟、相望於道路、守宰暴貪、風聞於魏闕、

(38)『魏書』巻七二陽尼傳附固傳に、固が治要を説いてたてまつった讜言の一節、「使民無謗讟之響」というのも、響が民意を反映し、それを生じさせないところに政治の肝要があるという認識であろう。

(39)『魏書』巻五〇慕容白曜傳附弟子契傳

　白曜弟子契、輕薄無檢、太和初、以名家子擢爲中散、遷宰官、南安王楨有貪暴之響、遣中散閭文祖、詣長安察之、文祖受楨金寶之賂、爲楨隱而不言、事發、坐之、

なお、後の二例は註(12)參照。

以上の擧例以外にも、『魏書』巻六一薛安都傳附懷吉傳に、

　懷吉本不厲清節、及爲汾州、偏有聚納之響、

とあり、同書巻八九酷吏高遵傳

　遵既臨(齊)州、本意未弭、選召僚吏、多所取納、(中略)貪酷之響、帝頗聞之、

とある響は、彈劾をうけた記事はないが、使者の聽採のおよぶところとなり、あるいはそれより政府にもたらされたものであろう。

第一三章　南朝國家論

はしがき

三一八年、當時の漢族の世界観からいえばはるか南方僻遠の邊境の地、建康で、一人の皇帝が卽位した。かれの名は司馬睿、東晉の元帝である。東晉の前身で、三國を統一したことで知られる西晉王朝（二六五～三一六）は、その前々年、自身の政治的混亂と北方や西方の異民族の侵入による一〇數年の大混亂ののち崩壞していた。西晉の一族であるかれは、その混亂のなか、一〇年前からここ建康にその混亂を避けていたが、ここにいたって西晉の遺臣たちの推戴を受け入れたのである。以後、五八九年の隋による天下統一までの二七〇年間に、一〇〇餘年續いた東晉（三一八～四二〇）、そのあとをうけて南朝と總稱される四王朝――宋（四二〇～四七九）、齊（四七九～五〇二）、梁（五〇二～五五七）、陳（五五七～五八九）がここ江南の地を中心に興亡をくりかえした。この四王朝に、東晉、および東晉以前に建康に都をおいた三國の吳（二二九～二八〇）をくわえて、六朝ともよぶ。

漢族にとって、東晉南朝は、蜀漢を正統とする觀點をのぞけば、正統王朝が中華世界の中心地中原をおわれ、周緣の地に、しかも漢族人口の少數派として存立するはじめての經驗であった。これらのことは東晉南朝の歷史的性格に獨特の要素を附加することになった。政治的にも文化的にも疑いなく正統でありながら、その存在の場が邊境である少數派という現實は、東晉南朝の支配者層に、中華の王朝についてこれまでにない意識と感情をもたらしたはずである。そこには、強い正統意識と矜恃が存在したものと豫想されるし、かれらが構成する政治的權力は傳統的權威を大きな根據とするものであったに違いない。

その一方で、王朝が江南邊境の地に成立したことは、漢族世界の南方への空閒的擴大をもたらした。二世紀末以來、しだいに發展しつつあった江南地區は、人口の移動流入と開發前線の擴張によって加速度的に變貌し、とくに經濟的側面において、やがて中華世界を構成する重要地域と化した。それはいっそう廣範で、新しい中華世界の成立となって結果することになる。このような東晉南朝をいかに位置づけるかが本章の課題であるが、それをいくつかの視座から考察してみたい。

なお、南朝とは、正しくは華北に北魏王朝が出現し、江南の宋王朝と竝立して以後の時代をよぶ語であり、通常はその中に東晉をふくまないが、ここではとくに區別する必要があるばあいをのぞき、おおむね東晉を表題の南朝にふくんで論じることをお斷りしておく。

第一節　南朝成立の前提

（一）　漢族の南下

二世紀末にはじまる東アジア遊牧諸民族の大規模な移動と中國內の政治的社會的混亂は、相乘的作用の結果、西晉王朝の一時的な統一を經て、五胡十六國時期（三〇四～四三九）の華北全域の大混亂と人口の流動をよびおこした。この人口流動は、全般の傾向としては、華北地區から周邊地域への人口移動としてあらわれ、東北・河西・四川・長江中流域、さらに嶺南などがその移動先となったが、なかでも黄河下流域から淮水・長江下流域への移動がもっとも大規模であり、かつ歴史的に重大な意義をもった。この漢族の南遷こそが南朝成立の最大の前提である。以下、まずこのことについてのべることにしたい。

すでに漢末にその兆候が見え始めていた漢族南下の動きは、西晉時代の「永嘉の喪亂」とよばれる破滅的な華北地區の大混亂をきっかけとして、空前の大規模移動となってあらわれたが、その後もいくつかの高潮期を經つつ、五世紀末まで斷續的に續いた。

この大量の移動人口は、社會の全階層におよぶものであった。特に西晉王朝の衰亡期から東晉王朝初頭時期にみられた移動は、上は西晉王朝の一族から、下は鄕里を離脱した農民や隷屬民まで、あらゆる階層をふくんでいた。かれらの移動の歴史的な意味を考えるには、複數の角度が必要である。

まず西晉王朝の支配者層に屬する部分、たとえば西晉王室、および西晉王朝政府の官人層は、主として舊吳の都建康とその周邊に集中して、東晉王朝の建立に參畫し、のち南朝の政府官人層の中心として再生產されていった。もともとかれらは、おもに華北各地に本據地をもつ在地の有力者から發展した貴族層である。西晉貴族とは、九品官人法を契機として成立した一群の社會的な特權階層であるが、しだいに在地性を喪失しつつあったとはいえ、なお本據地とのあいだに一定の關係をたもっていたとおもわれる。しかしこのたびの南遷は、かれらの大半から本來の本據地との關係を完全に奪い去ってしまった。一部には江南においてふたたび土地所有を復活させ、あらたな本據地を築いたばあいもみられるが、多くは在地社會と土地所有からきりはなされた、純粹に官人的存在と化した。ただし、かれらが本來の出身地をまったく放棄したのでは決してなかった。いな、そのような存在になったからこそ、むしろかれらの存在の根據を明示するために、本籍地の標榜が不可缺であった。歴史文獻において、かれら貴族が喪失したはずの華北の本籍地をいつまでも名乗り續けるのは、單なる懷古鄕愁ではないのである。そしてまた、そのことは現實世界においては中華の中心から地理的に疎外されたかれらの、中華世界人たることの自己主張であったともいえるだろう。

かれらに對して、貴族層ほどには社會的地位が高くはないが、一定の經濟的社會的實力を有する在地社會の有力者や一般農民は、大部分は鄕里の生活集團を單位とし、北は淮水流域から、南のかた長江北岸、さらに渡江して江南内部へと廣範に移住した。なかには有力者の指導のもとに整然とした自衞集團を構成するものも存在した。その指導者を塢主、あるいは行主などとよんだが、かれらとその集團は、華北の混亂の主因である遊牧諸族の南方への影響をふせぐ防波堤として、また軍事的に弱體であった成立當初の東晉王朝下での武裝力量として、無視できない存在であった。長江下流北岸の廣陵（現揚州）、南岸の京口（現鎭江）は、このような南遷人口集中地域の中心地である。とくに京口には、貴族層の下位に位置する徐州出身の在地有力者層が集中的に移住した。やがて京口にはかれらを中核とし、移住農民を武力主體とする軍團が成立した。この武力を背景に、京口に據點をもつ中流武人層が形成され、政局に關與するようになる。宋・齊・梁三代の帝室はこの集團からでたのである。

視點を一般農民にうつしてみよう。かれらはまれに單獨で避難し移動するばあいもあったが、多くは有力者にひきいられるか、もしくは小集團を組織して南下したものとみられる。その集團の規模は多樣であり、移住地も各地に散在した。このような浮動的人口の存在は、治安上の不安要因であったし、また地方行政系統の混亂要因でもあり、王朝の支配の安定にとってそれへの對處は焦眉の急であった。この流動人口の管理が東晉成立の前提のひとつであるといえる。

（二）　僑州郡縣と黃白籍

流動人口管理の基本は戸籍政策によるものと豫測できる。本來、古代中國では、人民の把握編成は戸籍登録と、地方行政機構の管理によりおこなわれるものであったからである。ところで戸籍登録とはすなわち農民の登録地への束縛、登録地からの移動の自由の制限、編戸としての義務負擔の賦課を意味し、それらすべては地方行政機構の管轄業務であったから、流寓先での戸籍登録は、かれらが完全に流寓先の地方行政機構の管轄下にはいることにほかならなかった。しかし、そのことは移動人口總體の意向と決定的な矛盾をきたした。かれらの流浪の旅は、鄕里の混亂のゆえであり、その原因が消滅した時點で、かれらは直ちに歸鄕の途につくはずであったし、難民であることは義務負擔をはたすことを困難にしていたからである。そのかれらにとって、故鄕の戸籍に登録され故鄕の地方行政機構に屬することは、歸鄕の際の前提であり、避難流寓先での戸籍登録は、容認できることではなかった。現住地への戸籍登録を意味する土斷がしばしば人心の動搖をきたすのはこのためである。

ここにこれまでにはない地方行政系統と戸籍運營が發想された。それが僑州郡縣と黄白籍である。前者は本籍地の州郡縣をかりに流寓先の州郡縣内に設置する（これを僑州郡縣とよぶ）ものであり、流民はそこに所屬し、流寓先の州郡縣には屬しない方式である。ただし、僑州郡縣にもいくつかの方式があり、流寓先の州郡縣の一部を分割して、それを新たな州郡縣とするものから、まったく名目上のそれであるものまでさまざまである。たとえば、先にふれたように南遷移住の民には徐州出身者が多くふくまれているが、かれらを統轄するために僑州南徐州が京口を中心に設置された。この南徐州には、舊來からの郡である晉陵・義興兩郡と、舊來の郡縣の一部を分割して成立した南東海・南琅邪二僑郡（すなわち實土僑郡）、そして名目だけの南蘭陵など一三郡（無實土僑郡）が所屬し、五世紀初には總人口四二萬餘を數えた。そのうち移住の民の人口はほぼ七割に達すると推測される。

では黄白籍とはなにか。西晉以來、黄籍とよばれた正式の戸籍に對し、東晉初には、本籍地が注記された白籍とよばれる戸籍が存在した。それはつまり本籍地への歸還を前提としたものであり、戸籍本來の機能である登錄地への束縛、移動の自由の制限をもたない戸籍、臨時の戸籍であることを意味する。ただ白籍の民の義務負擔については、とくに勞働動員である力役負擔の有無に關して說がわかれるところであり、力役が課せられない代りに、兵役を課せられたという說が有力であるが、確證に乏しい。ともあれ、このような戸籍であれば、流寓地での戸籍登錄に對する拒絕反應は比較的緩和されたはずである。

ところで、この僑州郡縣と白籍との關係が難問で、まだ定說とすべきものがない。それは『晉書』巻七、成帝紀の東晉咸康七年（三四一）の「正土斷白籍」という、白籍關係のほとんど唯一の記事が難解であるためで、この時點で白籍が廢されたか、逆に白籍が導入されたか、斷定しにくいからである。一方で、このころから僑州郡縣の設置が顯著になり始めるので、この白籍の記事の理解のしかたによって、白籍が僑州郡縣に代ったのか、白籍が僑州郡縣の戸籍として導入されたのかの兩說がありうるのである。これは殘念ながら斷定を留保せざるをえないが、僑州郡縣が五世紀になってもみられるのに對し、白籍の痕跡は四世紀中葉以後にはみいだせないので、早い時期に黄籍に移管されていったものと推測できる。しかし僑州郡縣もやがて整理統合され、いつしか南渡の民は土着民化してゆく。そのことによって、南朝政權はみずからを中原を一時的に離れた流寓政權ではなく、江南を本據とする政權であると認識せざるをえなくなるのである。

もっとも、以上のような狀況は、長江兩岸移住の民に見られる現象であり、さらに江南の內地深くに移ったものには、これとは異なる現象が見られたが、これについてはのちにふれることになる。また、このような方式をとったとはいっても、それで流寓民全體の把握が實現したわけではけっしてない。州郡の編戸とはならない浮浪人などとよばれる存在が少數でなかったことは、文獻にしばしば見られるところである。

第二節　江南社會の變貌と特質

（一）　舊呉の世界と華北文化

ところで以上のような移動人口の集中地は、舊呉の中心地域でもあった。そこは二世紀以後、しだいに開發が進み、呉の時期には、强力な社會的實力を有する大族が發展し、一般農民人口も增加の一途をたどっていた。とくに江南の大族は、廣大な土地と大量の隷屬民や家畜の所有、さらには私兵的武力の保有者として知られ、かれらが三國鼎立の一方として呉が雄飛する基盤を形成したのである。なかでも呉郡の四姓と稱された顧陸朱張の四氏、會稽の四族とうたわれた虞魏孔賀の四氏、義興の實力者周沈二氏など、一部の限られた有力者は江南社會の實質的支配者としての實力を有していた。

このような江南社會の狀況は、呉が西晉に滅ぼされ、西晉王朝支配下におかれて後も變ることはなかった。むしろ西晉治下、江南は舊呉の傳統を强く保持した特別な世界と認識されており、西晉はこの世界に介入するような統治を避けていたようである。呉滅亡後ほどなくして西晉王朝へと推薦されて洛陽に赴いた華譚なるものが、西晉武帝から策試をうけたとき、武帝から呉でしきりに妖賊がおこるのはなにゆえかと下問され、呉は遠境で風土風俗が異なり、民はすばしこく强いのが舊俗であると答えた逸話（『晉書』巻五二華譚傳）や、そのころ江南に「中國（西晉）が崩れ呉が復活する」というような童謠が廣まった（『晉書』巻二八五行志中）といわれるのは、江南社會が華北と異質の世界であり、西晉王朝とは相容れない傳統が根づいていたことをしめすものである。

この傳統は、中華の普遍性と江南の地域性とが複雜にからみあって形成されたものである。そのことはたとえば埋葬という生活文化のなかに具體的にみることができる。華北で後漢時代にはじまった厚葬、すなわち地下に磚で廣大なドームやアーチ形の墓室を複數建設し、副葬の明器にも人物や動物の陶俑、家屋、厠所、田畑、貯水池など生前の生活空間を再現するような模型をもちいる墓葬が江南にも傳播し、吳西晉墓で全盛となるが、東晉墓は、薄葬を命じた曹操の遺令以後華北に廣がった單室で、副葬品も簡素なものが多い。また、吳西晉墓からは、堆塑罐、神亭壺などとよばれる、廣口の壺の上に重層の樓閣をのせ、その周邊や屋根に人物像や群がる飛鳥を配した奇妙な明器が出土する。その奇怪な表現は、江南社會の底流に、華北社會のそれとは淵源を異にする江南獨自の文化が存在することを強く豫測させるが、この器物は西晉末期に突然消滅する。

このような現象は、古代より舊吳西晉時期にかけて江南獨自の地域性を強く帶びた社會と文化がしだいに形成されていたこと、それが東晉初の華北の人口の南下によって、おおきく變貌を遂げたことを暗示している。もちろんその變貌が一擧に、またすべての面に及んだというのではない。のちにのべるように、江南土着人の江南の文化傳統に對する誇り、華北人と華北文化に對する複雜な心境がながく持ち續けられたことも事實である。この變貌と保守が錯綜して、江南にあたらしい社會が生成されてゆくことになる。

（二）　江南の開發と流通

大量の人口移動は、長江兩岸附近だけでなく、さらに江南內部深くにも及んだ。しかし、もはやここまで移動したものたちは、江淮閒や長江兩岸にとどまった移住民と異なり、舊來の本籍地と切り離された狀態で新しい生活を再建せざるをえなかった。なぜなら、そこは舊吳以來の江南在地の有力者たちの本據地であり、農地開發も進み、人口密度も比較的高く、流寓先の社會から獨立した生活はほとんど不可能であったとみられるからである。ここに僑州郡縣や黄白籍とは異なる農民問題が發生した。藏戶、漏戶などとよばれる現象である。藏戶とは有力者の私的隷屬民のこと、漏戶とは戶籍登錄から逃避したものをいう。

江南內部移住者には、有力者の庇護下にはいり、私的隷屬民として生活を再建する方策を選ぶものがすくなくなかったようである。かれらは一般に樂屬・衣食客・佃客などとよばれ、有力者の勞働力として、家事勞働や土地耕作に從事した。本來そのような農民を所有することは官品所有者にのみ、しかも少數に限って認められた特權であったが、東晉はその現象を追認するかのように、その所有資格と所有限度を大幅に擴大した。しかし江南內部への移住者の規模は、はるかにその容量をこえるものであった。ここに戶籍登錄から逃避し、不法に有力者の保護下にはいるものがあとをたたなかった。その規模がどのような程度であったかは、竹林の七賢で有名な山濤の孫、山遐の例がよくしめしている。

東晉初、山遐は會稽郡餘姚縣に長官として赴任したが、嚴しい姿勢で有力者の藏戶の摘發に務めた結果、わずか八〇日で萬餘人を檢擧した。このとき縣人虞喜なるものは藏戶のとがで死刑になるところであった。しかしこれに反發した有力者たちの工作によって、逆に山遐は免官においこまれた。かれは上司である會稽郡長官の何充に、せめて一〇〇日の在任を得て藏戶を一掃したいと懇願し、何充もその言い分を上申したが、容れられなかったという（『晉書』巻四三山濤傳附孫遐傳）。

虞氏は會稽郡の名族で、虞喜はわかいころから博學で名をあげ、『志林』の撰者としてよく知られる學者で、何充によって碩學顯彰のためにと朝廷に推薦されてもいる。山遐の摘發と何充による推薦と、ことの先後はよくわからないが、この逸話は江南の大族の實態の表面と裏面、流寓民の激增による江南社會の混亂、藏戶の盛んなさまをよくあらわしている。かれら大族と藏戶が、江南開發の中心的力量であったのである。

かれら江南の大族による江南平原の開發は、しかしまもなく飽和點に達したようである。もともと沖積平野であり、濕地地帶が多く、海拔が低いこの地域は、當時の農地造成技術の水準からいって、廣範な農地化に限界があった。したがって開發前線は江南平野の周邊部の未開の地に擴散せざるをえない狀況であった。その前線の重點の主なひとつが浙東の丘陵地帶であった。とくに上虞から曹娥江上流にかけての沿岸盆地、餘姚以東の丘陵地帶は、開發の集中した地點である。そこは同時に既存の江南土着の大族との競合が回避できる地域でもあったから、南渡の有力者のうちにもその開發に加わるものがあった。

謝靈運の『山居賦』は自然を謳った文學作品としてつとに有名であるが、その內容はじつは始寧墅とよばれるかれの莊園が、いかに自然をゆたかに占有しているかを宣揚したものである。山や丘、川に湖、廬舍、田地、果樹園などがふくまれたその壯大な莊園は、上虞より曹娥江をさかのぼった沿岸の盆地始寧にあり、おそらく東晉中期、謝氏南下後まもなくのころにはすでに營まれはじめていたであろう。東晉中期政治史に著名な宰相謝安が四〇餘歲まで隱棲していた東山というのはこの土地のことであるし、謝靈運の祖父で、華北の國家前秦と東晉が激突した三八三年の肥水の戰で名をはせた謝玄、すなわち謝安の甥はここに葬られたのである。謝靈運自身、その傳記によればおおくの隸屬者をしたがえ、山をきりひらき湖を干拓して開發にいそしんだ。その活躍の場は浙東山地であった（『宋書』卷六七謝靈運傳）。

宋代には會稽郡山陰縣（現紹興）の民の移住植民の議論がおこった。當時の山陰は、人口密度が他の郡縣にくらべて格段にたかく、しかも田地が狹少な地域であった。そのうえ貧富の差がおおきく、土地が有力者に集中し、貧民に殘された土地はわずかなものであった。そこでかれらを人口希薄で、未開の地がおおい餘姚以東に移民させ、開發を推進しようというものであった。この議論をもちだしたのは會稽山陰の有力地主孔氏である。この案には批判者がすくなくなかったが、強行され、成功したという（『宋書』巻五四孔靈符傳）。

このような動向は浙東地域だけにみられたものではない。宣城など、舊吳の版圖からいえば邊境ないし山地丘陵に接した土地には、屯、邸などとよばれる開發のための私的組織が設置され、大規模な勞働力を投入しつつ、積極的に未開地の占有と開拓を推進していた。これには在地の有力者のみでなく、謝氏のような南遷の有力者や王朝の特權階層も參入し、開發前線をしだいに邊境に擴大させ、未開の地を征服していった。江南社會の空閒的範圍はおおきく膨らみはじめたのである。

ところで謝靈運の始寧墅に典型的にみられる莊園像は、大農地經營とはやや異なった土地利用による生産の場である。それは地下の鑛物資源をはじめ、竹木・薪柴・果物・小動物・魚介類・蔬菜など、日常生活品や奢侈品を生みだす場であった。そればかりではない。上虞・始寧といえば、かの堆塑罐に刻されたその製作地としても著名であり、青瓷の窯跡が多數發見されたことでうかがわれるように、青瓷生産の中心地のひとつであった。それもまた有力者の經營によるものであった可能性が強い。青瓷はこのころから墓中の明器としてだけでなく、上流階層の日常器具として普及しつつあったとみられる。

このような物資の消費はもちろん大部分が江南最大の人口集中地、首都建康においてなされた。そして建康が江南地域の西北隅に位置し、かかる物資の生産が江南邊境地帶でおこなわれるということは、その兩者の閒に物資流通のための經路が存在し、その經路の沿線で物資輸送にかかわる膨大な遊食の徒が發生することを必然的にともなうであろう。市廛（店）は長安洛陽にひとしく、商販に從事する庶民が多いとしるされた建康の姿（『隋書』巻三一地理志下）はその縮圖ともいえる。江南社會はかくて當時のいかなる地域にもまして商業流通の發達した地域として開花したのである。

もっとも、このような江南社會は南朝の領域のごく一部分でしかない。その開發前線のさらに周縁には、未開の地が廣大に廣がっていたし、長江中上流には江南社會とは異質な世界があったことを忘れてはならない。しかし江南社會が南朝を強く主導する地域であったことはまぎれもない事實である。

(三)　社會の統合的秩序と士庶

江南にあらたに出現した社會は、かくして南遷の民の急增と開發の進展によって性格づけられた社會といえるが、その構成者は江南在住の舊民と南遷の華北僑民という地域差を內包するとともに、政治と經濟の兩面においても特異な關係にある存在によって構成されることになった。

王朝政府の構成の問題はのちに節をあらためてのべるが、政府の官人は華北の人士が上層部を獨占し、江南土着人士は政府中樞から排除されたわけではないが、その下位にたつことを餘儀なくされた。それは地方政府の場合も事情は大きくは異ならず、全體的にいえば南朝政權は基本的には華北出身者の權力であったといえる。

しかし、社會全體をながめれば、邊境の一部地域を例外として、江南地域の中心部である三吳地域に據點をもつ土着人士が、實質的に社會の中心であることは疑いもない事實であった。とくに在地に基盤を持つ有力者は、地域社會を掌握し、なおも武裝力すら有して隱然たる勢力をもっていた。

このような複雜な社會を王朝支配の體制のもとに統合する原理を、王朝自體はもてなかった。ここに獨自に社會內部の秩序が形成されてくる理由がある。すでに二世紀末より、華北地域では、一般に貴族制と稱される體制が成立しつつあった。それは主として在地社會の內部で現われてきた、現實的ないし經濟的條件よりも文化的要因による優越性に價値をおき、それによって社會內部の上下の秩序を築こうとする虛僞的意識に主導されて成立してきたものである。當時の現實的競合關係の中にある在地社會から、文化的優位に立った一部の家族が社會の支持を得ながら臺頭し、特定の社會的地位をもつ存在として認定され、排他的集團を形成した。そして、その社會上の地位は九品官人法をとおして高位高官としてあらわされた。かれらを貴族と通稱する。西晉時代にはかれらの範圍はほぼ固定されたものとなっていたが、その大半は華北社會の出身者であり、舊吳出身者は、舊吳社會において最高の地位にあったものさえ、そこからは排除されなければならなかった。

東晉以後、江南社會はこのような華北社會の秩序原理から無緣の位置にいることができなかった。むしろ完全に在地性を喪失した華北の人士が積極的にこの原理の普遍化を進めたのに對し、江南人士は舊吳以來の傳統的秩序の主張よりは、華北の文化傳統に屈伏し、華北人士中心の秩序に包攝されてゆく道をたどったようにみえる。かれらのなかには華北人士に反發し、吳の方言を意識的に用いるなど、吳の傳統に固執するものもいた。しかし後述のように、南朝の正統性が華北の文化傳統に根據をおくものである限り、華北の文化傳統の否定はなしえなかった。ここに西晉に由來する華北貴族を頂點とするあたらしい秩序が江南社會を貫くようになる。それは士庶とよばれる身分を軸にした社會秩序である。

士庶の區別は國のおきて、士と庶は天が隔てたもの、という發言にみられるような嚴しい身分的差別の慣行は、南朝江南社會の統合の基本原理であった。しかし、では士とはなにかといえば、そこにははなはだ困難な問題が存在する。士、あるいは士大夫はここでいう貴族の歷史上の呼び名である。士の成立の經緯からみて、士とはなんらの政治的權威とも一切無緣の、したがって皇帝の命令や官位官職獲得によって得られるものではなく、ただ當時の社會通念上の身分、もしくは士集團の認定によって獲得される身分としてのみ存在するというあいまいな側面をもっていた。その一方で、王朝の側ではこの身分秩序に介入し、政治的權力による秩序再編をめざしていた。五世紀なかごろ、戶籍記載上の就任官を基準に力役免除の特權享受層を限定したこと（『宋書』巻九五索虜傳）は、庶民は力役負擔、士は免除という社會通念を挺子にした士庶再編の政策といえる。この政策は戶籍記載の詐欺をまねいたうえ、社會通念上の士庶とのあいだの混亂をうみ、經濟的力量の上昇による庶民層の臺頭ともあいまって、秩序再生への一歩となった。

士庶の身分秩序は重層的で複雜である。士は內部に複數の階層を包含していた。最上層は甲族とよばれる一團で、高位の官職を世襲的に獨占し、相互の密接な婚姻關係による排他的な集團を形成していた。そのやや下位には江南の傳統的大族の一群があったが、かれらはこのような諸身分を網羅した家柄の總集である「百家譜」から除外されることもあった。それが西晉由來のこの秩序の本質をあらわしている。甲族の下位には南遷人士中の有力武人層が位置していた。士の最下層と庶の最上層の境界には、寒士・寒門とよばれる層が存在した。かれらは官位を獲得することが可能であり、ときには權力中樞部に參入することもあったが、それでも士からは庶とみられる存在であった。そしてその下が庶民である。

このような重層的身分秩序が明瞭な形であらわれるのは、官僚組織においてである。それはのちにのべるように南朝の官僚組織が、行政機構としてよりは、官人の身分表示としての機能をよりつよくもっていたからであるが、庶をのぞく諸身分はその官僚組織における初任官、官歷、昇任限度などとのあいだに一定の對應關係を有していた。

ただ、このような身分構成と官僚組織の對應關係は、身分の差や官制そのものの混亂により、しだいに形骸化しつつあった。これを改革し、官制を士が就任する部分とそれ以下とに大別したのが梁の武帝である。ここには就任官職によって身分を規定しようとする發想がみられ、武帝が導入した學館や考試制度ともども、官僚制的體制が社會の身分に優越的となる出發點となった。これを天監の改革とよぶ。

第三節　南朝國家の歴史的性格

（一）政治體制の虛構性と現實

魏からはじまったあたらしい官僚制組織である九品官制は、東晉南朝ではいよいよ形式上の整合美を備えるようになった。整然とした官位秩序と、漢朝の三公九卿體制から脱皮しつつ、尙書を中心に組織された政治機構は、表面上は高度に完成された中央集權的な官僚制の外貌をしめしている。他方、地方行政は、地域支配の權限を有する都督府が、巨大區畫化された區域を獨立的に統治するという獨特の分權的體制をとっていた。南朝國家の外郭は、この兩者によって構成されている。

後漢代からしだいに政治機構中樞に位置するようになった尙書は、魏晉時代には萬機を總裁する宰相として絕大の力をもったが、やがてそのなかから皇帝の意志決定に參畫し、命令を起案する中書が獨立すると、尙書は一般行政政策の立案・實施の機構と化し、さらに皇帝に近侍し、日常的に諮問にあずかる侍中が重要性をまして、ここに尙書・中書・侍中三者によるあたらしい政治組織が出現するようになる。その時期はおそらく東晉時代のことであって、それを象徵するのが當時の皇帝命令である「詔」の書式と傳達の經路である。それまで「制詔」ということばではじまっていた「詔」は、東晉になると「門下」ということばではじまり「付外施行」の文言がくわわるようになる。それは詔が皇帝によって門下（侍中）へ下され、門下が尙書（外）にその施行を傳達するという手續をとるようになったことを意味する。詔の成立過程は、上級官僚の人事などは中書が參畫して皇帝周邊でおこなわれたが、一般行政は尙書内部で關係部局が案を作成し、これを皇帝に上呈して裁可を仰ぐ手續であった。こうして、組織からみればじつに機能的な皇帝支配機構が出現したのであり、唐の三省六部の政治組織の前身はここにあるということができる。

この一見機能的かつ整然とした官僚體制にはふたつの二重性が存在した。この政治體制において、優越的な地位をしめたのは貴族である。皇帝命令である詔の起案・傳達にかかる尙書・中書・侍中、官人の人事權を掌握した尙書吏部を代表とする重要官職は、ほとんどが甲族層に獨占され、まさしく貴族政治とよぶべき體制が成立していた。一方で、東晉初頭にはなおこの體制に參畫できていた江南大族はしだいにこの重要官職から排除されるようになり、江南社會の中心的存在でありながら、政治の側面において制度的には主導權を握れない事態に陷っていったのである。

さらにこの政治體制の實際上の運營は、貴族層とはべつの存在によってなされていた。それが寒門・寒人である。かれらは貴族層と一線を畫し、權力を獨占しようとする皇帝に重用され、中書通事舍人などの下級職にあって權力をふるった。また實務はさらに下級の實務擔當者たる令史、府史などによって處理され、後世の胥吏の萌芽的形態となった。

かかる實務官僚に對し、貴族の多くは政治の實務にたずさわるのをきらい、官僚として職務に精勵することは、かえって貴族自身の自己否定とさえみなされた。このことは、常に官僚としての姿態をとりながら、その本源的身分が社會における認知に基づいている貴族の性格とも關連するもので、貴族は職務を否定することで皇帝の官僚としての立場から自由となり、政治權力から獨立した貴族として自立することが可能となったのである。

こうみると南朝の政治體制は、とくにその整然とした上部機構は、たんに王朝支配の正統性をかざる表面的な組織にすぎなかったようにみえる。貴族が獨占する官僚制上層部が政治組織として機能せず、下層の下級官僚が皇帝の支配機構として機能しているのである。このような二重の政治組織は、當時の官僚制が近代的な官僚制としての機能をもたない一方で、官僚制的身分秩序の表現としての性格を強くもっていたことをしめしている。それとともに、この政治體制が貴族を頂點とする社會全體に對應する支配機構として十分には機能できなかったことも推測できる。それが南朝の皇帝權力の限界であったが、しかしこのような表面上の美觀こそが南朝の正統性を主張するための不可缺の虛飾であったのではないか。その反面、このことは貴族が現實の政治支配の場から遊離し無力化する結果をまねき、官僚制と貴族層自體の變革を必然化することになる。先にのべた梁武帝の天監の改革はその一環である。

地方行政體制は、前代の州郡縣三級制のうえに、軍事權を有する都督が行政權においても優越的な立場にたちはじめ、やがて地方行政組織の最高機關として機能しはじめる。それもまた東晉時代のことであるが、この都督は多數の配下を都督府內に擁し、複數の州をその管轄下において、ほとんど獨立的機關として一定地域を支配することがつねであった。都督には皇族が就任し、皇室の藩屛としての役割が期待されたが、かえってこの體制は中央政府の權力の不安定さを增幅するものであり、王朝交代や皇位繼承時にはかならず都督が關與した。もっとも王朝側では、それが完全な反中央政府的存在へとむかうのを阻止しようと、都督と地方勢力の結託を防ぐため比較的頻繁に任地の交代をおこなったり、都督の監視のために皇帝の信任する人物に大きな權限をゆだねて派遣したりしているが、全般的にみてこの地方支配體制が、南朝國家を極めて地方分權的な性格のそれとして印象づけるのはいなめない。はたしてそれがこの時代の封建制的性格の現れなのか、それとも中央集權的體制における地方支配制度上の變種なのかは意見がわかれるところであるが、すくなくとも南朝の皇帝權力がこのような體制に依據せざるをえないような狀態にあったことだけはたしかである。そのことは先にみた皇帝權力の限界と對應するものである。

（二）　國家の正統性と文化傳統

王朝の正統性は、邊境での存在を餘儀なくされた東晉南朝にとって、最大の政治課題であったはずである。西晉をうけた東晉南朝では、皇統の繼受とその文化傳統に關する限り、王朝みずからの正統性についての確信は確固としたものであった。しかし、正統王朝の存在すべき土地である中原ははるかかなたにあった。それの對極にあったのが北朝國家であったことはいうまでもない。王朝の正統性を決定する所在地と文化傳統における南北の矛盾、そのことを端的にしめすのが、當時雙方相互の蔑稱として南北の史書にもちいられた、南朝に對する「島夷」、北朝に對する「索虜」の語である。島のような土地の住人となわを編んだような髮の人間、すなわち北朝は南朝の正統性を地理的條件から否定し、南朝は北朝を文化的條件から否定しているのである。東晉南朝にとって、王朝の正統性の擁護は、一にかかってこの地理的邊境の克服と、文化的傳統の誇示にあった。

そもそも王朝の正統性の議論は、よく知られているように、三國の魏と蜀について顯在化したものであるが、それにつづいてあらわれたのが、じつは南北朝にかかわるものなのである。それが唐の皇甫湜の「東晉元魏正閏論」（『文苑英華』七五六）であり、東晉と元魏（北魏）のいずれが正統かという議論である。この議論は南北の分裂よりうまれた統一王朝の唐にとっては不可避のものであった。なぜなら、唐が繼承したその皇統をさかのぼれば、隋・北周・西魏をへて北魏にたどりつくが、西晉滅亡後の五胡十六國の亂世からでた北魏は、西晉との直接の繼承關係をもつ東晉にくらべて、正統性に重大な疑義がある。一方、正統性において疑義のない西晉から、東晉をへて南朝へ皇統が繼承されたとみるのは、陳の滅亡により、そのゆくえに問題がある。はたして東晉が正統か、北魏が正統か、それは唐人にとって、すぐれて現代的な關心事であったのである。

東晉・北魏正閏の問題は、しかし南北對峙の時期にすでに萌芽していた。それをしばらく正史の記事にみてみよう。北魏の後身にあたる北齊の魏收が撰した『魏書』は東晉元帝を「僭晉（かってに晉を名乗る）司馬叡」とよび、東晉を西晉の正當な後繼者と認めないばかりか、司馬叡自身を、父の妃が牛金なるものと私通して生まれた牛氏の子、したがって西晉王室の血とはなんの關係もない人物と記す。このことはすでに梁の沈約の『宋書』符瑞志にみえ（牛金ではなく、小吏の牛なるものとなっている）、（司）馬氏から牛氏へという奇妙な取り合せともあいまって、人口に膾炙したもののようである（現行『晉書』にも載せる）。眞僞はともあれ、それは東晉の正統性に疑惑をもたらしたい北朝にとって、願ってもない情報であったろう。

『魏書』はつづいて、宋武帝劉裕を島夷と稱し、晉陵丹徒の人で、出自は不明、みずからは彭城の人といっているが、ある說では項氏の出で、劉姓と改姓したものであるともいい、よくわからないとのべる。それは『宋書』がいうところの、彭城の人で漢の楚王の後裔（彭城は現徐州で、巨大な楚王墓がいくつも現存する）であり、晉陵に流寓していたという記事とかけはなれている。いずれが正しいかの詮索はここでは無意味である。

その劉裕の死後、宋の全盛期を現出した文帝は、末年、長男と次男に殺され、三男が兄二人を殺して帝位についた。『魏書』は、時の人が「前には子が父を殺すのを見、後には弟が兄を殺すのを見る。」と語ったと記す。正統王朝の帝室にあるべからざる䜿行というのである。北朝からする南朝の正統性の根據、すなわち血統の繼承、傳統的權威、文化の優越性などへの攻擊は熾烈であったというべきであろう。

あたかもこうした事態を豫知したかのように、東晉は、殘された歷史文獻にみる限り、異樣なほどに禮制に關心をはらった王朝であるようにみえる。南朝で編纂された正史では『宋書』『南齊書』に志があり、そのなかでは禮志・禮儀志の內容がとくに豐富で詳細であるが、その多くは東晉における禮制の議論である。また『通典』禮典には漢唐閒の禮制に關する議論が多量に收められているが、そのなかで東晉のそれがことに多い。しかもその議論には完成した手續があり、禮制上の疑義が生じると、尙書が符（臺符）によって太常と博士に諮問し、太常・博士の議をうけてあらためて尙書が見解を取りまとめ、皇帝の裁可を得るようになっていた。このことは東晉の尙書の主要な職務のひとつに禮制の整備があり、正統王朝を自任する東晉が、その文化的優越性によって正統性を强化しようとする志向性をもっていたことをしめすであろう。それは西晉までに繼承されてきた漢魏文化をさらに發展させ、純粹培養しようとするものであった。この動向のなかで、正統王朝のすがたは抽象化され、傳統文化の權威によってのみ存立するかのごとくに認識されるようになったとみられる。隋唐の禮儀制度の淵源は北魏にあるが、北魏禮制の成立は南朝から北奔した知識人たちのもたらした南朝文化によるところが大である、とは陳寅恪の名著『隋唐制度淵源略論稿』の詳說するところであるが、南朝文化發展は右のような東晉の動向が結實したものなのである。

文化傳統の優越性がもつちからは、梁武帝時代に頂點をむかえた。北齊の開祖高歡がいうのに、梁武帝があらわれて衣冠禮樂につとめたため、北朝の士大夫たちが梁にこそ正統があると考えた（『北齊書』卷二四杜弼傳）とは、正統における文化傳統の意義をよくしめす逸話である。實際、梁武帝みずからが當時比類のない文化人であり、佛教學者でもあったが、學術の振興につとめたため、玄學や文章にかわって經學がおおいに興り、北からもそれをしたって學者が南遷することすらまれでなかった。傳統的學問である經學が、南朝に比して北朝でより盛んであったといわれる事實も南北の正閏問題と無關係ではないが、その北朝學者にしてこうなのであった。

ちなみにいえば、當時南北通好のためにしばしばおこなわれた使者の派遣では、南北雙方とも、使者は容姿學識そなわる俊才を嚴選し、かれらの使者としての擧措や應對が本國の優劣に關わると意識されたのも、このような事情によるのである。こうした風潮のなかで、正統擁護のために文化的優位を積極的に主張することは、南朝の國家的外貌をより洗練され優雅さを誇るものに變えていったといえるであろう。

むすび

前近代における國家とはなにをいうのか、そのこたえは容易ではないだろう。本章が南朝の國家をいかなるものとして論じたか、またそれが本章の南朝國家論という主題にどれほどこたえられたかも心もとないかぎりである。とくに漢族の南下と江南社會の敍述に紙幅を多く割いた點は、國家論の視點からそれたものというべきであろうし、あえて地理的周縁と文化的傳統だけに焦點をしぼって南朝國家の歷史的性格を論じたことも、視野狹隘のそしりをまぬがれえないであろう。しかも、これらの論點にかぎっても、とりあげるべくしてはたせなかった問題はすくなくない。南朝の地理的領域、領域内の諸民族、國家の制度的構成要素である土地制・收奪體系、財政と經濟、文化の具體的事象、首都建康などあげればきりがない。

ただ本章がつねに意識したのは、史實としては領域としても人口としても小規模で、かつ傳統的立場からいえば周縁に存在し、しかもしだいに衰退縮小し、ついに歷史の大波にのみこまれてしまったかのような南朝が、その存在をどのように歷史に刻印したかであって、それを邊境江南の開發という歷史的事實と、邊境に再生産されつづけた王朝の意識上の意味の二點に凝縮させせざるをえなかったのである。その前者についてはこれ以上ことさらに補足する必要もないが、後者についてはすこしくことばを補っておこう。

世界のある一部分を支配する權力が、なぜそこに存在するのかを追究するのはむつかしい。それは南朝も例外ではない。ただ東晉南朝には、正統王朝として存續することに對する漢族世界の期待があったと推測される。しかし、かれらと民族・領域・文化などあらゆる面において對極的にみえる五胡十六國北朝が、本來正統王朝があるべき場所に存在するという特殊事情があった。そこに地理的周縁の克服のためのなんらかの思想的營爲がなされたのではないかという疑問から本章は出發している。結局のところ、本章は中華世界の傳統文化の强大な力という抽象的事象にこたえをもとめるというありきたりの結論にしかたどりつけなかったが、その力が南朝をしてかくも洗練され、整備された王朝としての姿態を後世に殘させたとすれば、その力は中華世界の再生にもはたらいたであろうし、南朝のそのすがたはいわば純化された中華王朝として歴史上に刻印されたといえるであろう。

參考・參照文獻（出版年順）

岡崎文夫『魏晉南北朝通史』弘文堂書房、一九三二年。

岡崎文夫『南北朝に於ける社會經濟制度』弘文堂書房、一九三五年。

宮崎市定『九品官人法の研究——科擧前史』東洋史研究會、一九五六年。のち『宮崎市定全集』第六巻、岩波書店、一九九二年。

宮川尚志『六朝史研究政治社會篇』日本學術振興會、一九五六年。

唐長孺『三至六世紀江南大土地所有制的發展』上海人民出版社、一九五七年。

越智重明『魏晉南朝の政治と社會』吉川弘文館、一九六三年。

内藤乾吉『中國法制史考證』有斐閣、一九六三年。

嚴耕望『中國地方行政制度史』（上編三、四）中央研究院歴史語言研究所、一九六三年。

矢野主税『門閥社會史』長崎大學史學會、一九六五年。

谷川道雄『中國中世社會と共同體』國書刊行會、一九七六年。

川勝義雄『六朝貴族制社會の研究』岩波書店、一九八二年。

吉川忠夫『六朝精神史研究』同朋舍出版、一九八四年。

森三樹三郎『六朝士大夫の精神』同朋舍出版、一九八六年。

大川富士夫『六朝江南の豪族社會』雄山閣出版、一九八七年。
中村圭爾『六朝貴族制研究』風間書房、一九八七年。
張承宗等編『六朝史』江蘇古籍出版社、一九九一年。
許輝・蔣福亞『六朝經濟史』江蘇古籍出版社、一九九三年。
羅宗眞『六朝考古』南京大學出版社、一九九四年。

以上のほか、中村圭爾『六朝江南地域史研究』（汲古書院、二〇〇六年）には、本章に關する中村の舊稿を再錄している。

第三編　補　論

第一四章　魏蜀正閏論の一側面

はしがき

魏蜀いずれが正統か、巷談小説の類にまでもてはやされたこの議論、その發端は魏を承けた晉代にあるが、晉代人にとってそれはいわば晉朝存立の根據や正當性にかかわる、切實な問題であったようにおもえる。

よく知られているように、この議論について、最初の公式的見解をしめしたのは、陳壽の『三國志』である。魏の禪を承けたとする晉にとって、魏を正統とするこの見解はうごかしがたいものであったはずであった。ところが、そのほぼ一世紀後、魏を簒逆とし、蜀を正統とする見解があらわれた。習鑿齒の『漢晉春秋』である。その書名が表明するように、習鑿齒は魏を否定する。漢魏交替は禪讓ではなくて簒奪であり、漢の正統は蜀に傳えられ、蜀を滅ぼした司馬昭が承けたというのである。

この論理をたてた習鑿齒の意圖は、かれ自身のことばをかりれば、「尊晉」のためである。では、なぜこの論理が「尊晉」となりうるのか。陳壽が魏を正統としたのも、もちろん陳壽が生きたその一時の王朝である晉朝の正統性を主張するためである。おなじく晉を正統とし、尊重するために、一方は魏を正統とし、他方は蜀を正統とする。そこには、そもそも『漢晉春秋』はなぜ書かれたのか、という問題があり、また晉代人はかれらにとっての近代史をいかに認識していたのかという問題がある。陳壽・習鑿齒兩史家のこの態度や認識は、晉代人の歴史意識と歴史認識について、興味深い檢討材料を提供するもののようにおもえる。

陳壽と『三國志』についてと異なり、習鑿齒と『漢晉春秋』については、あまり語られることがなかったようにおもわれる。そのなかで、最近公表された劉靜夫氏の研究[1]は出色のものといえる。氏は、習鑿齒の生涯、『漢晉春秋』著述の意圖と敍事の特色、習鑿齒の史學思想の三側面について、きわめて充實した檢討をおこなっており、魏蜀正閏論についても、主として「皇晉宜越魏繼漢不應以魏後爲三恪論」に基づき、蜀正統論の論旨を整理している。氏の論旨はおおむね首肯できるが、習鑿齒の主張である蜀正統、すなわち魏否定の眞意については、なお檢討すべき餘地もあるようにみえる。

本章は、この習鑿齒『漢晉春秋』の魏蜀正閏論をてがかりに、晉代人の近代史認識と歴史意識について、若干の考察をこころみようとするものである。

第一節　『漢晉春秋』の意圖

習鑿齒はなぜ『漢晉春秋』を撰したのか。『晉書』卷八二習鑿齒傳にいう。

初、鑿齒與其二舅羅崇羅友倶爲州從事、及遷別駕、以坐越舅右、屢經陳請、(桓)溫後激怒既盛、乃超拔其二舅、相繼爲襄陽都督、出鑿齒爲滎陽太守、(中略)是時溫覬覦非望、鑿齒在郡、著漢晉春秋以裁正之、起漢光武、終於晉愍帝、於三國之時、蜀以宗室爲正、魏武雖受漢禪晉、尙爲簒逆、至文帝平蜀、乃爲漢亡而晉始興焉、引世祖諱炎(爲炎)興、而(後主諱禪)爲禪受、明天心不可以勢力强也、凡五十四卷、(括弧内は中華書局評點本李校によれ

ば脱落）

つまり、桓溫の野心に警告するための書であったというのである。これはおそらく『世說新語』文學篇注引檀道鸞『續晉陽秋』に、

在郡著漢晉春秋、斥桓覬覦之心也、

とあるのを、そのままうけいれたものであろう。檀道鸞は宋元嘉初年に在世[2]しており、習鑿齒の時代をくだることわずかに數十年の人である。その說は何か基づくところがあったと考えられる。

本傳によれば、習鑿齒が滎陽太守となったのは、かれが桓溫の不興をかったためであった。その時期は、桓溫が北伐によって洛陽を恢復していた東晉永和一三年（三五六）から興寧六年（三六三）の閒にあたり[3]、桓溫の權勢が絶頂をむかえようとしていた。このあたりの事情からみて、習鑿齒が桓溫の覬覦の心を抑止する目的をもって、桓溫に追いやられた滎陽での郡守在任中に『漢晉春秋』を撰述したことはすこぶるありうる話であるし、またその書に『春秋』をもって命名したのも、この事情を前提にしてはじめてうなずけるところである。

桓溫の野心の抑止が意圖されているとすれば、それを何によって、いかに表現するかはまさしく「殷鑒不遠」で、前朝の簒逆が最適の教訓になるはずである。まして、青年時代に孫權司馬懿流の人物と目されていた桓溫であるから[4]、曹操を例とし、その簒逆を批判するのが、桓溫の野心に對する暗默の批判として、もっとも效果的であったと考えられる。桓溫の覬覦の抑止を意圖したとすれば、『漢晉春秋』において、魏が簒逆とされることは論理的な必然であったといえる。

ところが、この『續晉陽秋』『晉書』本傳の說を否定する論者がいる。『史通』の選者劉知幾である。かれは『史通』內篇探賾第二七で、つぎのようにいう。

習鑿歯之撰漢晉春秋、以魏爲僞國者、此蓋定邪正之途、明順逆之理耳、而檀道鸞稱其當桓氏執政、故撰此書、欲以絶彼瞻烏、防茲逐鹿、歴觀古之學士、爲文以諷其上者多矣、若齊冏失德、豪士於焉作賦、賈后無道、女史由其獻箴、斯皆短什小篇、可率爾而就也、安有變三國之體統、改五行之正朔、勤成一史、傳諸千載、而藉以權濟物議、取誡當時、豈非勞而無功、博而非要、與夫班彪王命、一何異手、求之人情、理不當爾、

つまり檀道鸞説のように、桓溫の野心を抑止し、その簒逆を防止するためのものであれば、陸機「豪士賦」のごとき短篇で十分であって、三國の體統をかえ、五行の正朔をあらためてまでして一史を作り、後世に殘すのは理にあわない。魏を僞國としたのは、桓溫の抑止排斥が目的ではなく、邪正の途を定め、逆順の理を明らかにするためであったというのである。

この意見ももっともである。たしかに五四巻とも四七巻ともいわれる大部の書を、[5]しかも陳壽がたてた魏蜀正閏を逆轉させ、斷代史ではなく、三朝史として撰述するのは、ただ單に桓溫抑止にとどまらず、より普遍的な歴史意識に基づき、明確な動機にささえられた行爲と解するのが合理的である。ただし、ではなぜ魏國を僞朝とすることが邪正、逆順を定め、明らかにすることになるのか、そのことについて劉知幾は明言しない。しかし、それこそが『漢晉春秋』の歴史意識における最重要の主題であるはずであり、漢魏禪讓の評價に究極的にかかわるはずである。

これについて、劉靜夫氏の理解は傾聽するに値する。氏の説はこうである。[6]『漢晉春秋』の目的を檀道鸞のように桓溫抑止のみに限定してしまうのは正しくないが、『史通』のようにそれを否定し、邪正逆順の理を説くものとしてしまうのも誤りである。そこにはいわば二重の目的があるのであって、權臣簒奪の歴史を簒奪として否定的に敍述することによって、當面の權臣簒奪を抑止するとともに、邪正逆順の理をしめして、將來への鑒戒とすることをもねらいとしていたというのである。陳壽のように、漢魏、魏晉と二度の簒奪を、簒奪の事實を蔽って禪讓とするのは、史

實に背反するばかりでなく、將來の簒奪への途をひらくことになる、と習鑿齒は考えたのではないか、と劉氏は忖度する。

さらに劉氏はいう。[7]『漢晉春秋』が漢、魏、晉三代を包攝したのは、後漢を包攝しておかねば、漢の正統の根據が薄弱となり、漢正統の根據が薄弱になると、魏の簒逆が明白なものでなくなる。そして、魏の簒逆が明白でなくなれば、晉が漢を承ける根據がなくなるからである、と。

つまり、魏を簒逆として否定することで桓溫を抑止し、禪讓の美名をかりた將來の簒奪を豫防し、さらに晉が漢の正統を繼承したことが明確になるわけである。劉氏の論旨ははなはだ説得的といわねばならない。

とはいえ、漢魏・魏晉の二度にわたる、公認された禪讓を否定し、漢晉繼承という新しい歴史認識を導入するのは、晉朝の正統性にかかわる重大事であったはずであり、單に權臣抑止、將來の鑒戒のためだけであったとするだけで十分であろうか。習鑿齒自身の説明も聞いてみるべきであろう。

『晉書』本傳によれば、習鑿齒は臨終に上疏して、「皇晉宜越魏繼漢、不應以魏後爲三恪」なる論を開陳した。まさしく、魏の正統否定、漢晉繼承の主張である。これは『漢晉春秋』撰述からみれば二〇年以上後のことになるが、『漢晉春秋』撰述時以來の一貫した主張とみなしてよかろう。[8]

その論の發端に、かれはまずつぎのようなかれ自身に對する疑問を想定する。魏の武帝はその功、中國をおおい、その子文帝は漢帝から禪讓をうけたのである。ところがあなたは漢が滅んで晉が興ったという。それはほんとうのことだろうか。また、魏が否定されれば、それを承けた晉の正統性もゆらぐことになる。晉の臣民はどうしてこのような主張に同意できようか。

魏が否定されれば晉の正統性がゆらぐというのが、當時の一般的認識であったことは、この疑問が設定されたことで明白である。それこそが、陳壽が魏を正統とした直接の理由でもあった。

では、習鑿齒はこの疑問にいかに答えるのか。かれはいう、「此乃所以尊晉」、そのように考えることこそが晉を尊ぶことになるのだ、と。ここにいたって、習鑿齒自身の『漢晉春秋』著述の意圖が語られたことになろう。すなわち、晉は魏を承けたと認識するだけでは晉の正統性を主張しえないと理解した習鑿齒が、より說得的な「尊晉」の論理を主張するために撰述したのが、漢晉繼承を史實と强調する『漢晉春秋』であったということになる。つまり、當然といえばあまりに當然のことだが、習鑿齒自身の意圖は、陳壽以上の、より完璧な晉朝正統の主張にあったということになる。

しかし、漢魏・魏晉の禪讓は現實に否定できない史實として存在する。むしろ史實としていえば、漢晉の交替、すなわち劉禪から司馬炎への正統の傳承の形式のほうが、漢魏・魏晉の交替の形式に比して、より變則的、ないし制度的根據をはなはだしく缺くものであることは否めないところであろう。

漢晉繼承がどうみても漢魏・魏晉交替に比して不自然であることは、習鑿齒自身無意識に理解していたようにみえる。かれが別著『襄陽耆舊記』で、蜀の後主劉禪の諱禪の字義、蜀漢の元號炎興、司馬炎の諱炎字の偶然を關連させ、譙周の言をひいて劉禪から司馬炎への繼承を天意によるものと印象づけ、さらに蜀亡時成都から出た璧・玉が司馬昭の相國府に藏せられたという神異にまで言及した[9]のは、もちろん漢晉繼承を神聖化せんとする意圖によるものだが、あるいはその不自然さを解決しようとする無意識の意志がはたらいたものではなかったろうか。

ともあれ、ここにいたって、習鑿齒は、史實と歷史解釋をいかに整合させるかという問題と直面することになろう。

第二節　「尊晉」の論理

晉が魏を承けたのではなく、漢を承けたとするのがなぜ「尊晉」となるのか。換言すれば、魏を簒逆とみなすことがなぜ晉の正統性をより一層鮮明なものとすることになるのか、やはり習鑿齒自身の説明を聞くべきであろう。「皇晉宜越魏繼漢、不應以魏後爲三恪」論の主張は、いくつかの論點から成っている。その行論にそって、要約をこころみたい。

まず最初に主張されるのは、司馬氏四代の功績の偉大さである。漢末の混亂時、司馬懿ははじめ、當時權勢隨一の曹操に已むなく臣從し、軍旅に從い、隱忍自重していたが、その死とともにしだいに力量を發揮し、吳蜀をおさえ、曹爽を倒し、大事業の基を築いた。司馬師司馬昭はこれを繼いで蜀を征服し、司馬炎はついに吳を併せ、天下を統一した。すなわち三國の大害を除き、漢末の交爭を靜めしは、皆司馬氏なり、というのである。

つぎに、曹魏の、天下の主、王たる資格のないことがのべられる。魏は世王の德に缺け、天下を統一できず、わずかに數州を制し、その威令は境内におこなわれるにすぎなかった。

では、晉は魏に臣事し、魏より禪讓されたという史實をどう考えるべきなのかが、つぎの論點である。習鑿齒によれば、魏を否定すれば、その魏に臣事した司馬氏の德は否定されることになると考えるのは誤りであり、また魏から禪讓されたから魏を抹殺すべきでないというのも誤りである。なぜなら、司馬懿が魏に臣事したのは已むをえぬ事情からであって、積極的にえらんだ途ではなく、また禪讓の意義はすでに堯舜とは異なっているからである。司馬氏は漢以來功績をたて、漢への報恩の思いが強いのに對し、曹操の志はその漢を傾けるのにあったから、司馬懿は隱忍自重し、將來を期して魏に面從したのであり、魏に心から臣服して、世をすくう大事業を忘却してしまうことになったのではない。

習鑿齒の主張はさらに續く。そもそも大事業を成就するのに、どこに力をかりたかは問題ではなく、何をなしたかが重要なのであり、功績をたてるものは、どこからはじめたかが問題ではなく、いかなる功をなしとげたかが重要なのである。漢の高祖は命を懷王よりうけ、また秦の混亂につけこんで起こったのであるが、懷王・秦を超えて、周を承けたことになっているのは、そうすることが美わしいことであるうえ、己の德がさらに重いものとなるからである。またたとえば、春秋の吳楚のような覇者僭號の國でも、もしその王たる莊王闔閭が有德命世の君をかわりに立てたとすれば、その有德命世の君は、かならずや周室を繼承することにするだろう。まして、司馬氏のごとく、曹操やその子孫が平定できなかった吳蜀を倒すような功績をかさねたものともなれば、漢を繼承することになるのは當然である。

漢末の混亂五、六〇年の閒、吳と魏は天子に逆にして強く、蜀は正義によって弱く、たがいに統一を達成できなかった。そのなかで、天下を定める大功をあげ、天下の推すところとなった、とするのと、暗愚な人物に推されて、衰微した王朝から帝位を承けたとするのと、いずれが勝っているか。天神と竝んで帝となり、三代と同等の地位に立つことは、不正の曹氏に頭をたれて臣從することとはくらべものにならない。實情からいえば、魏を奪ったとしても恥じることはない。事をいつわり、にせの禪讓にかこつけて、かえって將來禪讓を名目とする簒奪の途をひらくよりは、まだよいのである。不正の魏をむなしく尊んで、晉の道をおとしめるようなことをなぜするのか。

昔、周人は祖先の德をたたえ、商を滅ぼした功績を稱揚し、孔子もそれを稱贊したが、周祖后稷自身は商を倒したのではない。それは司馬氏が三代にわたって魏に仕えたのと事情が違う。また、魏の君たるの道は不正であり、ゆえに司馬氏三代の魏に臣たるの義の道は十分ではなかった。臣たるの義が十分でないゆえに、司馬氏三代はかりに臣從の道を擇んで大いなる策略をめぐらし、道が不正であったからこそ、君臣の關係はつねに殊なるところがあった。わが晉の德は周より劣っているかもしれないが、魏もまた商とは異なっているのである。

以上に概觀した習鑿齒の論旨の、主たる論點はつぎのように要約してよかろう[10]。第一に、魏は代々の王朝に比すべき統一王朝たりえない。「志在傾主、德不素積」の曹操に象徴される德の側面と、わずかに數州を制しただけで、事實は三國鼎立、「その實は亂なり」であったという政治力量の側面の兩者からみて、正統王朝たりえない。第二に、晉こそその亂を統一した正統王朝としての實質をもつ王朝である。第三に、司馬氏三代の魏への臣事は、已むをえざる事情のもとでのもので、完全な臣服ではない。また、楚の延陵季子などの例からみて、漢朝下での僭號の曹氏に臣事したとしても、何ら德に缺けることにはならない。魏は「道不正」の君であったから、魏と司馬氏三代の君臣關係は通常の君臣關係とは異なっている。第四に、漢魏・魏晉の禪讓は內實「詭事而託僞、開亂於將來」であって、すでに堯舜のそれと異なり、しかも將來に禍根すら殘しかねないものである。名目上魏から禪をうけたからといって、魏よりの禪に拘泥する必要はない。それどころか、あくまで禪讓にこだわれば、逆に將來にありうる禪讓に名をかりた簒奪を肯定し、あるいは誘發せしめることになろう。

このような議論のなかには、つぎのような注目すべき問題がふくまれているようにおもわれる。その一は、否定しえない歷史的事實をいかに敍述するか、という問題であり、その二が、歷史に對する主觀的な評價ないし認識はいかにあるかという問題である。

前者についていえば、たとえばいかに名目的な政治的行爲であったとはいえ、漢が魏に禪り、魏が晉に禪ったのは、紛れもない歷史的事實であった。またたとえば、司馬懿がいかに曹操に逼られて出仕したとはいえ、司馬氏三代が魏の臣であったことは否定しがたい。これらを前提にして、魏は簒逆であり、晉は漢を承けたとする歷史認識を主張しようとすれば、當然のことながら、漢魏・魏晉の禪讓、司馬氏三代の魏への臣事という歴史的事實を敍述する際に、齟齬があらわれることは必至である。

後者についていえば、たとえば魏武が「志在傾主、德不素積」であるというのは、習鑿齒自身の主觀的評價、ないし認識であって、客觀的な歴史的事實といえるかどうかは疑問とせざるをえない。たとえば、漢魏禪讓を簒逆とし、「吳魏犯順而强、蜀人杖正而弱」とする順・正も價値判斷ないし評價であって、史實そのものの記述とはいいがたい。しかし、それが習鑿齒自身の漢晉史に對する歴史認識そのものであることはいうまでもない。

このことは、より一般化していえば、ある特定の目的意識のもとになされる歴史敍述において、史實の記述と、その解釋ないし評價はいかなるものとなるか、という問題として理解できよう。習鑿齒のばあい漢魏晉の歴史を漢晉とあらためるために、一方で、魏のわずか數州のみを制し、晉が事實上三國の混亂を統一したという史實を强調し、一方で、魏を不正不順とし、漢魏禪讓を簒逆と主觀的に評價するという操作が必要であった。このような態度は、歴史敍述の生命である歴史的事實の直書と牴觸することにならないのか。

習鑿齒自身が語る『漢晉春秋』撰述の意圖、すなわち「尊晉」は右のような問題を派生させたことになる。

第三節　史實と直書

『史通』内篇直書第二四にいう、

案金行在歷、史氏尤多、當宣景開基之始、曹馬構紛之際、或列營渭曲、見屈武侯、或發仗雲臺、取傷成濟、陳壽王隱、咸杜口而無言、陸機虞預、各栖毫而靡述、至習鑿齒、乃申以死葛走達之說、抽戈犯蹕之言、歷代厚誣、一

朝如雪、考斯人之書事、蓋近古之遺直歟、

かように劉知幾は、『漢晉春秋』の直書を高く評價する。陳壽以下、『晉書』撰述の諸家のなかで、習鑿齒のみを遺直と稱揚するのである。その直書の典型としてあげられているのが、司馬懿の諸葛亮との對陣における怯懦と、司馬昭の高貴鄉公弑殺である。

「尊晉」にとって、もちろんこの兩者は司馬氏三代の二大汚點といってよい。しかし、王朝の正統簒逆の視點からいえば、前者の例はさほど重要でない。なぜなら、司馬懿が諸葛亮との對陣において、つねに消極的であり、諸葛亮の死に際して、有名な「死諸葛走生仲達」なる諺によって嘲笑の的となったことは、たしかに晉朝人にとって不名譽なことではある。しかし、これを史實として詳細に敍述したとしても、王朝開基の人物の戰爭上の不名譽にとどまり、王朝の正統性という高度に政治的な問題にまではおよばない。まして、後述するように、魏を簒逆と規定するための、いわば反證として蜀の正統を强調せざるをえないというところで、司馬懿のそのような態度を直書することに、大きな障害はなかったといわざるをえない。

しかし、司馬昭の高貴鄉公弑殺はちがう。それはもっとも忌むべき皇帝弑殺であり、その五年後に魏晉禪讓がおこなわれているところから明らかなように、ほとんど簒奪、しかも偶然の要素があったとはいえ、皇帝を殺害して帝位を奪う、極端の簒奪と結果においてかわるところがない事件であった。いわば晉朝成立の正當性すらゆるがしかねない事件であったのである。

これが晉朝人にとって、いわば原罪として、いかに重くのしかかるものであったかは、つぎのような例によってうかがえる。

『晉書』巻一宣帝紀によると、東晉第二代明帝、このひとは聰明をうたわれた帝王であったが、あるとき侍從していた東晉建國の功臣王導に、祖先が天下を得たゆえんをたずねた。そこで王導は司馬懿創業のはじめの事蹟をのべ、司馬昭による高貴鄕公弑殺におよんだところ、明帝は牀に伏し、もし公の言のとおりであれば、晉朝もまたいかに長きをたもつことができようかと歎いたという。

また、同書巻五〇庾純傳に、庾純と賈充の口論のことが載せられている。賈充は、いうまでもなく、高貴鄕公弑殺の際に、司馬昭をまもるべく兵を率いて高貴鄕公の武裝集團を阻み、あまつさえ弑殺の下手人成倅成濟兄弟に、刺殺を教唆するごとき言をつたえ、この事件の中心人物と目される。その賈充と庾純なるものが宴席で醉酒のはてに衝突した。庾純が賈充を、天下がさわがしいのはおまえ一人のせいだとそしると、賈充がわたしは二代を補佐し、蜀を平らげた、何の罪あって天下がさわがしいというのかといいかえした。そこで庾純が、では高貴鄕公はどこにおられる、とひと言いったため、宴席はうち切られるし、賈充の左右が庾純をとらえようとする騒ぎとなった。騒ぎはそれでおさまらず、賈充は上表して辭職を申し出、庾純は自らを彈劾し、免官されるにいたった。

さて、この高貴鄕公の事件を、陳壽がわずかに、

（甘露五年）五月己丑、高貴鄕公卒、年二十、

と、一〇餘字の記述にとどめていることは、よく知られている。趙翼『廿二史箚記』は、「三國志多廻護」の一項でこのことをとりあげ、曲筆の最たるものと極言、非難している。

趙翼もいうごとく、陳壽はその一〇餘字の後に、當日附けの皇太后の令を引いて、高貴鄕公が情性暴戾、悖逆不道、皇太后と司馬昭を殺そうとはかってかえって殺害されたもので、民禮にて葬れと記し、この弑殺が高貴鄕公の自業自得であり、その事實をあらわに書かないことが高貴鄕公のためにその惡名を隱すことになるかのような印象を殊更に强めようとしている。さらにつづいて引用する翌日の太傅司馬孚、大將軍司馬昭、太尉高柔、司徒鄭沖の上言で、皇

太后令に言及しつつ、くわえて高貴鄕公が「肆行不軌、幾危社稷、自取傾覆」であったというのは、まさしく司馬昭に對する免責の意圖からでたものであることは疑いの餘地がない。そのうえに、二〇日後の司馬昭の上言をひき、直接の下手人成倅成濟兄弟の罪を問い、かれら二人が司馬昭の令に反して高貴鄕公を殺害したと公言させている。そればかりか、そもそも趙翼によれば、陳壽書にはどこにも高貴鄕公弑殺の痕跡を見出せないのである。周到な隱蔽というべきであろう。

司馬昭の子、晉武帝司馬炎の時代に生きた陳壽が、この事件の隱蔽にいかに腐心したか、それ程までにこの事件が晉室にとって忌諱すべきものであったことが、この敍述に十分に感じとれる。これは實は陳壽に限ったことではなく、『史通』によれば、『晉書』撰述の諸家、王隱・陸機・虞預にも共通する態度であった。

これに對して、この事件を詳細に記すのが『漢晉春秋』なのである。もっとも、この事件の記事は、『漢晉春秋』が最初ではなく、『世語』『晉諸公贊』『晉紀』『魏氏春秋』『魏末傳』などが言及はしている。しかし、『三國志』裴注が、甘露五年五月己丑條に、

臣松之以爲、習鑿齒書、雖最後出、然述此事、差有次第、

というように、『漢晉春秋』の記事がもっとも整然としている。

それとともに、この事件に言及する前掲諸書は、いずれにしてもこの事件の直接責任者として賈充の存在を强調したり、下手人成倅成濟兄弟の暴走ぶりを特筆して、その背後にある司馬昭の影を拂拭しようとつとめているようにみえる。とくに『魏末傳』などは、成倅成濟兄弟に、殺すべきか捕らえるべきかと問われた賈充が殺せといったと記し、また交戰がはじまったとき、高貴鄕公が武器を棄てよと命じると、司馬昭側の兵士が皆武器を棄てたのに、成兄弟はそのまま進んで刺殺したと記す。成兄弟と賈充にすべての罪を歸せしめんとする意圖は明白であろう。

これに反して、五年五月己丑條引『漢晉春秋』は、まず曹魏宗室の權威が日にうしなわれて、司馬昭の野心と擅權がしだいに顯わになってゆくなかでの、高貴鄕公の焦燥と決意から記事がはじまり、尙書王經の諫止、擧兵決行、王沈王業の裏切り、司馬昭側の對應と困惑ぶり、賈充の出陣、成兄弟の行動、高貴鄕公刺殺後の司馬昭の驚き、叔父司馬孚の歎きと一連の動きを、劇的ではありながら、簡明に敍述している。

また、同月庚申條に引く『漢晉春秋』は、事件後約四〇日（六月丁卯）してとりおこなわれた高貴鄕公の葬儀に、百姓が集まり見物して、これが前に殺された天子だといって泣いたと記し、『世說新語』賢媛篇第一九、『三國志』卷九夏侯玄傳注引『漢晉春秋』は、この時王沈王業に同ぜず、母とともに司馬昭に處刑された王經が、處刑前に母とかわした會話を載せ、その母がわが子の行動に滿足して、從容として刑に臨むありさまを活寫する。己丑條に陳壽が引く皇太后令が王經を「凶逆無狀」というのと大差がある。

すくなくともこの高貴鄕公弑殺事件の敍述は、この事件に關して『漢晉春秋』が魏晉いずれにも偏らぬ態度を持していることをしめすものとおもわれる。高貴鄕公の已むに已まれぬ心情がそのことばをかりて如實にのべられるし、一方で、司馬昭の驚きや、天下がどういうだろうかといったことばも自然である。『史通』がこれを直書の例にあげるのはもっともである。

しかし、この事件についての直書は、それがいかに不偏不黨のものであっても、先述の明帝の擧措にもうかがわれるように、司馬氏にとって望ましいものであるはずはない。ここで、直書と「尊晉」の意圖の關連が問題となってくるであろう。「尊晉」の意圖をもって書かれた『漢晉春秋』が、おなじ意圖の陳壽がしたごとくにこれを隱蔽せず、あえて直書したのはなぜか。

第四節　蜀正統論の眞意

「尊晉」と直書の關係について、劉靜夫氏は、「尊晉」を標榜する『漢晉春秋』に、司馬氏を稱揚する記事が多いだけではなく、司馬氏にとって不名譽な記事をも收めているところが、その直書たるゆえんとみなしている[11]。それは『史通』の意見そのものである。

ところが、劉氏は別に以下のような發言をしているのである[12]。逐語譯しておきたい。

桓溫が權を擅まにした時、習鑿齒は當時における近代史を著して、東晉政權に役立とうとした。その時に出あった最大の難問は魏晉史をどのように書くかであった。ありのままに書けば、司馬氏を傷つけることになるし、ありのままに書かないとすると、その當時や後世の封建統治にとって無益なばかりか、かえって有害である。その利害をはかりにかけたうえで、かれはありのままに書くことにしたのである。そうすることに根據があることを證明し、そのうえで人びとのかれに對する非難をやわらげるために、かれは新しい封建的正統史觀を創造し、晉が魏を越えて漢を繼ぐのは天意であるというようなでたらめをでっちあげた。晩年には、魏晉史をありのままに書くことで司馬氏に與えた損害を補うために、「皇晉宜越魏繼漢論」の中で、また司馬氏のために辨解もし、美化もした。しかし、このような無理なこじつけの辨解や根據のない美化も、結局は司馬氏が君主を殺して權力を奪ったという事實を暴露したことの意義にはおよばない。それゆえ、かれの主觀的動機はどうあろうとも、この直書がかれのもっとも重要な成果であった。

これははなはだ興味深く、かつ含蓄のある意見である。しかし、すべてを習鑿齒の直書、ありのままに書くという意志から説明しようとするのは、「尊晉」という目的、あるいは桓溫抑止の意圖をもつとされた『漢晉春秋』の歴史意識としては、やや皮相にすぎるといわざるをえない。

さきに「尊晉」の論理を整理した際、とくに史實を直書することがその「尊晉」と齟齬する可能性をはらむという問題とともに、他方、魏に對するかなり主觀的な價値判斷が「尊晉」を主張するために導入されていることをのべておいた。つまり、『漢晉春秋』には、直書のほかに、魏に對する特異な價値判斷という側面が存在する。この直書と價値判斷の兩者いずれが歴史敍述をおこなう際に、その敍述の性格を決定するかといえば、當然それは後者である。

では、その魏に對する價値判斷の根據は何か。曹操個人や、魏王朝に對する判斷、より一般化していえば、漢魏晉史に對するこのような歴史認識は、客觀的な根據に基づくというよりは、つまるところ習鑿齒自身の主體的、ないし主觀的意圖から出ているといわざるをえない。結局、習鑿齒の論理構造を忖度してみると、まずある意圖があって、それが歴史認識を形成させ、そこから直書がみちびかれたということになるのではなかろうか。

「尊晉」のための論理は、陳壽と習鑿齒では正反對であった。陳壽にとっては、魏を承けたことが晉の正統性の根據であった。ところが、陳壽のこの論理でいくと、魏晉禪讓の正當性を否定しかねない決定的な障害を克服できない。それは高貴鄕公の弑殺事件である。この否定できない歴史的事實は、晉朝人の原罪として重く殘りつづけた。陳壽はこれを歴史記錄から抹殺しようとした。陳壽の書はそれに成功したかにみえるが、しかし、歴史的事實そのものの抹殺は所詮不可能である。この歴史的事實を抹消しない限り、晉は君主弑殺のはてに魏を奪ったとの譏りは甘受せざるをえない。歴史的事實を抹消しえないとすれば、殘された途は、この歴史的事實の意義の評價の逆轉、換言すれば魏晉史の再認識しかない。

では、高貴鄕公事件の評價はいかにして逆轉できるか。それは魏の否定によって容易に實現するのである。つまり、魏主は簒逆僭稱の主であり、漢の王統は當時は蜀漢にあったとすれば、高貴鄕公事件は單なる僭主の殺害でしかないのであり、司馬氏三代による一連の魏祚侵奪の行爲も、僭主に對するそれとして逆に積極的に評價されこそすれ、何ら非難さるべきものではなくなるであろう。

すでにのべたように、『漢晉春秋』の撰述は當時の人びとのあいだでは、桓溫の覬覦の心を抑制することにその隱された意圖があるとみられていた。その意圖を達成するためには、曹操の簒逆を批判的に强調するのが效果的であろうと推測してみた。しかるに、曹操を簒逆とし、漢魏禪讓を簒奪として、魏朝諸君主を僭稱の主と認識すると、司馬氏三代の魏における僭上の諸行爲は否定さるべき根據がなくなり、とくに高貴鄕公弑殺事件は免罪とまではゆかぬまでも、罪過が帝王弑殺より數等輕減されることになろう。

そうなると、この司馬氏の所業は、陳壽のごとく晉への配慮から徹底的に隱蔽するほどのものではなくなり、歷史的事實として記錄することが可能となる。すなわち、歷史家がまず堅持すべき歷史敍述の生命たる直書の實現する條件が成立するのである。いな、むしろここにおいて、晉朝成立の正當性の主張と、當時にとっての現代的課題である權力者の簒奪防止という二つの意圖が奇しくも一致し、それを實現せしめるために直書が必然的に要請されるようになったというべきであろう。

これを要するに、『漢晉春秋』における魏の否定と直書は、直書を前提とし、それによる司馬氏の排毀を避けるべく、魏を否定して蜀正統を主張したと考えるよりは、まず晉朝成立の正當性を主張し、司馬氏の弑主簒奪の事跡の評價を逆轉させうる歷史認識を創造し、その結果として直書が實現したと考えるべきではなかろうか。

このように考えてくると、『漢晉春秋』の目ざしたもの、すなわち「尊晉」のより具體的な内容は、司馬氏三代の弑主簒奪の事跡、とくに高貴鄕公弑殺の罪過の解消にあったのではないかという推測が可能となる。新しい魏蜀正閏論、蜀正統論提唱の眞意は、したがって、高貴鄕公弑殺の旡罪にあったことになる。

ちなみに、『史通』がその直書の例としてあげるいま一つの事項、すなわち諸葛亮との對陣における司馬懿の不名譽な行狀については、どう考えるべきであろうか。おもうに、それは習鑿齒にとっては、「尊晉」にかかわる決定的な否定的要因とはみなせなかったのであろう。まして、意圖的であるにせよ、かりにも正統の所在として蜀を位置づけている以上、司馬懿の行爲は王師への反抗とされてもしかたのないものであり、したがって、司馬懿の不名譽な行狀もある意味では已むをえないものと理解されたのではないか。さらにいえば、司馬懿の諸葛亮に對するきわめて消極的な抗戰姿勢は、蜀正統魏簒逆の圖式を主張する際には强調さるべきものであったとすらいうべきではなかろうか。

むすび

魏蜀正閏論、とくに蜀正統論は、晉朝創業の司馬氏三代の僭上簒逆を旡罪し、晉朝成立の正當化のために提唱されたというのが本章の主旨である。

そこには、かれらにとっての近現代史をいかに認識するかという晉朝人の切實な問題意識があり、また歴史と歴史敍述はいかなる現代的課題をもつかという歴史意識にかかわる問題もある。さらに、それを主唱した『漢晉春秋』には、歴史的事實とその直書、否定しえない史實とその歴史的意義の評價のありかた、という歴史敍述と歴史意識の根底にかかわる問題が内包されている。

本章はそれらをただ高貴鄕公の一例に焦點をあわせて檢討したにすぎない。『漢晉春秋』のみではなく、他の歴史記錄も包含したうえで、そのような歴史そのものや、歴史意識、歴史敍述についてさらに考察をすすめてゆくことを、今後の自己に課したいとおもう。

註

(1) 劉静夫「習鑿齒評傳」(『魏晉南北朝史論文集』一九九一、齊魯書社)。

(2) 『宋書』巻九四恩倖徐爰傳參照。

(3) 劉前掲論文三一四頁。

(4) 『晉書』巻九八桓溫傳に、

(沛國劉)惔嘗稱之曰、(中略)孫仲謀・晉宣王之流亞也、

とある。

(5) 『隋書』巻三三經籍志は四七巻、『舊唐書』巻四六經籍志・『新唐書』巻四八藝文志は五四巻。

(6) 劉前掲論文三一七頁。

(7) 同右三一八頁。

(8) この論は、本文のように、『漢晉春秋』成って後約二〇年のものである。この點は劉前掲論文三一四、三一五頁參照。したがって、『漢學堂叢書』「黃氏逸書攷」所收の黃奭輯本、嚴可均『全晉文』は、この論を『漢晉春秋』中には收めないが、『廣雅書局史學叢書』中の湯球輯本、喬治忠校注『衆家編年體晉史』(一九八九、天津古籍出版社)は、これを『漢晉春秋』輯本中に收めている。

(9) 『三國志』巻四一向朗傳注引『襄陽記』。

(10) 劉前掲論文三三三、三三四頁參照。ただし、本文のような要約とやや異なる。

(11) 劉前掲論文三一九頁以下。

(12) 同右三三六頁以下。

第一五章　「都邑」の敍述

はしがき

漢から唐にかけて、いわゆる地理書の類が急激に増加するという現象がつとに注目されている。[1] それらは『隋書』經籍志史部「地理之書」をはじめ、新舊『唐書』經籍、藝文志、『宋史』藝文志、『通志』藝文略などに多數著錄されている。そのなかに、都に限定して敍述したと覺しき書名の書籍が散見され、『隋書』經籍志所收地理書を分類して、それらのために「都邑」「都城」を設ける研究者も存在する。[2]

後にのべるように、それらの書籍をはじめて「都邑」に分類することを主張したのは『史通』であり、それを承けるように『通志』は地理書分類の一類を「都邑」とする。ここに都の記錄は地理書の一範疇として確立したことになる。

しかし、さらにさかのぼれば、都の敍述は文學作品にその淵源をもとめることができる。都は漢以來、文學の最大の素材のひとつでもあった。それは『文選』冒頭が「京都賦」であり、そこに長安洛陽など、歷代の都のさまざまな要素の描寫が集積されていることから知ることができる。

では都はなぜこのように注目され敍述されるのか。その原因はもちろん政治、社會と文化の中心である都のその性格によるものであるが、その一斑は、漢六朝、とりわけ分裂時代六朝の政治、社會、文化の性格と直接的に關わるものごとであるにちがいない。直接的には、諸國家の分立と複數の都の竝立という狀況とふかく關わっているであろう。このことと冒頭にのべた漢唐閒における地理書の類の增加は、それではいかに關連するのか、單に都の敍述の增加も地理書の類の增加の一斑なのか、それともこの兩者の增加には別個の意味があるのであろうか。あるいはそこに六朝における地理の敍述や地理に關する意識の歷史性が潛んでいるのであろうか。

本章はこのような疑問に基づいて、おもに六朝時代における都の敍述を、地理書における一般的な敍述と對比しつつ、その兩者の意味と內容を分析し、六朝社會における地理や地域に關する敍述の內容、およびその基礎となっているはずの意識の一側面を觀察しようとするものである。

第一節「都邑」への注目

(一)『史通』の主張

劉知幾撰『史通』は「景龍四年（七一〇）仲春之月」の序をもつ、歷史敍述の理論書である。そのなかで、かれは二カ所にわたって、從來みられなかった「都邑」なることがらに關する文章や書籍の分類を提唱している。まずは、その關連部分をあげてみよう（言及の便宜上、一部に符號を施す）。

その一は書志篇第八においてであって、正史の書・志の意味とその編目について議論を展開し、

歷觀衆史、諸志列名、或前略而後詳、或古無而今有、雖遞補所闕、各自以爲工、榷而論之、皆未得其最、蓋可以爲志者、其道有三焉、一曰都邑志、二曰氏族志、三曰方物志、

といい、さらに

蓋自都邑以降、氏族而往、實爲志者所宜先、而諸史竟無其錄、

という。すなわち、正史の志の設定には歴史的變遷と時代的背景があり、從來の編目ではすべての歴史的現象を記錄しつくせないとして、「都邑志」「氏族志」「方物志」の三者を新たに設けるべきであり、またそれら三者を優先させるべきであると主張するのである。

これにつづけて、そのうちの「都邑志」の必要性について、次のようにいう。

（ア）京邑翼翼、四方是則、千門萬戶、兆庶仰其威神、虎踞龍蟠、帝王表其尊極、

（イ）兼復土堦卑室、好約者所以安人、阿房未央、窮奢者由其敗國、此則其惡可以誡世、其善可以勸後者也、

（ウ）且宮闕制度、朝廷軌儀、前王所爲、後王取則、

（エ）故齊府肇建、誦魏都以立宮、代國初遷、寫吳京而樹闕、故知經始之義、卜揆之功、經百王而不易、無一日而可廢也、

（オ）至如兩漢之都咸洛、晉宋之宅金陵、魏徙伊瀍、齊居漳滏、隋氏二世、分置兩都、此並規模宏遠、名號不一、凡爲國史者、宜各撰都邑志、列於輿服之上、（中略）或問曰、子以都邑氏族方物、宜各纂次、以志名篇、夫史之有志、多憑舊說、苟世無其錄、則闕而不編、此都邑之流、所以不果列志也、對曰、案帝王建國、本無恆所、作者記事、亦在相時、

（カ）遠則漢有三輔典、近則隋有東都記、於南則有宋南徐州記・晉宮闕名、於北則有洛陽伽藍記・鄴都故事、蓋都邑之事、盡在是矣、

もう一カ所は雜述篇第三四で、そこでは正史以外の多様な「史」的記録について、

爰及近古、斯道漸煩、史氏流別、殊途竝鶩、榷而爲論、其流有十焉、一曰偏紀、二曰小錄、三曰逸事、四曰瑣言、五曰郡書、六曰家史、七曰別傳、八曰雜記、九曰地里《ママ》書、十曰都邑簿、

とのべ、それらを一〇種に分類して、それぞれの特色を論じている。その「都邑簿」の部分は、以下のとおりである。

(キ)帝王桑梓、列聖遺塵、經始之制、不恆厥所、苟能書其軌、則可以龜鏡將來、

(ク)若潘岳關中・陸機洛陽・三輔黄圖・建康宮殿、此之謂都邑簿者也、(中略)

都邑簿者、

(ケ)如宮闕陵廟、街廛郭邑、辨其規模、明其制度、斯則可矣、及愚者爲之、則煩而且濫、博而無限、論榱棟則尺寸皆書、記草木則根株必數、務求詳審、持此爲能、遂使學者觀之、瞀亂而難紀也、

以上の議論は、正史の志に「都邑志」を設けるべきであるという主張から、その志の素材となるべき、「都邑簿」なる範疇に屬する各種地理書の意義にまでおよんでいる。

これらの記述からはさまざまな問題を提起できるであろうが、まず注目したいのは、「都邑」に關する敍述の意味についてである。『史通』がいう「都邑」は、なによりも、

(ア)京邑翼翼、四方是則、千門萬戸、兆庶仰其威神、虎踞龍蟠、帝王表其尊極、

すなわち聖性、あるいは權威をおびた存在であり、そこには帝王の民庶に對する神聖性と尊嚴性が凝縮されているのであった。[3] そうであるからこそ、「都邑」は歴代帝王に關わる歴史批判や鑑戒の恰好の素材でもあった。以下の記述は、都や宮殿門闕などが、本來聖王によって設營された後世踏襲すべき理想の可視的表現であり、たやすくそのような素材に化しうることをのべている。

(イ)兼復土堦卑室、好約者所以安人、阿房未央、窮奢者由其敗國、此則其惡可以誡世、其善可以勸後者也、

（ウ）且宮闕制度、朝廷軌儀、前王所爲、後王取則、

（キ）帝王桑梓、列聖遺塵、經始之制、不恆厥所、苟能書其軌、則可以龜鏡將來、

とくに注目したいのは、この（ウ）の實例として、

（エ）故齊府肇建、誦魏都以立宮、代國初遷、寫吳京而樹闕、故知經始之義、卜揆之功、經百王而不易、無一日而可廢也、

とある記事である。これは北魏洛陽と北齊鄴、東晉南朝建康と北魏洛陽の二例をあげて、新王朝の王都が前王朝の王都を踏襲することによって、實際に王朝の正統性を擔保したという認識をしめしている。

かくして『史通』においては、正史のみならず、一般的地理書中の「都邑」の範疇に包含される書籍においても、都を敍述することがすぐれて歴史主義的、または政治的な意味を有すると認識されていたということができる。

（二）「京都賦」の意圖

『文選』冒頭の都をうたう作品群「京都賦」の劈頭は班固「兩都賦」である。

この賦の述作の契機はよく知られている。『後漢書』列傳第三〇上班彪列傳附固傳にいう。

時京師脩起宮室、濬繕城隍、而關中耆老猶望朝廷西顧、固感前世相如壽王東方之徒、造搆文辭、終以諷勸、乃上兩都賦、盛稱洛邑制度之美、以折西賓淫侈之論、

また、その序（『文選』巻一）にいう。

臣竊見海内清平、朝廷無事、京師脩宮室、浚城隍、起苑囿、以備制度、西土耆老、咸懷怨思、冀上之睠顧、而盛稱長安舊制、有陋雒邑之議、故臣作兩都賦、以極衆人之所眩曜、折以今之法度、

すなわち、後漢が洛陽に奠都したことに長安の有力者が不滿を抱き、長安を推奬し洛陽を毀損するのに反駁するため、洛陽を贊美したものであったが、その洛陽贊美は、長安の奢侈への批判と表裏をなしていた。

「兩都賦」につぐのは、張衡「二京賦」である。その著作の意圖は、『後漢書』列傳第四九張衡傳によれば、以下のようである。

永元中、擧孝廉不行、連辟公府不就、時天下承平日久、自王侯以下、莫不踰侈、衡乃擬班固兩都、作二京賦、因以諷諫、精思傅會、十年乃成、文多故不載、

この賦は、後漢中葉の安逸と奢侈の風潮への警告であり、「兩都賦」の體例にならって、長安の奢侈贅澤と洛陽の質素儉約を對比させつつ、洛陽を贊美するものである。

この班張兩賦は、歴史批判あるいは政治と社會の批判の象徴として都邑を素材としたということができるであろう。いずれの場合も、西都長安のさまざまな要素をあげてその盛美なることを謳い、それに對して、東都洛陽を、理想的政治の實現の場として稱揚する。長安の盛美さを象徵するのは壯大華麗な宮殿と城郭と市であり、諸種の草木鳥獸を包含する苑囿であり、そして帝王の狩獵と遊興である。それに對して、洛陽の質素儉約は、帝王の理想的な治世と執政、禮制建築の充實、祭祀と儀禮によって表現される。

これに對して、兩賦を繼ぐ左思「三都賦」は、『晉書』本傳にその意圖に言及せず、その製作にまつわる逸事をのべるにとどまるが、『文選』卷四五所收皇甫謐「三都賦序」には、以下のような記述がある。

曩者漢室內潰、四海圮裂、孫劉二氏、割有交益、魏武撥亂、擁據函夏、故作者先爲吳蜀二客、盛稱其本土險阻瓌琦、可以偏王、而却爲魏主述其都畿、弘敞豐麗、奄有諸華之意、言吳蜀以擒滅比亡國、而魏以交禪比唐虞、既已著逆順、且以爲鑑戒、蓋蜀包梁岷之資、吳割荊南之富、魏跨中區之衍、考分次之多少、計殖物之衆寡、比風俗之

清濁、課士人之優劣、亦不可同年而語矣、二國之士、各沐浴所聞、家自以爲我土樂、人自以爲我民良、皆非通方之論也、作者又因客主之辭、正之以魏都、折之以王道、其物土所出、可得披圖而校、體國經制、可得按記而驗、豈誣也哉、

すなわち本賦は、三國鼎立から西晉の統一にかけての歴史について、呉蜀の偏王たるべく、これに對して魏は禪讓による堯舜に比すべき王者たることをのべ、ひいては西晉の正統性を主張したものであった。そのための素材として、地理的環境、物產、草木、風俗、人物が取りあげられているという。もちろん後述のように、都城宮殿の記事も當然ふくまれている。

このようにみてくると、都邑はまさしく當時における歴史批判、あるいは政治批判の象徵であり、根據であったといえる。都邑は帝王政治の實現の場であり、そのためには城郭、宮殿、門闕をはじめ、さまざまな装置が配置されている。そして、そこでは儀禮儀式、狩獵、遊興など、帝王政治評價の基本的基準である諸行事が展開されている。これら可視的な要素のゆえに、都邑は當時の歴史認識にとって不可缺の存在であったのである。

もちろん、劉知幾の意圖の中には、前揭『史通』の、

（オ）至如兩漢之都咸洛、晉宋之宅金陵、魏徙伊瀍、齊居漳滏、隋氏二世、分置兩都、此竝規模宏遠、名號不一、

とあるような、漢以後、傳統的帝都たる長安洛陽以外の都邑が出現し、それぞれに規模特色を異にするという現實とそれらの記錄の必要性からする要請もあったに違いない。しかし、それらのためにとくに志を設けるのは、單にそれら諸都市の規模、名號を記錄するだけではなく、その記錄による歴史批判を最終的には意圖していたと考えるべきではないだろうか。

第二節　「都邑」と地理的世界

（一）「都邑」の要素

では、そのような意義を附された「都邑」の敍述はいかなる要素によって構成されるのか。前節ですでに一部言及したところであるが、あらためて確認しておこう。

前掲『史通』に、

（ケ）如宮闕陵廟、街廛郭邑、辨其規模、明其制度、斯則可矣、及愚者爲之、則煩而且濫、博而無限、論榱棟則尺寸皆書、記草木則根株必數、務求詳審、持此爲能、遂使學者觀之、瞀亂而難紀也、

とあるように、そこには都邑本來の屬性であるべき「宮闕陵廟、街廛郭邑」の規模や制度はもとより、時には尺寸まで記述した「榱棟」や根株の數まで記述した「草木」にいたる記事がふくまれる。これら枝葉末節の記事はともかく、都邑の建築物や街區、城壁の記事がもつ意味については、後に考察することにしたい。

『史通』が「都邑志」「都邑簿」の實例として言及する書籍は、前者については、書志篇で（カ）「遠則漢有三輔典、近則隋有東都記、於南則有宋南徐州記・晉宮闕名、於北則有洛陽伽藍記・鄴都故事」といい、後者については雜述篇で（ク）「潘岳關中・陸機洛陽・三輔黃圖・建康宮殿」とのべる。『洛陽伽藍記』や輯本『三輔黃圖』以外は、零細な佚文が殘るのみであるが、たしかにその佚文には、そのような記事があることを確認できる。とくに『晉宮闕名』『建康宮殿（簿）』などは、その典型である。[4]

つぎに都賦の內容については、その長大な文章から、敍述にそって言及する事象のあらましを摘記することにした

い。まず「兩都賦」は、長安に關して、

立地と地理環境　市場の繁榮　王室七陵　天子の直轄地の狀況　郊外の自然環境　宮室宮殿後宮　百官　苑池と狩獵遊興

洛陽に關しては、

光武帝卽位と帝德　永平の治世とその內容としての狩獵　敬神　饗宴　勸農　新百官　洛陽の自然環境

を順次のべている。

張衡は西京については、

地勢と自然環境　帝都の計畫　宮殿造營　未央宮・甘泉宮・建章宮・後宮諸殿　閣道　城郭　九市　住民の富家と遊俠　禁苑と草木鳥獸　上林の狩獵と遊興　百戲

を、東京については、

地勢　光武と明帝　宮殿　郊外　明堂と朝賀　天子の謁見と出行　車駕と行列　祭祀・籍田・大射　上林の狩獵　宮廷の儀式

をのべる。いずれも長安については、宮殿、市場、苑池などに紙幅を多くさき、洛陽については、施設より治世の內容に詳しいということろが共通する。

「三都賦」についていえば、蜀都・吳都・魏都いずれも、山川地勢・物產珍異・宮殿邸宅・道路門闕・市場と商品・苑池と草木鳥獸などが、それぞれ順序は異なるが、包括的に列擧されている。

このような要素から構成される「都邑」の空閒は、一般的な生活の場である地方郡縣の城內外や鄕村とはおそらくは全く異質のものであろう。しかしまた、そこには普天の下、率土の濱のあらゆる自然と人工の諸物が網羅され、集約されている。壮大華麗な宮殿門闕や整然たる街區、物産商品が山積する市場、廣大な苑池と群れをなす草木鳥獸、豪奢な狩獵と饗宴、それらがしめす帝都の非日常性や神聖性は、皇帝支配體制の可視的裝置である。その敍述は、たしかに劉知幾の主張するように、通常の地理敍述とは異なる、ひとつの特別な範疇に値するといえる。

（二）「都邑」の敍述の分類

劉知幾が上記「都邑志」「都邑簿」に屬するものとして書名をあげた諸書は、かれに先行する時代のもっとも基本的な書籍目錄である『隋書』經籍志においては、史部地理書のなかに含まれる書が多い。『史通』をさかのぼること五〇餘年の『隋書』經籍志の史部の分類は、以下の一三種からなる。

正史　古史　雜史　覇史　起居注　舊事　職官　儀注　刑法　雜傳　地理　譜系　簿錄

『史通』が正史以外の史部書分類一〇種の一としてあげる「都邑簿」は、これより分類數の多い『隋書』經籍志の史部の分類一三種にはなかった。それは『史通』において、はじめて出現した分類なのである。

しかしそれは隋志の分類の問題であって、もちろん「都邑」に關する書籍が存在しなかったわけではない。『隋書』經籍志では「地理書」に分類された『洛陽記』『三輔黃圖』は書名からみて、あきらかに都邑に焦點を當てた敍述といえるし、この兩書以外にも、類似の書籍はおおい。

たとえば邱敏は、六朝時代に盛行した地理書を、總志匯編、州郡方志、都邑山川寺觀、風俗物產、行記邊疆外國の五種に分類し、その存目表を提示する。[5]また胡寶國は『隋書』經籍志地理類の書籍を、山水、都城、宗教および域外關係、地名、少數民族、征記、總志、州郡地志の八種にわける。都邑が地理書分類の重要な一項目とみなされているのである。

もっとも、邱敏著においてその存目表に收載された都邑の書は、『武昌記』『洛陽圖』『京口記』『壽陽記』『建康記』『京邦記』『建康宮殿簿』の七書であり、そのうち『武昌記』『壽陽記』『建康記』『京邦記』『建康宮殿簿』の五書は隋志になく、京口と壽陽がいわゆる「都邑」なのかについて疑義があろう。[6] また胡寶國著では、都城に屬する書籍として、『洛陽記』『鄴中記』をあげるのみである。[7]

ここで都邑の分類について、具體的に『史通』と隋志を比較検討してみよう。前述のように、「都邑志」に數えられているのは、漢の『三輔典』、隋の『東都記』、南朝宋の『南徐州記』・『晉宮闕名』、北朝の『洛陽伽藍記』・『鄴都故事』であり、「都邑簿」では、潘岳『關中（記）』・陸機『洛陽（記）』・『三輔黃圖』・『建康宮殿（簿）』である。この諸書のうち、『東都記』『晉宮闕名』『鄴都故事』『關中（記）』『建康宮殿（簿）』は隋志に著錄されない。このような『史通』と隋志における著錄の有無の差は、その當時の該書の存否、あるいは存否の情報による可能性があるから、ここではこれ以上詮索しないが、それ以外の、陸機『洛陽（記）』『三輔黃圖』『洛陽伽藍記』『南徐州記』は隋志史部地理書に著錄されている。

一方、「都邑」の類目をたてた『史通』には、前述のように地理書も類目として存在した。『史通』におけるこの地理書概念に該當する書は、雜述篇で、

若盛弘之荊州記、常璩華陽國志、辛氏三秦、羅含湘中、此之謂地里《ママ》書者也、

若朱贛所採、浹於九州、闞駰所書、殫於四國、斯則言皆雅正、事無偏黨者矣、

というように、『荊州記』・『華陽國志』・辛氏『三秦（記）』・羅含『湘中（記）』[8]、朱贛及び闞駰の書を例擧する。[9] このうち、『荊州記』が隋志史部地理書、『華陽國志』が隋志史部覇史にあり、『三秦（記）』『湘中（記）』は隋志にない。

なお、書志篇では、隋志において地理之記に屬する『臨海水土異物志』『陽羨風土記』『地理書』『水經注』の四書

に言及するが、それは地理ではなく、方物志に關する議論の箇所においてであり、この點は後に別途論じることにする。

さてそうすると、『史通』と隋志の都邑と地理の分類は、具體的な書籍についてみると、地理書についてはほとんど共通であり、都邑と地理書はかならずしもその差異が明確ではないようにみえる。とくに『史通』においては都邑の書である『關中（記）』と地理書である『三秦（記）』は、前者が關中地區の秦漢時代の宮殿・池苑・廟宇・陵墓を、後者は秦漢時代の山川・都邑・宮室等をのべたものとされ、内容は共通するようにおもえる。[10] また『荊州記』以下が地理書で、『南徐州記』が都邑の書であるのは、書名からいっても内容からいっても、説明がむつかしかろう。ちなみにいえば、『南徐州記』は邱敏著では地理書五種分類の州郡方志に、胡寶國はその著の地理書八種分類において、州郡地志に屬せしめる。

隋志と『史通』の分類の差はどのように理解すべきであろうか。またそもそも都邑の敍述と地理書の敍述は、いかに異なるのであろうか。この點を、次節で詳しく考察したい。

第三節　地理と都邑の敍述

（一）「都邑」の敍述と地理書

京都賦の内容について、左思「三都賦」序に、次のような一文がある。

余既思摹二京而賦三都、其山川城邑則稽之地圖、其鳥獸草木則驗之方志、風謠歌舞、各附其俗、魁梧長者、莫非其舊、

これによると、かれの賦の內容は、地圖や方志から取材したものであり、しかも風俗や人物をもふくんでいた。このことは、都賦が當時の地理書や隋志が雜傳に一括した先賢傳・耆舊傳類と密接な關係にあったことをしめしている。そしてたしかに左思の賦は、前述のように、地理的環境、物產、草木、風俗、人物などの敍述によって構成されていた。そのことは、都邑の敍述と地理書の敍述はいかに異なるかのみならず、いかに關係するかという疑問をうむ。

劉知幾があらたに志目としてたてようとする「都邑志」、あるいは地理書とは異なる分類とする「都邑簿」に包攝される書籍は、當時多數出現した地理書や地方志とその本質においていかに異なるのであろうか。そのことを『史通』そのものの中で探ってみよう。

前述のように、『史通』雜述篇には、「史」的記錄について、一〇種分類をあげているが、その第九が地理書、第一〇が都邑簿であって、『史通』にも地理書の分類があり、しかも地理書と都邑の書は明確に區分されている。その區分は、都邑簿は、

（キ）帝王桑梓、列聖遺塵、經始之制、不恆厥所、苟能書其軌、則可以龜鏡將來、

であり、地里書は、

九州土宇、萬國山川、物產殊宜、風化異俗、如各志其本國、足以明此一方、

というものである。

この差は、あきらかに都邑の書は帝王列聖を尊崇し、それに基づく歷史批判が含意されているのに對し、地理書は土地と物產、風俗を記載し、各地域に關する記錄であり、ある意味で客觀的記述ととらえることができる。(11)『史通』が都邑の書と地理の書を明確に區分し、地理書類から都邑の書を分離しようとした意圖は、この差にあるのではないかと豫測される。

ところで『史通』は地理書の敍述をどのように認識していたのであろうか。上述の地理書説明では、その內容は地域區分、自然條件、物產、風俗であるが、そのような客觀性を帶びた敍述のみではなかった。雜述篇で地里（理）書の限界をのべて、

若朱贛所採、浹於九州、闞駰所書、殫於四國、斯則言皆雅正、事無偏黨者矣、其有異於此者、則人以爲樂土、家自以爲名都、競美所居、談過其實、又城池舊跡、山水得名、皆傳諸委巷、用爲故實、鄙哉、

といい、朱贛や闞駰の書が雅正で偏向がないのに對し、その他の地理書は、各自それぞれの土地を過度に贊美し、名所舊跡について民間の所傳を史實とみなすふうの問題があると批判する。つまり本來客觀的な認識對象物であるはずの地理概念に包括される諸物が、個別の地域主義的で主觀的な認識對象と化しているというのである。

じつは『史通』雜述には、これと似たような論調の議論が、別の分類の書に對してある。それは第五の分類の郡書であり、以下のような論斷と擧例がある。

汝潁奇士、江漢英靈、人物所生、載光郡國、故鄕人學者、編而記之、若圈稱陳留耆舊、周斐汝南先賢、陳壽益都耆舊、虞預會稽典錄、此之謂郡書者也、

郡書者、矜其鄕賢、美其邦族、施於本國、頗得流行、置於他方、罕聞愛異、其有如常璩之詳審、劉昞之該博、而能傳諸不朽、見美來盈者、蓋無幾焉、

汝潁江漢の地の名人を記錄した『陳留耆舊傳』以下の諸書を郡書と定義し、これら諸書を生んだその地が人材の淵叢としての榮譽を受けるべきではあるが、『華陽國志』『敦煌實錄』のごとき詳細、該博な人物記事はまれで、大半はその地においてのみ流布、愛好される自邦の人物の偏狹狹隘な記述に墮してしまっているという[12]。

いずれもその主旨は、全國的また普遍的價値のもとでの敍述であるべきものが、地域限定的かつ自邦獨善的で個別

特異な内容に矮小化されているというものであろう。浦起龍『史通通釋』雜述篇末尾の夾注が、地理書と郡書は本來別個のものでありながら、じつは無關係ではないことを指摘しているのであるが[13]、その判斷は示唆的である。

ところで、浦起龍は『史通通釋』同上部分で、都邑簿は「志規制也」（規制を志すなり）であり、そこに地理書や郡書との區分を認めている。つまり都邑簿は規制、すなわち規格や制度を記錄した書であるというのである。たしかにそうであれば、都邑の敍述は地理書とは本質的に異なるということになる。

それゆえ、つぎに都邑の敍述を、地理敍述の代表である地理志、もしくはそれに準ずる地理敍述と比較してみよう。『隋書』卷三三經籍志史部地理之記の項には、歷代地理書や地方志の内容についてのべたところがある[14]。まず正史地理志類の嚆矢である『漢書』地理志について、そののべんとする内容は、

其州國郡縣山川夷險時俗之異、經星之分、風氣所生、區域之廣、戶口之數、

であるといい、その後をおそった代表的な地理書として、西晉の人摯虞の『畿服經』をとりあげ、その内容を、

其州郡及縣分野封略事業、國邑山陵水泉、鄉亭城道里土田、民物風俗、先賢舊好、

と要約する。

後者が「先賢舊好」の敍述をふくむことについては、それが當時のあらたな地域性概念によるとおもわれることについて、かつて初歩的な私見をしめしたことがあるが[15]、以上の内容は當時の「地理」なる概念を構成すると認識された諸要素であることはいうまでもなかろう。

それでは、そのような「地理」の概念とその敍述は、「都邑」の概念とその敍述と、どのような關係にあるだろうか。前漢の首都長安、後漢の首都洛陽は、それぞれ『漢書』地理志、『後漢書』郡國志に記事があるが、それは地理志・郡國志が記錄するあらゆる郡縣の記錄とまったく同質の内容であって、その内容は上記「地理」概念に完全に包

攝されるものである。別の表現を用いれば、長安であろうと洛陽であろうと、その記事にはそれが帝都であることをしめすような他の郡縣一般とは異なる内容がほとんどみられないのである。それは帝都の屬性を當時の「地理」概念で整理し、「地理」概念に包攝されえない記事を捨象したということであろう。

『史通』が「都邑」概念を提唱するのは、この捨象された帝都の屬性を積極的に評價しようとするこころみであるといえる。このことを『史通』の「都邑」に對する定義を見つつ、やや詳しく考えてみよう。劉知幾は、すでに引用した書志・雜述兩篇で、「京邑翼翼、四方是則」、すなわち帝都は全國の模範たるべきもの、あるいは「兆庶仰其威神」、「帝王表其尊極」、すなわち帝都は帝王の權威の表現であるという認識をしめす一方で、「其惡可以誡世、其善可以勸後」、「能書其軌、則可以龜鏡將來」とのべ、帝都が歴史の教訓としての機能をそなえていることを強調する。それ故にこそ、歴代の帝都は前代に倣うものがすくなくないのであり、しかもそれは單なる模倣ではなく、「前王所爲、後王取則」、すなわち歴史的傳統と權威の尊重、踏襲ということになる。

そしてそれらの要素が如上のような意味を帶びた帝都を構成するということになる。すなわち「宮闕陵廟、街廛郭邑」「榱棟」「草木」などによって帝都はその神聖性や、模範・教訓としてのありかたを表現することができるというのである。たしかに「土堦卑室」、「阿房未央」は教訓でありうるし、建築物や草木などは帝都を莊嚴するために必須の要素といえる。『史通』がそれらに着目し、地理書の概念では覆いきれない敍述による表現を必要とする「都邑」なる概念を發想したとき、そこには成熟しつつあった唐の帝都の現實が存在していたのであるといえよう。

それらは既述のような地理書の内容、すなわち州郡とその分野、州郡の領域、村落、耕地、戸口、風俗など、全國各地に多樣な相貌をもって存在する自然と人工の所産に關する敍述を主要要件とし、この要件に基づいて各地の地域的な個別多樣性を敍述したものとはまったく異質な記事である。そして都邑の敍述に期待されるのは、山川舊跡や地域區分を中心とする個別地域の客觀的敍述に徹する地理書と異なり、主觀的な價値判斷をともなう歴史批判の役割であった。

（二）「都邑」が捨象したもの

『史通』が地理の敍述と對峙させつつ、都邑の敍述の獨立を主唱したことのもっとも本質的な意味はなにか。結論的にいえば、それは地理的諸現象の都邑への抽象と、その對極としての都邑からの捨象である。都邑から捨象された諸現象は、その結果、地理的敍述として一括されることになったと考えられる。

この點については、劉知幾が「都邑志」とならんで新設を主張する「氏族志」と「方物志」の意味との關連で檢討してみる必要があろう。書志篇にある「氏族志」「方物志」新設の必要性の主張を轉載してみよう。「氏族志」については、

帝王苗裔、公侯子孫、餘慶所鍾、百世無絕、能言吾祖、郯子見師於孔公、不識其先、籍談取誚於姫后、故周撰世本、式辨諸宗、楚置三閭、實掌王族、逮乎晩葉、譜學尤煩、用之於官、可以品藻士庶、施之於國、可以甄別華夷、自劉曹受命、雍豫爲宅、世胄相承、子孫蕃衍、及永嘉東渡、流寓揚越、代氏南遷、革夷從夏、於是中朝江左、南北混淆、華壤邊民、虜漢相雜、隋有天下、文軌大同、江外山東、人物殷湊、其間高門素族、非復一家、郡正州曹、世掌其任、凡爲國史者、宜各撰氏族志、列於百官之下、

といい、「方物志」については、

金石草木縞紵絲枲之流、鳥獸蟲魚齒革羽毛之類、或百蠻攸稅、或萬國是供、夏書則編於禹貢、周書則託於王會、亦有圖形九牧之鼎、列狀四荒之經、觀之者擅其博聞、學之者騁其多識、自漢氏拓境、無國不賓、則有筇竹傳節、

篘醬流味、大宛獻其善馬、條支致其巨雀、爰及魏晉、迄於周隋、咸亦遐邇來王、任土作貢、異物歸於計吏、奇名顯於職方、凡爲國史者、宜各撰方物志、列於食貨之首、

という。

都邑志およびこの二志新設の主張について、前述のように、書志篇には以下の疑問の想定がある。

或曰、子以都邑氏族方物、宜各纂次、以志名篇、夫史之有志、多憑舊說、苟世無其錄、則闕而不編、此都邑之流、所以不果列志也、

すなわち、志なる記述はそもそもそれらの事象に關する先行する記録があって編まれるのであり、都邑・氏族・方物の志がないのは、そのためであるという疑問である。それに對する劉知幾のこたえは、都邑については、「案帝王建國、本無恆所、作者記事、亦在相時」とのべたうえで、(カ)の『三輔典』以下を例擧し、氏族・方物については、それぞれつぎのようにいう。

譜牒之作、盛於中古、漢有趙岐三輔決錄、晉有摯虞族姓記、江左有兩王百家譜、中原有方思殿格、蓋氏族之事、盡在是矣、

自沈瑩著臨海水土、周處撰陽羡風土、厥類衆夥、諒非一族、是以地理爲書、陸澄集而難盡、水經加注、酈元編而不窮、蓋方物之事、盡在是矣、凡此諸書、代不乏作、必聚而爲志、奚患無文、譬夫涉海求魚、登山採木、至於鱗介脩短、柯條巨細、蓋在擇之而已、苟爲魚人匠者、何慮山海之貧罄哉、

つまり、氏族・方物志の場合にも、その素材となるべき先行書籍があるのであり、それが氏族志においては『三輔決錄』以下の諸書[16]であり、方物志では『臨海水土異物志』『陽羡風土記』『地理書』『水經注』である。『三輔決錄』は隋志では雜傳、『百家譜』が譜系に、後四書はいずれも隋志の地理之記に著録される。

これら先行諸書を集約して都邑・氏族・方物三志を編纂すべしという『史通』の主張が目指すところは何なのか。すくなくとも、都邑志に關していえば、すでにふれたように、長安・洛陽以下、政治的分裂によって複數の都邑が出現し、それら都邑に關する多數の低劣な敍述が續出した結果、都邑の敍述がその表現すべき都邑の神聖性を損壞したのであり、そのためにそれら諸書の敍述を集約し、夾雜物を捨象し、都邑を抽象化することを目して、志を設けるべきである、というように理解できるであろう。

かりにそう理解できるとすれば、氏族・方物二志にも、同軌の論理がはたらいているとみなせる。すなわち、氏族志のばあいには、各地の有力家の譜をはじめ、趙岐・摯虞の書など、志の撰述の基礎となる著述はすくなくない。しかしそれらを原型のまま採擇して志を編めというのではもちろんない。特定の視角から、抽象化の作業を經て、本來の志であるべき敍述へと昇華せよと主張しているに違いない。郡書に對する『史通』の嚴しい評價は、このことと無關係ではない。

方物志のばあいも同様、『臨海水土異物志』以下の諸書の內容をそのまま盛り込んだ全國の物產一覽、風俗便覽を編むのではもちろんないであろう。そこには、各地物產・風俗の個別性と地域差を捨象し、「普天之下、率土之濱」の象徵として、物產・風俗が抽象的に集約されたと理解すべきであろう。

このような集約と抽象化、敍述の昇華作業は、京都賦の撰述方針と通底するところがある。京都賦は全國のあらゆる地域性の總合と抽象化を經て、そのすべてが完備された空閒としての帝都を敍述したものといえる。それゆえにこそ、帝都は規範でありえ、神聖性と尊嚴性をそなえうるのである。そこには、逆に全國の各地の個別性はもはや存在しないことになる。

このように考えることができれば、都邑と對極的に、地理敍述の本質は、各地の自然條件とその山川から人物・風俗・物産等々に至る個別性ないし具體性の敍述であったということになる。單純化して對比すれば、集約され典型化された抽象像の都邑と擴散し個別化された具體像の各地域とでもいえようか。

むすび

以上に、『史通』の都邑に關する二つの主張、すなわち正史の志の一つとして都邑の神聖性と象徴性の敍述を主眼とする「都邑志」の編纂、都邑に關する書籍分類として「都邑簿」の設定を素材に、當時の都邑と地理の敍述に關する劉知幾の認識をさぐってみた。

都邑に關する敍述は、すでに京都賦で開花していたが、そこには都邑を素材にした歴史批判の意識が濃厚にみられる。劉知幾の都邑に關する意識もまた、その敍述が歴史意識と不可分の關係にあるというところから出發しているとおもわれる。

ただ、劉知幾の主張はかれのその認識のみから生じたとは考えがたい。むしろかれがその議論の素材として言及した地理的敍述の大量の出現がその背景にあり、それに觸發されて、地理的敍述と都邑の敍述の峻別、ないしは兩者の本質的機能の差を認識したところに、この主張が生まれたとみるべきであろう。

したがって、地理的敍述に關する『史通』の認識や主張は、根源的には六朝時代における地理的敍述の狀況に起因するというべきであろう。そしてそれはほぼ以下のように要約できよう。

都邑の側からいえば、最初にのべたような六朝時期の「都邑」に關する特殊歴史的な狀況の出現が反映されている。すなわち、分裂期における各地での諸政權の自立とそれぞれの正當性や正統性の主張と競合という狀況のなかで、それら諸政權の權力の象徵である王都の役割が可視的要因として重要視されたことが根底にあり、『史通』が從來の地理書とは異なる內容をもつと認識するに至った諸敍述が出現していたことが背景にある。

しかしそれらの敍述は、從來から存在する一般的地理敍述の枠組を拔け出せず、したがってその本來の目的を十分に達成することのむつかしい地平にとどまっていた。そこに劉知幾の主張が成立する前提があった。

一方、地理の側からいえば、漢唐閒において各地の自然的諸條件や人文的歷史傳統に關する鄕里意識が、他地域との競爭的主張として釀成された結果、各地域にはそのことを記述する書籍が陸續と編纂された。それらは構成には一定の共通性を有したが、敍述內容は當然のことながら、個々に局地的かつ個別的であり、かつある種の地域主義的色彩を帶びていた。しかしそこには、政治的中心として特別な意味をもつ都を特異な空閒として差別化する敍述はなかった。各地域であれ、都であれ、そこにある一般的な地理的要素、すなわち例えば山川湖沼、名勝舊跡、風俗、人士は、そのことに關する敍述において、各地と都邑を區別するものとはならなかった。それらを捨象してはじめて、地理的敍述は個別性具體性から脫して、普遍性と象徵性をもつことが可能となり、都邑の敍述として存在しうるのである。

劉知幾による都邑の敍述の主張は、劉知幾自身がその眼でみたはずの六朝時代の地理的敍述の性格や實態を照射するものといえるのではなかろうか。[17]

註

（1）　靑山定雄「六朝時代に於ける地方誌編纂の沿革」（『池內博士還曆記念東洋史論叢』一九四〇）、「六朝時代の地方誌について」（『東方學報』東京一二―三・一三―一、一九四二）、中村圭爾「六朝史と「地域社會」」（初出一九九五、『六朝江南地域史研究』二〇〇六に再錄）、邱敏『六朝史學』（南京出版社、二〇〇三、南京）等參照。

(2) 前掲邱敏『六朝史學』一七九頁以下、胡寶國『漢唐閒史學的發展』(商務印書館、二〇〇三、北京)一六〇頁以下參照。
(3) この「京邑翼翼」という表現は、左思「魏都賦」の「翼翼京室」にも基づくものかもしれない。
(4) 王謨『漢唐地理書鈔』(中華書局、一九六一、北京)、劉緯毅『漢唐方志輯佚』(北京圖書館出版社、一九九七、北京)、中村圭爾編『魏晉南北朝都城史料輯佚(初稿)——洛陽・鄴・建康篇——』(大阪市立大學文學研究科都市文化研究センター、二〇〇四)參照。
(5) 前掲邱敏『六朝史學』一七九頁以下。
(6) 一方で『丹陽記』が州郡方志の類に入っている。
(7) 前掲胡寶國『漢唐閒史學的發展』一六〇頁。
(8) なお、『史通』より約九〇年後の『通典』一七一州郡一州郡序に、

凡言地理者多矣、在辨區域、徵因革、知要害、察風土、纖介畢書、樹石無漏、動盈百軸、豈所謂撮機要者乎、如誕而不經、偏記雜說、何暇編舉、或覽之者、不責其略焉、

といい、その自注に、

謂辛氏三秦記、常璩華陽國志、羅含湘中記、盛弘之荊州記之類、皆自述鄉國靈怪、人賢物盛、參以他書、則多紕謬、既非通論、不暇取之矣、

という。『史通』があげた地理書の代表格の四書は、當時共通の認識であったか、あるいは『通典』が『史通』の論の影響を受けたか、いずれかであろう。なお、隋志史部地理書には、これらの内『荊州記』のみ錄し、『華陽國志』は覇史の類にある。
(9) 九州の記事を採錄したという朱贛の事蹟は、『隋書』經籍志史部地理之書序文に、

其後劉向略言地域、丞相張禹使屬朱貢條記風俗、班固因之作地理志、

とあるが、詳細は不明である。闞駰についても、かれが撰者である『十三州志』一〇卷が隋志地理書に著錄されるが、四國を書記したことに關しては不明である。
(10) 劉慶柱輯注『三秦記輯注・關中記輯注』(三秦出版社、二〇〇六、西安)「三秦記輯注」・「關中記輯注」各序言。

(11) 漢六朝の地理敍述の變遷とその意味については、中村「漢唐閒における地理の敍述とその系譜」(『郵政考古紀要』第五〇號、二〇一〇)に考察がある。
(12) なお、これら郡書の隋志における分類は、『陳留耆舊傳』『汝南先賢傳』『益都耆舊傳』『會稽典略』が雜傳、『華陽國志』『敦煌實錄』が覇史であり、『史通』と隋志の分類がここでも異なっている。
(13) 浦著卷一〇雜述篇末尾の「都邑簿」の夾注に「更與郡書地理有辨」とあるが、これは都邑簿、郡書、地理書三者がたがいに關連しているという認識を前提に、しかし區別があるという意味であるに違いない。
(14) 註(11)中村論文參照。
(15) 註(1)中村「六朝史と「地域社會」」參照。
(16) 兩王百家譜は、隋志譜系著錄の王儉『百家集譜』・王僧孺『百家譜』、摯虞族姓は、おそらく『晉書』本傳にみえる『族姓昭穆』であり、氏族の先祖・家系を著述したもの、方思殿格は、『魏書』柳冲傳にみえる方思格であり、各地の氏族の序列を記し、選擧の用に供したものであるらしい。『史通通釋』卷一參照。
(17) 本章における議論では、とくに注記しないが、以下の諸書を參考にしたところがある。章宗源『隋書經籍志考證』・姚振宗『隋書經籍志考證』・張鵬一『隋書經籍志補』(以上『二十五史補編』所收)、王謨『漢唐地理書鈔』(中華書局、一九六一、北京)、張國淦『中國古方志考』(中華書局、一九六二、北京)、興膳宏・川合康三『隋書經籍志詳攷』(一九九五)、劉緯毅『漢唐方志輯佚』(北京圖書館出版社、一九九七、北京)。

第四編　研究史

第一六章　六朝貴族制論

はしがき

六朝貴族制は六朝史研究中多くのすぐれた研究にもっともめぐまれた分野である。貴族制論争の存在そのことが、その原因でもあり、かつ結果でもある。それゆえ貴族制研究を總括しようとするこころみは折にふれてくりかえされ、いずれも特色ある研究史批判がすくなからず公表されている。[1]本章もその驥尾に附するものであるが、論争に焦點をあてるため、主として研究者閒の見解の相違や對立點をきわだたせることに意をもちい、かならずしも貴族制研究總體の諸論點や到達水準の紹介とはなっていないことをはじめにおことわりしておきたい。

第一節　貴族の意味

わが國で魏晉南北朝時代を貴族制の時代、あるいは貴族制社會と定義するときの、貴族ないし貴族制という用語には特定の意味がある。まず注意しておかねばならないのは、貴族という用語が中國史研究の學問上の用語と概念であって、歴史的な實體とかならずしも完全に一致していない點である。

歴史的實體として、魏晉南北朝時代に政治的・社會的に特定の特權や優越性を世襲的に獨占するものが存在したことはほぼ承認されており、それらを貴族と稱することは比較的はやくからおこなわれていた。一方、貴、貴人、貴族という語が實際に魏晉南北朝時代に存在した。越智重明一九六二が指摘しているように、貴族制研究の一部にはそれらの用語の內容を分析しようとする方法もあり、その分析の結果、先にのべた實體と、當時の用語が表現する存在とに一定の共通性があることも判明してきた。

しかし、貴なる語は第一義的には賤に對するもので、官職の高下を表現する。一方、今日われわれが一般にもちいる貴族の語で表現される存在も多くのばあい高官職についており、したがって當時の語である貴と共通する部分はあるが、重要なことは、兩者が完全にあいおおうものではない點である。たとえば貴であることがわれわれのいう貴族の前提ではなく、われわれのいう貴族がすべて貴であるわけではない。貴族は貴であるが故の存在ではなく、他の諸條件によって成立した存在なのであり、貴であることは貴族の單なる一側面にすぎない。このような意味で、われわれのいう貴族の語は歴史上の用語とかならずしも一致しないのである。

ところが、實は以上のような貴族の定義のしかたそのものにすでに問題がひそんでいるのであり、そこに貴族制論爭の根のふかさがある。そのことをはっきりさせるために、貴族とはいかなる範圍をもつ存在なのかについての研究者の概念をみてみよう。後にふれるように、貴族を累世官僚家としてとらえようとするのは貴族の定義に關する有力な立場の一つである。しかし累世官僚というのは、累世と官僚のいずれをとってもきわめて相對的な基準といわざるをえない。とくに累世の方はいかなる程度の世代が貴族たる條件になるのか、歴史的にみてもほとんど確定的基準はない。したがって、この立場で、ある人物が貴族であるかいなかを判定するのは非常に困難といわざるをえなくなる。

ちなみにいえば、このような累世、すなわち世襲性の意味についてはやく問題の指摘をおこなったのは越智一九六二であった。かれは當時の政治的支配者層の世襲的性格について、それがこの時代にかぎられたことでなく、他の時代にくらべて世襲性が一段と濃厚であったという「程度」の問題であると斷じた。[2] この發言は、のちに谷川道雄一九六六によって、それでは六朝社會も貴族制に關する限り何ら特別の質をそなえた社會ではないということになるのではないかと反問されることになったが、こと貴族の範圍の限定という側面からいえば、累世官僚家という貴族の定義への重要な問題提起といいうる。ただし、ここでは世襲性はその「程度」が問題とされているだけで、その世襲性を可能とし保證したものが何であったか、換言すれば世襲性の質は問題となっていない。

一方で、貴族をより制度的に限定する立場があった。宮崎市定一九五六は、貴族階級とほとんど同義で士族の語をもちい、その士族の範圍を門地二品とし、また越智重明一九八二では、「族門制」[3] なる體制を想定し、上級士人甲族・下級士人次門・最下級士人後門・庶民三五門からなる身分制中、貴族に該當するとみられる甲族は鄕品一・二品、五・六品官起家、一品官が極官という明確な範圍をくぎっている。このような基準はある程度絶對的なものであり、これによって一群の特定のひとびとを限定することは可能である。

ところが、こうして範圍を限定されたひとびとは、すでに右の宮崎・越智兩説にみえるように、當時士、士大夫、士族などとよばれた存在にほぼ該當するのである。極言すれば、われわれが貴族とよぶものたちの歴史上の呼稱は士、士大夫、士族なのである。しかし、かれらが當時の貴なる概念に完全に一致するわけではけっしてないのである。

このように、われわれが今日もちいる貴族なる用語は二側面で歴史的存在と乖離しているのである。にもかかわらずあえて貴族という用語や概念が依然としてもちいられているところにこそ、わが國における貴族制研究獨自の問題意識がある。端的にいえば、そこには土地所有を契機とする經濟的諸關係や、官職封爵を媒介とする政治體制上の上下關係以外のなにかに存在の本質的契機をもつ支配層を想定し、それらを中心とした體制に眞の中國的世界をみいだそうとする意識がある。

中國における魏晉南北朝史研究にまったく對蹠的に、わが國の貴族制研究において、その土地所有者としての側面がほとんど論點たりえないのもそのあらわれである。ただし、當然當時の實質的な社會の支配者であったとみられる豪族・大土地所有者と貴族の關係は重要な問題であり、右のような意識に基づき豪族との對比において貴族を定義しようとする方法がしばしばとられる。

この點については、本來貴族とは「豪族が發達し、政權と結合して成立するもの」（宮崎一九五六）であるとしても、兩者は概念としては異質であるという認識が今日では一般的になっている。守屋美都雄一九五一は、貴族は累世官僚家であって、大姓・豪族とはかならずしも同一概念でないとのべ、川勝義雄一九五〇は、豪族は社會的概念であるが貴族はそれに官位によって高貴性が附與されたものであり、本來政治的概念であるという。森三樹三郎一九五四は、貴族は何よりもまず官職貴族であり、しかもそれに教養がくわわってより完全なものとなるのであり、土地所有は貴族であることの必須條件ではないとまでいった。越智一九五六も貴族は本來政治的存在であり、貴族と豪族はその機能においても、政治的社會的に異なるといい、矢野主稅一九六一ａもまた、政治的存在としての官僚貴族を貴族の定義とする。みられるように、これらの定義において、貴族は土地所有を契機として支配者的地位にたつ豪族と峻別されているのである。ここで政治的というのは、要するに貴族がその存在形態としては、私的所有者として存在する（すなわち社會的な）豪族と異なり、しばしば官僚、しかも高位の官僚の姿をとるという意味なのである。

では、高位の官僚たることが貴族と直結すると理解すべきであろうか。たしかに、累世官僚家や官僚貴族を貴族の定義とする見方は有力な立場として實在する。しかし、貴族の本質を官僚制の問題としてとらえるべきではない、換言すれば魏晉南北朝の貴族が官僚として他の時代と異なる形態をとり、あるいは他の時代に比してより門閥的、または世襲的傾向が強かった點に貴族としての本質を認識すべきではないという重要な指摘が谷川道雄一九六六によってなされているのである。かれはいう、

> 當時の支配層が國家權力の存在によって始めて成立し得ているという意味で官僚的であるのか、それとも、支配層は國家權力の存在を前提とせずそれ自身として支配者であるが、ただその存在形態において官僚的性格を帯びるのかという問題に歸着する。（傍點谷川）

われわれが貴族という語をもちいることがわれわれの問題意識の所在を表明している、とさきにいった。しかし、こうみてくると貴族の概念そのものが研究者個人によって微妙なところで齟齬をきたしていることを認めざるをえなくなる。事實、貴族という語が表現する歴史的存在は研究者によって異なり、なお統一的な限定がなされているとはいいがたいのである。

第二節　貴族制の概念

貴族を中心とした體制を貴族制と稱するが、この貴族制の概念についても最初に理解しておくべき問題がある。それはこの概念がかならずしも統一されているのではなく、大きくいって二つの異質な概念が併存していることである。一は貴族制を魏晉南北朝の時代や社會全體にわたる體制、あるいは時代や社會を規定する體制であると考えるものであり、別の一は貴族制を魏晉南北朝時代のあらゆる歴史現象の内の一部を指すものであると考えるのである。この點をやや詳細に説明しておきたい。

前者の考えを自覺的、かつ明確に表現したのは谷川道雄一九六六であった。かれはいう、

わたくしたちが六朝社會が貴族制の社會であるというとき、それは貴族制というすがたに集約された人間社會の歴史性が、どのような社會現象をも（たとえ皇帝權であろうとも）貫いている狀態を豫測するのであって、そうであって始めて歷史的範疇とよぶことができるのである。

表現は異なるが、このような歷史的範疇という意味での貴族制社會の概念をもちいていたのは川勝義雄である。川勝一九八二はいう、

貴族制社會は、いうまでもなく漢帝國の統一が崩れたあとの、分裂と戰亂の六朝時代に形成され持續して、さらに唐代にもおよぶ時代を特色づける體制だと考えられるが、そこで政治・經濟・文化など、社會のあらゆる面をリードした貴族、または豪族とよばれる社會層は、武人として封建領主化する方向をとることなく、教養をそなえた文人として官僚機構を形成し、これを掌握することによって、その支配體制を維持していった。それは、軍事力を專有する武人たちが領主制の形で貴族階層を形成するヨーロッパや日本の中世封建社會とは全く樣相を異にする社會であって、さしあたり貴族制社會という特殊な用語でよぶよりほかないものである。

川勝は世界史に類のない特別の性格をもつこの時代を表現するために、貴族制社會という語をもちいた。その貴族制社會は、いわばこの時代全體の特殊な性格をその一語に象徵させた用語なのである。

谷川・川勝の貴族制概念を繼承し、より具體的に當時の歷史實態に卽して說明するのは安田二郎一九七〇である。かれはいう、

中央官界では特定の門閥貴族が獨占的に活躍し、地方社會においては豪族・土豪層を中心に、牢固たる豪族體制が、自律的に形成確立されている。彼らは政治、社會、經濟、文化などのあらゆる部面における指導層であり支配層であったのである。そして、これらの貴族、豪族、土豪は、――例えば貴族は官僚的性格が強く、豪族、土

豪は在地土着性が強いといった相違はあったが――本質的に同一の内的構造と性格を有するものと想定される。一般に貴族制とは、社會内部で自律的に形成された、このような貴族―豪族―土豪――一般民衆といった階層的構造をもつ特殊時代的なる統一と秩序の國家＝社會體制全體を指して呼ぶ。（傍點安田）

川勝と安田は當時のあらゆる歴史的現象を主導した存在として貴族を想定し、それゆえにそのような時代や社會を貴族制とよぶという點で共通しているが、川勝が封建社會と對比することであきらかなように經濟的社會構成をふくむ體制全體として貴族制概念をもちいるのに對し、安田はある特殊な時代性をもつ構造が普遍的に貫徹されている體制として、換言すれば政治的社會的體制として貴族制概念をもちいているようであり、かならずしも兩者の概念規定は等質とはいえない。しかし、貴族制概念がこの時代のすべての歴史的現象の特殊な性格を集中的に表現するものであると認める點で、兩者は一致しているのである。

以上の貴族制概念とまったく異質な、もしくは對極的な貴族制概念は主として越智重明によってもちいられる。比較的最近のものであるが、越智一九八二には以下のような發言がある。

> 宮崎氏の指摘は六朝という時代は貴族制がすべてを掩っていたのではない、という點で重要である。西晉の天下統一まで、恐らく郷論とは無緣の屯田戸、兵戸が厖大な數いたし、武將は郷論といったものと無緣に活躍していた。貴族制が最も完全に近い形で存在していた西晉にあっても、郷論構成と事實上無關係の屯田戸、兵戸が厖大な數いたことは、さきの貴族制の理解を自ら規制することになる。要するに、貴族制の歴史的意義は、その外にあるものとの關連、反撥といったことの追求を通じてより深まるものである。單に貴族制そのものだけをとりあげても展望は開けにくいであろう。（傍點中村）

この發言に明確にしめされているのは、貴族制がこの時代のすべての現象に關係するものではなく、貴族制以外に存在する多くの貴族制と無關係な制度や存在と竝存するような一制度にすぎないという理解である。この文中に言及された例でいえば、屯田戸・兵戸・武将などは貴族制とはまったく無關係であり、逆にいえば、屯田戸・兵戸・武将等等のさまざまな歴史的現象の一つが貴族制であるということになる。そして貴族制もふくめたその諸現象が綜合されて魏晉南北朝の時代や社會の性格が形成されるのであると考えるのである。

右の發言よりはるか以前に、越智一九六二には、

舊來當時の貴族政治を理解するために貴族制という概念が用いられているが、これは世襲性をもつ政治的支配者層が政治上社會上にもつ對內的對外的秩序といった意味である。

という發言があり、それまでの貴族制研究における貴族制概念を端的に要約している。これは主として岡崎文夫の貴族制概念に立脚したものとみられるが、その理解は誤まっていない。そして文脈からすると、越智はこの貴族制概念を容認しているとみられるが、この貴族制概念はきわめて限定されたものであり、先にのべた谷川以下の貴族制概念と明確に異なる。

越智の貴族制概念には根據がある。右の引用文冒頭にある「宮崎氏の指摘」とは、宮崎市定一九五六の、以下のような發言である。

三國から唐に至る中國の社會は、大體において貴族制度の時代と名附けることができる。さればと言って凡ての事象が貴族制度だけで割切れるものではない。一方には之に對立する君主權が嚴存して、絶えず貴族制を切崩して之を純粹な官僚制に變形せしめようと努力していたのである。實はこの君主權の存在こそ、貴族制を貴族制に止まらしめたのであって、若し君主權が更に微弱であったならば、この貴族制はもっと割據的な封建制度に成長してしまったかも知れないのである。當時の社會には確かに封建制に移行しそうな傾向があった。三國から唐代

まで、微弱ながら絶えず封建食邑制が繼續したのは這般の消息を物語るものであろう。寧ろ本質的には封建制が出現すべき社會であったものが、君主權の嚴存によって貴族制という特殊な形態を採ったと考える方が眞相に近いかも知れない。

ここでたしかに宮崎は貴族制を一種の政治制度とみている。封建制との對比は表面上は川勝と共通するが、川勝の封建制が莊園領主や農奴などを指標とするマルクス主義的歴史概念であるのに對し、宮崎のいう封建制は、封建食邑制を中心としたもので、レーエン的封建制、すなわち法制的概念であり、その法制的概念の封建制に對比された貴族制が上層階層、または支配階級閒の、主として政治的體制の概念であることは明白である。

後にのべるように、實はこのような貴族制概念が戰前の研究において一般的であった。貴族制研究の出發點である內藤湖南は、貴族そのものは政治的存在と見てはいなかったが、貴族の主たる活躍の場は政治であると理解していた。かれは六朝から唐の中葉までを貴族政治のもっとも盛んな時代と考え、これをその時代の特色とした。內藤の學風を繼承した岡崎文夫の貴族制概念も、社會制度におよぶ可能性はふくんでいたが、主として上級の家族群の閒での現象を中心とするものであり、前述の越智の的を射た要約のようなものであった(4)。

このような貴族制概念に類似しているのは矢野主稅のものである。矢野は貴族制という用語より、門閥・門閥社會という語を多くもちい、そこにすでにかれの概念の特色がしめされているのであるが、たとえば矢野一九六一aは、こういう。

ある時代が門閥貴族社會であるというためには、單にある家が政治的に優越した地位をもちつづけたとか、一部の家が代々官僚を出したとかいう個々の事實ではなく、普遍的現象として、安定したる一つの層としての寄生官僚制の成立を考えねばならぬ。

矢野によれば、貴族社會の概念は官僚制との關係で定義されるものであり、いわば官僚層だけを包括する概念なのである。このような貴族制概念は、累世官僚家を貴族とする守屋一九五一や、世襲性の濃厚な官職貴族という森一九五四の考えに影響をうけたものであろう。ただし、ここで矢野はそれがなぜ「寄生官僚制」でなければならぬのかについては一切言及していない(5)。

以上の二つの貴族制概念は研究者各自の研究の前提であり、研究者各自の主題や方法に影響をおよぼし、貴族制論争の非常に重要な關鍵であったにもかかわらず、概念の差そのものを議論し、概念規定を統一しようとするこころみはついになされなかった。各研究者は個々の研究の中で自らの貴族制概念の正當性を主張し、强化するしかなかった。貴族制をこの時代や社會のすべてとみるか一部とみるかがすでに個々の研究者のこの時代に對する歴史認識とわかちがたくむすびついており、この時代に對する歴史認識は何よりも第一に、主としてわれわれが貴族制とよぶ歴史的現象の分析によって獲得されねばならなかったからである。

かくして、貴族制研究の視角や方法の分裂は不可避のものとなった。このことにはやく氣づいていた堀敏一が後に言及する九品官人法に關する研究一九六八で、この研究の結論と他の研究者の見解との差は、「より根本的には、貴族制を把握するに際しての觀點と方法の相違」から出ているとのべているのは示唆的である。

これからのべてゆく論争の根源や、諸説の差の出發點は實に以上のようなところにあるのである。

第三節　貴族制論爭の前提

わが國における貴族制研究は内藤湖南からはじまった。内藤は唐と宋の閒に非常に重大な變化がおきた（唐宋變革）

と考え、そこに中國史上の中世と近世の分期をみた。そして中世と近世の差として、その第一に貴族政治と君主獨裁という政治體制の差をあげたのである。

内藤一九三六は、貴族政治を以下のようなものと規定している。政治は貴族全體の專有というべきものとなっていて、君主であっても貴族政治から獨立することはできない。君主は貴族階級の共有物であって、君主の政治も貴族の特權をみとめてはじめて實行できるのであり、一人で絶對の權力を有することはできないのである。

では内藤は貴族政治の時代をこのような君主と貴族の政治權力の問題としてのみ理解していたのかというと、そうではない。かれがいうには、貴族は制度として天子から領土人民をあたえられたというのではなく、その家柄が自然に地方の名望家として永續した關係から生じたもので、當時の郡望が貴族に該當する。しかもその家柄というものは天子をも凌駕するもので、天子になってもその家柄は第一流の貴族となるとはかぎらなかったし、南朝の王氏や謝氏の家柄は天子よりも重んぜられたのである。

つまり内藤は貴族を君主との政治上の關係において論じているだけではなく、その家柄という社會の價値觀にも留意しているのであり、しかもその家柄において貴族が天子を凌駕するのを、貴族の社會の中での永續という點から說明しようとしているのである。先述した谷川の貴族制概念の前提はここである。

内藤の學風をうけ、魏晉南北朝史研究を確立したのは岡崎文夫である。岡崎一九三二は出版後すでに六〇年をへたにもかかわらず、わが國には今なおこの書を超える魏晉南北朝通史があらわれないとまで稱揚されるほど、名著の譽が高いが、本書と岡崎一九三五において、かれは貴族制に關する多くの研究を發表した。岡崎の考えでは、貴族制は南朝でもっとも盛んであり、その内容は以下のようなものであった。（一）南朝では若干の家族群が相互に階級にわかれていた。（二）階級となっている家族群と官僚組織における位置との閒にある種の關係があった。（三）階級閒には相互に階級意識があった。(四)梁武帝の政治方針によってこの制度は根本的に變化を與えられた(以上、岡崎一九三五)。

岡崎の研究は明らかに政治體制のみでなく、社會を構成する家族に視野を擴大している。しかも、政治體制をはなれて、家族閒に自律的な關係を認識し、むしろその點を貴族制の重要な要素とみとめるのである。かれはまたそのような家族に甲族・次門・後門等等の名稱があり、士族と庶人という二大身分がそれらを包括して社會の根本的秩序を形成していることをのべている。岡崎の研究は、內藤が注目した家柄という考えを基に、その家柄が何故そのような價値をもちうるかを社會の構造の中から考えようとする方法の端緒をひらいたというべきであろう。

貴族が永代つづく家柄、すなわち世家・世族であることはうたがう餘地がなく、この側面から貴族を研究する方法は無視できない。守屋美都雄一九五一は、出版は戰後であるが、研究は一九四〇年代中期におこなわれたもので、太原王氏の系譜的研究を、墓誌銘を大量に驅使して實施し、門閥とよばれるものの實態を明らかにしたものである。守屋は貴族の概念に關しては素朴な累世官僚家說であるが、その方法は矢野主税に繼承され、かれの厖大な系譜研究をみちびきだすことになる。

第二次世界大戰での日本の敗北は、日本の歷史學界にも非常に大きな衝擊と影響をおよぼした。マルクス主義歷史學が市民權をえるとともに、その「發展段階」論は中國史研究においては「停滯性論批判」「中國史の世界史的把握」とふかくかかわり、時代區分論爭をうみだした。この論爭の詳細は別に詳論されるが、きわめて重大な部分で貴族制に關係するものであった。時代區分論爭の焦點の一つは古代と中世、もしくは奴隷制社會と封建制社會の分期であり、魏晉南北朝隋唐時代を古代奴隷制社會と認識するか、中世封建社會と認識するかが焦點となったのである。分期の基準はいうまでもなく經濟的社會構成にあったから、この分期問題との關連の上で、この時代の研究の視野が生產關係、土地所有、農民、豪族、領主等等の分野へと擴大するのは當然の歸結であり、したがってまた支配的地位にあった貴族や貴族制へと波及するのは必然的であった。しかも、そのばあいの貴族や貴族制が單なる政治體制の範疇にとどまるものでなかったことはいうまでもない。すでにのべたように川勝が終始一貫して中世封建社會との對比において貴族制社會を研究する立場をとっていたことは、かれがもっとも誠實に敗戰直後の眞摯な歴史學的研究を實踐した證明であるとともに、貴族制論爭の出發點がどこにあるかを明示している。

とはいいながらも、敗戰後わずか十數年のあいだに貴族制研究がそのような方面に急激に進展するのは容易でなく、一九六二年段階で越智のみるところ、魏晉南北朝時代を貴族制とみるのは、「文化史」的立場の時代區分論であって、「發展段階」的にいってこの貴族制が古代社會のものか中世的なものかはあまり論じられていなかったという（越智一九六二）。

時代區分論爭中、とくに古代奴隸制社會研究で主導的役割を果たしたのは西嶋定生であった。かれの漢高祖集團の分析（西嶋一九四九）と春秋戰國時代の生產關係の變化の分析（西嶋一九五〇）に基づく中國古代國家すなわち家父長制的家內奴隸社會說は、權力者集團の構造が國家權力の構造形態をしめすとともに、社會の諸集團の構造形態分析の有力なてがかりになるとする分析方法が後の研究に研究方法上の多大の示唆をあたえただけでなく、この說の批判を通して當時の學界に大きな影響をあたえた增淵龍夫の所說を出現させることになった。增淵一九五一は、西嶋の方法を批判し、集團や階級的關係が成立するには、人閒のむすびつきが不可缺であり、しかもそのような人的結合にはその結合を內面からささえる人閒的な規範がなくてはならぬと主張し、その規範の役割をはたしたのは漢代社會にひろくみられる任俠的精神であるとし、ついで增淵一九五二は、この問題を民閒にかぎらず、皇帝と官僚、官僚と人民のあいだにひろげてゆくのである。增淵が主張した人的結合の內面的規範としての任俠精神、それによる任俠的結合の考えは以後人閒關係を認識するばあいの基本となった。

この例でわかるように敗戰後數年閒に公表された研究はいずれも鮮明な問題意識をもち、問題提起的であり、それに對する批判もまた銳利であって、しばしば論爭に發展した。貴族制研究にそのような研究をもとめれば、川勝義雄のそれを第一にあげねばならないが、そこには右のような時代の刻印がふかく印されている。

第四節　論爭の發端――川勝義雄の「清流」「鄕論」「門生故吏」――

敗戰後閒もない一九五〇年、川勝義雄は貴族政治の成立について、以下のような研究を公表した（川勝一九五〇）。かれはまず曹魏政府の首腦の系譜をたどり、その多くが漢末の清流（清議の徒）の家に屬することを知る。そして漢末の清流勢力は政治的には共通の儒家的國家理念、人閒的には共通の儒家的道德感情に基づいて形成された廣汎な輿論を基盤として、それ自身の原理と連結と組織をもつにいたった一つの統一體であると考える。この清流勢力が漢末の黨錮による彈壓の後も、相互にその連結をたもち、潛在した勢力として持續され、魏晉貴族へ發展してゆく。このようなものである故、貴族の性格は清流勢力の性格と關連するのであり、またかれら清流勢力の背景にあった輿論の支持のために、貴族は王朝の交替を超越して存續することが可能となった。

この論文の段階では、後の川勝の貴族制社會論の根幹となる清流勢力の社會的基盤や存在形態に關するかれの考えはまだ萌芽的な狀態にとどまっている。しかし、貴族を清流勢力とむすびつけたことは矢野主稅の批判をまねき、貴族制論爭中、とくに深刻な論爭となった。この點は次節で詳說する。

この論文に對する別の批判は增淵一九六〇ａによってなされた。增淵は川勝の清流勢力の理解のしかたは當時の知識人層の現實の動向をやや理念化していると考え、むしろ知識人層に對して批判的な態度をもちつづけた在野の逸民的人士の、その態度の基づくところの社會的基盤を探究する必要性を主張したのである。

增淵の示唆、すなわち清流勢力や逸民的人士の社會的基盤という考え方は、一九六〇年代になって公表されはじめた谷川道雄の所謂「共同體論」（谷川一九七六）とともに、川勝の貴族制論をあたらしい局面にたちいらせた。やがて川勝は漢末の黨爭を軸に、以下のような主張を公表する（川勝一九六七）。

かれはまず後漢の鄕邑社會が豪族の露骨な勢力擴大（すなわち領主化傾向）や複數豪族の抗争などによって秩序の分裂に瀕していたと考える。しかしすべての豪族がそうであったわけではなく、儒教的教養を身につけた豪族は、そのような豪族本來のすがたである勢力擴大に批判的なイデオロギーをもつことになり、矛盾した性格をおびるようになる。かれら知識人層はむしろ一般の豪族の領主化傾向や豪族閒の抗争による鄕邑秩序の崩壞に對して、秩序再建を志向するのであり、黨錮とはそのような知識人階級の、領主化傾向をもつ豪族とそれをささえる政治權力に對する抵抗とそれへの彈壓であった。この抵抗が敗北した後には、やはり豪族の領主化傾向に對する、秩序再建と共同體復活をめざす小農民の抵抗がなされるが、それが黃巾であった。この抵抗運動は敗北しはしたが、豪族の領主化を不徹底なものとし、武人領主の階級形成をはばむとともに、文人的な士階級と、それによる貴族制社會を成立せしめたのである。

ついで川勝一九七〇bは、このような鄕邑秩序の再建や共同體をめざす要求が具體化したものが鄕論であると考え、その鄕論が在地の社會から賢長者を選び、かれらが別の、より高次のレベルでの鄕論を形成して、またその中から賢長者を選ぶというような重層的な構造をもつものと考える（「鄕論環節の重層構造」と川勝は表現した）。最初の鄕論は父老層を選び、父老層の鄕論が士階層を選び、士階層の鄕論からうみだされるのが貴族であって、このような構造をもつ郷論を制度化したものが九品官人法なのである。

このようにして、最終的に川勝の貴族制社會研究は以下のようなものへと到達した（川勝一九七〇c）。

漢末の華北社會では豪族の領主化傾向が、共同體を志向する成熟した小農民層の抵抗に遭遇し、その對立のなかから儒家的教養を身につけ、自己規制的生活態度を持す知識人豪族が出現してくる。それが郷論を基盤とし、九品官人法によって貴族制社會の中心的存在となってゆくのである。

川勝はここで何故貴族が文人貴族であり、官僚であらねばならなかったかを、こう説明する。豪族と小農民の對立による郷邑社會分裂の中で新秩序が編成される必要があったが、そこでは支配者たる豪族は私的支配をもはや貫徹できず、民望として公的性格をもたざるをえなかったのであり、その公的性格は教養や官僚としての存在によってはじめて獲得が可能であったからだという。

なお、豪族の自己規制的性格というやや觀念的な發想を、川勝は當時の華北農業の生產構造が自立農民の共同體的生產を不可缺のものとしており、それを破壞することは農村のみならず、ひいては豪族の基盤そのものをも崩壞させかねず、したがって豪族は自己規制的にならざるをえなかったと推測することによって克服しようとこころみたが、それは實證されることなくおわった。後にふれるが、本論文が矢野への直接の反批判となった。

以上に要約した川勝の研究は、豪族の領主化傾向とそれに對する農民の抵抗という圖式によくわかるように、この時代を中世封建社會との對比の上で理解しようとし、あるいは何故にヨーロッパや日本の中世封建社會と樣相を異にするのかという問題意識につらぬかれている。しかし一方でかれはこの時代の歷史的現象には中世封建社會に通じるものが廣く存在したという認識ももっていて、それが門生故吏の研究として公表され、これまた論爭の發火點となった。

その最初は曹操軍團の構成の分析（川勝一九五四）であった。そこでかれはまず曹操の軍團が民間の武力集團を結集したものであると考え、その武力集團は任俠的結合關係を內部構造として持っており、それがより有力な集團に包攝されてゆくばあいにうまれる質任關係も任俠的習俗を反映していること、そして曹操軍團が任俠的人間結合にささえられた統屬關係をもつことを主張する。

一方、曹操政府の官僚が清流勢力を中核としており、この勢力の團結をささえる人間關係が一般に門生故吏關係であったとみなす。

このような任俠的關係や門生故吏關係は人格的な主從關係であり、一種の封建的人間關係であるとかれはいうのである。

これに對しても批判意見が提出され（後述）、その批判にこたえて、かれはあらためてこの時代の門生故吏關係の全體的考察をおこなった（川勝一九五八）。そこではおよそ以下のようなことが主張された。

門生故吏關係はきわめて私的な性格をもっており、王法ないし國家意志と對立するものであった。この私的性格というのは、人格的關係という性格をふくんでいる。さらにそこには恩義の關係もあるのであって、晉南朝の社會はこのような性格の私的結合關係が重層する社會であった。

かれはこうして、後述するような門生故吏關係を家父長的な一方的支配隷屬關係とみなす五井直弘說や、官界內部の上下關係を中心とする越智說をしりぞけ、門生故吏關係とは封建社會に特有の、人が人に屬する主從關係であるとみなし、そこに門生故吏關係の歷史的意味をみいだすとともに、その廣汎な存在が、この時代が封建社會に通じる性格を有することをしめすと認識したのであった。

このような硏究から出發した川勝の貴族制社會に對する認識は、晩年かれがものした一文につぎのように集約的に表明されている（川勝一九八二）。

貴族や豪族が所有する莊園には、農奴にも比すべき佃客その他さまざまの附庸者がいたし、細分化された階層的身分制や權力分散の傾向など、中世封建社會に通ずるさまざまな徵標が、この時代に廣くみられることもまた否定することはできない。いな、豪族そのものは封建領主化する傾向を本質的にもっていた、すなわち中國もまた漢という古代帝國の崩壞とともに封建社會へと進む可能性をもっていた、と假定して、それにもかかわらず、中國社會に內在する何らかの要因が、その傾向ないし可能性を顯在化させず、むしろ文人貴族の優先する貴族制社會を出現させたのだ、と考えてゆく方が、中國史を世界史の中に位置づける上で有效であろうし、また同時に、それによって中國社會の本質を理解する上でも、何らかの手がかりを得られるのではないか、というのが私の基本的な考え方であった。

第五節　論爭の展開――「家父長制的隸屬關係」と「寄生官僚論」――

川勝說に對する批判はまず門生故吏關係を封建的人閒關係とみる考え方にむけられた。五井直弘一九五四は、後漢の官吏登用制である辟召の研究によって、辟命者と辟召された故吏との關係が家父長的隸屬的關係であることを主張し、さらに五井一九五六は、それを基にして、曹操政權は辟命者たる曹操が辟召した故吏を基盤に成立した政權であるから、その政治體制は川勝說のようなものではなく、家父長的隸屬關係につらぬかれたものであると主張した。これは當時大きな影響力をもった西嶋定生の古代國家論（家父長制的家內奴隸制社會）の影響を強くうけた所說であったが、同時にこの時代が古代か中世かという分期問題を背景とする議論であったことはいうまでもない。

この五井說に對して、好並隆司一九五七は、當時の社會に家父長的支配關係が存在したことは容認しつつ、曹操政權の構造にかぎっていえば、かれの政權は辟召した「故吏」のみによって構成されるわけではなく、また故吏と辟命者の關係も、故吏が辟命者に個人的な恩義を感じるという程度の關係で、かならずしも五井のいう家父長的關係に限定されるものではないと反論した。なお、その後好並は川勝の漢末社會に關する考えに共感をしめしつつ、曹操政權を論じているが、そこでは分期問題にまでかかわるような政權構造內の支配關係、もしくは人閒關係の問題は後退しているようにみえる（好並一九七〇）。

川勝の門生故吏の說に對する批判は越智一九五七によってもなされた。かれは多量の史料に基づいて、門生故吏の關係は私的な關係をうみ、それが後漢王朝の滅亡に重大な役割をはたしたことはあったが、しかしこの關係の基本は公的關係であり、しかも故主よりも現在の主の方が官僚にとって優先的であり、故吏のもつ最大の歷史的役割は、故主が故吏を通じて官界に新勢力を扶植する點ぐらいのものであって、故吏に特殊な歷史的意義はないと主張した。これは當時の普遍的な人閒關係もしくは主從關係を典型的に表現する私的結合として門生故吏關係を理解し、その歷史的意義を主張する川勝說への疑問である。

これらの內、とくに五井の所說に對する川勝の反論は前述のように門生故吏そのものの分析によってなされた（川勝一九五八）。そこで川勝は五井の史料解釋に疑問を呈すとともに、そもそも家父長的という概念が不明確であることを指摘し、前述のような自說を表明したのである。

しかし、故吏については、その後、漢魏の辟召制の多くの事例に卽した矢野主税一九五九ａの研究が公表され、あくまで故吏關係は上司と屬僚によって形成される公的關係なのであり、私的隷屬的性格や主從的性格が强調されるべきでないこと、故吏關係に私情的恩義的なものがなかったとはいえないが、そのような性格は故吏關係だけにあるものではないことなどが主張された。

また越智一九五九・一九六〇cは、故吏を中心にしてこの問題をさらに論じたものであるが、故吏の關係はあくまで官界におけるものであるという前提にたって、上司と屬僚の恩義關係がその屬僚と天子の關係に優越することや、官界中の上下關係にも任俠的習俗に基づく恩義・報恩の關係はもちこまれているが、一方でそれらとは異質な、本來的な君臣關係も嚴存していることを主張している。

門生故吏關係についての論爭は、川勝の問題提起が當時の社會の歷史的規定にまで視點をのばして、普遍的な人閒關係を探求しようとする意圖をもち、それに應じた五井が、家父長的隷屬の概念を主張した時點では、なお川勝の意圖した問題關心の範圍內で議論がなされていた。それはいうまでもなく、最終的には六朝時代が古代か中世かという時代區分に直接かかわる議論であった。しかし、それ以後は主として故吏關係に焦點が移り、官界を中心とした官僚閒の關係へと關心が移動して、普遍的な人閒關係の問題は後退してしまった。

しかし、その時點で逆に別の重要な問題が浮上した。それは皇帝權力の支配理念（王法）と官僚閒の情誼的關係（私義）の相克という問題である。それはたとえば故吏の故將に對する服喪や異姓養子などの禮敎制度への皇帝權力の干涉の形で問題點がうきぼりにされるような性格の問題である。これについて川勝一九五八は、王法と私義は本來あいいれぬものであり、兩者の具體的あらわれである法と禮では、法よりも禮が優先され、したがって王法の貫徹が私義によってさまたげられるようになっていたと主張した。そして、私義の機能する世界は門生故吏關係をもふくんでおり、そこに門生故吏關係の私的性格と反公權的性格がしめされていると考えたのである。

これに對して、越智一九六二は、まったく反對の立場をとった。かれは異姓養子や服喪規定を根據に、王法は禮よりも高い次元にあったこと、また私情のモラルが禮としてしめされ、しかもそれが制度化されたということは、王法

が自らの優越性をたもちつつ、私情のモラルを王法運營の一環としたと理解するべきであると主張した。(6)

この問題と貴族制との關係は、皇帝權力の歴史的性格の理解のしかたと密接にかかわる點で意味をもつ。川勝には皇帝權力の支配という問題關心は稀薄であるが、越智は右のような理解とかかわらせて、晉の政治體制における皇帝權力の實態が「皇帝の一方的な支配體制の一つ」と斷言している。これはかれの貴族制理解の重要な要素である。

しかし、この理解に對しては、谷川一九六六による批判がなされた。その批判は、皇帝權がそのようなものであるとみてしまえば、それは歴史性を喪失し、「一方的な支配體制」といった抽象的形式的概念にとどまってしまうのではないかというものであった。おそらくこの批判に立脚したのであろうが、越智一九八二では、魏晉南朝の天子の支配權力には、古い國家の君主權力から專制君主權力への過渡期にある一方的な支配者の權力と、鄉村社會の輿論としての鄉論と同質性をもつ部分の二面があると考え、とくに後者に歴史的性格をみようとしている。

川勝說に對するより重大な批判は、かれの貴族制成立と漢末社會をかかわらせる構想にむけられた矢野一九五八aの研究であった。その主張は以下のようなものである。後漢官僚は從來は豪族出身であるとみなされてきたが、事實は後漢官僚が貧困である例が多く、したがって豪族とは考えられず、俸祿生活者であったと考えねばならない。故に後漢官僚は俸祿支給者である中央政府へ寄生するような性格をもっていた。

一方、西晉の有力官僚家をみると、後漢時代以來の名門官僚家はきわめて少數であるだけでなく、川勝のいうような淸流勢力で西晉の有力官僚となったものもすくない。淸流勢力はむしろ三國の前後に沒落したものが多い。では西晉官僚の系譜をどこにもとめるべきであるかといえば、それは魏政權に密着したものたちである。その魏の官僚は本來は社會的勢力のある豪族であったが、漢末の混亂に際して保身のために政權に結びついたのであり、しかも官僚となってからは俸祿を經濟的基盤とする寄生的存在と化した。

以上の分析によって、矢野は川勝の構想を全面的に否定したばかりでなく、門閥貴族の性格すら後漢官僚に連續するもの、つまり「寄生官僚」であったと主張したのである。

ついで矢野一九六一ａでは、以下のようなことをのべた。漢代以來、豪族の官僚化は不斷に發生し、あたらしい門閥がつぎつぎと形成されたが、その漢代以來の官僚家が相當に西晉まで連續している。ただし、後漢末三國時代に相當の地位の官僚をだし、以後西晉におよんでいる家が壓倒的であり、西晉時代には安定した官僚層が出現していた。

その西晉の官僚の生活の基礎をみてみると貧なるものが多い。貧とはいっても、士大夫の家の貧は一般庶民の家の貧とは異なるが、それでも生活に餘裕はなかったとみられる。それはかれらが本質的に土着性を脱して、俸祿に經濟生活の基礎をおくからであり、こうして西晉門閥社會は寄生官僚制として成立したのである。

矢野はその後、このような認識にそって多くの研究を公表する。矢野一九六三ｂでは、右の漢魏の官僚と政權の密着という問題を具體的に檢討し、はじめ曹操と豪族のあいだは川勝一九五四がいうような信賴關係であったかもしれないが、やがて君臣の上下關係へ轉化すると主張し、矢野一九六四では、西晉時代、高位官の中央官僚グループが相互に薦擧しあって私益を守り、中央官僚の固定した一群が成立したが、それが門閥社會の成立であるとして、寄生以外に官僚相互の結合があると考え、矢野一九六五ｂはそれらの見解をまとめ、政權と官僚の關係を軸にして、いかに門閥社會が形成され、衰退するかを分析した。また、一九五五・一九五八ｃ・一九五九ｂ・一九六〇ａ・一九六〇ｂ・一九六一ｃ・一九六二・一九六五ｃ・一九七一ｃなどの系譜的研究を精力的に推進した。

矢野の「寄生官僚論」の根據は主として官僚が俸祿生活者であるというところにあった。この發想はかれの研究に一貫したものであり、後述のように川勝との論爭をへて、一九七六年に自說を補强した一書を公刊（矢野一九七六）した際にも、その序文に、かれが多くの批判をうけながらも自說をまもりつづけたのは、累世官僚家が貧困であるばあいが多いこと、『南齊書』明帝紀建武元年條の「永明中、御史中丞沈淵表、百官年登七十、皆令致仕、竝窮困私門」という記事があるためであったとのべている。

矢野の見解にいちはやく批判をくわえたのは越智一九六二であった。まず貴族の系譜の問題については、方法として史料にあらわれた家の系譜的研究に重點をおくのではなく、選擧制度が累世官僚を出す必然性をもっていたかどうか、累世官僚の利益を世襲的にみとめるように運營されているかどうか、それが豪族が官僚、貴族となるのを排除していたかどうかなどの面からの検討が必要であるとして、矢野の方法に疑問を呈示し、あわせて貴族の系譜そのものは川勝説を是認した。

また、「寄生官僚」については、經濟生活における貧をその根據にするのは贊成できず、また貧なる表現は經濟的モラルの反映であると斷じた。

ただし越智は貴族の「寄生化」について否定するのではなく、別の意味で貴族の「寄生化」は必然的、ないし不可避のことと考えるようである。つまり高級官僚が鄕黨から遊離してゆくという必然的現象にくわえ、鄕黨側からみても、家格の固定化につれて鄕村にのこっている貴族の族人たちはその貴族にたよって高官職につく可能性が減少し、一方貴族は純然たる文官と化して鄕村の治安維持の能力を喪失し、かくて鄕村、貴族ともに相互に依存關係を稀薄化させ、その結果貴族は「寄生化」するのであり、その時期は東晉時代であるという。なお、東晉時代における貴族、とくに北人貴族の「寄生性」はさらにはやく越智一九五六で主張されている。

矢野の見解に對しては谷川一九六六もまた、それは六朝貴族の自立性や六朝社會の獨自的性格を否認する方向にかたむくのではないかと疑問を發している。

以上のように矢野説に對しては越智、谷川による疑問の呈示があったが、そもそも矢野の研究は川勝の貴族制社會認識の根底への批判であったのであり、川勝の反批判は必至であった。矢野の最初の川勝批判論文公表後一〇餘年をへて發表された川勝一九七〇ｃの文章は鋭鋒をあらわにしたものであった。かれはまず「寄生官僚論」の根底には「皇帝の一方的な支配體制」という發想があり、しかもその發想は元來西嶋定生の影響をうけたものでありながら、矢野のばあい、西嶋と異なり抽象的形式的概念にすぎないと論斷する。

ついで矢野の多くの事例に卽しておこなう分析を統計的手法と評してその有效性に疑問を表明し、最後に、政權に密着するかいなかを重視する矢野の思考を、一定の時代の特殊な狀況を解明しようとする歷史的理解ではなく、單純な一般原則をもちだしたものにすぎず、抽象的形式的な理解でしかないとまで評したのであった。

それにつづけて川勝が展開した研究は、前述のように、豪族の領主化傾向と小農民の抵抗、それを社會的基盤とする清濁二流の對立と鄕論の構造、鄕論を制度化した九品官人法による文人支配體制の完成などを骨骼としたものであった（川勝一九七〇ｃ）。

川勝のこうした社會構造のなかから貴族制社會の成立を歷史的に說明しようとする方法は、その方法自體が矢野の方法に對する批判としての意味をもっていた。ただし、川勝はここで「統計的手法」によった矢野が根據とした漢魏官僚家の系譜の非連續については一切言及せず、川勝說を支持した越智一九六二にふれて、貴族を寄生官僚的と理解する越智ですら川勝說を一應是認するとのべただけであった。

矢野の反論はただちになされた（矢野一九七二）。それは主として淸流勢力の分析によって川勝の淸流勢力が魏晉貴族の源流であるという所說を否定しようとするものであった。その說の要旨は以下のようなものであった。後漢末、各地に社會の指導者と目される人物が存在し、それらの內、京師に集合した士大夫のあいだで品評がなされて、名士が出現した。それは政治的立場によるグループではなかった。一方、反宦官的、すなわち政治的基準によって認定されたグループも存在し、それを黨人という。したがって名士と黨人はその範疇を異にする。そして清流勢力の中心はこの黨人なのであり、清流と濁流の對立は本質的には權力闘爭にすぎない。しかも清流勢力はしだいに變質し、現實主義的、體制順應的な權道派のごときものとなってゆき、あたらしい政權へ積極的に參加する道をあゆんだ。このような時世に順應し、權力に身をよせたものが門閥を形成していったのである。

矢野のこの批判は、當時の鄕邑社會の特殊な構造の内からうみだされた、獨特の政治的・倫理的理念を共有する清流勢力が貴族へと發展するという觀點から、貴族の本質や貴族制の歷史的性格を追求しようとした川勝説を、清流勢力を單なる政治勢力とみることによって否定しようとしたものであった。

閒もなく矢野は自説の補强のために一書、矢野一九七六を公表する。この書は冒頭の二章が矢野一九五八a・一九七二の再錄である以外はすべてあらたに書かれたもので、この二章の後には、「後漢末期の鄕邑の實態について」、「後漢宦官の性格について」、「後漢官僚の處世の術について」、「後漢寄生官僚制論」、「門閥の超王朝的性格について」、「曹操集團の性格の一考察」、「(結語) 後漢社會から魏晉社會へ」と標題のある諸章がつづく。この厖大な内容の逐一の紹介は避け、川勝説への反批判の直接の根據のみに限定して要約すれば、およそ以下のようなものとなる。(7) まず後漢末期の鄕邑は婚姻關係にみるかぎり平和狀態が持續していた。また宦官は豪族とは本質的に異なり、鄕黨の豪族の競合がたとえあったとしても、それが宦官と直接むすびつくことにはならない。この二點はいうまでもなく川勝の清流勢力理解への批判である。

これに、つぎのような主張がつづく。後漢官僚は保身を處世の態度の中心としていた。かれらが生活基盤を土地ではなく、俸祿におくことを規範とされていたことがそのような處世術を結果する。同時に後漢官僚はしだいに故鄕から分離し、土着性を喪失していった。この二點は「寄生官僚論」の補强である。

門閥の超王朝的性格については、それを王朝の外部に求める川勝・谷川説の根據である貴族の「自律性」、それをささえる鄕論の二點に批判をむけ、「自律性」の根據となる鄕品が官品を規定するという兩者の關係は成立していないこと、鄕論は名門・豪族を中心につくられたものにすぎないことを主張し、超王朝的性格はむしろ中正制の貴族的運用と王朝への接近によってえられるとのべた。

曹操集團についても、それは超鄕黨的集團であって、そこには中央への集中と國家權力に寄生しようとする、地方勢力から分離しつつある官僚層の動向が反映されているという。

そして最後に、門閥社會の三段階を設定し、後漢末に高級官僚層の固定的存續の一種の制度化が出現していた（第一次門閥社會）が、清流濁流の政權鬪爭と黃巾等で崩壞し、ついで人才中心、反門閥の立場で導入された九品中正制が貴族化し、門閥化の手段となって權力者や高級官僚層に利用されて第二次門閥が成立した。一方、南朝人が南北人の妥協・融和によって成立し、かれらは江北門閥社會における社會的秩序を認めず、第三次門閥社會を形成させた、と構想するのである。

六年後、川勝がその研究を一書に集成して公刊した（川勝一九八二）際、かれはたして貴族は當時の弱體化した國家權力や皇帝の權威に寄生するだけで家柄を持續できたかと反問し、「文人官僚の一黨支配體制」を中國の特質とするE・バラーシュの見解を援用して、「寄生官僚論」を受容できぬことを表明した。ただし、矢野の所説に反論することは建設的な方向ではないとして、判斷を讀者の批判にゆだねたのである。

ここはその判斷をなすべき場ではない。しかし、以下のことをのべることは許されよう。つまり、川勝・矢野はその方法や視角において、最後まで共通の地平に立つことはできなかった。矢野は川勝がその研究の前提にもっていた封建社會への強い關心の故にかれがとった、鄕邑內部の社會構造の動態的分析から貴族制社會の成立と歷史的性格を認識する方法に對立して、あくまですべての根源としての國家權力や皇帝の權威を自明の前提とし、それらと官僚との關係という局面を重視して問題を分析しようとした。かれらの對立の根底はここにあるのであり、さらにいえばその深層に貴族制とはいかなるものかという概念の分裂がある。

第六節　宮崎市定『九品官人法の研究――科擧前史』の觸發

宮崎市定一九五六は、戰後日本の魏晉南北朝史研究に最大といってよい影響をあたえ、本書をきっかけに魏晉南北朝史研究はその樣相を一變し、あたらしい水準に到達することができたといっても過言ではない。

本書の出現は、その數年後に矢野主稅と越智重明が期せずしてほとんど同時に九品官人法の研究に參入する結果をうみ、宮崎によって指摘され、解明された問題のいくつかがかれらの論爭の的となったが、宮崎自身はその論爭に一切かかわらなかった。

本書の內容は豐富である。それを逐一紹介することは不可能なので、比較的議論が集中した論點を二つだけえらび、その內容とそれに觸發された議論を跡づけることにする。その一つは起家・鄕品・官品であり、別の一つは九品官人法制定の目的と歷史的性格である。

起家と鄕品、これこそ本書の最も影響の大きかった部分であり、本書に研究史上の畫期的役割をはたさせた問題である。かれは以下のようにこの制度を考える。

九品官人法の九品には二つの意味がある。一つは中正の下す評品である。それをかれは『晉書』卷六四會稽王道子傳の「鄕邑品第」の語を省略して、鄕品と命名する。別の一つは官品である。官職を九等にわけ、その九等官に官品を附加し、その九品によって官僚制を編成するのである。

官品の九品と鄕品の九品は密接な關係がある。中正の下す鄕品の九等は官品に對應するのであり、たとえば中正がある人物を二品官にふさわしい才德があると判定すれば、鄕品二品と評したというようなものである。

ただし、鄕品二品と判定されたからといってただちに二品官に就任するのではない。とくに、靑年がはじめて官につく（起家という）ばあい、それはほとんどありえない。起家するばあい、原則的に起家の官品は鄕品より四等下である。鄕品二品であれば、六品官に起家するのである。そしてやがて上級の官品にのぼり、最終的にかれがそれにふさわしい才德とされた官品二品に到達するのである。

後にのべるように鄕品と官品の密接不可分な對應關係という考えは、九品官人法を貴族制と關連づけて意義づける際の、いわば關鍵である。しかし、この官品と鄕品の關係について矢野一九六三ａが異議をとなえた。かれは鄕品と起家官品の對應關係を多數の具體例に卽して檢討し、そのあいだに宮崎のいうような直接かつ密接な對應關係は存在しないと主張した。鄕品は任官官品と對應するのではなく、任官可能な官品の範圍をしめすにすぎないというのである(8)。

この考えは、かれの九品官人法創設に關する宮崎說への反論とも關係する。かれは宮崎のように官品と鄕品が同時に成立したとはみなさず、はじめ延康元年に九品官制が成立し、その後で九品官制具體化のために中正がおかれ、任官希望者のために設置されたのが中正の下す鄕品であったという。ただし、その鄕品がどの程度の官品につく才德があるかの表現、いわば九品官制を前提とする官才の意味であるとする宮崎說に反對はしていない。

さらに重要なのは、そもそも九品官人法は從來からある他の選擧制（察擧、辟召）を排除し、それに優先するのではなく、したがって鄕品も唯一の任官資格として官品に直接むすびついたわけではないと主張するのである。これはある意味で宮崎の研究の畫期性とみられた部分の卑小化であるとともに、從來貴族制成立と密接な關係があるとみられていた九品官人法の歷史性への疑問の呈示であったといえる。

矢野の主張にもかかわらず、鄕品と官品の關係についていえば、その後もほぼ宮崎の見解は支持されている。ただし、鄕品と官品の實際上の對應關係がたとえ宮崎說が原則をしめしたものであったとはいえ、やや變則的な例もすくなくないことは事實で、矢野の研究によって補正さるべき點があることは否定できない。

越智の研究は獨特であった。かれは後述するように九品官人法制定の目的について宮崎と異なる見解を出し（一九六三b）、中正制度に關する最初期の史料である『三國志』魏書常林傳注引『魏略』の記事について宮崎の解釋に反對し（同上）[9]、州大中正制制定についても宮崎と意見を異にした（一九六三c・一九六五b）が、鄕品と官品の關係についても特異な考えを主張した。越智一九六五bによれば、鄕品は魏中期、嘉平の變で政權を掌握した司馬氏による州大中正制制定時に設定されたもので、その意圖は自ら大豪族出身であった司馬氏が、かれをふくむ大豪族を州大中正として、その支配的地位を確立し、士人層閒の階級差を明確にし、同時にかれらの官僚としての特權的地位を世襲的に保證しようとするところにあったという[10]。

越智は官品と鄕品についていては、鄕品の成立がかなり後になると考えるのであるが、鄕品と官品の關係は、きわめて密接で、相互規定的なものであるとさえみているようである。それがかれの所謂「族門制」の前提である。このような鄕品と官品の關係の理解は矢野と對極的であり、宮崎說を極端化したものといえる。越智の鄕品に關する考えは矢野一九六九によって批判されているが、越智は自說を堅持している（越智一九八二）[11]。

いずれにしても、宮崎說に觸發されてうまれた矢野・越智の研究は、この鄕品・官品問題に關していえば、選擧制度としての九品官人法の構造や機能に集中的にむけられたものであった。これに對してまったく異質な、しかも後の

研究に大きな示唆をあたえるようになるこの問題のうけとめ方をしめしたのが谷川一九六六であった。かれはいう、

官品が鄕品によって決定されるという事實は、貴族の身分・地位がいくら王朝權力によって附與されているかに見えても、本源的にはその鄕黨社會における地位・權威によって決定されるものであり、王朝はそれの承認機關――尤もこの承認は大きな役割を占めるのであるが――にすぎないことを示すものと解されるのである。端的にいえば、貴族を貴族たらしめるものは、本源的には王朝內部にはなくて、その外側にあるわけである。そしてその承認手續こそが、つまりは九品官人法であったとみることもできるのである。（傍點谷川）

谷川はつづけて、それ故六朝貴族制はいかに官僚制的な姿をよそおっていようと、その本質は封建制の變形ともいいうるもので、宮崎の研究の眞意はこの點にあると主張したのであった。先に引用した宮崎の發言にわかるように、宮崎はたしかに谷川の認識通りの發想をもっていた。もっとも、宮崎のいう封建制は先述のように法制的範疇であったが、それでもこの時代が封建制への傾向を強く帶びるという發想は川勝の研究と通じるものであり、谷川の共感するところでもあった。

谷川の宮崎の研究に對するこの認識は、九品官人法の歷史的役割に關する考え方に重大な影響を與えた。鄕論を貴族制へと體制化させるものとして九品官人法を位置づける川勝の考え（一九七〇c）は、谷川に媒介された宮崎の影響であるといってよいであろう。

しかし、鄕品が谷川の認識したような鄕黨社會における地位・權威の表現であるかどうか、宮崎は實は明確にしていなかった。かれは鄕品の語を「鄕邑品第」からえており、しかもそれは鄕黨社會の有德の人物が就任するとされていた中正によって評定されるものであるから、その意味で谷川のいうような性格ももつと考えていた可能性はある。ただし、中正の評品がまずおこなわれており、それにならうようにして官階（九品官制）が成立するという說（宮崎

は明言しないが、岡崎一九三五の説である）を排し、鄕品官品は同時に成立し、しかも官品に對應して鄕品が設定されたと明言していることは先述の通りである。それはいわば官才であり、鄕黨社會の地位・權威と同一視しうるかいなかは、別に問題としなければならない。

鄕品の性格についてはしばらくおくとして、鄕品と官品の關係についていえば、谷川の發言に共感しつつ、その考えがなお實證されていないとして鄕品と九品官人法を分析し、あたらしい局面をひらいたのは、堀敏一一九六八ｂであった。かれは九品官人法が成立したとされる魏初の直前の時期に、すでに鄕黨の人物を鄕論によって品評し、その品評に基づいて官吏登用をおこなう方式が實際に存在したことを證明した。そして鄕品はその傳統の上に設定されたものであるとし、その基となる鄕黨社會の人物品評は現實の鄕黨社會における有力者の主導のもとにおこなわれ、鄕黨社會の秩序が反映されたものであると主張したのである。

この考えは宮崎が排除した岡崎の說にちかく、宮崎が考えた九品官制に對應する官人の才德の表現としての鄕品とは對極の、鄕黨社會の內部の自律的秩序における地位の表現としての鄕品が、實證をともなって再認識されたということになる。堀はこうして鄕品によって官品が決定されるという宮崎說の眞意についての谷川の認識の正當性を證明するとともに、貴族を貴族たらしめるものは「本源的には王朝內部にはなくて、その外側にある」のであり、それは鄕黨社會における地位・權威に他ならないという谷川の考えに全面的に贊意を表明したのであった。

以上のように、鄕品と官品の關係、とくに鄕品の性格の問題は貴族制そのものの理解の核心にふれる問題でもあった。(12) それだけでなく、九品官人法設置の目的そのものが、やはり貴族制の本質にかかわる問題であり、それが以上の鄕品・官品の理解のしかたと密接に關係している。

九品官人法設置の目的について、宮崎は魏王朝に仕官させる舊後漢官僚の資格審査のためと明言したが、矢野一九六四はさらにこれを敷衍して、全魏官僚の人物調査であったとし、越智一九六三b・一九六八（後に一九八二でも）は兩者に反對し、後漢王朝の選擧制度の缺陷を是正するためであるとしている。越智によれば、後漢の選擧制度である察擧や辟召は各長官が人事權を掌握し、中央には人事權がなく、また上司と部下、辟命者と辟召されたもの、察擧者と察擧されたもののあいだに私的な結合關係を生じ、皇帝支配の貫徹を妨害するという缺陷をもっていた。

これらの說はあきらかに九品官人法の選擧制度としての側面に重點をおいている。これに對して、堀は前述のような鄕品の理解を中心に、鄕里社會の崩壞によって、それを前提としていた後漢の鄕擧里選が機能しなくなったために、あたらしく出現した豪族社會の構造に適應した官吏登用法が必要となったからと主張した。これは選擧制度の水準に問題を限定せず、制度と社會構造との關係に注目した考えであり、川勝一九七〇cの主張する、鄕論のつみかさなりを前提とし、それを國家社會全體の根本とするために設置されたとする說と通じるところがある。

このような設置目的ないし原因についての見解の相違はおのずからこの制度の歷史上の意義に關する認識にも關係してくる。換言すれば、貴族制と九品官人法との密接な關係は衆人周知のことであるが、その九品官人法がいかなるかたちで貴族制を成立させ、あるいは維持したのかという點である。

宮崎の考えは、宮崎一九五六全體で主張されていて、これを一言で要約するのは困難かつ無謀であるが、あえて單純化すれば、鄕品と官品の結合による高鄕品と高位官の世襲が貴族制を發生させ、同時に特定の家柄（門地二品）の出現や、流內・流外、官の清濁というような貴族制的現象をもたらしたというものであろう。矢野のばあいには、九品官人法の純粹に官吏登用法としての側面での中正の評品や吏部の官職任用を重視し、中正制の變質や吏部尙書の人選のありかたなどから、中央官僚層がこの制度を利用して門閥化したという結論をみちびく。越智說は難解であるが、九品官人法は一種の手段として士人階層を分化せしめ、上級士人層を固定させる機能をはたし、それが貴族制を形成したと考えるようである。川勝や堀は鄕黨社會の社會構造をそのまま國家體制に轉化させうる九品官人法の原理そのものが、王朝の外側にその根源を有するという點に歴史的性格をもつ貴族制を成立させたと認識するのである。

この兩見解の差は、實はそのまま貴族制とはいかなる概念かという理解の差であることはもはやあきらかであろう。貴族制概念の差がひとつの制度の歴史的性格の理解をこれほどに分裂させるまでに、問題は深刻であるといわざるをえない。

第七節　補　論

以上にあげた問題以外にも、かならずしも論争の形式をとったわけではないが、研究者間にいちじるしい見解の差のある問題が存在した。

その一つは、貴族制の成立はいつか、あるいは貴族制時代とはいつの時代からをいうのかというものである。

岡崎文夫の岡崎一九三五にしるされた貴族制の定義についてはすでに紹介したが、その貴族制の成立は東晉末宋初にあり、宋齊に最高潮に達し、梁代に完成されたというのが岡崎説である。そしてその指標は、南渡の北方名族が一團となって官界に勢力を有し、晩渡北人および東南名族を排斥する現象が顯著であったというところにおかれる。

宮崎一九五六では、門地二品の成立がその指標であり、その時期は西晉末・東晉初であるとされる。

矢野一九六一a・一九六四は、これを西晉時代とし、ここで成立した門閥貴族社會は本質的には何等變化なく、東晉へと繼承されたとみる。成立時期が西晉であるという説の根據は、この時期に安定した官僚層が發生していたことである。

越智一九八二によれば、魏中期に貴族制成立の第一歩があり、西晉はもっとも典型的に貴族制があらわれた時代である。魏中期に成立の第一歩という根據は、州大中正制制定によって、上級士人層の官人としての特權的地位の確立がはかられたことであり、西晉が典型というのは、かれが貴族制の基本的性格であると認識する「天子の支配權力と鄉論とに同質性があること」が西晉にもっともよくあらわれるとみなすことを根據としている。

川勝一九五〇が「貴族政治の成立」をみたのは魏晉時代であり、のち一九七〇ｃで「貴族制社會の成立」をみたのも魏晉時代においてであった。

堀一九六八ａでは、やはり西晉時代とみなすが、その根據は九品官人法の貴族化によって支配層内部の身分的秩序がこの時期に固定化してしまったところにおかれる。

あらためて注意をうながすまでもなく、諸說の差が何をもって貴族制とするかの見解の差であることは判然としているであろう。

つぎの一つは、東晉貴族制と南北人問題である。周知のように東晉は在地性を完全に喪失し、經濟・軍事面で江南土着勢力に比して劣勢とみられた北人貴族が中心となって建立したものであるが、このような東晉成立の根據や、そこでの貴族制のありかたなどが問題となっていた。そしてこの問題は主として南北人の關係を中心に論じられた。

南北人問題を貴族制と關連づけてとりあげた最初は岡崎一九三五である。王導と陸玩の故事にみられる南北人閒の不通婚に着目した岡崎は、それが兩者の對立に基づくものとした。これはすでにのべたように、かれが貴族制は南朝で完成され、しかもそれは北方名族が官界上層を獨占したことからはじまったと考えたことと關係している。これに對し、越智一九五六は、南北人の通婚が社會生活上不可能ではなかったとし、越智一九五八ｂにいたっては、南北人不通婚はむしろ北人が政治的優位を確保する意圖からでた現象であると主張した。一方、矢野一九六五ａ・一九六七

a・一九六八・一九七〇a・一九七〇bなどは、これらを批判し、本來南北人閒に敵對的な對立はなく、その差はしだいに解消されていったのであり、東晉王朝すら實際には南北人兩者に支えられていたと主張した。

在地性という一點で對極的にある北人と南人（それは北人の寄生性にかかわる）という現實的存在の社會上政治上の關係を軸に東晉政權と貴族制の性格を論じようとするのが以上の考えであるとすれば、これとまったく異質なのは川勝一九七〇b・一九七三であり、そこでは鄕論主義的イデオロギーなる概念が導入され、開發領主的性格を強くもつ江南大族の支配する江南社會の「後進性」が華北社會の「先進」的鄕論主義に屈服したことが、北來貴族主導の東晉政權と東晉貴族制の成立を可能にしたと考えられている[13]。開發領主というのは川勝によればかぎりなく封建領主にちかいものであり、清流勢力の對立概念であることはあらためて說明するまでもなかろう。

以上で戰後の貴族制論爭なるものに包含されるとみなせる主要な論點と研究の概要の紹介という本章の目的はほぼはたせたとおもう。ここで附言しておきたいのは、越智重明の魏晉南北朝史研究である。戰後の魏晉南北朝史研究にはたした越智の役割はきわめて重要である。そのことはここまでで も折にふれ言及した。しかし、かれは越智一九六二を例外として、直接論爭にかかわったり、他說を批判したりする形で論文を公表することは稀で、他說に對する態度を明白にしないことが多い。またその所說は時として訂正や變更がなされ、論爭史のなかに位置づけることが非常に困難である。それゆえ、論爭に重點をおいた本章では割愛せざるをえなかった見解がすくなくない。それらについては、これまでの所說を總合して、貴族制の獨自の體系を論述した越智一九八二についてみられたいし、またかれがおそらく貴族制の外にあるものと認識する當時の諸制度・諸現象の重要な研究成果である越智一九六三dなどをあわせ參照されたい。

貴族制論爭の論爭史としてのおおまかな段階は、まず一九五〇年代後半に、門生故吏を中心とした人閒閒の關係や結合のありかたが議論され、一九六〇年代に、宮崎の研究に觸發されて、九品官人法をめぐる諸問題に關心が集中し、一九七〇年代の中葉までに、川勝・矢野兩者の「寄生官僚論」をめぐる對立が顯在化し、矢野一九七六の出現で頂點に達したと區分することができる。ただし、「寄生官僚論」をめぐっては、すでにのべたように、矢野の見解公表後まもなく越智一九六二、ついで谷川一九六六の疑問呈示がなされており、斷續して長期にわたって關心が維持された。

如上の論爭に直接關與した、いわば第一世代に對して、第二世代というべきものの立場はいかなるものであろうか。第二世代の代表の一人と目すべき安田二郎は、はやく一九六六年に、晉安王子勛の亂の根底にうずまく、門閥貴族支配の體制を突破しようとする地域社會の豪族土豪層の動向をあきらかにしようとする研究を公表していた（安田一九六六）。そのような問題關心は安田一九七〇でも維持されているが、そこでの地域社會の構造の認識はつよく川勝の影響をうけているようにみえる。おなじ一人の上田早苗の研究も豪族から出發し、上田一九七〇は清官を清なる在野の生活とむすびつけて理解しようとする獨特の發想をしめしたが、その發想と關連させて、貴族の寄生性を否定している。

この兩研究は『中國中世史研究』一九七〇に發表されたものであるが、そこには川勝一九七〇ａ・一九七〇ｂ、谷川一九七〇ａ・一九七〇ｂも收載されており、この年は川勝一九七〇ｃ・越智一九七〇ｂ・好並一九七〇を收載した『岩波講座世界歴史』五の發刊もあって、ある意味での貴族制論爭の畫期でもあった。しかし、それ以後、「寄生官僚論」にたって川勝批判を强化した矢野の研究をのぞいて、貴族制研究はかならずしも活況を呈しているとはいいがたい。たしかに一九八二年に奇しくも越智・川勝兩氏のそれまでの研究の集大成が相前後して公刊されてはいるが、そこに明示された第一世代の研究にかわり、あるいはこえようとする方向も見出されないまま、論爭的研究は急速に減少し、個別實證的研究にその座をゆずったまま一〇年を閲して今日にいたっているのである。

註

（1）越智重明一九六二、谷川道雄一九六六、葭森健介一九八一、都築晶子一九八一、小尾孟夫一九八三、渡邊信一郎一九八四、中村圭爾一九八七、越智重明一九八九等々。

（2）この發言はおそらく森一九五四の「ただ六朝の士大夫は、他の時代のそれが一代貴族を原則としていたのに對して、著しく世襲貴族としての性格を強めた點に、その根本的な特徴がある。」というような見解を念頭においたものであろう。

（3）越智の族門制に關する研究には、主たるものに一九六六ｃ・一九六六ｄ・一九六七・一九七〇ｂ・一九七二などがあり、一九八二に集成されている。

（4）越智一九六三ｄは六朝史研究史上に重要な意義を有する研究であるが、その根底には上記のような貴族制概念がある。右書の趣旨について、谷川一九六六は皇帝の一方的な支配體制たる「機構」の貴族主義的諸「現象」への妥協もしくは抑壓の種々相が六朝史の總體であるというふうにみているようだとのべ、しかしそうであるなら皇帝權と貴族主義とは相互に外在的な關係でしかなく、貴族制も六朝社會の歷史的規定性ではなく、單なる社會現象にすぎなくなると批判した。

（5）この「寄生官僚論」の發想については、川勝一九七〇ａに批判がある。しかし、川勝への反批判として位置づけられる矢野一九七六は、この點に關しては反應をしめしていないようにみえる。

なお、「寄生官僚論」については、門閥貴族ですら「寄生官僚」でしかないということなのか、「寄生官僚」であるがゆえに門閥貴族でありうるのかという點がかならずしも明確になっていないようにみえる。

（6）なお、越智一九六二では、故吏には、（一）辟召されたものが辟召した人に對する稱呼、（二）秀才孝廉などに察擧されたものが察擧したものに對する稱呼、（三）かつて長官・部下の關係にあったものでその關係がきれてのち、舊部下が舊長官に對する稱呼、（四）かつて官途にあったもの、の意味があり、五井と矢野のいう故吏は（一）の意味、川勝のは（三）の意味であるとし、論爭の前提に故吏の定義の差があることを指摘している。

（7）本書に關しては、窪添一九七七・東一九七七に的確な要約と批判がある。

（8）　鄕品と官品のあいだに直接の對應關係をみとめない考えは、宮川尙志一九五六に、よりはっきりとみられる。宮川はそこで、中正の九品は人物を上中下にわける方法であり、官階の九品は卿大夫士をそれぞれ上中下にわかつ周禮の官制にでて、上中下三分をもちいる階次であって、兩者その精神を異にするとのべている。

（9）　『魏略』の記事は以下の通り。

先時、國家始制九品、各使諸郡選置中正、差敍自公卿以下至于郎吏、功德材行所任、

この記事について、宮崎一九五六は、「公卿以下至於郎吏」を中正の審査の對象となるものたちと解釋したが、越智は「公卿以下至於郎吏」は中正として任命されるものたちのことであると考えるのである。なお、堀一九六八b・矢野一九六九はいずれも宮崎說を支持する。

（10）　ちなみに州大中正制制定の目的について宮崎一九五六は、それが司馬懿による嘉平元年の政權奪取に前後してなされたとし、その腹心を地方の州大中正に任じ、自己勢力の溫存と地方豪族との連絡密接化をはかったものかもしれぬと考え、また州大中正設置の結果、中央の方針下達、鄕品裁定の權限の中央集中、かつ貴族化がおこったと考えた。矢野一九六四は、さらにこれをすすめるように、それは中正を上下二層に立體的に編成し、司徒府による統制體制をつくるためであったと主張した。

（11）　このほか、宮崎・越智・矢野三者間には『三國志』巻二一魏書陳羣傳の「制九品官人之法羣所建也」の句讀をめぐる見解の差があるが、ここでは省略することにする。詳細は矢野一九六九を參照されたい。

（12）　鄕品の本質について若干の補足をしておきたい。九品中正の中正評品について、從來の鄕黨での人物評價という一般的な理解の水準をこえて、「鄕黨社會における地位、權威」の表現という認識にいたったたのは谷川一九六六であった。これは官才の表現という宮崎の考えとも決定的に異なる。しかし、谷川はその「鄕黨社會における地位、權威」の基準を明言しなかったために、鄕品は在地有力者が掌握する中正によって決定されるのであるから、當然當時の鄕黨社會の現實的な力關係が反映され、それがすなわち「鄕黨社會の地位、權威」そのものであるという考えを排除することにはならなかった。しかし、そのようなものとして「鄕黨社會の地位、權威」を理解してしまうと、單に中正を掌握し、鄕品を左右しうる在地有力者が

高位官に直結し、かつそれを獨占し貴族制を形成したという考えを否定できなくなる。それは單なる選擧制度の問題へと貴族制を矮少化しかねないであろう。

谷川をうけた堀一九六八bでは、郷品は上流豪族が掌握した郷論によって決定されるものとなっていた。ただし、堀によればその上流豪族のよってたつ社會構造は、階層的構造と共同體的性格をもつ集團を核としており、その頂點に父老がたつようなものであり、したがってその社會からうまれる郷論はかならずしも上流豪族の恣意によって左右されるものではありえなかったし、上流豪族自身が郷論に制約される側面をもっていた。郷黨社會の自律的秩序の表現としての郷品の本質は、堀のこの理解によってようやく正當に認識されたというべきであろう。

ところで堀のこの考えは川勝の考えとの類似が大きい。豪族の本來的な性格である領主化と、一方でそれを制約する自己規制という內部矛盾、そのような豪族のありかたを規定する郷論と、そこに根ざす貴族制という川勝の構想に、とくに郷論のとらえかたに堀の研究が何がしかの影響をおよぼしたことは確實である。事實、川勝の郷論の考えがもっとも典型的に主張された川勝一九七〇bの冒頭で、川勝は堀一九六八bに共感をおぼえると明言している。

(13) なお、江南においても華北社會と同樣士大夫が重要な役割を果たすと理解する大川富士夫一九六九のような見解もあるが、川勝はこれに否定的である。

關係論著一覽

上田早苗一九七〇　貴族的官制の成立——清官の由來とその性格（『中國中世史研究』）
大川富士夫一九六九　孫吳政權と士大夫（初出一九六九、『六朝江南の豪族社會』一九八七に再錄）
岡崎文夫一九三二　『魏晉南北朝通史』
　一九三五　『南北朝における社會經濟制度』（「九品中正考」一九二二、「南朝における士庶區別に就ての小研究」一九二六「南朝貴族制の一面」一九二八、「南朝貴族制の起源、竝に其成立に到りし迄の經過に就ての若干の考察」一九二九などを收載）

越智重明一九五一　東晉成立に至る過程に就いて（『東洋學報』三三―三・四）
一九五六　南朝の貴族と豪族（『史淵』六九）
一九五七　晉南朝の故吏（『東洋史學』一七）
一九五八ａ　東晉の豪族（『史淵』七六）
一九五八ｂ　東晉の貴族制と南北の地緣性（『史學雜誌』六七―八）
一九五九　再び晉南朝の故吏について（『東洋史學』二一）
一九六〇ａ　宋齊時代における皇帝と士大夫（『東方古代研究』一〇）
一九六〇ｂ　晉南朝の士大夫（『歷史學研究』二三八）
一九六〇ｃ　再び晉南朝の故吏について（續）（『東洋史學』二二）
一九六二　魏西晉貴族制論『東洋學報』四五―一）
一九六三ａ　南朝の門生（『社會經濟史學』二八―四）
一九六三ｂ　九品官人法の制定について（『東洋學報』四六―二）
一九六三ｃ　魏晉時代の州大中正の制（『東洋史學』二六）
一九六三ｄ『魏晉南朝の政治と社會』
一九六五ａ　清議と鄉論（『東洋學報』四八―一）
一九六五ｂ　州大中正の制に關する諸問題（『史淵』九四）
一九六五ｃ　魏晉南朝の最下級官僚層について（『史學雜誌』七四―七）
一九六六ａ　魏晉南朝の士大夫について（『九州大學創立四十周年記念論文集』）
一九六六ｂ　江南の貴族と豪族（『歷史教育』一四―五）
一九六六ｃ　梁の天監の改革と次門層（『史學研究』九七）
一九六六ｄ　梁陳時代の甲族層起家の官をめぐって（『史淵』九七）

一九六七　南朝の清官と濁官（『史淵』九八）
一九六八　九品官人法の制定と貴族制の出現（『古代學』一五―二）
一九七〇ａ　東晉南朝の村と豪族（『史學雜誌』七九―一〇）
一九七〇ｂ　南朝の國家と社會（『岩波講座世界歴史』五）
一九七二　東晉南朝の族門制について（『古代學』一八―一）
一九七四　魏王朝と士人（『史淵』一一一）
一九七七　漢六朝史の理解をめぐって（『九州大學東洋史論集』五）
一九八二　『魏晉南朝の貴族制』（上掲諸論文をもとに、あたらしく論述）
一九八九　日本における魏晉南朝の貴族制研究（『久留米大學比較文化研究所紀要』七）
小尾孟夫一九八三　貴族制の成立と性格――その研究史的考察（『中國へのアプローチ』）
川勝義雄一九五〇　シナ中世貴族政治の成立について（『史林』三三―四）
一九五四　曹操軍團の構成について（『創立廿五周年記念論文集』）
一九五八　魏晉南朝の門生故吏（『東方學報』京都二八）
一九六二ａ　六朝貴族社會と中國中世史（『史窗』二一）
一九六二ｂ　南朝貴族制の沒落に關する一考察（『東洋史研究』二〇―四）
一九六二ｃ　侯景の亂と南朝の貨幣經濟（『東方學報』京都三二）
一九六四ａ　六朝貴族制（『歴史教育』一二―五）
一九六四ｂ　劉宋政權の成立と寒門武人（『東方學報』京都三六）
一九六七　漢末のレジスタンス運動（『東洋史研究』二五―四）
一九七〇ａ　（谷川道雄と共著）中國中世史研究における立場と方法（『中國中世史研究』）
一九七〇ｂ　貴族制社會と孫呉政權下の江南（『中國中世史研究』）

一九七〇c　貴族制社會の成立（『岩波講座世界歷史』五）
一九七三　孫吳政權の崩壞から江南貴族制へ（『東方學報』京都四四）
一九七九a　初期東晉政權の軍事的基礎（『加賀博士退官記念中國文史哲學論集』）
一九七九b　東晉貴族制の確立過程（『東方學報』京都五二）
一九八二　『六朝貴族制社會の研究』（一九六二a・一九六四a・一九七〇をのぞく右揭論文を收錄、補訂）
窪添慶文一九七七　書評矢野主稅著『門閥社會成立史』（『史學雜誌』八六―三）
五井直弘一九五四　後漢時代の官吏登用制「辟召」について（『歷史學研究』一七八）
一九五六　曹操政權の性格について（『歷史學研究』一九五）
谷川道雄一九六六　六朝貴族制社會の史的性格と律令體制への展開（『社會經濟史學』三一―一～五）
一九七〇a　（川勝義雄と共著）中國中世史研究における立場と方法（『中國中世史研究』）
一九七〇b　北朝貴族の生活倫理（『中國中世史研究』）
一九七〇c　拓跋國家の展開と貴族制の再編（『岩波講座世界歷史』五）
一九七六　『中國中世社會と共同體』（一九六六・一九七〇bを收錄）
都築晶子一九八一　六朝貴族制研究の現況――豪族・貴族・國家――（『名古屋大學東洋史研究報告』七）
內藤湖南一九三六　概括的唐宋時代觀（『東洋文化史研究』）
中村圭爾一九八七　『六朝貴族制研究』
西嶋定生一九四九　中國古代帝國形成の一考察――漢の高祖とその功臣（『歷史學研究』一四一）
一九五〇　古代國家の權力構造（『國家權力の諸段階』）
東晉次　一九七七　書評『門閥社會成立史』（『東洋史研究』三五―四）
堀敏一　一九六八a　貴族制社會の成立（『中國文化叢書』八『文化史』）
一九六八b　九品中正制度の成立をめぐって（『東洋文化研究所紀要』四五）

增淵龍夫一九五一　漢代における民間秩序の構造と任俠的習俗（『一橋論叢』二六―五）
一九五二　漢代における國家秩序の構造と官僚（『一橋論叢』二八―四）
一九六〇ａ　後漢黨錮事件の史評について（『一橋論叢』四四―六）
一九六〇ｂ　『中國古代の社會と國家』（上記論文を再録）
宮川尙志一九五〇　魏・西晉の中正制度（『東方學報』京都一八）
一九五二　東晉南北朝の中正制度（『岡山大學法文學部學術紀要』一）
一九五六　『六朝史研究』政治社會篇（宮川一九五〇・一九五二のほか、「北朝における貴族制度」一九四三・一九四四、「六朝貴族社會の生成」などを收載）
宮崎市定一九五六　『九品官人法の研究――科擧前史』
森三樹三郎一九五四　六朝士大夫の精神（『大阪大學文學部紀要』三）
守屋美都雄一九五一　『六朝門閥の一研究――太原王氏系譜考――』
安田二郎一九六六　晉安王子勛の叛亂について――南朝門閥體制と豪族土豪（『東洋史研究』二五―四）
一九七〇　南朝の皇帝と貴族と豪族・土豪層（『中國中世史研究』）
矢野主稅一九五五　張氏研究稿（『社會科學論叢』五）
一九五八ａ　門閥貴族の系譜試論（『古代學』七―一）
一九五八ｂ　南人北人對立問題の一考察（『長大史學』一）
一九五八ｃ　鄭氏研究（『社會科學論叢』八）
一九五九ａ　漢魏の辟召制研究（『長大史學』三）
一九五九ｂ　鄭氏研究（２）（『社會科學論叢』九）
一九六〇ａ　『魏晉百官世系表』（第一）（第二）
一九六〇ｂ　鄭氏研究（３）（『社會科學論叢』一〇）

一九六一ａ　六朝門閥の社會的政治的考察（『長大史學』六）
一九六一ｂ　魏晉中正制の性格についての一考察（『史學研究』八二）
一九六一ｃ　韋氏研究（『社會科學論叢』一一）
一九六二　韋氏研究２（『長崎大學學藝學部研究報告（人文社會教育科學）』臨時增刊號）
一九六三ａ　魏晉中正制の性格についての一考察（『史學雜誌』七二―二）
一九六三ｂ　後漢曹魏交替史序說（『長大史學』七）
一九六四　魏晉南朝の中正制と門閥社會（『長大史學』八）
一九六五ａ　東晉初頭政權の性格の一考察（『社會科學論叢』一四）
一九六五ｂ　『門閥社會史』（一九六一ａ・一九六三ｂを再錄、「吏部尙書と門閥社會との關係について」增補）
一九六五ｃ　裴氏研究（『社會科學論叢』一四）
一九六七ａ　東晉における南北人對立問題――その政治的考察――（『東洋史研究』二六―三）
一九六七ｂ　狀の研究（『史學雜誌』七六―二）
一九六八　東晉における南北人對立問題――その社會的考察――（『史學雜誌』七七―一〇）
一九六九　九品の制をめぐる諸問題（『社會科學論叢』一八）
一九七〇ａ　南朝における南北人問題（『社會科學論叢』一九）
一九七〇ｂ　土斷と白籍（『史學雜誌』七九―八）
一九七一ａ　本籍地と土斷・秀孝及び中正について（『社會科學論叢』二〇）
一九七一ｂ　郡望と土斷（『史學研究』一一三）
一九七一ｃ　『魏晉百官世系表』改訂版
一九七二　「門閥貴族の系譜試論」再說（『史學雜誌』八一―一〇）
一九七六　『門閥社會成立史』（一九五八ａ・一九七二を再錄、「後漢末期の鄕邑の實態について」等七章新加）

好並隆司一九五七　曹操の時代（『歴史學研究』二〇七）
　一九七〇　曹操政權論（『岩波講座世界歴史』五）
葭森健介一九八一　中國史における貴族制研究に關する覺書（『名古屋大學東洋史研究報告』七）
渡邊信一郎一九八四　六朝史研究の課題――川勝義雄著『六朝貴族制社會の研究』をめぐって（『東洋史研究』四三―一）

〔追補〕本章では、貴族概念の重要要素である門地・家柄について、十分な檢討をおこなっていないが、それに關しては後に公表された川合安「日本の六朝貴族制研究」（『史朋』四〇、二〇〇七）が詳說している。

第一七章　日本における魏晉南北朝史研究

はしがき

日本の近代歴史學における魏晉南北朝史研究は、すでに半世紀を優に超える研究史をもつが、そこにはいくつかの段階と、それぞれの段階の特徴を認めることができる。それはおおまかにいえば、以下のような四期に區分できる。

本格的な研究の出發は一九二〇年代であるが、すでにその時點で、魏晉南北朝を貴族制の時代ないし社會とみなす考えが學界に定着しはじめていた。つづく一九三〇年代から四〇年代前半にかけては、土地、軍・兵、法律、行政等さまざまな制度に關わる堅實な實證主義的研究が盛んにおこなわれ、數多くの極めて重要な研究上の達成がみられた。

一九四五年の敗戰は大きな轉機となった。戰前の傳統を受けた堅實な實證主義的研究は依然として繼續され、重要な成果が續々公表される一方で、日本の中國史學界を席卷したマルクス主義的歴史學と、それが喚起した中國史における時代區分に關わる論爭において、魏晉南北朝史と中國史上の中世もしくは封建社會の關係が一つの焦點となったことによって、魏晉南北朝史研究はまったく新しい状況に導かれた。時代區分の問題意識に發する研究が盛んにおこなわれ、特に一九六〇年代は極めて生産的な時期であった。

一九六九年、これに新たな状況が加わった。「共同體論爭」とよばれる議論の出現である。それは最初、時代區分論爭の一環として、中國の封建制を明清時代とするか魏晉南北朝とするかの對立からはじまり、魏晉南北朝時代の豪族中心の社會を「共同體」的性格の強い社會とみるかいなかに議論の焦點がうつったのであるが、さらに發展して、階級分析を主眼とする歴史研究や西歐社會に基準をおいた時代區分の方法の當否にまで論點が擴大したものであり、多くの研究がその影響をまぬがれられなかった。

しかし一九七〇年代半ばには、「共同體論爭」は次第に退潮し、同時に正面から時代區分に取り組むような研究もすくなくなっていった。これ以後、今日に至る閒、日本における魏晉南北朝史の研究は、一部をのぞいて、理論問題をさけ、個別細分化、精密化する傾向が強く、おのおのの分野ですくなからぬ成果をあげているが、それらを集成し魏晉南北朝時代の總體的な歴史像を模索する動きに乏しいといわねばならない。

およそ以上のような魏晉南北朝史研究の歴史のそれぞれの段階について、以下に主な研究の主題、主要な研究者とその成果を概觀してみたい。

第一節　戰前の研究史上の達成

はじめに、魏晉南北朝を貴族制時代とみなす日本學界獨自の認識にふれておかねばならない。それは、前述のように、一九三〇年代以前、すでに確立されつつあった。

歴史上での貴族制という概念は、一般にはおよそ次のようなものである。すなわち、それは階層的身分秩序を内包する特定の特權的家族群が、政治的および社會的支配者としての地位を世襲的かつ排他的に獨占する社會や時代を指す。このような現象は日本においては平安時代に最も顯著にみられ、その特權的家族群を日本では貴族とよぶ。この貴族とよばれる存在に類似する存在が魏晉南北朝隋唐にみられるとして、それらをおなじく貴族とよび、この時代を貴族政治の時代ととらえたのが內藤湖南であった。內藤はかれらを制度として天子から領土人民を與えられたというのではなく、地方の名望家として永續したところから生まれたもので、しかもその家柄は時として天子を凌駕するような存在であると考え、この時代、政治全體を專有したのはかれらであったと認識したのである[1]。ここからいつしか日本の學界では魏晉南北朝を貴族制社會、貴族制時代とよびならわすようになった。しかし、この用語が定着するにあたっては、以下にのべる岡崎文夫の研究が重要な役割を果たしている。

岡崎文夫は內藤湖南の弟子であり、日本における魏晉南北朝史研究の開拓者である。魏晉南北朝史研究の第一期は、彼の手によって切り拓かれたといえる。かれは內藤の魏晉南北朝隋唐時代に關する歷史理解を基礎に、すでに一九三〇年代以前より魏晉南北朝史關係の個別論文を發表していたが、一九三二年、『魏晉南北朝通史』、一九三五年には、その論文を集成して『南北朝に於ける社會經濟制度』を公刊した。前者は日本における、最初にしてかつ最も優れた魏晉南北朝の通史の一つであり、後者は貴族制研究に關する研究史上重要な三篇の論文「南朝に於ける士庶區別に就ての小研究」、「南朝貴族制の一側面」、「南朝貴族制の起源竝に其成立に致りし迄の經過に就ての若干の考察」をふくむ、魏晉南北朝史最初の專門論文集となり、以後の研究に重大な影響を與えた。

岡崎がこれらの論文を通して明らかにした貴族制は、ほぼ以下のようなものであった。(一) 若干の家族群が相互に階級に分かれていた、(二) 階級となっている家族群と官僚組織における位置との閒にある種の關係があった、(三) 階級閒には相互に階級意識があった、というものであり、それは南朝で最も盛んで、梁武帝の政治方針によってこの制度は根本的に變化をあたえられた。これは內藤の考えをさらに精密にしたものであり、その後の魏晉南北朝史研究の焦點が貴族制にあてられる發端となった。

『南北朝に於ける社會經濟制度』には、この他にも古代中國の水利田の開墾と稲作の奬勵を論じた「支那古代の稲米稲作考」や、建康についてその地勢、運河、城砦の配置、建都の事情等を總説した「六代帝邑攷略」、南朝の錢問題を、通貨政策、鑄錢の狀況、梁の鐵錢等の側面から論じた「南朝の錢貨問題」、屯田、占田課田、均田制の三土地制度を概觀した「魏晉南北朝を通じ北支那に於ける田土問題綱要」、「魏の屯田策」、九品中正制度の梗概をのべた「九品中正考」、「北魏に於ける中正制度」等の論文がおさめられている。このような諸問題、たとえば都市、土地制、九品中正はその後も魏晉南北朝史研究の重要な主題であり續け、したがって岡崎のこの問題の設定は彼の研究の先見性を十分にしめすものといえる。また、それらのうちにはなお初歩的な分析にとどまる部分がないわけではないが、隨所に創見がちりばめられており、今でも參照に値するところがすくなくない。

この時期、主導的な立場にあった岡崎の研究にやや遅れて、いくつかの新しい研究の動向が現れた。その一つは社會經濟、特に土地制度に關する研究の盛行である。すでに岡崎の研究がその先鞭をつけていた魏の屯田、晉の占田課田、北魏の均田制に關する研究が續出し、それに關連するように、稅役、租調等の研究がおこなわれた。なかでも晉の占田課田は、その屯田との關係をふくめて、最も多くの、しかも異なった見解が公表された問題である。はやく志田不動麿「晉代に於ける土地所有形態と農民問題」（『史學雜誌』四三―一、一九三二）は、その時代の農民や、大土地所有の狀況について廣範な考察をおこなったが、そのなかで占田課田について占田とは正丁の戶主に對する給田であり、課田とは戶主以外の正丁への給田であるとのべているが、これが當時の一般的理解であった。これに對して新見解を出したのが宮崎市定「晉武帝の戶調式に就て」（一九三五）[2]である。この論文も西晉の田制である占田・課田から、廣く當時の社會經濟を論じたものであるが、占田課田については、西晉の課田が政府より農民に耕作を課すために給する土地であって、魏の屯田の後身であるのに對し、占田はその上限以下で農民が所有を許された土地であるというものであった。やや遅れて吉田虎雄は、「晉の田租及戸調」（一九四二）において、占田が限田であるとする點は繼承しつつ、課田が魏の屯田の後身であるという宮崎説を批判した。これらを批判しつつ曾我部靜雄「晉武帝の田制研究」（一九四四）[3]は、租調力役から田制を考える視點から、占田は各戸が所有する田であり、課田とは戸主夫婦以外の未婚同居の丁男・次丁男・丁女に與えられた土地であるとした。この問題は、戰後においても多様な解釋が現れるが、それは後述する。なお吉田虎雄は前掲論文に魏・南朝・北朝の田租・戸調、及び役・雜税を加えて概説した『魏晉南北朝租税の研究』（一九四三）を公刊した。

また、北魏の均田制については、清水泰次「北魏均田考」（『東洋學報』二〇―二、一九三二）、「魏の均田制に就いて」（『歷史學研究』四―二、一九三五）、志田不動麿「北魏の均田制度」（『世界歷史大系』一九三四）、森谷克己「支那の中古に於ける均田制の成立」（『歷史』三、一九三七）、吉田虎雄「北魏の田租及び戸調」（一九三七）等があり、その成立の理由、制度內容、租調等が論じられ、活況を呈した。均田制と密接な關係にある三長制には志田不動麿「北魏三長制制定年代攷略」（『歷史學研究』三―六、一九三五）があり、三長制制定年代について、これを北魏太和一〇年ではなく、九年のこととする説を主張し、戰前の有力見解となった。[4]

もう一つの顯著な研究動向は、漢唐閒の政治・社會における諸制度の實證的研究の進展である。この方面の研究においてもっとも偉大な貢獻をなしたのは濱口重國である。濱口は一九三〇年を起點に、一九四〇年代初めにかけて、漢唐閒の徭役や軍制・兵制、地方行政制度に關わる研究を精力的に推進しつつあり、三〇數篇の論文を公表して、日本における漢唐研究において著しい成果をあげた。[5]

濱口の魏晉南北朝史に關する初期の研究は北朝の兵制をその最初とする。「正光四五年の交に於ける後魏の兵制について」（一九三五）、「東魏の兵制」（一九三六）、「西魏の二十四軍と儀同府」（一九三八、九）の三論文がそれで、いずれも府兵制にまつわる當時の混亂した社會における軍の狀況を明らかにすることを目指したものであり、この分野を開拓した研究として研究史上重要な意義をもつ。第一論文は、北魏の六鎭の亂（五二四）直前における北魏の近衞軍、四中郎將軍府、北鎭諸軍の配置、置廢、將兵の實態を解明したものであり、第二論文は、それをうけて東魏の北鎭の防備軍、近衞軍、東魏の實力者高歡の親軍の內容を分析したものである。そして第三論文が府兵制の成立とその內容に關する研究であり、府兵制の根幹である柱國大將軍と二十四軍、儀同府の組織と起源を解明し、あわせてその兵士たる府兵が兵民一致であること、その簡點率・在役年限・任務・恩典等について詳細に論じたものである。本論文は府兵制研究の不朽の古典であるといえる。[6]

濱口の兵制研究は續いて魏晉南朝におよび、「晉書武帝紀に見えたる部曲將・部曲督と質任」、「後漢末・曹操時代に於ける兵民の分離について」（以上、一九四〇）、「南北朝時代の兵士の身分と部曲の意味の變化について」、「兩晉南朝に於ける兵戶と其の身分」（以上、一九四二）が續々と公表された。この內の第二・第四論文は、兵と民が分離して、國家の常備軍は兵戶とよばれる特定の家から出、一般農民は徵兵の對象とならないという、所謂兵戶制をはじめて明らかにしたものであって、歷史的な意義をもつ研究である。この兵戶制の研究は、後に「魏晉南朝の兵戶制度の研究」（一九五七）という大著として結實する。第一・第三論文は、もと軍隊・部隊・部下、さらには兵士を意味した部曲の語が、唐代頃には私賤民をしめすようになる現象をとらえ、それは兵戶制や私兵の出現による兵士の身分低下に起因することを論じたものであり、後に濱口が力を注ぐことになる身分制研究、特に賤民研究の出發點となった。

濱口の第三の貢獻は、中國古代の地方行政制度に關するもので、特に「所謂、隋の鄕官廢止に就いて」（一九四一）が著名である。隋開皇三年の鄕官の廢止は、地方に任用權のあった州官を廢止して、中央が任用權をもつ府官を地方官化することであり、それは州官によって民政上に反映されてきた各地方の意向を斷ち、中央集權的政策を進めるものであったという本論文の主旨は、漢の地方官の任用における本籍地回避の原則を解明した「漢代に於ける地方官の任用と本籍地との關係」（一九四二）とともに、その後の古代地方行政制度研究に測り知れぬ影響をあたえた。

これ以外に、いくつかの主題がこの時期の研究にみられる。まず貴族制については、岡崎以後、宮川尚志に「魏晉及び南朝の寒門・寒人」（一九四三）、「北朝に於ける貴族制度」（一九四三、四）[7]があり、前者は貴族制時代における寒門・寒人の具體的な存在形態と、かれらの下級官吏・軍人、天子側近の實力者、思想家等となっての活動の具體例をのべる。後者は北朝における貴族の具體的な姿を、漢人貴族相互の通婚關係、北人貴族の地位、寒門・寒人の活動、貴族と政治の關係、貴族制度の動搖についてのべたものである。また宇都宮清吉「世說新語の時代」（一九三九）[8]は、世說新語の逸話から貴族たちの內面世界を、家庭生活、生活態度、清談等を通してえがき、その人閒主義的態度を明らかにしたものであって、從來の研究にはない方法が注目された。

この時期、北朝史では志田不動麿が、前掲論文の他、「北魏末に於ける支那國內市場の成立過程」（一九三一）、「北朝時代の鄕黨制」（一九三五）、「代王世系批判」（一九三六）、「敕勒の內徙に就いて」（一九三七）等を發表し、內田吟風も「南匈奴の中國移住」（一九三二）から出發して一連の匈奴研究をおこなうとともに、志田論文批判の「魏書序紀特に其世系記事に就て」（一九三七）を公表して、鮮卑研究に轉じ、以後六〇年代におよぶ北族・北朝史研究へと進んでいく。[9]

以上の他、注目すべき研究として、那波利貞「塢主考」（『東亞人文學報』二―四、一九四三）が、當時の流動的な社會のなかで、塢主に率いられて自衛集團を結成した民衆が、周圍に防御用の障壁をめぐらした塢に集中的に居住したこと、その塢の語源がチベット語にあることをのべ、增村宏「黃白籍の新研究」（『東洋史研究』二―四、一九三七）は、東晉初頭にみられる黃白籍について、黃籍が正式の戶籍であるのに對して、白籍は流民の戶籍であり、本籍が併記されるとともに、白籍の民には力役が免除されたと論じた。村田治郎「業都考略」（一九三八）[10]は、鄴研究の古典ともいうべきものであり、鄴關係の文獻史料が網羅されている。

法制史の分野では、仁井田陞の活動がはやくから目覺ましかった。その研究分野は中國全體にわたるが、すでに一九三三年、大著『唐令拾遺』を公刊し、また法制的側面から漢唐閒の土地所有や賣買に關する諸制度や身分制、あるいは法律文書について優れた研究を陸續と公表していた。その中に魏晉南北朝に關するものとして「六朝より唐初の身分的內婚制」（一九三九）[11]があり、六朝唐初に、士庶閒で婚姻が原則的に禁止されていたことを明らかにしたが、これは貴族制研究の法制的側面での成果の一つといえる。

第二節　戰後の研究の起點

敗戰より一九六〇年代後半までの時期は、戰前の傳統を受けて堅實な實證主義的研究が引續いておこなわれ、重要な成果がさらに加わったが、それとともに時代區分論爭に深刻な影響をうけたことが大きな特色である。特に魏晉南北朝が古代奴隸制の時代であるのか、はたまた中世封建制時代であるのかという論點は、マルクス主義的歷史學における歷史發展段階の區分の指標である經濟的社會構成の側面にとどまらず、奴隸制のアジア的性格に關わる家父長的奴隸制の問題、封建制の法制的側面であるレーエン制や人格的結合關係等多樣な分野における研究を生みだす結果となり、そのためこの時期の研究はおおかれすくなかれ、その影響をうけざるをえなかった。そのなかには、この時代を性格づけるとされた貴族制そのものが封建制といかに關係するのかという問題もふくまれており、貴族制と土地所有、官僚制、皇帝權力との關係が研究の焦點ともなった。

戦後まもなくの頃より一九五〇年代にかけて公表された研究についてでは、貴族制關係のものとして、着實な實證的研究である守屋美都雄『六朝門閥の一研究——太原王氏系譜考——』（一九五一）がまずあげられる。それは膨大な王氏關係の墓誌銘を分析し、宰相世系表の系圖を批判しつつ、太原王氏の世系と婚姻關係、その政治上、經濟上の活動等を解明したものであり、貴族制研究の一つの典型をしめしたものである。このような方法は、やがて後述の矢野主税によって繼承されることになる。なお守屋にはまた東晉以後の江南華北兩地域の風俗習慣その他を比較検討した「南人と北人」（一九四八）[12]、『顏氏家訓』他、この時代の家訓を分析し、家族の實態を追究しようとした「六朝時代の家訓について」（一九五二）があり、また『校註荊楚歳時記——中國民俗の歴史的研究』（一九五〇）は、後の歳時記研究の濫觴となった。

これと相前後して、宮川尚志の史料を博捜した兩篇「魏・西晉の中正制度」（一九五〇）、「東晉南朝の中正制度」（一九五二）によって、中正制度の概要がほぼ明らかになり、以後の中正制度研究の基礎が築かれた。宮川には、この他にも後述する村や都市、それに禪讓など當時の政治史に關する研究があり、後に『六朝史研究——政治社會篇——』（一九五六）として大成、公刊された。

系譜研究や中正制度とは全く別個の視角から貴族制研究に新境地を開いたのが川勝義雄「シナ中世貴族政治の成立について」（一九五〇）[13]である。この論文は、後漢末に出現した清流という、儒教的國家理念を共有する士大夫集團が、輿論によって支持をひろげながら、外戚・宦官の濁流と對決しつつ、貴族へと成長してゆくと主張した。これは貴族を政治上の特權によって成立する階層とみなしてきた從來の認識に大きな變更を強いるものであり、後の研究に與えた影響は大きいが、同時にその起源を後漢末清流勢力においたことが矢野主税の批判をうけ、貴族制論爭の重要論點となった。

このような貴族制研究に決定的な影響を及ぼしたのが宮崎市定『九品官人法の研究——科擧前史』（一九五六）であった。その影響や研究史上の意義については、多くの論者が言及するところであり、筆者も別に詳しくのべたことがあるので[14]、ここでは割愛する。

この時期に、貴族制研究に參入してきたのは矢野主税である。かれは、もとは唐の貴族制や官僚制研究に従事していたが、さかのぼって北朝、さらに魏晉の貴族研究に轉じた。その初めは北朝の封爵の研究であるが、まもなく「張氏研究稿」（『社會科學論叢』五、一九五五）を最初とする南北朝隋唐貴族の精密な家族系譜研究へとむかった。矢野はそれとともに「門閥貴族の系譜試論」（『古代學』七—一、一九五八）を發表して、前述の川勝の説を批判し、魏晉貴族は魏王朝權力に密着した官僚家から生まれ、しかも官僚となってからは俸祿を經濟的基盤とする寄生官僚であったと主張して、後に所謂「寄生官僚論」とよばれる矢野獨自の説の發端をなし、その後一〇餘年を經て川勝の反批判をよび、兩者の閒で嚴しい論争となった。矢野のこれらの研究はやがて魏晉官僚家の世系、官職、婚姻關係を詳細に調査した『魏晉百官世系表』（一九六〇、改訂版一九七一）を生みだした。

貴族制について注目すべき別の一篇は、森三樹三郎「六朝士大夫の精神」（一九五四）[15]である。これは貴族の内面世界に焦點をあわせたもので、かれらの思想、學術、宗教、文藝等多方面での價値觀をのべ、そのような世界への傾斜と政治世界への關心の喪失を論じたものであり、貴族制研究の別の視點を明示した。

川勝の貴族制研究には、根底に封建制との關係という視座があった。ただしその封建制は法制的な概念であり、したがって農奴制・莊園制というような經濟的問題ではなく、君臣關係や人格的結合の側面での問題に研究の關心が注がれていた。こうして出たのが川勝「曹操軍團の構成について」（一九五四）、「魏晉南朝の門生故吏」（一九五八）であり、前者は曹操の軍團が任俠的關係で結ばれていたとし、後者は六朝の門生故吏關係はあらゆる身分に及ぶ當時の普遍的人閒關係であり、しかもそれは隷屬的ではなく臣從的なものであったとし、それらは封建社會に特有の人格的結合をしめすと論じたのである。前者に反論して五井直弘「曹操政權の性格について」（『歴史學研究』一九五、一九五六）は辟召の分析をもとに、曹操政權は故吏を中心にした家父長的關係があるとし、さらにこれに反論して好並隆司「曹操の時代」（『歴史學研究』二〇七、一九五七）は、曹操政權は必ずしも故吏關係のみでは理解できぬとした。故吏については、越智重明の「晉南朝の故吏」（『東洋史學』一七、一九五七）を最初とする一連の故吏研究があらわれて、この諸氏が說くほどには故吏の概念が一樣ではないことを明らかにし、また矢野「漢魏の辟召制研究」（『長大史學』三、一九五九）は、魏晉においては故吏故主の關係はさほど重視されなくなったとのべた。

この時期から、貴族制は勿論、政治・社會史の方面で精力的に研究を公表し始めたのが越智重明である。越智の研究は「東晉成立に至る過程に就いて」（『東洋學報』三三―三・四、一九五一）、續いて「南朝州鎭考」（『史學雜誌』六一―一二、一九五二）、「南朝における地方官の本籍地任用に就いて」（『愛媛大學歴史學紀要』一、一九五三）を出發點に、東晉南朝の諸事象について、連年數篇の論文によってその成果がしめされた。それらの具體的內容の總てをここで紹介することはほとんど不可能であり、またかれには時に學說の變更があるので、以下に主な主題を擧げてその梗概を見るにとどめ、それに關する主要な論文名を注記する。(16) 越智の初期の研究は東晉王朝の內部構造、特に南北人問題と東晉政治史の關係、都督州鎭體制を中心とした地方支配體制、皇帝と貴族・士大夫の關係、豪族とその經濟基盤、土斷と戶籍、土地制と稅制、門生故吏等、あらゆる方面におよんだ。そこには從來明らかでなかった現象の解明、通說の再檢討等、多くの注目すべき成果がみられる。

第二に、これよりやや遲れて土地制度がふたたび論點となった。均田制については、はやく西村元佑「北魏均田攷」（一九四九）(17) があるが、まもなく曾我部靜雄『均田法とその稅役制度』（一九五三）が出て、ほぼその全體像が概觀されるようになった。その研究の特色は均田制を井田制以來の傳統から說明し、また專ら土地制度に限定せず、稅役と土地制度を不可分のものとして論ずるところにある。また河地重造「北魏王朝の成立とその性格について――徙民政策の展開から均田制へ」（『東洋史研究』一二―五、一九五三）が、均田制の淵源を北魏初期の徙民に對する計口受田にもとめ、それによって異民族王朝北魏の性格を論じた。山本達郎「敦煌發見計帳様文書殘簡――大英博物館所藏スタイン將來漢文文書　六一三號――」（『東洋學報』三〇―二・三、一九五四）は、西魏大統一三年計帳様文書の紹介と分析で、以後の均田制研究における文書的研究の出發點となった。均田制と密接な關係をもつ三長制については、その制定年次について松本善海に「北魏における均田、三長制制定をめぐる諸問題」（一九五六）[18]があり、均田制と三長制の制定年次の關係について從來の諸說を檢討し、志田の三長制太和九年制定說を批判した。

魏の屯田、西晉の占田課田については、まず西嶋定生「魏の屯田制」（一九五六）[19]が屯田に民屯・軍屯の別があり、民屯が廢止されて課田に移行したとしたが、井上晃「魏の典農部廢止に就いて」（『史觀』五二、一九五八）は典農部の廢止に別の解釋を出し、この屯田との系譜的關係もふくめ、占田課田の意味について鈴木俊「占田課田と均田制」（一九五五）[20]、天野元之助「西晉の占田課田についての試論」（『人文研究』八―九、一九五七）、草野靖「占田課田制について」（『史淵』七六、一九五八）、西村元佑「勸農政策と占田課田」（『史林』四一―二、一九五九）等が出て、諸說紛紛とした狀況を呈した。

ところでこの時代、均田制と內田吟風の「後魏刑官考」（一九四一）、「北齊律令考」（一九四五）、「北周の律令格式について」（一九四九）、「北魏封邑制度考」（一九五六）などの法制的研究をのぞくと、北朝研究はやや低調の感があったが、そのなかで注目されたのは谷川道雄「北魏末の內亂と城民」（一九五八）[21]である。城民とは、北魏が北邊に配置した鎭におかれた北族出身者を中心とする兵であり、王朝權力の軍事力ともいうべき存在であった。しかしかれらがやがて北魏支配者層の中原貴族化にともない、府戸と呼ばれる庶民以下の存在に轉落することによって露わになった矛盾が六鎭の亂を引き起こしたのであるという。谷川はそこに西魏北周の新しい國家體制への契機を見出したのであり、以後これまでの研究對象であった唐代を離れ、隋唐帝國の形成過程を尋ね、五胡北朝研究へとむかうことになる。

この頃、これ以外になおいくつかの重要な論文が現れた。その一つは、村落や都市に關わる問題である。まず宮川尚志「六朝時代の村について」（一九五〇）が、漢代の集落である里の外に、村と呼ばれる集落が廣範に出現したことを實證し、古典的研究となった。ついで宮崎市定「中國における聚落形態の變遷について」（一九五七）[22]が、漢の縣鄉里という城郭をもつ集落が、動亂、牧畜等の條件によって一變し、村制が出現したと論じ、「中國における村制の成立」（一九六〇）は、古代帝國末より起った、屯田の展開、遊牧民の空地への定着、都市人口の分散現象が村制を生んだとのべた。また福島繁次郎「北齊村落の成立過程」（一九五七）[23]は黨族百家制の成立についてのべ、增村宏「晉、南朝の符伍制」（『鹿大史學』四、一九五六）は、村落内部の住民組織の實態を解明したものである。

都市については森鹿三「北魏洛陽城の規模について」（一九五二）[24]、鄴について論じた宮川尚志「三―七世紀における中國の都市」（一九五三）が出、やや後のものに、民族移動期の社會と都市に獨自の認識をしめした宮崎市定「六朝時代華北の都市」（一九六一）がある。

次に、身分制に關する研究がある。その最も注目すべき濱口重國「唐の部曲客女と前代の衣食客」（一九五二）は、東晉時代の出客から南朝の衣食客を經て、唐の上級賤民である部曲客女が現れたこと、上級賤民部曲の名の由來は漢魏の軍隊にあること等を論證した大作である。一方河地重造「晉代の「士」身分と社會秩序の諸問題」（『經濟學雜誌』三九―二、一九五八）は、當時の士の概念に多様なものがあることを論じた。河地「晉の限客法にかんする若干の考察」（『經濟學雜誌』三五―一・二、一九五六）は、やはり客に關する研究であるが、濱口と異なり、佃客、豪族、大土地所有等經濟的方面に關する研究である。

軍制に關する研究には、菊池英夫「北朝軍制における所謂鄉兵について」(『重松先生古稀記念九州大學東洋史論叢』一九五七)、「六朝軍帥の親軍についての一考察」(『東洋史研究』一八―一、一九五九)があり、前者は北朝の鄉兵なるものが、土豪の私兵を國軍に吸收したものであることを、後者は六朝の軍帥の親軍である直閤・防閤等の變遷と、それが品官と雜役へと分化することを解明したものである。

農業については、天野元之助「魏晉南北朝時における農業生産力の展開」(『史學雜誌』六六―一〇、一九五七)が、農具、役畜使用等、この時代の農業技術が向上したことを論じ、米田賢次郎「齊民要術と二年三毛作」(一九五九)[25]は、齊民要術の分析から二年三毛作の起源を漢代にさかのぼらせた。

第三節　高潮期の一九六〇年代

一九六〇年代は、魏晉南北朝史研究にとって、特筆すべき重要な時期である。一九二〇年前後生まれの研究者が、その最も充實した研究活動を展開し、多彩多様な研究成果を陸續と世に問うたのである。そこにはさまざまな問題意識、主題、視角、方法がみられた。それらを概觀することは容易ではないが、主題別、及び研究者別という二つの區分によって整理をこころみたい。

一九六〇年代にまず研究が集中したのは、土地・租稅制度に關わる諸問題であり、魏の屯田、西晉の占田課田、北魏の均田制三者は、依然として關心の的であり續けた。その前二者については、その系譜をさらに漢にさかのぼらせる議論が現れた。米田賢次郎「漢魏の屯田と晉の占田・課田」(一九六三)が、漢代の屯田に「且田且守」型と「耕戰分離」型があり、それが魏晉に繼承されて、前者が課田、後者が占田となったと論じ、矢野主税「曹魏屯田の系譜試論」（『社會科學論叢』一二、一九六三）、「曹魏屯田系譜試論補遺」（『社會科學論叢』一三、一九六四）が、魏の民屯田の起源は後漢の典農都尉の屯田、及び居延の護田都尉にあると論じたのがそれである。この時期に魏晉の土地・税制について注目すべき研究をおこなったのは藤家禮之助で、かれはまず「曹魏の典農部屯田の消長」（一九六二）[26]において、典農部屯田ももとは軍事的なものから出發したものであるとし、屯田の性格は廣義の役であり、屯田民の身分も法制上良民であったと主張した。ついで「西晉の田制と税制」（一九六六）において、占田は庶民の土地所有の標準額を定めたものであり、自作農育成を目的としたものであるという新説をたて、「西晉諸侯の秩俸――『初學記』初引『晉故事』の解釋をめぐって――」（一九六八）では、『晉故事』の民丁課田の記事の全體を矛盾なく解釋し、占田課田體制の農民負擔を解明しようとした。かれの研究は一九七〇年代にも續行され、漢晉南朝全體の田制税制研究に擴大した。この他、鈴木俊「晉の戸調式と田租」（『東方學會創立十五周年記念東方學論集』一九六二）があり、占田が戸主夫妻合計百畝の所有地であるという自説を前提に、『晉故事』を利用しつつ、占田の田租率を推定した。また河原正博「西晉の戸調式に關する一研究」（『法政大學文學部紀要』一〇、一九六五）は、『晉書』食貨志の「遠夷不課田者」の新解釋である。

南朝の土地制は比較的關心が乏しかったが、越智重明「魏晉南朝の屯田」（『史學雜誌』七〇―三、一九六一）、菊池英夫「南朝田制に關する一考察――唐田令體系との關連において――」（『山梨大學教育學部紀要』四、一九六九）が現れた。前者は、歴代屯田の沿革をたどり、初め曹操の私的隨從者たる客であった屯田民が、州郡民に合流させられて王朝の一元的支配下に入ること、東晉以後の屯田は州鎮の管轄下に入ることをのべたものである。後者は、南朝の大土地所有という通念をはなれ、晉南朝の公田や官品占田に注目して、これと唐の均田制との關係を考察し、均田制研究に新しい視點を導入しようとした。

一方、均田制については、この時期特に重要な成果がうまれた。まず西嶋定生「北齊河淸三年田令について」（一九六二）は、北齊の均田規定が、首都周邊の代遷戸に對するものであったと論じ、これに對しては曾我部靜雄「北齊の均田法」（『文化』二七―三、一九六三）が反論して、均田法が古代井田制に起源があるという自説をあらためて主張した。これに對する西嶋の反論はかれの『中國經濟史研究』（一九六六）に收められている。次に堀敏一「北朝の均田法規をめぐる諸問題」（一九六二）[27]が出て、均田規定における田土の種類、給田單位、均田制と大土地所有の關係等を總合的に分析し、均田制における國家による小農民支配の性格を明らかにした。さらに池田溫「均田制――六世紀中葉における均田制をめぐって――」（『古代史講座』八、一九六三）は、敦煌計帳樣文書の精密な分析によって、均田實施の實態を解明した。このような狀況から始まった一九六〇年代の均田制研究は、先の「北魏均田攷」にはじまり、「敦煌發見、西魏計帳戸籍における兵制・稅制とその施行期閒」（一九六二）等を經て、『中國經濟史研究』（一九六八）に大成された西村元佑の文書や規定に關する一連の詳細な研究によって、いっそう具體的になった。

その一方で、堀は「均田制の成立」（一九六五）によって、均田制の成立が、豪族の大土地所有と小農民の沒落の矛盾から生まれることを論じ、從來の均田制研究に新しい局面を開いた。このような視角の堀の均田制研究は「均田制と良賤制」（一九六七）、「均田制と租調庸制の展開」（一九七〇）、「魏晉の占田・課田と給客制の歷史的意義」（一九七四）等を經て、後に『均田制の研究』（一九七五）として集大成され、均田制研究の畫期となった。

均田制研究の異色は谷川道雄「均田制の理念と大土地所有」（一九六七）[28]であり、均田制とは、大土地所有の進展とそれにともなう小農民の沒落、鄕黨社會の崩壞に對處するため、士大夫の理念によって政策化されたものであったと論じた。これは當時鮮明になりつつあった谷川の「共同體論」の具現の一部であったが、この點は後述する。

これらの他にも、均田制及び三長制に關して、田村實造「均田法の系譜」（『史林』四五―六、一九六二）、古賀登「北魏三長攷」（『東方學』三一、一九六五）、「北魏の俸祿制施行について」（『東洋史研究』二四―二、一九六五）、善峰憲雄「北魏均田制寡婦受田考」（一九六六）[29] 等が獨自の見解を公表していた。

一九六〇年代に大きな成果があった次の主題は、貴族制に關わる問題である。しかも、重要なのは、この時期の研究が、特に川勝義雄・谷川道雄の研究にみられるように、貴族制を中國封建制の問題とみる視角を鮮明にしている點である。論點の整理は前掲註（14）拙稿を併せて參照されたいが、以下の紹介は主題別ではなく、論者別におこなうことにする。

この時期、貴族制社會の研究を標榜し、學界を主導した一人が川勝義雄である。それまでに曹操軍團、門生故吏という人格的結合の側面から當時の社會の歷史的性格を追究していた川勝は、一九六二年「侯景の亂と南朝の貨幣經濟」、「南朝貴族制の沒落に關する一考察」を發表した。前者は南朝後期の江南での貨幣經濟の進展、貨幣不足と錢質の惡化を明らかにし、それが恩倖・商人層の臺頭を呼び、侯景の亂を招いて、貴族制の崩壞を結果したことを論じ、後者は、その經過を貴族の商人寄生、俸祿への依存と錢質惡化の影響等の現象を通して、生々しく描き、貴族制研究の新視角を提供した。しかし彼の貴族制研究は、やがて最初の論文「シナ中世貴族政治の成立について」の基本的視角に回歸して、貴族を生みだした華北社會の歷史的性格の分析にむかい、階級的立場を超克した淸流士大夫層の鄕論の積み上げの結果としての貴族制社會の出現という獨自の主張に到達した。その說がしめされたのが一九七〇年の「貴族制社會の成立」、「貴族制社會と孫吳政權下の江南」であることは象徵的であり、これは貴族制研究における一畫期であった。川勝の研究は後『六朝貴族制社會の研究』（一九八二）にまとめられたが、その大半は一九七〇年以前のものである。

川勝の研究と深く關わるのが矢野主税の研究である。矢野は一九六〇年代に入って、門閥の系譜研究の他、九品中正制度、東晉政權の性格、南人と北人等の問題について精力的に論文を發表した。一九六〇年代冒頭の「六朝門閥の社會的政治的考察」（一九六二）は、後漢以來、豪族の官僚化が不斷におこなわれ、西晉時代には安定した官僚層が出現していたが、それらは俸祿に寄生する官僚であったとのべ、「後漢・曹魏交替史序説」（一九六三）では、漢魏の官僚と政權の密着現象を檢討して、曹操集團の性格が君臣關係であったとして、いずれも川勝説に疑問を投げかけ、一九六五年には、これに吏部尙書の人事を中心にした政權と官僚の密接不可分の關係を分析した部分を加えて、『門閥社會史』を刊行した。中正制については、「魏晉中正制の性格についての一考察」（『史學雜誌』七二—二、一九六三）、「魏晉南朝の中正制と門閥社會」（『長大史學』八、一九六四）、「九品の制をめぐる諸問題」（『社會科學論叢』一八、一九六九）等一連の研究があり、宮崎『九品官人法の研究』に對して、補遺、異説を呈示した。なかでも宮崎説の核心である官品と鄕品の關係に疑義を稱えた點は重要であり、また門閥社會の成立を中正制の人事の問題から説明しようとするのは、川勝・堀等の考えと對極的である。「東晉における南北人對立問題——その政治的考察——」（『東洋史研究』二六—三、一九六七）、「東晉における南北人對立問題——その社會的考察」（『史學雜誌』七七—一〇、一九六八）、「南朝における南北人問題」（『社會科學論叢』一九、一九七〇）の一連の南北人問題は、東晉における南北人の任官狀況、北人の居住地や墓地等から、南北兩人の融和、北人の南人化が進むとのべ、「土斷と白籍」（『史學雜誌』七九—八、一九七〇）も同樣の主旨を土斷と白籍の分析から論じたものであるが、このようにして成立した體制を、矢野は後漢末期の高級官僚社會の第一次門閥社會、九品中正制によって成立した第二次門閥社會に對して、第三次門閥社會と規定した。

越智重明の研究は、一九六〇年代に入ってさらに多彩多樣、精力的となり、一九六三年に『魏晉南朝の政治と社會』が公刊されるとともに、一九七〇年までに四〇篇を超す論文が發表された。この著書は、ここまでの研究の成果を盛り込んで新たに著述されたものであり、取扱われた內容は、魏については屯田、客戶、戶籍制度、稅制、異姓養子、封建制等、晉については屯田と占田課田、稅制、兵制、客戶制、五等爵制、封王の制等、南朝については皇親、戶籍制度、租調、客戶等、廣範なものであり、隨所に創見がしめされ、注目されたが、難解な論旨や文體のため、かれの見解が十分學界に浸透したとはいえなかった。著書と平行してかれが論じた主題は、その主なものでも、領軍將軍・護軍將軍、下級官僚層、九品官人法、州大中正制、淸議・鄕論、淸官と濁官、貴族と豪族、梁天監の改革、稅制、鄕亭里制等あらゆる分野に及んだ[30]。かれの一九六〇年代の研究の掉尾を飾るのは後掲「南朝の國家と社會」であり、貴族制、寒士と寒門、戶籍と家、稅役制、州鎭が項目としてあげられている。これらは上記の主題の內の南朝の諸制度に關するものを整理して概說したものであり、この時點でのかれの南朝史理解の全體像をしめしたものであるが、同時に南朝史研究の要點を集約したものともいえる。そのなかで注目されるのは、かれ獨特の身分制の構想が「族門制」として主張されたことであろう。それは鄕品と起家官品を基準に、甲族・次門・後門・三五門という構成をもつ身分制であり、西晉末に出現して、以後社會の骨骼となり、梁武帝天監の改革によって變更を加えられつつ、梁末の貴族制衰退まで續いたという。

この時期、また注目さるべきは谷川道雄の五胡北朝史研究である。それは前述のように一九五〇年代末に城民への着目から始められたが、一九六〇年代にはまず「北朝後期の鄕兵集團」（一九六二）において地方名望家を中心とする鄕兵集團を分析して、その中に門閥主義に對抗する實力者尊重の原理や鄕兵の身分向上の動きを見出し、「慕容國家の權力構造」（一九六三）以下の諸篇において、五胡諸族の中國內地への移住に伴う漢族社會との接觸が、かれらに何をもたらしたかを、かれらが內地に建國した中國式の官制と君主制をもった國について分析し、「周隋革命の經緯について」（一九六七）等數篇を加えて、一九七一年『隋唐帝國形成史論』にまとめあげられた。その書名にもうかがわれるように、このようなかれの研究は五胡北朝史そのものではなく、隋唐帝國の本源を求めてなされたものであり、かれはそれを胡漢民衆の自由への志向であったと結論づけたのである。

一方で谷川は「蘇綽の六條詔書について」（一九六七）、前掲「均田制の理念と大土地所有」の二篇で、士大夫の理念に注目した新たな貴族制の展望をしめしはじめ、「北朝貴族の生活倫理」（一九七〇）に至って、鄉黨社會に對する貴族の指導性とその裏づけとしての儉約や累世同居等の生活倫理によって貴族社會を認識するという考えをしめしたが、それは前掲著で明らかにした民衆の志向に對應する國家の統治者階級のあるべき立場をしめそうとしたものであった。

以上の他に、この時期に特に注目すべき研究は堀敏一の前揭「均田制と良賤制」及び「九品中正制度の成立をめぐって」（『東洋文化研究所紀要』四五、一九六八）である。前者において堀は、東アジア古代の良賤制の成立に關して、良民・奴婢の身分は三國に出現するが、それは農民層の分解にともない、小農民を確保するために良民身分が設定されていくからであり、均田制においては、均田農民が良民とされ、その他の隷屬民が賤民身分とされると論じた。既述のように、身分制の研究は高い水準に達していたが、それは主として賤民身分についてのものであった。良民身分を國家秩序の問題として認識し、身分制研究を新しい段階に進めたのは、西嶋定生の「中國古代奴婢制の再考察」（一九六三）[31]であったが、それを堀はこのような形で發展させようとしたのである。しかし、良賤制の問題が大きく注目されるのは後掲尾形勇「良賤制の展開とその性格」を經て、一九八〇年代になっての堀の研究をまたねばならなかった。後者は、九品中正制の成立は當時の豪族に支配されるようになった鄉村社會の出現に原因があり、その鄉村社會の現實的構造を官僚制のなかに反映させる結果となったとのべたが、このような考えは川勝の貴族制研究に影響をあたえるものであった。

これら以外にも取りあげるべき研究はなお多いが、その內の主なものを附言する。宮川尙志「六朝時代の奴隷制の問題」(『古代學』八―四、一九六〇)は、生產における奴婢使用が少數であることを主張した。濱口重國「漢唐の間の家人という言葉について」(『山梨大學學藝學部研究報告』一一、一九六〇)は、家とその從屬者の身分についての先驅的研究である。大庭脩「魏晉南北朝告身雜考」(一九六四)[32]は、木から紙へと書寫材料が變化するこの時代の文書形式を論じたもので、類例のない研究であるが、一九九〇年代に注目されはじめるこの分野の研究の嚆矢である。「北齊書文苑傳中顏之推傳の一節について」(一九六六)[33]に始まる宇都宮淸吉の一連の顏之推研究は、顏之推の人生とかれの家訓の分析から貴族の內面世界や生き方に迫ろうとしたものである。

この他、北魏の考課、停年格、北齊・北周の村落制等に關する論文をあつめた福島繁次郎『中國南北朝史研究』(一九六二、改訂版一九七九)、周處『風土記』・『荊楚歲時記』等の極めて嚴密、篤實な書誌・文獻學的研究である守屋美都雄『中國古歲時記の研究――資料復原を中心として』(一九六三)がある。

第四節　研究の轉換點

一九六九年、重田德の論文「封建制の視點と明淸社會」[34]によってはじまった所謂「共同體論爭」は、中國史研究全體に大きな刺激をあたえ、あらためて中國史の理解の仕方や方法論、さらには時代區分について各研究者の問題意識を自覺させることになった。論爭に關して多くの研究者の意見がさまざまな形で公表され、學界が活況を呈した。それ全體が日本における中國史研究史上極めて重要な事件であり、ある意味で畫期であって、この論爭についてのべるべき事柄は多い。しかしここではこの論爭の出發點の一つである魏晉南北朝封建制說批判が魏晉南北朝史研究に及ぼした影響と、その結果もたらされた新しい研究狀況についてのべるにとどめたい。

そもそも重田の前記論文は、その標題に明らかなように、明清社會封建制を自説の前提とし、主眼は河地重造の明清地主制非封建制説を批判したものであって、その河地説に關連して谷川道雄の六朝封建制説に否定的に論及したものであったが、これに對して川勝義雄・谷川連名の「中國中世史研究における立場と方法」(『中國中世史研究』一九七〇)が反論し、さらに重田の反論「中國封建制の方向と方法――六朝封建制説の一檢討――」(一九七〇)が出るに及んで、論爭の焦點は當時谷川の六朝史研究の基本的方法となりつつあった「共同體論」に絞られたのである。

谷川の「共同體論」は、すでに一九六〇年代初頭から戰後日本の中國史研究の中心的方法である「發展史觀」への見直しとして、おりにふれて發言されていたが、魏晉南北朝史研究において具現されたのが、前掲論文において川勝とともに主張した「豪族共同體」なる概念である。それは一言でいえば、大土地所有者である豪族と小農民とが、階級的對立を超克して再編したものであり、そこでの首長は階級的支配者としてではなく、共同體的原理に基づいたその共同體の指導者として存在するのであって、それが貴族に成長するのであるという。ここに「共同體論」は貴族制と結びつけられ、魏晉南北朝の中世的性格を表す現象と認識されることになった。重田の批判は、このような階級的對立の超克という發想が觀念的であると認識するところに核心があった。

前掲川勝・谷川連名論文を冒頭におく『中國中世史研究』(一九七〇)は、基本的にこの立場に立つ靑年研究者の意欲的論文一〇數編を掲載し、學界に新鮮な刺激をあたえた。「後漢における知識人の地方差と自律制」の勝村哲也、「貴族的官制の成立」の上田早苗、「魏晉時代の名族」の丹羽兌子、「南朝の皇帝と貴族と豪族・土豪層」の安田二郎、「沈約の思想」の吉川忠夫、皆三〇歳を出たばかりであり、その後の彼らの研究はこれを出發點として發展し、一九七〇年代の研究を主導した。「晉安王子勛の叛亂について」(一九六七)からはじまっていた安田の南朝の政治史・社會史に關する研究はこの時期の主な成果であり、さらにはやく「顔之推小論」（一九六二）に出發し、「六朝士大夫の精神生活」（一九七〇）等、六朝知識人の思想と宗教及びその生活と、それに關連する社會にむけられた吉川の研究は、新しい分野を開拓して『六朝精神史研究』（一九八四）に結實した。他方、同世代でも彼らと立場を異にする多田狷介「魏晉政權と山川の祭祀」（一九七三）[35]などもあった。

おなじ一九七〇年、『岩波講座世界歴史』第五卷が出た。魏晉南北朝隋唐をあつかいながら、堀敏一の總說をのぞく全一二篇中、魏晉南北朝史に關わる論文が、大淵忍爾「黃巾の亂と五斗米道」、好並隆司「曹操政權論」、川勝義雄「貴族制社會の成立」、吉川忠夫「六朝士大夫の精神生活」、越智重明「南朝の國家と社會」、谷川道雄「拓跋國家の展開と貴族制の再編」、池田溫「律令官制の形成」、尾形勇「良賤制の展開とその性格」、堀敏一「均田制と租調庸制の展開」、菊池英夫「府兵制度の展開」の一〇篇に達するという本書の構成は、隋唐の成立過程として魏晉南北朝史をみるという當時の學界の一般的認識と魏晉南北朝研究の主題の所在を端的にしめしている。執筆者は當時の第一線研究者であり、各論文の水準は極めて高く、ここにこれまでの魏晉南北朝史研究の到達點が總括されたといって差支えない。これらの內、すでに言及したもの以外では、池田論文は唐律令と唐の官僚制の形成過程とその實態を極めて明瞭にえがき、菊池論文は府兵制の成立過程を簡明にのべている。尾形論文は、やがて堀の一九八〇年代における身分制研究を生む發端となるが、この點は後述する。

一九七〇年代の研究は、上記二書による、從來の研究の到達水準の確認と新しい問題提起から出發したが、一九七三年、重田の夭折によって、「共同體論爭」は頓挫を餘儀なくされ、「豪族共同體」も、その概念が先行して、概念の基づく歷史的現象の實證的研究は十分には深化しなかった。その中で谷川は「共同體論」のみならず、中國における封建制や、官僚制の問題、さらには中國社會の特質を士大夫にもとめようとする考え等について積極的に發言し、學界に刺激をあたえ續け、一九七六年にはそれらを『中國中世社會と共同體』の一書にまとめて公刊した。一方、堀敏一は「中國の律令制と農民支配」(『歴史學研究』別冊、一九七八)で、「豪族共同體」の矛盾の激化にともなって、律令法體系が整備されるとして、律令制成立について新しい見通しをしめした。

貴族制研究では、矢野・川勝兩氏の論爭が生じた。すでにのべたような矢野の史料を博捜しての「寄生官僚論」に對して、川勝が前掲「貴族制社會の成立」でその方法論を統計的手法として批判したことが發端となり、矢野の集中的な自說補強の研究がおこなわれ、『門閥社會成立史』(一九七六)が公刊された。本書は、川勝論文に對して、川勝のいう清流勢力とは、後には政權へ積極的に參加したのであり、それがかれらを貴族たらしめたのであるとして直接反論した「門閥貴族の系譜試論」再說」(一九七二)を再錄し、その主張を證明するために後漢末の鄕邑社會、後漢宦官の性格、後漢官僚の處世術、後漢官僚の寄生性、曹操集團の性格等、川勝の主張の根據の一々に反駁したものであった。川勝は、これに對して前掲『六朝貴族制社會の研究』において柔らかな反論をこころみているが、論爭は必ずしも生産的な結末に至ったとはいえないようである。

他方、越智重明はいくつかの重要な主題について論文を公表した。「晉・南北朝の流・職掌・胥について」(『法制史研究』二二、一九七二)で、士庶と流內・流外官の關係を、「東晉南朝の族門制について」(『古代學』一八—一、一九七二)で、先に提示した族門制における族門の範圍や經濟單位との關係についてのべ、「客と部曲」(『史淵』一一〇、一九七三)は、彼が魏西晉の天子の私從とみなす屯田民の良民的性格を確認したうえで、東晉南朝ではそれが賤民化することをのべる。「魏王朝と士人」(『史淵』一一二)、「魏時代の九品官人法について」(『東洋史論集』二、一九七四)は、魏の官吏任用は鄕論に基づくが、州大中正設置がその意圖を强化したといい、「晉南朝の秀才孝廉」(『史淵』一一六、一九七九)は、秀才孝廉による任官と族門制が對應することをのべ、「漢六朝の家產分割と二重家產」(『東洋學報』六一—一・

二、一九七九）は、家の共有財産と分財の問題を取りあげている。

この時期は次第に土地制や税制についての研究が退潮し、堀の『均田制の研究』をのぞけば、均田制成立を遊牧民の影響による重い犂、役畜を利用した施肥技術、西域作物栽培の組合せ農法から説明しようとした古賀登「均田法と犂共同體」（『早大大學院文學研究科紀要』一七、一九七二）、占田課田に關する楠山修作「晉書食貨志の一考察」（『東方學』五一、一九七五）、藤家禮之助「均政役考」（一九七五）等を代表とする數篇があるのみである。

一九七〇年代を締めくくる研究は池田温『中國古代籍帳研究』（一九七九）である。この中の魏晉南北朝の戶籍類に關する記述は、現在の最高水準をしめしている。しかし本書は魏晉南北朝のみに關するものではなく、またその高い評價は周知のことであるので、ここで贅言する必要はないであろう。また佐藤武敏『中國古代絹織物史研究』（上一九七七、下一九七八）の魏晉南北朝部分は、當時の社會經濟に關する貴重な敍述である。

なお、一九七〇年代に入ると、一九四〇年代生まれの新しい世代が學界に出現し、研究上に地歩を築き始めるが、この世代のことはここではふれない。

第五節　諸研究の結實と集成

一九八〇年前後から、それまで各分野で活躍していた研究者の研究がさまざまに集成されはじめた。註をふくめここまでに言及したもののほか、前田正名『平城の歷史地理學的研究』（一九七九）、佐久間吉也『魏晉南北朝水利史研究』（一九八〇）、大川富士夫『六朝江南の豪族社會』（一九八七）等であり、それぞれ書名に端的にしめされるような主題の年來の研究を一書にまとめあげたものである。

その中で異彩を放つのが越智重明の『魏晉南朝の貴族制』（一九八二）、『魏晉南朝の人と社會』（一九八五）である。兩書とも、これまで發表されたものをもとに新しく著述されたものであり、魏晉南朝の全體像を越智なりにしめしたものである。前者は、漢時代の國家、曹氏政權と九品官人法、西晉政權と西晉貴族制、東晉政權と東晉貴族制、制度的身分・族門制をめぐって、宋齊政權と宋齊貴族制、梁陳政權と梁陳貴族制、貴族層の生活という構成であり、取りあげられた現象は多岐にわたるが、その主なものには、族門制の他、九品官人法制定の目的、州大中正制定の時期、南北士人の不通婚、天監の改革の性格等があり、獨特の考えがみられる。後者は、陳羣・司馬懿と鄕論、范寧と地緣性、宋の武帝と土斷・官僚層對策、宋の孝武帝とその時代、沈約と宋書、梁の武帝と貨幣流通という構成であり、かれ獨自の見解が多く主張されている。

一九八〇年代、最も注目されるものの一つは堀敏一による身分制研究である。すでにふれたようにかれは前掲「均田制と良賤制」において、現實の社會構成の變化に對應する身分制として良賤制が成立してくると考えた。前掲尾形「良賤制の展開とその性格」はそれに對して、良民身分とは國家の主體的構成者であり、それを成立させるために賤民身分が設定されるとし、漢の庶奴制から、均田制成立期の良奴制、そして良賤制へという身分制の諸段階を想定した。尾形のこの論文が『中國古代の「家」と國家』（一九七九）に改訂收錄されると、堀は「身分制と中國古代社會」（一九八〇）を發表してこれに批判を加え、さらに「中國における良賤身分制の成立過程」（一九八六）、あるいは秦漢魏晉南北朝の諸身分に關する論文數篇を公表し、それらをまとめて一九八七年『中國古代の身分制——良と賤』を公刊した。本書は殷周以來の身分制の歷史的研究に關する最初の專著であり、從來の身分制研究の主題である奴隸制や賤民身分とともに、良民にも論及している點で注目されたが、魏晉南北朝に關する部分では、「部曲・客女身分成立の前提」が重要である。すでにのべたように部曲・客女については濱口の古典的研究があるが、堀は本論文の副題が

「六朝期隷屬民の諸形態」であることからわかるように、賤民の現實の多様な隷屬形態を論じており、それが尾形の方法に對する批判となっている。

なお、身分制については越智にも「六朝の良・賤をめぐって」（『史學雜誌』八九—九、一九八〇）があり、當時の良民にはさまざまな存在形態があることをのべている。

一方、谷川は一九八〇年代からは「地域社會」という概念を提示して、また學界に新局面を開きつつあり、中國學界との國際共同研究はなお耳目に新しいところであろう[36]。

むすび

以上に日本における魏晉南北朝史研究の歴史をたどってきたが、これが總てでないことはいうまでもなく、法制、產業、技術、民族及び文化的事象に關わるもの等、紙幅の都合で紹介できなかったものも多い。また一九七〇年代以降の青年世代の研究は省略したし、一九八〇年代についても、やや簡略になった。これらについては別に紹介の機會が必要であろう。

註

文中の引用論文の内、その後公刊の著書に再錄されたものについては、掲載誌名を省略し、初出年次のみを記すことにする。

（1）内藤湖南「概括的唐宋時代觀」（『内藤湖南全集』）他。

（2）以下の宮崎市定の論文は『宮崎市定全集』第七巻（一九九二）に收載。

（3）曾我部靜雄『均田法とその稅役制度』（一九五三）に收載。
（4）以後の日本の均田制研究については、氣賀澤保規「均田制研究の展開」（『戰後日本の中國史論爭』一九九三）を參照されたい。
（5）以下の濱口重國の論文は『秦漢隋唐史の研究』（上卷・下卷）『唐王朝の賤人制度』（いずれも一九六六）に收載。
（6）濱口の府兵制研究の意義については、氣賀澤保規「前期府兵制研究序說」（初出一九九二、氣賀澤『府兵制の研究』一九九九に再錄）に詳しい。
（7）以下の宮川尙志の論文は『六朝史研究――政治社會篇』（一九五六）に收載。
（8）宇都宮清吉『漢代社會經濟史研究』（一九五五）に再錄。
（9）內田吟風の北族・北朝史研究は、一九六〇年代のものとして後に言及する諸篇もふくめ、『北アジア史研究――匈奴篇』『北アジア史研究――鮮卑柔然突厥篇』（いずれも一九五〇）に收載されている。
（10）村田治郎『中國の帝都』（一九八一）に再錄。
（11）仁井田陞『中國法制史研究――奴隸農奴法・家族村落法』（一九六二）に收載。
（12）以下、守屋美都雄の論文は『中國古代の家族と國家』（一九六八）に再錄。
（13）以下、川勝義雄の論文は本文にも言及する『六朝貴族制社會の研究』に收載。
（14）拙稿「六朝貴族制論」（初出一九九三、本書第一六章）。
（15）森三樹三郎『六朝士大夫の精神』（一九八六）に再錄。
（16）「東晉期中原恢復の一考察」（『東洋學報』三八―一、一九五五）、「義熙土斷について」（『史學雜誌』六五―一二、一九五六）、「南朝の貴族と豪族」（『史淵』六九、一九五六）、「晉代の都督」（『東方學』一五、一九五七）、「東晉の貴族制と南北の地緣性」（『史學雜誌』六七―八、一九五八）、「南朝の租調」（『史淵』八〇、一九五九）、「西晉の封王の制」（『東洋學報』四二―一、一九五九）。
（17）西村元佑『中國經濟史研究――均田制度篇』（一九六八）に再錄。

(18) 松本善海『中國村落制度の史的研究』（一九七七）に再錄。
(19) 以下、西嶋定生論文は『中國經濟史研究』（一九六六）に再錄。
(20) 以下、鈴木俊論文は『均田、租調庸制度の研究』（一九八〇）に再錄。
(21) 谷川道雄『隋唐帝國形成史論』（一九七一）に再錄。
(22) 『宮崎市定全集』第三卷（一九九一）に再錄。
(23) 福島繁次郎『中國南北朝史研究』（一九六二、增補版一九七九）に再錄。
(24) 森鹿三『東洋學研究――歴史地理篇』（一九七〇）に再錄。
(25) 以下、米田賢次郎の論文は『中國古代農業技術史研究』（一九八九）に再錄。
(26) 以下、藤家禮之助の論文は『漢三國兩晉南朝の田制と稅制』（一九八九）に再錄。
(27) 堀敏一『均田制の研究』（一九七五）に再錄。
(28) 以下、谷川の「共同體論」等に關する論文は『中國中世社會と共同體』（一九七六）に再錄。
(29) 善峰憲雄『中國史管見』（一九九〇）に再錄。
(30) 「晉南朝の士大夫」（『歴史學研究』二三八、一九六〇）、「南朝の戶籍問題」（『史學雜誌』六九―八、一九六〇）、「領軍將軍と護軍將軍」（『東洋學報』四四―一、一九六一）、「魏西晉貴族論」（『東洋學報』四五―一、一九六二）、「南朝の門生」（『社會經濟史學』二八―四、一九六三）、「九品官人法の制定について」（『東洋學報』四六―二、一九六三）、「清議と鄉論」（『東洋學報』四八―一、一九六五）、「魏晉南朝の最下級官僚層について」（『史學雜誌』七四―七、一九六五）、「梁の天監の改革と次門層」（『史學研究』九七、一九六六）、「南朝の清官と濁官」（『史淵』九八、一九六七）、「九品官人法の制定と貴族制の出現」（『古代學』一五―二、一九六八）、「東晉南朝の村と豪族」（『史學雜誌』七九―一〇、一九七〇）、「漢魏晉南朝の鄉亭里」（『東洋學報』五八―一、一九七〇）。
(31) 西嶋定生『中國古代國家と東アジア世界』（一九八三）に再錄。
(32) 大庭脩『唐告身と日本古代の位階制』（二〇〇三）に再錄。

（33）宇都宮清吉の顔之推研究は『中國古代中世史研究』（一九七七）に再錄。

（34）重田德の二論文は『淸代社會經濟史研究』（一九七五）に再錄。

（35）多田『漢魏晉史の研究』（一九九九）に再錄。なお、本書には二篇の潁川庾氏についての論文を收めている。

（36）谷川編『地域社會在六朝政治文化上所起的作用』（一九八九）がその成果の一部である。

第一八章　日本における魏晉南北朝都市研究

はしがき

日本における魏晉南北朝史研究は、一九二〇年代に本格化した。以來八〇餘年の研究史總體において、この時代の都市に關する研究は他の分野に比べて必ずしも盛況とはいえないが、注目すべき業績はけっしてすくなくない。本章は、それらの主なものを紹介、概觀することを目的としている。

以下、まず魏晉南北朝の都市全體に關する研究の概要と、この時代の都市の歷史性に關する研究を紹介し、ついで個別の都市の研究狀況をのべてみたい。

第一節　魏晉南北朝の都市全體とその性格に關する研究

都市なる概念は、さまざまな內容をふくむが、居住形態に卽していえば、土地に直接關係する產業に從事するものが住む集落である村落に對して、土地と直接關係のない產業に從事するものが居住する集落で、その周圍を城壁で圍まれた空閒を指すのが一般的である。またその居住者が獨自の身分と社會關係を有することも重要な要素である。

研究史上、このような一般的な定義でいう都市に關する研究とみなせるものは、大半が國都に關係するものである。魏晉南北朝時代は分裂時代であり、諸國家亂立にともない、國都が多數出現した。それら諸都城に關する研究が、都市研究の中心といえる。とくに、日本古代の都城に多大の影響を及ぼした中國都城の代表である唐都長安に對する關心の深さにも關連して、唐に先行するこの時代の代表的都城である洛陽、鄴、建康等の形態を論じるものが壓倒的に多く、國都以外の大都市を扱う研究はほとんどない。[1] したがって、都市研究とはいえ、研究對象は基本的には都市一般ではなく、國都ということになる。以下、まず魏晉南北朝全體の都市を對象とし、かつこれを歴史的觀點から分析する研究を擧げてみよう。

そのような研究の代表的なものとして、すでに一九三〇年、那波利貞の大作が出ている。[2] この論文は唐の長安、隋の大興の都市計畫の淵源を探ったもので、まず中國都城の傳統的首都建設計畫の理念として『周禮』の前朝後市、左祖右社、中央宮闕を擧げ、以下に歴代主要首都の形態との比較を進める。その最初に取りあげられたのが鄴北城である。そこでは主に『文選』「魏都賦」注の記事によりながら、中心的宮殿の文昌殿が城内北寄りに存在し、その南に城内を南北に二分する東西幹線道路がはしり、これに二本の南北幹線道路が直交するさまをのべている。

ついで西晉洛陽を取りあげ、『水經注』穀水注にみえる城門と寺廟官署の記事の分析により、宮殿區域はほぼ洛陽中心部に存在すること、御道の左右に太廟太社の位置したこと、『洛陽伽藍記』自序から城内の街路が九軌の碁盤目であったことを指摘し、鄴北城、西晉洛陽いずれも傳統的首都建設計畫に則るものであるとする。

しかるに那波によれば、隋の大興、唐の長安ともに一方で傳統的首都建設計畫と背馳する點もまた多いのであり、それは胡族系の隋室と官僚が傳統にとらわれず新機軸を打ち出しえたからである。その新計畫は宇文愷によるものであるが、しかし宇文愷もまたじつは北魏の都市計畫に基づいたのであり、傳統的都市計畫に對する改革ははじめに北魏洛陽においてこころみられたのであるという。その北魏洛陽について、『洛陽伽藍記』の記事により、中央宮闕の慣例に背馳し、宮闕は都城北壁に接續して後市の慣例に背馳し、宮闕南方城内に住民居住地あってこれも傳統に背馳し、しかも三點いずれも大興と共通することを主張する。ついで東魏の建設による鄴都南城を取りあげ、『歷代宅京記』『鄴中記』の記事により、上記三點は鄴都南城にも見られるものであり、北魏洛陽にはじまる新様式は東魏鄴都に繼承され、それが大興に取りいれられたとするのである。

本論文は、中國歷代の國都に言及することが多いが、本章に關する限りでいえば、以上のようにこの時代の國都が隋唐の長安に大きな影響を及ぼした點に、この時代の都市の歷史的性格と意義を認めるのである。

この那波の見解に對して、駒井和愛[3]も中國都城において宮城が『周禮』說のように都城中央にあるものと、唐長安のように都城北邊にあるものの二形式の存在を認め、後者においては北魏洛陽と東魏鄴城が長安に先行することを認めるが、ただこの都城北邊に宮城を置く形式の發生については、天の中心である太極を地上に現出させた宮城が、太極が北極星を意味するようになったため、都城北邊に位置づけられることになったとしている。

中國歷史全體の中で、國都の形態の變遷と繼承の歷史をたどるこころみとしては、その後、村田治郎の研究[4]が出ている。本論文は中國歷代、殷周より明淸までの首都を對象に、その平面圖型を通史的にたどったものである。その一部にはこの時代の代表的な帝都として鄴、洛陽、盛樂、平城、建康を取りあげ、舊來の研究を總合しつつ概略的な說明をおこなっている。そのうち鄴に關するものは後述のかれの論文に基づくものであり、洛陽については後述の森鹿三、および宿白に基づき、とくに新しいものはない。なお盛樂、平城、建康については、後にふれることにする。

この他、上田早苗[5]には、漢唐閒の主要な國都の平面配置について、簡明な記述をおこなっていて、參考に値する。そのなかで、鄴が唐の長安に多くの影響を與えたとのべているのは、獨特の見解といえる。

このような都市設計、都城形態ではなく、都市の立地と建設の事情や都市發達の狀況、都市の秩序などの觀點からこの時代の都市を論じたものに、志田不動麿の研究がある(6)。

志田がここで取り扱うのは、代（平城）、洛陽、鄴という當時の代表的な華北の都市である。まず代について、天興元年の徙民にはじまる建設の經緯、均田制施行前後の農民の經濟的困窮と商業資本の發達、代における階級的對立などをのべる。ついで洛陽に關して、北魏の洛陽遷都の經緯をのべ、洛陽における商工業の隆盛のさまを、市場と商工業者の居住地と行を手がかりに記し、佛教の興盛と寺院の繁榮をのべている。最後に鄴について、鄴遷都の事情と手工業を中心とする經濟的發展のありさまをのべている。本論文はこの時代の都市を、商工業が發展した中世的都市と見なしているところに、一つの特色がある。

また、この時代の諸民族の移動と內遷が都市建設とどのように關連するかを論じたのが宮川尙志(7)である。宮川は鄴を例にとり、政治上の首都とともに、軍事上の副都が存在して、兩者を結ぶ幹線が政治經濟の動脈であったことをのべ、また北魏の漢化の過程で、盛樂、平城建設がおこなわれ、洛陽遷都によって遊牧民の都城民化が完成したとのべている。

宮川には、本論文をもとに、この時代の各都城の歷史にはじまり、宮城、官署、城門、市、里坊、街路等の內部構造や、人口、社會、貴族から民衆までの生活等を總合的かつ詳細に敍述した論文(8)を後に公表した。この論文は長安、洛陽、建康、鄴という國都を對象としていて、その內容の一部は後に各都城の項でも紹介することになるが、その內容の總合性からみても、日本における魏晉南北朝都市に關する論述の代表の一つとみることができる。ただ、上記のような內容の記述に重きをおいたためか、殘念なことに長安、洛陽、鄴の都城圖は『水經注圖』を用いるにすぎないなど、都城の平面配置等に對する配慮は必ずしも十分ではない。

なお、宮川は六朝の都市の全體像を、都市の住宅は坊によって區畫され、商業地區は市に限定され、政治・軍事上の要地には巨大な中心都市が存在してその一帶の經濟的中心としての機能もあわせ持ち、それに對して地方においては純經濟的都市は發達していなかったとのべ、これを六朝都市の歴史的性格と理解している。

これに類似の著作としては、中國古代のさまざまな都市を取りあげ紹介した服部克彦の著書[9]があり、その一部で魏晉の洛陽、吳の建康を敍述しているが、後に關連都城の項で言及することにしたい。

ところで、ここまでにのべたような都市の定義と全く異なる都市概念による研究が存在する。それは宮崎市定の都市に關する研究である。宮崎は、古代中國においては、農民が密集して城郭の中に住み、その農民が城郭によって象徴される都市國家の市民の主體を形成していたのであり、漢代の地方制度の末端である縣・鄕・亭は、いわば古代都市國家のなごりともいうべき城郭都市であるという注目すべき見解を呈示しているのである。同時に宮崎は、そのような都市が魏晉南北朝時代には次第に減少するとして、その原因は都市の規模の擴大と、都市から脫出した住民が村落に居住するようになったことであるという。そして、その結果魏晉時期に都市の最末端であった亭が消滅し、縣城には農業都市から政治都市、そして商工業都市へという性格の變化が起こったとする[10]。

さらに宮崎は、當時の民族移住により、首都をはじめ地方の重要都市で住民の入れ替えが起こり、また都市が軍事都市化して、二重城郭、すなわち城と郭をもつ都市が出現し、同時に城内と郭内での住民の住み分けがおこなわれることなどをのべて、この時代の都市が他の時代に比べて特異な性格をもつことを主張した[11]。

この宮崎の古代中國都市に關する見解にしたがえば、中國古代の都市研究が對象とする都市は、鄕や縣以上の城郭をもつ集落すべてということになる。これは上記の都市に關する一般的な定義と大きく齟齬することになるが、中國史の特質という觀點からいえば、無視できない見解である。しかしながら、そのような定義に基づく都市に關する研究は、實際はそれほど多くない。

第二節　個別都市の研究

先述のように、この時代の都市研究については、分裂時代の各國の國都に關するものが中心である。そのなかには前掲の宮川の研究のように、主な國都を總合して論じているものもあるが、大半は各國都を個別に研究したものである。以下、それらを洛陽、長安、鄴、平城、建康、およびその他の都城に分けて紹介したい。

(一) 洛　陽

日本においてもっとも多く言及される魏晉南北朝都市は洛陽である。特に、北魏の洛陽はすでにふれた那波の研究により、中國の傳統的都城とは異なる新機軸が創出されたとして、多くの研究者により論究されている。その嚆矢ともいうべき研究は、水野清一によってなされた。(12) それは『洛陽伽藍記』の永寧寺條の分析を中心に、永寧寺の開創、建築、佛教設備等をのべたものであるが、その中に洛陽都城圖を掲げ、『洛陽伽藍記』と『水經注』穀水條の記事に基づき、ホワイト（懷履光）の著書(13)にある洛陽遺跡圖を參照して、「東西六里十一歩、南北九里一百歩」（『續漢書』郡國志劉昭注『帝王世紀』）の城内における宮城、官署、城門、苑囿等の配置圖を作り、また城内に方格の街路とそれに區畫された里を記載した。これは當時としては從前の諸種の洛陽城圖に比して、斬新で科學的なものであったといえるが、それでも簡略にすぎるし、後述の里數の問題等が十分には説明されていない。

日本における眞の意味での洛陽研究の開拓者は森鹿三である。かれは一九五一年、勞榦の洛陽復原圖への批判において、注目すべき見解を提出した⒁。勞榦説はホワイトの實測圖を前提に、洛陽の東西南北の規模に關する二種の相異なる記事、すなわち東西六里、南北九里（上記『帝王世紀』および『續漢書』郡國志劉昭注『晉元康地道記』）と、「京師東西二十里、南北十五里」（『洛陽伽藍記』卷五）の整合をめざしたもので、兩者の里は同一の意味ではなく、前者は距離の里、後者は閭里の里であり、したがって東西六里南北九里の城内に、東西二十里、南北十五里の方格の街路とそれに圍まれた里が存在したと考えたのである。その街路の若干がホワイト實測圖の城門の位置に一致しているというのが勞榦の傍證とするところであった。そしてこの方格を骨骼として、宮城、官署、寺廟等を配置した復原圖を呈示した⒂。

森はこの説のうち、とくに「京師東西二十里南北十五里」の解釋について、勞榦説の場合による一里の規模や南北に狹長となるその形態に疑問を投げかけ、またそれらの里がすべて城内にあるとすることも、『洛陽伽藍記』の記事から、疑問とした。そしてかれは、『洛陽伽藍記』卷四に基づき、「南北十五里」とは芒山から洛水までの距離であり、「東西二十里」とは、中央に洛陽城東西六里をはさんで、東は『洛陽伽藍記』卷二に記載された城東七、八里の郭門、西は同卷四に記載された城西七里の張方溝までの距離と推論し、また郭門の語から、洛陽城外に郭、あるいは羅城が存在することを推測し、また『魏書』世宗本紀の「京師三百二十三坊」が洛陽城外で羅城内にある坊の數をふくんでいると考えた。

森は翌一九五二年、あらためてこの問題について專論を發表した⒃。そこでは、前論の論題をより精密化して、東西六里南北九里の漢魏以來の內城と六世紀初頭建設の東西二十里南北十五里の外郭の存在を明言し、外郭內に規則的に配置された一邊三百步の方形の坊の存在すること、內城が外郭に比して北寄りに位置すること、外郭の位置については前論を繼承し、かつ東は郭を築き、西は張方溝を城內外の區畫に利用したこと、東西二十里南北十五里の範圍が京師とよばれたことなどをのべ、ついでこの洛陽外城と隋大興城の比較をおこなって、兩城の規模は近似していて、洛陽は大興の祖型であること、市場の位置も繼承關係があることなどをのべている。

まもなく宮川尚志が前掲論文⑰において、洛陽を詳細に敍述した。かれは、正史および『洛陽伽藍記』『水經注』の記事に基づき、成周以來の洛陽の沿革、魏晉の洛陽、五胡時代の洛陽、北魏の遷都、河陰事件以後の洛陽等について、都市としての盛衰の歷史にはじまり、宮殿や城門、佛寺、居住地、里坊、戶口、社會生活の具體的狀況、食糧問題等、多岐にわたってのべた。そのなかで、特に北魏の洛陽が、城外の商工業の發達という點で歷史的な特徵を有するとしたのが注目される。

その後、服部克彥が洛陽の社會と文化に關して、二冊の著書を公刊した⑱。兩著はいずれも正史と『洛陽伽藍記』『水經注』によりつつ、概說的に洛陽を多方面から紹介したものであって、正編は三篇全一二章から成り、續編は二部全五章から成る。その內容のあらましは、以下のようになっている。

まず正編の「中國史上に占める北魏洛陽の位置」と題する章では、洛陽の地理的環境と傳統、洛陽以前の歷代都城の類型がのべられる。「城郭都市としての洛陽」と題する章では、中國の傳統的な首都建設計畫が概觀され、西晉と北魏における洛陽建設計畫の差異がとりあげられ、後者に新方式がみられるとし、北魏洛陽の外郭城とその範圍が說明される。この部分は注記がないが、ほとんど前掲の那波、森の見解と同一である。「政治都市としての洛陽」と題する章では、胡族北魏帝室の佛教と政治がのべられ、「經濟都市としての洛陽」の章では、洛陽の市場がとりあげられ、「國際都市としての洛陽」の章では、インド・中央アジア・西域諸國・東アジア諸國との交流がのべられる。「庶民都市としての洛陽」の章では、庶民の具體的な生活のさまが描寫される。「佛教都城としての洛陽」の章では、漢魏晉と北魏に分けて、佛教寺院が概觀され、「佛教寺院からみた洛陽の國際的性格」の章では、西域出身者の事績を通して、寺院が西域と國際的な交流關係にあったことをのべ、「北魏洛陽における捨宅寺院の成立過程」の章では、捨宅寺院の個々の來歷がのべられる。「北魏洛陽における佛教と娯樂藝能」の章では、佛像供養の儀式と娯樂藝能との關係や、佛教寺院における娯樂藝能について、西域・インドもふくめ、紹介している。

また續編では、「北魏洛陽社會の種々相」の章で、宮殿・門闕・庭園・金墉城・高官の邸宅などに關する建築の様相、城內・寺院・果樹・草木、食生活・佛教信仰・女性など、社會生活に關する敍述があり、「北魏洛陽における社會的異祥事」の章では、寺院・閭里におけるさまざまな逸話、例えば財寶・盜賊・佛像の異變・火事・死後の復活その他を紹介する。「北魏洛陽における宮廷百戲とその藝能」の章では、宮廷人の藝能やその種類、西域諸國との關係がのべられ、「北魏洛陽時代の佛教建築」の章では、城內外各寺の詳細な紹介があり、「北魏洛陽時代における庶民と佛教」の章では、庶民生活のなかにみられる佛教信仰の具體相を、異變を起こした佛像禮拜や靈異の大木への信仰などから說明する。

以上のように、本書は洛陽全般に關わるものであるが、平板で敍述的性格が強く、內容に重複が多いのが惜しまれる。

なお、以上の諸研究にみられるように、北魏洛陽の研究は『洛陽伽藍記』が主たる史料となるのだが、この『洛陽伽藍記』のすぐれた日本語譯が入谷義高によってなされている(19)。

（二）長　安

長安に關しては、きわめてすぐれた概說書として、佐藤武敏『長安』（一九七一）があるが、殘念ながら、魏晉南北朝時代の長安についてはほとんど言及がなく、個別研究としては、宮川尚志の研究[20]があるだけである。宮川はここで漢の長安から始め、漢末三國、西晉、五胡、北魏・西魏・北周の各時代に分期して、沿革と歴史的事件、人口、社會の狀況等について、正史記事に基づき詳細に敍述している。なかでも、西晉時代の長安について、潘岳「西征賦」を引いて城内のありさまをのべ、苻堅時代の長安の繁榮ぶりについては、それが關中の灌漑施設の復興によるものであることを强調し、後秦や北周の佛教政策を紹介する等、長安史上の畫期的な事件について記事が豐かであり、參照に値する。

(三)　鄴

鄴に關しては、既述の那波說により、北魏洛陽において創出された都城計畫の新機軸が鄴南城に繼承されたとして、早く注目を浴びた。そして一九三八年に公表されたのが、村田治郎の研究である[21]。本論文は、鄴に關する研究としては、日中學界を通じて最初の本格的、かつ總合的な研究[22]というべき大作で、はじめに鄴の漢以前から魏晉、十六國、北魏北朝時代に至る歷史を概觀し、ついで城郭、魏の宮殿官署、後趙の宮殿樓觀、東魏・北齊の宮殿、三臺、苑園の各節に分かって詳細に敍述したものである。用いた史料は、正史および『水經注』、『鄴中記』、『十六國春秋』、『資治通鑑』、『文選』魏都賦である。

城郭に關しては、東西七里南北五里の北城内を東西にはしる街路で南北に二分し、南北にはしる二本の街路で三分したうえ、中陽門と東西街路をT字型に結ぶ街路を想定するという獨自の平面配置を推測した。

つぎに宮城について、魏では北半の中央部にあったとし、政治の中心であった文昌殿・聽政殿等に言及する。後趙については、太武殿と東西堂その他の殿宇を詳しくのべ、東魏については南城の北部、北城の南壁に接して宮城が置かれたと推測する。また宮城の中心は太極殿と東西堂であったという。

以上の他、官署、三臺や苑囿等、城内にあった諸施設を詳細に整理しており、村田論文は日本における鄴研究の古典というべきものである。

これより二〇年後、宮川尚志が鄴について文章を發表した(23)。都市の平面配置や宮城、宮殿官署等の記述は村田の論文の詳細さに及ばないが、鄴をめぐる諸勢力の攻防や鄴内の社會生活の實態、人口の考證等、村田論文の缺を補う部分もすくなくない。

ところで、鄴については、一九七〇年前後から、日本史研究者の關心が高まった。その發端をなしたのは岸俊男である。かれは日本の平城京が隋唐長安の影響を受けたという從來說に對して、日本都城の原型となったのは藤原京であり、その藤原京は東西より南北が長い形態であるから、南北より東西が長い隋唐長安よりも、東西より南北が長い北魏洛陽や鄴南城を原型としていると考えた(24)。この說を受けて、一九八〇年代に、鄴に關する獨特の見解が日本史研究者秋山日出雄によってしめされた。秋山はまず、村田說を主たる根據とし、『鄴中記』や『鄴都故事』の記事によって、鄴南宮の太極殿、東西堂、昭陽殿、永巷等の配置が飛鳥宮の平面配置にほとんど等しいとして、飛鳥宮設計に鄴南宮の影響があり、その飛鳥宮が藤原宮に影響を與えたと考えた。また、鄴南城の規模や城門、官署等の分析から、鄴と隋唐洛陽の類似性を推測する(25)。

ついで翌年、秋山は本格的に鄴南城の復原に取り組んだ論文(26)を公表した。この論文は村田の研究を基礎に、まず文獻による鄴北城と南城の復原をこころみ、『歷代宅京記』に基づいて城郭の規模、郭と市、里坊等の確認をおこなった。次いでかれ自らが歷史地理學的方法と呼ぶ方法を用いて、鄴南城の形態と位置を推定しようとこころみた。それは鄴周邊の水路と道路によって南城の形態と位置を推測しようというものであったが、その結果は北城南城壁に南城が二〇度近く傾斜して接するという突飛な復原案となってしまった。これはその後の考古學的調査で明らかになった鄴南城の形態や位置と大きく食い違うものである。それだけでなく、かれのこの兩論文は、依據する文獻史料の『鄴中記』をそのまま東魏北齊の鄴の記事とみなしたり、『歴代宅京記』を無批判に利用したり、日本における中國史研究の方法とはかなり異質であるとせざるをえない。

なお、長田夏樹は、鄴で成った『切韻』『修文殿御覽』の編者たちの出身や、東魏北齊墓の壁畫等から、鄴において獨自の胡漢複合文化が生まれたとのべているが[27]、これは中國都城の住民構成と文化を取り扱った數少ない研究の一つである。

(四) 平　城

平城に對する關心は、一九三〇年代雲崗石窟の調査をおこなっていた水野清一の平城遺跡の現地調査が最初であろう。かれは一九三八年五月と六月に、大同北郊を踏査し、平城北壁とみられる東西にはしる版築を寫眞に收めた[28]。翌一九三九年、東亞考古學會は大同附近の調査旅行をおこない、大同北郊において北魏宮垣の雙闕址と御河河畔の寧泉宮を發見したと報告している[29]。

その後平城については、長い空白期間を經て、一九七七年、前田正名の論文[30]が出た。この論文は、『魏書』と『水經注』の記事を基に、拓跋部の天興元年の平城遷都の經緯から始め、以下、太宗期、世祖期、高宗期以後と順次平城の造營の歴史と各時期の特色を敍述したものである。その概略はおよそ以下のようなものである。平城遷都時には宮室、宗廟、社稷等建築物のほか、廣大な鹿苑が造營されるなどしたが、『南齊書』の記事によると、まだ城郭がなかった。その後天賜三年になって方二〇里の外城ができ、宮殿等が増築された。しかし、平城の都市景觀が畫期的に進展するのは太宗明元帝期であり、その主な事業には北苑、西苑の造營、大規模な長城の建設、外郭の構築、城南での諸建築等がある。特に外郭の造營は、これによって平城が二重の城壁をもつことになり、中國的都市景觀を實現することになった。しかし、『南齊書』によれば、この時期外郭内、宮城南部は坊を築いており、これがその後の都市設計に重要な影響を及ぼしたと考えられるのだが、この點についてはほとんど注意されていないのは殘念である。

その後を繼いだ世祖太武帝期は、城東及び東部外郭の東側に造營がなされたのが特色であるが、その都市景觀は一般的な中國風のものと異なるところがあり、例えば門には屋を設けず、城壁に塹がなかったという。太武帝沒後では、特に高祖孝文帝時期に平城城内の堂塔、諸門の建築が多くおこなわれ、中樞地區に中國風建築が增加しているが、それは孝文帝の漢化政策によるものであろうとのべる。

前田のこの論文を收錄した彼の著書[31]は、この他平城に關する多樣な論點を展開している。例えば第五章は、平城における家畜と畜產の狀況を分析し、特に高宗以前は牧畜・狩獵の舊習が殘存し、また漠北遊牧民地域から大量の家畜や畜產品が平城に流入して、平城が當時の中國的都市とは異なった特色をもっていたことを强調している。第六章では、平城と西域・江南との交易の實態を、例えば城内での商業と珍奇な商品の具體的描寫、江南からの朝貢記事をもちいて敍述する。

これら以外にも、平城と平城が位置する桑乾河流域の自然地理の概要をのべ、つぎにこの地域の住民について、漢族・烏桓・匈奴・鮮卑・高車など諸民族の移住と徙民の狀況を概觀する。さらに、平城から漠北、西域、山西南部、河北、東北等各地域に通じる交通路を解明し、河北平野との經濟的關係に論究する等、都市平城そのものに限らず、周邊との關係を包括した總合的な平城研究をおこなっており、日本唯一の平城研究の專著と稱することができる。

なお、平城と鄴の類似性を說く學者に宮崎[32]と村田[33]がおり、前者は兩城が二重城郭を持つ點にその共通性を見、後者は平城が鄴都北城を模倣したとのべている。

（五）建　康

建康について最初に注目したのは、日本における魏晉南北朝史の開拓者岡崎文夫である。かれは一九三一年に公表した論文[34]で、建康の歴史と地理的環境、首都建康の總體を詳細に分析敍述した。その論文は、まず建康が首都に選ばれた事情をのべたあと、かれが南京臺地と呼ぶ現在の江寧、上元、溧水、句容を包括する地域についての歴史的地名と現在地名との比定をなし、ついで南京臺地を取り圍む諸山をのべ、つぎに長江、秦淮沿岸部の水流、陸地、塘、洲の位置について、詳細な考證を進める。さらに破崗瀆、潮溝、運瀆、青溪の考證をおこなうが、『建康實錄』原本が見られず、諸書引用の實錄に據ったこともあり、破崗瀆を吳初は陸路にして、水路は劉宋代に開鑿されたと推測し、潮溝は南齊に穿たれたというなど、今日から見れば誤解というべき見解も見られる。しかし、一方で西池より長江に通じる水路として白水の存在を推測し、班瀆の位置を推定するなど、重要な見解がふくまれる。そのつぎに、南京臺地に存在した諸城を檢討し、宮城、石頭城、東府城が建康防衛の重地であるとのべ、また白下・新亭の戰術上の重要な役割に言及する。最後に、建康が首都に選ばれた別個の理由として、孫氏が北來の强族と江南土着の强族との妥協のために、從來史上に顯れない土地を選んだという説を、趙翼を引いてのべている。

岡崎の論文は、建康關係の史料を網羅した『首都志』（一九三五）や、建康研究の古典である朱偰『金陵古蹟圖考』（一九三六）に先んじて、文獻史料のみの分析で高い水準の建康の復原をこころみたものとして、貴重な意義を持つものである。

その後建康についての研究で取りあげるべきものは、宮川尚志の論文[35]である。かれはこの論文でまず吳の建康建都の歴史をたどり、以下に建康の規模、門と宮殿官署、都市防衛施設、周邊の水路網、人口、住民居住地、佛寺等を文獻にしたがって敍述し、建康住民の社會生活を活寫した。これは岡崎の論文の缺を補うところがある。

以後、建康研究は中斷していたが、秋山日出雄の特異な論文[36]が出て、注目を集めるようになった。その方法はまず大縮尺の地圖と南唐金陵城を根據にして、都城が東晉で南方へ、劉宋で北方へ擴張されたと推測し、さらに國門や籬門、周邊で發掘された墓の位置等を根據に、外郭が長江・玄武湖・鍾山・雨花臺という自然地形に制約されつつ、石頭・倪塘・石子崗・蔣山の範圍内に築かれたと主張する。そして、このような建康の復原案を前提に、この外郭を計畫的に造營したのが北魏洛陽であり、宮室が北に偏ったのも兩者類似するとして、北魏洛陽は建康を模範として建設されたと主張し、さらに平城や東魏の鄴の建設の際にも參考にされたとする。この論文は從來みられなかったさまざまな新しい考えを提出しているが、日本においては受け入れられているとは言い難く、問題が多いと評されている。

秋山の後、中村圭爾の一連の論文[37]が出た。その第一・第四論文は、建康の水路が首都圈内の流通のみならず、三呉地方との交通に重要な役割を果たし、消費地建康と生産地三呉との閒に特殊な經濟關係が生じていたことをのべたもので、建康そのものに關する研究ではないが、建康がその形態だけではなく、地域における經濟的役割においても、華北の諸都市と異なる特徵を持つことを强調したものである。建康に直接關係するのは第二・第三論文であり、まず第二論文は、上記秋山の見解の基礎である建康關係文獻の解釋に對して疑問を提示し、建康擴張説を批判する。つぎに朱偰説以來の通説であった建康都城の形態と位置について、建康都城と建康宮城が北壁を共有し、東宮が東部に張り出していること、建康の水路の復原により、建康都城が潮溝・運瀆・青溪三水路に圍まれた地域に位置することを推論した。第三論文は、この說を若干の觀點から補强したものである。

中村說に對して、さらに詳細に建康の形態と内部構造を考證したものが、外村中の論文[38]である。この論文は、まず隋唐長安と六朝建康の形態を、都城門、宮城門、外郭の規模と區畫構成、南北主要道路、市、外郭内の居住區、都城の規模、都城内の居住區、宮城の規模の諸點につき、長安は『長安志』、建康は『建康實錄』『景定建康志』『金陵記』『宮苑記』等によりつつ、比較檢討する。かれによれば、兩者の相違は七點であり、一、長安は比較的堅固な外郭壁をもっていたが、建康はそうではない、二、長安の外郭内は整然と區畫されていたが、建康ではそうではない、三、長安には南北の軸とみなせる一本の道路があったが、建康には一本の主軸のほか、これと平行してもう一本主要な道路がはしっていた、四、長安は外郭内に南北の軸を對稱にして東西に市があったが、建康では外郭内に散在していた、五、長安では都城北壁の外北は禁苑で、外郭居住區を置かなかったが、建康では都城北壁の外北にも外郭居住區があった、六、長安の都城内は官廳街で居住區を置かなかったが、建康都城内には居住區も置かれていた、七、長安の宮城は都城内北にあり、都城北壁は宮城北壁に接していたが、建康の宮城は都城の中ほどにあり、都城北壁と宮城北壁は接していなかった、という推測をする。そして、建康は先行する中國都城の影響下に設計されたものではないと主張している。ついで、都城・宮城の諸施設を檢討し、あたらしい復原案を提案しているが、それは朱偰説とは異なり、かなり東寄りに位置したものとなっている。

(六)　その他の都城

ここでは、以上に言及しなかった都城の研究について紹介する。

十六國時代の河西の中心都城である姑臧については、前田正名の三論文[39]がある。その第一論文は、十六國時代の姑臧の爭奪戰の概況と、姑臧の人口及び人口移動の狀況を說明し、その後、姑臧周邊の河川水澤を詳細に考察し、その豐富な水量が姑臧の重要性と、姑臧を據點とする勢力の繁榮をもたらしたとのべる。

第二論文は、五涼時代の姑臧城の建設の經過と、五城あったとされる各城の位置關係、城内建築の狀況等をのべたものである。それはおよそ以下のようなものである。姑臧は元來匈奴の蓋臧城に始まるが、當初から地下水の湧出や河流の影響を受けて、中國の傳統的な方形城郭とは異なった形態を有していた。前涼の張軌・張駿の時代に四城を増築し、五城となった。特に張駿が建設した謙光殿は南城にあって、政治の中樞部となり、以後も謙光殿を中心に南城に官署・堂宇の増築が重ねられた。こうして、姑臧の中心は南城へと移ってゆく。また、姑臧の東端と西端には苑があって、東西二苑と稱され、そこに胡族が居住させられ、城外にも鮮卑族が取り巻くように居住していた。

第三の論文は、北涼滅亡時、姑臧城内には漢人集團とソグド人商人が存在し、一方、城外には鮮卑諸部族が存在していたことをのべたものである。

北魏の前身である代建國初の首都盛樂と比定される土城については、駒井和愛の調査と推測がある(40)。かれはホリンゴルの北方に殘存する三組の土城について、内二者を地上採集・出土品から漢代の成樂郡治と遼金の振武縣址と推測した後、この兩者を包攝するような東壁約二キロ餘、北壁一キロ餘、西壁約一キロ餘の土城を北魏と關係があるかも知れないが、斷定できる證據はないとのべている。

また、魏晉時代にはなお後進的であった中南部中國の都市について、服部克彥の文章(41)があり、南郡・襄陽・長沙・淮南・吳郡・會稽等について言及するが、正史の郡縣志・州郡志の類の記事を引用し、沿革と人口を羅列したにすぎない。

第三節　都市の諸要素に關する研究

都城研究には、以上に紹介したようなもののほか、都城を構成する諸要素、特に宮殿の構成、官署佛寺の配置、街區の構造、市等を個別に取り扱うものがある。そして、その諸要素はその影響や繼承關係を通じて、それぞれの都城の歴史上の位置と深く關係する。つぎにその若干を紹介しておきたい。

宮殿については、後趙の鄴北城、平城、東魏の鄴南城、建康等、隋唐以前の都城において、太極殿とそれに附隨した東西堂が存在するという事實を考證し、これが日本古代の難波宮の宮殿配置に繼承されたという日本史學者岸俊男の說がある(42)。かれのこの問題に關する研究は簡略な文章でのべられたものであるが、前述の藤原京と鄴との關係についての研究とあわせて、影響が大きい。

なお、この點に關して、最近吉田歡が、曹魏洛陽で、太極殿と東西二堂形式が誕生したこと、東西二堂は前者が引見・聽政の場、後者が皇帝居住の場と使い分けられ、その形式は東晉にも繼承されたが、宋では東西二堂の居住機能は拂拭され、儀式・聽政の場に變化し、以後の南朝に引き繼がれたこと、北魏平城では太極殿・東西二堂とは異なった形態の宮殿が營まれていたが、孝文帝時代に太極殿・東西二堂を導入したこと、それは洛陽や東魏・北齊にも繼承されたこと、一方北周では三朝制によって宮城を改造し、それが隋唐に繼承された、と主張している(43)。

里坊については、中國の都市里坊制の成立と展開を論じた曾我部靜雄の論文がある(44)。本論文は都市の區畫である里がやがて坊と稱されることになる經過を解明しようとしたものである。漢・魏・西晉・北魏では首都城內の各地區を里と呼んでいたことを『三輔黃圖』・『晉宮閣名』（『太平御覽』所引）・『洛陽伽藍記』等から實證し、一方、北魏孝文帝の頃から坊の制度が起こったと推測する。その坊とは、初めは宮城内で障壁を設けた場所を指していたが、やがてその周圍の障壁により防衛的な意味を帶びて城外にも置かれるようになったのであり、それは宣武帝の時であったという。なお、唐の坊の構造や日本都城の坊との比較もなされているが、ここでは割愛する。

その後、漢代の里から唐代の坊への變化をさらに明瞭に説明する宮崎市定の論文[45]が出た。かれは漢代の里がすでに周圍に障壁をめぐらすものであったと、午汲古城を根據に主張し、一方、後漢・魏・西晉では周圍に障壁をめぐらす小區畫を坊と呼んで、宮中や官署にそれが存在したといい、北魏は平城に都すると治安維持のために里制を施行したが、その里に防禦のために設けられた障壁が坊と同一なるをもって、やがてこの里が坊と呼ばれるようになったという。以後、北朝では里が公稱でありながら、民閒では坊と呼ばれ、坊名がしだいに普及しつつあったという。

市については、南朝の首都建康のほか、揚州、荊州、廣州等江南の諸都市、及び北朝の都市平城・洛陽・鄴・長安における市について、佐藤佑治の一連の研究がある[46]。それは文獻記事から市に關する零細な記事を博捜し、市を管理する官吏や市の實態、市の物資、商業交易、互市等についてのべたものであるが、やや簡略で、史料引用が中心であるのが惜しまれる。

むすび

以上、日本における魏晉南北朝の都市研究の歴史について、概觀してみた。取りあげたものは都市設計や空閒配置、歴史的變遷等に關するものが主になった。しかし都市研究については、他にも、六朝文學、藝術、宗教、貴族生活等との關連で都市に言及する研究もすくなくない。それらは都市社會の研究として重要な論點となるはずのものであるが、残念ながら紙幅の都合で割愛せざるを得なかった。今後機會があればこの方面についても紹介したい。

註

（1）その例外的なものとしては後述の宮川尙志『六朝史研究』政治社會篇第八章「六朝時代の都市」の一節「水經注に見える都城形態」があり、若干の地方都市について、その規模、立地、內部構造、城郭、水源、都市住民などを簡略にのべている。
（2）那波利貞「支那首都計畫史上より考察したる唐の長安城」（『桑原博士還曆記念東洋史論叢』一九三〇）。
（3）駒井和愛「中國の都城」（初出一九四八、駒井『中國都城・渤海研究』一九七七に再録）。
（4）村田治郎「中國帝都の平面圖型」（村田『中國の帝都』一九八一）第一章。
（5）上田早苗「中國の歷史的都市」（『講座歷史考古學』第三卷、一九八五）。
（6）志田不動麿「支那都市發達史の一齣」『歷史學研究』一—一（一九三三）。
（7）宮川尙志「三—七世紀における中國の都市」『史林』三六—一（一九五三）。
（8）宮川尙志『六朝史研究』政治社會篇（一九五六）第八章「六朝時代の都市」。なお本論文は註（7）論文を增補したものであるという。
（9）服部克彥『古代中國の都市とその周邊』（一九六六）。
（10）縣城を都市と認識する早い例としては、那波利貞「支那已往の都市と上下兩水の問題（一）（二）（三）（四）」（『歷史と地理』二七—一、二、三、四、一九三一）があり、中國史全體の中で、都市の數、規模、人口等を概觀している。
（11）宮崎市定「中國における村制の成立」（初出一九六〇）、「六朝時代華北の都市」（初出一九六一）（いずれも『宮崎市定全集』七、一九九二）。
（12）水野清一「洛都永寧寺解」（初出一九三九、『中國の佛教美術』一九六八に再録）。
（13）W. C. White　*"Tombs of Old Lo-yang"*　1934, Shanghai.
（14）森鹿三「勞榦氏の「北魏洛陽城圖的復原」を評す」（『東方學報』京都二〇、一九五一）。

(15) 勞榦「北魏洛陽城圖的復原」(『中央研究院歴史語言研究所集刊』第二〇本、一九四八)。
(16) 森鹿三「北魏洛陽城の規模について」(初出一九五二、『東洋學研究』歴史地理篇一九七〇に再録)。
(17) 前掲宮川註(8)論文。
(18) 服部克彦①『北魏洛陽の社會と文化』(一九六五)②『續北魏洛陽の社會と文化』(一九六八)。なお、兩書の一部になったとみられる論文は『龍谷史壇』三八(一九五四)、同五六・五七(一九六六)、『龍谷大論集』三七六(一九六四)、同三七八(一九六五)、『印度學佛教學研究』一五―一(一九六六)、『歴史教育』一四―一二(一九六六)に發表されている。
(19) 入谷義高譯『洛陽伽藍記』(中國古典文學大系、一九七四)。
(20) 宮川前掲註(8)論文。
(21) 村田治郎「鄴都考略」(初出一九三八、村田『中國の帝都』一九八一に再録)。
(22) 一九五七年、兪偉超が鄴の遺跡を實地調査し、その成果を「鄴城調査記」(『考古』一九六三―一)として公表した時、鄴の研究として引用したのは僅かに陳寅恪『隋唐制度淵源略論稿』と上記那波論文、および本論文のみであった。
(23) 宮川前掲註(8)論文。
(24) 岸俊男「日本の宮都と中國の都城」(初出一九七六)、「難波宮の系譜」(初出一九七七)(いずれも岸『日本古代宮都の研究』一九八八に再録)。
(25) 秋山日出雄「日本古代都城制の源流」(『歴史研究』一八、一九八一)。
(26) 秋山日出雄「日本古代都城制の原型」(『神女大史學』二、一九八二)。
(27) 長田夏樹「北齊鄴都を支えた人々」(『論叢』神戸市外語大三一―三、一九八〇)。
(28) 水野清一「大同通信」(『考古學』九―八、一九三八)、「大同再信」(『考古學』九―九、一九三八)。
(29) 小林知生「東亞考古學會北魏平城址調査概報」(『考古學雜誌』二九―八、一九三九)。
(30) 前田正名「平城都市景觀の展開」(初出一九七七、『平城の歴史地理學的研究』一九七九)。

(31) 前田正名前揭註(30)論文。
(32) 宮崎註(11)論文。
(33) 村田註(21)著。
(34) 岡崎文夫「六代帝邑攷略」(初出一九三一、『南北朝に於ける社會經濟制度』一九三五に再錄)。
(35) 宮川前揭註(8)論文。
(36) 「南朝都城「建康」の復原序說」(『橿原考古學研究所論集』一九八四)。
(37) 中村圭爾「建康と水運」(初出一九八四)、「建康の「都城」について」(初出一九八八)、「六朝古都建康都城位置新探」(初出一九九一)、「建康と三吳地方」(初出一九九二)(以上中村『六朝江南地域史研究』二〇〇六に再錄)。
(38) 外村中「六朝建康都城宮城攷」(『中國技術史の研究』一九九八)。
(39) 前田正名①「四—五世紀の姑臧城」(『史學雜誌』七八—四、一九六九)、②「姑臧城の城廓景觀について」(『東方學』四四、一九七二)、③「北涼滅亡時の姑臧の住民構造」(『歷史における民衆と文化』一九八二)。
(40) 駒井和愛「綏遠にある漢の成樂縣のあとについて」(初出一九五二)、「和林北魏盛樂城址調查概要」(前揭駒井『中國都城・渤海研究』一九七七に再・收錄)。
(41) 服部前揭註(9)著書第一編第五章。
(42) 岸俊男前揭「難波宮の系譜」「難波の都城・宮室」(初出一九七七)(いずれも前揭『日本古代宮都の研究』一九八八)。
(43) 吉田歡「隋唐長安宮城中樞部の成立過程」(初出一九九七)「漢魏宮城中樞部の展開」(初出二〇〇〇)(いずれも吉田『日中宮城の比較研究』二〇〇二に再錄)。
(44) 曾我部靜雄「都市里坊制の成立過程について」(『史學雜誌』五八—六、一九四九)。
(45) 宮崎市定「漢代の里制と唐代の坊制」(初出一九六二、『宮崎市定全集』七、一九九二)。
(46) 佐藤佑治「中國都市における「市」官吏」(初出一九八九)、「六朝建康の市について」(初出一九九二)、「六朝市考」(初出一九九四)、「北朝の首都の市について」(初出一九九七)(以上佐藤『魏晉南北朝社會の研究』一九九八に再錄)。

（補注）長安については、近年、窪添慶文「魏晉南北朝時代の長安」（『水經注疏譯注』（渭水篇下）二〇一一）が、詳細な敍述をおこなっていて、重要な文献となっている。

あとがき

本書は、六朝時代の政治體制と社會構造、とくに官僚制と社會的秩序をおもな主題とする二五年間の研究成果である。既發表の論文を原型のまま再錄したものが大半であるが、一部中國語で公表したものの日本語原文と、あらたに書きおこしたものをふくんでいる。それらを四編に編んだものである。

本書書名に直接關わる論文は、主題ごとに二編にわけ、第一編は六朝官僚制について、一面ではそれが疑似近代官僚制的なみかけと機能をもつこと、しかし一面では、機能的部分とは對極の、ある種の秩序の表象、あるいは特異な價値觀を附された地位の表現のような意味を強く有することを論じた論文をあつめている。第二編は、官人もふくめ社會のなかに出現する多樣なあり方と表現をもつ存在について、王朝の政治的體制におけるその位置と制度的身分序列を中心に、かれらを一定の狀態に秩序化する原理や秩序の實態を考察した論文、あるいはその社會を成立させている構造原理を分析した論文をあつめた。さらにこの二編に屬しがたいが、本書書名の研究分野に關連するもの二篇を補論として一編にまとめ、また六朝に關する研究史三篇を一編とした。

以下に、まずそれらの原題、初出誌・書を、本書の章別にしたがってあげておく。

序　章　六朝史研究の視點（新稿）

第一章　六朝における官僚制の敍述（『東洋學報』九一—一、二〇〇九）

第二章　六朝貴族制と官僚制（『魏晉南北朝隋唐時代史の基本問題』汲古書院、一九九七）
第三章　魏晉南北朝的城市與官人（井上徹・楊振紅編『中日學者論中國古代城市社會』三秦出版社、二〇〇七、西安）
第四章　初期九品官制における人事について（川勝義雄・礪波護編『中國貴族制社會の研究』京都大學人文科學研究所、一九八七）
第五章　南朝における「議」について――宋・齊時代を中心に――（『人文研究』四〇―一〇、一九八八）
第六章　陳の「用官式」とその歴史的意義（『大阪市立大學東洋史論叢』一四、二〇〇五）
第七章　東晉南朝の門下（新稿）
第八章　晉南朝における律令と身分制（唐代史研究會編『律令制――中國朝鮮の法と國家』汲古書院、一九八六）
第九章　晉南朝律令と身分制の一考察（『堀敏一先生古稀記念中國古代の國家と民衆』汲古書院、一九九五）
第一〇章　貴族制社會中的血緣與地緣關係的歷史特性（『人文論叢』二〇〇二年版、武漢大學出版社、武漢）
第一一章　魏晉時代における「望」について（『中國――社會と文化』二、一九八七）
第一二章　「風聞」の世界――六朝における世論と體制――（『東洋史研究』六一―一、二〇〇二）
第一三章　南朝國家論（『岩波講座世界歷史』九、一九九九）
第一四章　魏晉正閏論の一側面（安田二郎編『中國における歷史認識と歷史意識の展開についての總合的研究』（科學研究費補助金成果報告書）、一九九四）
第一五章　「都邑」の敍述（『中國都市研究の史料と方法』大阪市立大學大學院文學研究科都市文化研究センター、二〇〇五）
第一六章　六朝貴族制論（谷川道雄編『戰後日本の中國史論爭』河合文化教育研究所、一九九三）

第一七章　日本における魏晉南北朝史研究（『唐代史研究』二、一九九九）
第一八章　日本魏晉南北朝城市研究史（辛德勇・中村圭爾編『日中古代城市史研究』中國社會科學出版社、二〇〇四、北京）

以上の諸篇は、中國語論文は日本語原文を多少改稿し、第一一章は文中に括弧でことばをおぎない、第一三章で初出時には省略した事例の典據を文中に括弧でしめし、第二・第一二兩章註に史料原文を增補した以外は、誤植の訂正、假名遣いの統一、註引用文獻の書式の統一程度に改變をとどめ、論旨に關わる改編・修訂はおこなっていない。ただ、例外は第一五章で、原型をとどめないほどの改稿をおこなった。また、新稿二篇のうち、序章は今回あらたに書きおこしたものであるが、第七章は一九九〇年代初期にほぼ完成し、公表をためらっていたものに今回若干の補訂をほどこしたものである。

六朝史を研究對象に選んだ事情などについては、すでにのべたことがあるので、さらなる贅言は避けたいが、私的感懷もふくめ、すこしばかり記しておきたいことがある。

今回、本書を編むにあたって、「共同體論爭」にふれておきたいというおもいをおさえきれなかった。第一六・第一七章がありながら、內容の重複をいとわず、あえて序章を書いたのは、私の六朝史研究のもっとも深層にこの論爭があり、しかも常にこの論爭の兩極にひきさかれるような心情に惱まされながら研究を進めてきたという自身の軌跡をあらためてたどっておきたかったからである。

「共同體論爭」に對する私の記憶はいまなお重苦しい。そのことの一端はかつて一九八七年の舊著あとがきに記したが、以來二五年をへても、この論爭に距離をおいたままであったみずからの研究についての內心の辛さや負い目はかわることがない。その原點が重田德先生であることはもちろんである。

「共同體論爭」のころの重田先生は、まだ四〇歲前後で、講義はもちろん、學內外での活動ぶりは意氣軒昂たるものがあった。私がうけた影響ははかりしれない。その先生が急に病に倒れられ、二年餘りの鬪病ののち、逝去された。ご逝去の日とその後の何日かのことは、今でもありありとおもいだすことができる。それから四〇年になろうとし、私は先生の行年を二〇年以上もうわまわる歲月にめぐまれた。

いまこの時代になって、重田先生によって口火がきられた「共同體論爭」に垣閒見えた硏究者の知的營爲の意味、もしくは歷史學硏究の意義におもいをいたすとき、硏究の初心者として畏敬の念を胸に眺めていた當時の學界について、單なる懷古鄕愁にとどまらず、憧憬すらおぼえるようなときがある。身に省みて、私自身がそのような歷史學硏究を實踐してきたとはとてもおもえないがゆえにとくにそうなのであるが、いまはただ、硏究の世界に入ったその時點でそうあるべき理念として腦裏に刻んだ歷史學硏究の學問的意味をとうとうわがものとできなかったことへの自責と、ともかくも歷史を對象とする硏究にいままで携わってこられた幸せを感じていることを記しておく。

學生大學院生時代、恩師佐藤武敏先生には、授業以外にもいろいろお話をしていただく機會があった。そのある時、川勝義雄氏の有名な「鄕論環節の重層構造」の論を準備中の卒論との關係で佐藤先生にお話ししていた折り、先生は言下にそれはデュルケームですよとおっしゃった。そしてそこから進んでフランス史學や增淵龍夫氏の學統にまでお話が及んだ。佐藤先生からお聞きした數多くのお話のなかで、このような類のお話はただ一度のことであり、鮮烈な印象がのこっているが、先生のお話の眞意に氣づくほどには私の水準は高くなかった。すぐにデュルケームの邦譯本を手にしてみたものの、まったく齒がたたなかったのは當然であったが、それから一〇數年して、中國史にもいわゆる社會史の波が及んできた時、そして今回序章を執筆している時、ようやく佐藤先生のそのお話の深みに氣がついたのであった。

本書は、書名にも編章構成にも、政治と社會ということばが一對の對極的意味でもちいられている。その意味するところがきわめて曖昧であり、學問的な嚴密さにかけることは私自身がもっともよく承知している。「共同體論爭」と苦闘するなかで、國家と社會、權力と民衆というような對置的思考と、國家や權威の幻想性と社會や民衆世界における日常性の鞏固さの對比というような二元的發想にいつしか強くとらわれることになった。それはいかにも感覺的であり、論爭の本質とは本來異質のものであったかもしれないが、自身の研究の指針として持續させる意味はあるようにおもえた。論爭そのものへの主體的な關わりはついになしとげることはできなかったが、そのような發想にたつ研究にすがることでなにがしかの内心の安寧をえて、いまにいたっている。

大阪市立大學文學部に入學し、恩師佐藤武敏先生の學生となって、五〇年ちかくになる。このながい年月、佐藤先生からたまわったご指導ご配慮への感謝の氣持ちは到底ことばではいいあらわせないものである。學生大學院生としてたまわったご學恩、助手として學部に殘していただき、後輩の教員としてご指導いただいたご恩顧、さらに市大ご退職の後も、先生はつねに私にあたたかいお心をむけてくださっている。ほんとうにありがたいことである。

ちょうど一〇年前、文學部で先生もかつて任ぜられた管理職の任に私も就くことになり、このことを先生に書信でお傳えしたところ、研究の方が阻害されるのは殘念だが、學部・大學のために盡力することも有意義ですというお便りをいただいた。先生のお手紙はすべて大切にしまってあるが、このお便りだけはいまも机上に置き、このお言葉をいつも心の支えにしている。この一〇年は、研究よりは管理職的立場であることがほとんどで、二兎を追うべきではないと自戒し、本務に努めることを心がけてきたが、それでも研究について數篇の文章を執筆できたのは、ひとえに先生のお言葉にはげまされてのことである。

大阪市立大學には、入學して以來、二年半前に退職するまで、四五年閒在籍させていただいた。退職直前の四年閒をのぞいて、文學部・文學研究科の史學教室に屬したが、人生の大半をこの大學、學部、教室で過ごすことができたことは、私には生涯忘れることのできない大切な思い出であり、たいへん幸せな人生であったとおもう。市大の關係者はじめ、その閒にお世話になったすべてのかたがたに心からお禮を申しのべたい。

大阪市立大學には、もうひとつかけがえのない思い出がある。それはすばらしい學生大學院生たちと出會えたことである。とくに研究では大學院生諸君と授業や研究會でつねに活動をともにする機會にめぐまれたし、日常的な交友の時閒も多かった。それは私にとってこのうえないはげみと刺戟となり、また愉快な時閒となった。あらためてこのひとたちに感謝の意をあらわしたい。

そして、ささやかな內容であるが、本書を、大阪市立大學在籍四五年閒の研究の成果報告としたい。

研究者の世界に入ることができてすでに四〇年になる。この閒、すくなからぬ學會や研究會に參加する機會を得て、そのときどきに、研究の嚴しさや樂しさに接することができたし、また、多くの尊敬する先輩、同學知己、同志にめぐりあい、多大の學恩と刺戟をうけてきた。お名前は割愛させていただくが、そのかたがたにあらためて感謝の意をあらわしたい。

本書の出版には、平成二四年度科學研究費補助金（研究成果公開促進費）の交附をうけたことを記しておく。

本書の出版に際しては、汲古書院にたいへんお世話になった。最初にご相談に書院をたずねた際には、石坂叡志社長と三井久人さんに懇切なご助言をいただき、科學研究費申請に際しても、いろいろご教示をいただいた。また、編集部の柴田聡子さんは、校正はじめ、丁寧な編集作業で終始たすけてくださった。末尾になるが、厚くお禮を申し上げたい。

二〇一二年一〇月

中村圭爾

汲古叢書

1	秦漢財政収入の研究	山田　勝芳著	本体 16505円
2	宋代税政史研究	島居　一康著	12621円
3	中国近代製糸業史の研究	曾田　三郎著	12621円
4	明清華北定期市の研究	山根　幸夫著	7282円
5	明清史論集	中山　八郎著	12621円
6	明朝専制支配の史的構造	檀上　寛著	13592円
7	唐代両税法研究	船越　泰次著	12621円
8	中国小説史研究－水滸伝を中心として－	中鉢　雅量著	品　切
9	唐宋変革期農業社会史研究	大澤　正昭著	8500円
10	中国古代の家と集落	堀　敏一著	品　切
11	元代江南政治社会史研究	植松　正著	13000円
12	明代建文朝史の研究	川越　泰博著	13000円
13	司馬遷の研究	佐藤　武敏著	12000円
14	唐の北方問題と国際秩序	石見　清裕著	品　切
15	宋代兵制史の研究	小岩井弘光著	10000円
16	魏晋南北朝時代の民族問題	川本　芳昭著	品　切
17	秦漢税役体系の研究	重近　啓樹著	8000円
18	清代農業商業化の研究	田尻　利著	9000円
19	明代異国情報の研究	川越　泰博著	5000円
20	明清江南市鎮社会史研究	川勝　守著	15000円
21	漢魏晋史の研究	多田　狷介著	品　切
22	春秋戦国秦漢時代出土文字資料の研究	江村　治樹著	品　切
23	明王朝中央統治機構の研究	阪倉　篤秀著	7000円
24	漢帝国の成立と劉邦集団	李　開元著	9000円
25	宋元仏教文化史研究	竺沙　雅章著	品　切
26	アヘン貿易論争－イギリスと中国－	新村　容子著	品　切
27	明末の流賊反乱と地域社会	吉尾　寛著	10000円
28	宋代の皇帝権力と士大夫政治	王　瑞来著	12000円
29	明代北辺防衛体制の研究	松本　隆晴著	6500円
30	中国工業合作運動史の研究	菊池　一隆著	15000円
31	漢代都市機構の研究	佐原　康夫著	13000円
32	中国近代江南の地主制研究	夏井　春喜著	20000円
33	中国古代の聚落と地方行政	池田　雄一著	15000円

34	周代国制の研究	松井　嘉徳著	9000円
35	清代財政史研究	山本　進著	7000円
36	明代郷村の紛争と秩序	中島　楽章著	10000円
37	明清時代華南地域史研究	松田　吉郎著	15000円
38	明清官僚制の研究	和田　正広著	22000円
39	唐末五代変革期の政治と経済	堀　敏一著	12000円
40	唐史論攷－氏族制と均田制－	池田　温著	未　刊
41	清末日中関係史の研究	菅野　正著	8000円
42	宋代中国の法制と社会	高橋　芳郎著	8000円
43	中華民国期農村土地行政史の研究	笹川　裕史著	8000円
44	五四運動在日本	小野　信爾著	8000円
45	清代徽州地域社会史研究	熊　遠報著	8500円
46	明治前期日中学術交流の研究	陳　捷著	16000円
47	明代軍政史研究	奥山　憲夫著	8000円
48	隋唐王言の研究	中村　裕一著	10000円
49	建国大学の研究	山根　幸夫著	品　切
50	魏晋南北朝官僚制研究	窪添　慶文著	14000円
51	「対支文化事業」の研究	阿部　洋著	22000円
52	華中農村経済と近代化	弁納　才一著	9000円
53	元代知識人と地域社会	森田　憲司著	9000円
54	王権の確立と授受	大原　良通著	品　切
55	北京遷都の研究	新宮　学著	品　切
56	唐令逸文の研究	中村　裕一著	17000円
57	近代中国の地方自治と明治日本	黄　東蘭著	11000円
58	徽州商人の研究	臼井佐知子著	10000円
59	清代中日学術交流の研究	王　宝平著	11000円
60	漢代儒教の史的研究	福井　重雅著	12000円
61	大業雑記の研究	中村　裕一著	14000円
62	中国古代国家と郡県社会	藤田　勝久著	12000円
63	近代中国の農村経済と地主制	小島　淑男著	7000円
64	東アジア世界の形成－中国と周辺国家	堀　敏一著	7000円
65	蒙地奉上－「満州国」の土地政策－	広川　佐保著	8000円
66	西域出土文物の基礎的研究	張　娜麗著	10000円

67	宋代官僚社会史研究	衣川　強著	11000円
68	六朝江南地域史研究	中村　圭爾著	15000円
69	中国古代国家形成史論	太田　幸男著	11000円
70	宋代開封の研究	久保田和男著	10000円
71	四川省と近代中国	今井　駿著	17000円
72	近代中国の革命と秘密結社	孫　江著	15000円
73	近代中国と西洋国際社会	鈴木　智夫著	7000円
74	中国古代国家の形成と青銅兵器	下田　誠著	7500円
75	漢代の地方官吏と地域社会	髙村　武幸著	13000円
76	齊地の思想文化の展開と古代中國の形成	谷中　信一著	13500円
77	近代中国の中央と地方	金子　肇著	11000円
78	中国古代の律令と社会	池田　雄一著	15000円
79	中華世界の国家と民衆　上巻	小林　一美著	12000円
80	中華世界の国家と民衆　下巻	小林　一美著	12000円
81	近代満洲の開発と移民	荒武　達朗著	10000円
82	清代中国南部の社会変容と太平天国	菊池　秀明著	9000円
83	宋代中國科擧社會の研究	近藤　一成著	12000円
84	漢代国家統治の構造と展開	小嶋　茂稔著	10000円
85	中国古代国家と社会システム	藤田　勝久著	13000円
86	清朝支配と貨幣政策	上田　裕之著	11000円
87	清初対モンゴル政策史の研究	楠木　賢道著	8000円
88	秦漢律令研究	廣瀬　薫雄著	11000円
89	宋元郷村社会史論	伊藤　正彦著	10000円
90	清末のキリスト教と国際関係	佐藤　公彦著	12000円
91	中國古代の財政と國家	渡辺信一郎著	14000円
92	中国古代貨幣経済史研究	柿沼　陽平著	13000円
93	戦争と華僑	菊池　一隆著	12000円
94	宋代の水利政策と地域社会	小野　泰著	9000円
95	清代経済政策史の研究	黨　武彦著	11000円
96	春秋戦国時代青銅貨幣の生成と展開	江村　治樹著	15000円
97	孫文・辛亥革命と日本人	久保田文次著	20000円
98	明清食糧騒擾研究	堀地　明著	11000円
99	明清中国の経済構造	足立　啓二著	13000円

100	隋唐長安城の都市社会誌	妹尾　達彦著	未　刊
101	宋代政治構造研究	平田　茂樹著	13000円
102	青春群像－辛亥革命から五四運動へ－	小野　信爾著	13000円
103	近代中国の宗教・結社と権力	孫　　江著	12000円
104	唐令の基礎的研究	中村　裕一著	15000円
105	清朝前期のチベット仏教政策	池尻　陽子著	8000円
107	六朝政治社會史研究	中村　圭爾著	12000円

（表示価格は2013年２月現在の本体価格）

著者紹介

中村　圭爾（なかむら　けいじ）
1946年　和歌山縣生まれ
大阪市立大學大學院文學研究科修士課程修了
文學博士
大阪市立大學大學院文學研究科教授、公立大學法人大阪市立大學理事・副學長を經て、現在相愛大學人文學部教授・副學長

著譯書

『六朝貴族制研究』（1987年　風間書房）
『六朝江南地域史研究』（2006年　汲古書院）
『古代江南の考古學』（羅宗眞原著、共譯、2005年　白帝社）

汲古叢書107

六朝政治社會史研究

平成二十五年二月五日　發行

著　者　中　村　圭　爾
發行者　石　坂　叡　志
整版印刷　富士リプロ㈱
發行所　汲　古　書　院
〒102-0072 東京都千代田區飯田橋二-五-四
電　話　〇三（三二六五）九七六四
ＦＡＸ　〇三（三二二二）一八四五

ISBN978-4-7629-6006-2　C3322

KYUKO-SHOIN, Co., Ltd. Tokyo.

索　引

凡　例

本索引は、人名索引と事項索引から成る。

人名索引は、歴史上の人名と、研究者人名に分けた。なお、本貫を冠する氏族名（例えば琅邪王氏など）は事項索引に含めた。

事項索引には、地名、官名、書名、制度、その他を収めたが、王朝名および九品官人法、九品中正制、貴族制、官僚制、封建制、鄕里社會、皇帝權力等々、頻出する語は採っていない。

ページ数のゴチックは、章・節・項の標題にその語があることを示し、その章・節・項内のその語は省略した。

事項索引

歴史上人名索引

研究者人名索引